HISTOIRE

POLITIQUE, RELIGIEUSE ET LITTÉRAIRE

DU MIDI

DE

LA FRANCE.

TOME I.

OUVRAGES DU MÊME AUTEUR.

Mœurs du Quercy, 2 vol. in-8°.

Bertrand de Born, tableau politique, littéraire et guerrier du xiie siècle. 2 vol. in-8°.

Les troubadours ont-ils connu l'antiquité? brochure in-8°.

Formation de la nationalité française, brochure in-8°.

Tableau historique et comparatif de la langue parlée dans le midi de la France et connue sous le nom de langue romano-provençale; ouvrage couronné par l'Institut. 1 vol. in-18.

IMPRIMÉ PAR BÉTHUNE ET PLON, A PARIS.

HISTOIRE

POLITIQUE, RELIGIEUSE ET LITTÉRAIRE

DU MIDI

DE LA

FRANCE,

DEPUIS LES TEMPS LES PLUS RECULÉS JUSQU'A NOS JOURS,

PAR

M. MARY-LAFON,

Membre de la Société royale des Antiquaires de France, etc.

TOME PREMIER.

PARIS.
PAUL MELLIER, LIBRAIRE-ÉDITEUR,
11, PLACE SAINT-ANDRÉ-DES-ARTS.

LYON,
GUYOT PÈRE ET FILS, LIBRAIRES,
39, GRANDE RUE MERCIÈRE.

M DCCC XLV

1845

INTRODUCTION.

—◦❂◦—

Jusqu'ici nous n'avons pas eu d'histoire de France [1].

La France, comme chaque état de premier ordre, est un grand corps dont les membres ont été soudés après coup les uns aux autres tantôt par force, tantôt par ruse.

Sous ce nom de France, trop absolu dans le sens historique, se trouve une réunion de pays divers qui tous ont un passé antérieur à la venue des Franks, qui tous ont des chroniques particulières, dans lesquelles, jusqu'en 1300 [2], ces derniers n'appa-

---

[1]. « Je sens en moi la conviction profonde que nous n'avons pas d'histoire de France. » (Augustin Thierry, *Lettres sur l'histoire de France.*) — « Nous n'avons pas d'histoire nationale. » (Ch. Le Normand, *Cours d'histoire.*)

[2]. « L'Aquitaine sous les Romains étoit une province distincte de la Gaule, ainsi qu'on le peut voir dans Ausone et dans Vitruve. La même distinction subsista sous nos rois, et les peuples qui, sur les monnoies de Pepin, sont nommés Aquitanii, se regardoient sous la seconde race comme des peuples séparés des François. Il n'en faut point d'autres preuves que la manière dont ils datoient leurs actes. Après que Charles-le-Simple eut été prisonnier, et que les François eurent élu Raoul en sa place (Capitul., t. II,

raissent que pour laisser, comme les Nordmans, des traces de violence.

Or, pour écrire l'histoire de cette *collection de pays*, qui ne fut, du xiiie siècle à l'Assemblée constituante, qu'une vaste fédération rattachée au trône par des traités et des pactes conditionnels[1], que fallait-il faire?

Remonter d'abord à l'origine de chacun des membres de la fédération pris séparément, et former de leurs annales réunies une large et première assise sur laquelle se serait ensuite élevé l'édifice commun.

Ce n'est pas ainsi qu'on a procédé.

Oubliant qu'il avait existé une nation gauloise, mêlée plus tard de Grecs, de Romains, de Goths, et grande dans les fastes des peuples avant que les

---

fol. 1534), *actum anno... quo infideles Franci regem suum Karolum inhonestaverunt et Rudolfum in principem elegerunt*, il est bien évident qu'ils ne se comprenoient pas sous le nom de Franci, puisqu'ils les regardoient comme des rebelles à leur légitime roy. »

(Leblanc, *Traité des monnoies*.)

1. « Le roy ne règne pas sur toutes les provinces au même titre : en Normandie, en Bretagne, en Guienne, en Languedoc, en Provence, en Franche-Comté, dans les païs unis, dans les païs conquis, diverses conditions règlent l'obéissance. En Béarn, le premier article de la coutume est le serment du roy d'en respecter les priviléges. »

(*Remontrances du parlement de Paris*, 4 mai 1787.)

« Ne vous offensez pas, Sire, de ce que l'on ose dire librement en présence de votre Majesté que la province de Dauphiné ne lui doit aucunes tailles; car la vérité est telle. Votre Majesté la tient à cette condition, laquelle ne peut s'effacer sans mettre le tout à néant; ainsi tous vos prédécesseurs l'ont déclaré et ont juré de l'observer, et l'ont fait; car il ne se trouvera que jamais les deniers du Dauphiné soient venus dans les coffres de l'épargne où les tailles doivent tomber. »

(*Harangue d'Antoine Rambaud, défenseur du tiers-ordre.* N. Chorier, *Histoire du Dauphiné*.)

tribus nomades de la Thuringe eussent passé le Rhin, on n'a jamais considéré notre histoire qu'au point de vue français. A part quelques monographies isolées et sans portée suffisante, tous les travaux d'érudition avaient tendu, de Grégoire de Tours aux écrivains contemporains, à représenter le pavois de Clovis comme point de départ, comme pivot unique et immuable. De cette manière tout ce qui précède les Franks, tout ce qui s'est passé sans eux a été omis à dessein et rejeté dans un lointain fabuleux et barbare.

Il s'agit donc aujourd'hui de recommencer l'œuvre historique dans un système opposé. C'est la tâche patriotique et difficile que j'entreprends pour le Midi [1]. De toutes les contrées sacrifiées, le Midi de la France actuelle est sans contredit la plus importante à étudier, la plus curieuse à connaître. A lui seul le Midi forme la moitié du faisceau national :

---

[1]. Tous les païs qui sont entre ceste rivière de Loyre, la mer de Bretaigne et océane, et les monts Pyrénées, c'est Aquitaine.

(Bouchet, *Annales d'Aquitaine*, page 2.)

« Aquitania obliquo cursu Ligeris fluminis qui ex plurimâ parte terminus ejus est, in orbem agitur; hæc à circio Oceanum habet qui Aquitanicus sinus dicitur, ab occasu Hispanias, à septentrione Lugdunensem, ab euro et meridie Narbonensem provinciam contingit. »

(Ptolémée, liv. II, ch. 7, et Orose, liv. I, ch. 2.)

« Après les Romains, l'Aquitaine reçut successivement les noms de Gothie (M. de l'Ac. des inscriptions et belles-lettres, t. XX), Romania (Vie de la Vierge Odilie et Édit de Clotaire), Provence (Matthieu Paris), Languedoc (Cazaneuve), Occitania (G. de Nangis). Or toutes ces appellations, qui eurent, quelquefois en réalité, quelquefois approximativement, la même signification territoriale, équivaudront toujours à notre expression moderne de *Midi*. »

vingt générations avant l'arrivée des hommes du Nord, les hommes du Midi s'étaient rendus célèbres par le courage, les grands travaux, l'intelligence. Les forêts d'outre-Loire n'étant pas encore abattues, trois cents cabanes de roseaux composant encore toute Lutèce, la mère de cette ville immense où j'écris maintenant, les temples de marbre, les amphithéâtres, les arcs triomphaux décoraient le sol du Midi. Long-temps avant que d'humbles pirogues fissent bouillonner la Seine, le lacydon de Marseille enfermait des milliers de navires. Dans cette cité phocéenne, à Toulouse, à Cahors, les disciples accouraient en foule apprendre la poésie et l'éloquence, tandis que la barbarie n'avait pu dépouiller au nord la première écorce celtique. Après la chute de l'empire, c'est encore au Midi que se réfugia l'admirable civilisation romaine chassée par les Huns. Et il y a six cents ans à peine, toute la littérature, toute l'intelligence du progrès social, toutes les idées n'étaient-elles pas exclusivement le partage du peuple d'Oc? Jamais pays n'offrit un passé plus beau, plus riche en faits éclatants, merveilleux, poétiques, un passé plus noblement rempli, plus honorable à la famille humaine, et cependant plus inconnu.

Ce qu'il y a deux cents ans déplorait Hauteserre dans son latin énergique est vrai aujourd'hui comme alors. « L'Aquitaine est ignorée, même des Aqui-
» tains.

» Ce serait, ajoutait-il, une sainte et digne pen-
» sée, une résolution vraiment nationale que d'ar-

» racher aux ténèbres de l'oubli cette perle de l'em-
» pire romain et de la rendre à sa lumière¹. »

Voilà mon dessein.

Reprenant avec soin toutes les époques appréciables, je vais raconter la vie sociale, politique, religieuse et littéraire du Midi depuis les Celtes et les Ibères jusqu'au jour présent.

Comme ce récit est un acte non de réaction contre le Nord, mais de réparation mûrement méditée, de justice historique envers le Midi, l'individualité méridionale y dominera franchement. Les lignes de démarcation tracées sur le sol par les divers envahisseurs, les barrières élevées entre les enfants de la vieille Aquitaine, qu'elles soient surmontées du léopard ou du drapeau fleurdelisé, ne seront que des *accidents*². Cette antique nation, qui, bien que morcelée sur le papier en trente-sept départements³, ne forme comme autrefois qu'une seule famille de quatorze millions de frères parlant tous la même langue, ayant tous mêmes

---

1. « Aquitaniam penè Aquitanis ignotam è latebris eruere et pulcherrimam olim orbis Romani, tenebris ævi obsitam, suæ luci restituere, opere pretium est, dignum sanè Aquitano consilium. » (Dadinus Altaserra, *Rerum Aquitanic. libri quinque*, t. I, p. 1.)

2. « Dans l'enfance de la civilisation, au milieu de l'ignorance et de la barbarie, en l'absence de ces vastes et fréquentes relations qui unissent les hommes par la communauté des idées et la réciprocité des intérêts, *l'unité des grands états est impossible;* elle peut être momentanément l'œuvre de la force ou le fruit de l'ascendant d'un homme supérieur, mais ni la force ni l'ascendant d'un homme supérieur ne sont des puissances à qui appartienne la durée. »

(Guizot, *Essais sur l'histoire de France*.)

3. « La division par langues est fondée sur la nature, celle des départements et des provinces est purement arbitraire. »

(L'abbé de S., 1656, d^{re} Mundi.)

intérêts et mêmes souvenirs, se relèvera dans son intégrité et son unité. Les événements, quelques résultats qu'ils aient eus, ne feront que passer à ses pieds, et, dans leurs chocs les plus violents, la laisseront voir toujours debout et une jusques en 1790.

Grâce à la liberté que la pensée a conquise [1], et à l'abandon des idées voltairiennes, il me sera permis de suivre avec impartialité et de résumer dans une synthèse plus large les effets de l'influence religieuse et de l'influence politique sur la marche et le développement des faits sociaux.

Je ne suis point de ceux qui affectent l'oubli ou le dédain pour leurs devanciers; mais, élevé au-dessus de leur point de vue par le flot toujours montant des idées, il est évident que je dois comprendre l'histoire autrement qu'ils ne l'ont comprise.

Presque tous, même en se bornant à l'histoire d'un peuple, ne me paraissent avoir rempli qu'une faible partie de leur tâche. Je crois fermement qu'elle peut être accomplie tout entière, autant du moins que le permet notre faiblesse humaine, et voici les quatre instruments à l'aide desquels j'ai abordé la mienne.

La *philologie comparée*,

La *biblionomie*,

---

[1]. « Il faut songer que l'histoire n'était pas libre, alors que le pouvoir absolu régnait dans presque toute l'Europe; que le récit et la critique des événements étrangers, comme des événements nationaux, étaient soumis à une haute censure politique, qui ne permettait pas aux écrivains consciencieux et amis de la vérité de publier toute leur pensée. »

(*Débats* du 29 septembre 1835.)

INTRODUCTION. 7

Les *traditions populaires*,
La *philosophie-nouvelle*.

J'entends par philologie comparée, la connaissance radicale des langues[1] dans leurs rapports entre elles et l'art étymologique dégagé de son bandeau puéril[2]; différant en cette opinion de celle de Vico[3], qui accorde, ce me semble, trop d'extension à la science philologique.

La biblionomie est pour moi la lecture minutieuse de tous les écrits laissés sur mon sujet, et la collection préliminaire de tous les matériaux inédits.

Sous le nom de traditions populaires je comprends ces vagues récits de batailles contés de génération en génération dans les veillées d'hiver, ces chants étranges qui éclatent comme la voix funèbre des aïeux quand le vin rougit les tables de chêne, ces poétiques superstitions des campagnes qui ont survécu au paganisme; ces grands coups d'épée de nos pères, empreints encore sur les tours bâties par les Anglais[4].

---

1. « La connaissance philosophique des langues est une science très-vaste, une mine riche de vérités nouvelles et intéressantes. » (Turgot.)

2. « L'art étymologique ne doit point passer pour un objet frivole, ni pour une recherche vaine et infructueuse. Il fait partie essentielle de la science et peut être d'un grand secours pour éclaircir l'origine des nations et d'autres points également obscurs par leur antiquité. » (*Mercure* de 1776.)

3. « I parlari volgari debbon esser i testimoni piu gravi degli antichi costumi de' popoli, che si celebrarono nel tempo, ch' essi si formaron le lingue. » (Vico, *Principj di scienza nuova.*)

4. « Le tradizioni volgari devon avere avuto publici motivi di vero, onde nacquero e si conservarono da intieri popoli per lunghi spazj di tempi. » (Vico, *in eodem.*)

Et j'appelle philosophie nouvelle celle qui, ayant pour but l'expiation, le perfectionnement et le bonheur social, exerce l'une sans tolérance coupable et sans colère, et cherche à produire les deux autres à l'aide des enseignements moraux de l'histoire, en sorte que la cendre des générations enterrées fertilise les générations vivantes.

Tel est mon plan, tel est l'ordre et l'esprit de ce travail; il resterait peut-être à expliquer la nécessité où je me suis cru de l'appuyer de nombreux témoignages : mais j'ai été averti par un écrivain habile [1], que « les lecteurs n'aiment pas qu'on leur indique
» en général qu'un tel ou un tel ont avancé une
» opinion. Cela réveille leur curiosité, ils voudraient
» la contenter sur-le-champ sans être obligés d'aller
» prendre un autre livre que celui qu'ils ont dans le
» cabinet; c'est pourquoi j'ai mieux aimé joindre
» des notes à mes commentaires. »

Et maintenant, hommes du Midi, si vous voulez savoir ce qu'ont fait et souffert les trente-huit générations qui nous ont précédés sur le sol natal, lisez ce livre ; si vous voulez semer dans l'avenir un enseignement utile, faites-le lire à vos enfants !

---

1. Bayle, préface du *Dictionnaire historique et critique*.

HISTOIRE

POLITIQUE, RELIGIEUSE ET LITTÉRAIRE

DU

MIDI DE LA FRANCE.

PREMIÈRE PARTIE.

PREMIERS PEUPLES.

Le plus ancien des historiens connus, Timagène[1], nous a laissé un fragment bien précieux pour nous aider à éclaircir la nuit qui couvre le berceau de nos pères. On assure, dit-il sur la foi des monuments les plus vieux de son temps, que les premiers habitants de la Gaule furent des *indigènes* appelés Celtes, et des Doriens qui, suivant les pas d'un ancien Hercule, vinrent peupler les bords de la mer. Avec ces deux lignes il est possible d'arriver à une connaissance à peu près complète : appliquons-les exclusivement à ce pays qui, descendant des Pyrénées à la Garonne, s'allonge de ce dernier fleuve à la Loire, et se développe entre les Alpes et la mer sur les deux rives du Rhône. On trouve d'abord toute la partie

---

1. « Ambigentes super origine primâ Gallorum scriptores veteres notitiam reliquêre semi-plenam. Sed posteà Timagenes, et diligentiâ Græcus et linguâ, quæ diu ignorata sunt collegit ex multiplicibus libris : cujus fidem secuti, obscuritate dimotâ, eadem distinctè docebimus. Aborigines primos in his regionibus quidam visos esse firmarunt *Cellas* nomine. » (S. Bochart, *Phaleg et Canaan*, p. 659. — Excerpta Amm. Marcellino, lib. xv.)

située entre la frontière ligurienne à l'est, la Garonne au midi, le plateau des monts Arvernes à l'ouest et au nord, hérissée d'épaisses forêts : des peuples chasseurs comme les Helwirs, vigoureux comme les Arvernes, libres comme les Ruddènes, les remplissent et portent le nom générique de Celtes, habitants des forêts ; voilà une des deux premières races primitives, la race celto-cynésienne [1].

Mais cette large plaine qui du *Canigou* à la mer serpente au pied des petites Cévennes, bordée par la Garonne et le *Tarn* jusqu'à Bordeaux, par qui était-elle habitée ? Par la race ibère ou basque [2]. Le type de l'individu, la langue du peuple le démontrent encore. Ces hommes légers, adroits de la main, au front basané, aux formes grêles, à la parole vive, ces *Ausks* furent à coup sûr les Ausci [3]. Leur capitale s'appelait *Cliberri* : demandez aux chênes de Bouconne qui avait bâti *Hungunberri* ; demandez à la Garonne qui lui a donné ce nom de rapide, *Garw?* Dès les premiers temps historiques cette famille Escualdunac a occupé la plaine : c'est elle dont Strabon notait l'individualité quand il la nommait plus tard aquitanique.

Il reste les émigrants tyriens de Timagène ; et ici

1. Hérodote, liv. II et IV, ch. 33 et 49.
2. Denys Périégète, *Voyage autour du monde*, et récemment MM. Amédée Thierry et de Humboldt.
3. « Populorum *tria* summa nomina sunt, terminanturque fluviis in gentibus. Nam à Pyrenæo ad Garumnam *Aquitani*, ab eâ ad Sequanam *Celtas*, indè ad Rhenum pertinent *Belgæ. Aquitanorum clarissimi sunt Ausci*, Celtarum *Ædui* (Hedui), Belgarum *Treveri*.» (Pomponius Mela, lib. III, cap. II.)

les preuves abondent. Si on remonte aux Phéniciens, on voit que, quinze siècles avant notre ère, il s'opéra un étrange mouvement de transition d'Asie en Europe. Les Orientaux, suivant la route du soleil, s'en allèrent chercher des terres nouvelles. De Tyr, le foyer de la colonisation occidentale, partirent successivement des milliers de vaisseaux. Dans les îles de l'Archipel et de la Méditerranée, sur les côtes d'Afrique, d'Espagne et d'Italie, ils jetèrent des colonies. « Alors, dit l'historien de Biblos, un essaim de jeunes gens sortis de Dora s'embarqua pour Gadir et fut conduit par Magusan sur les côtes des Aquitains[1]; » ce Magusan, comme le prouve sa statue découverte à West-Kapel, étant l'Hercule conducteur des anciens, pas un doute ne peut s'élever sur la vérité du récit de Timagène. On achève de se convaincre en rapprochant de ce fait la tradition connue des Celtes, qui l'attesta toujours, et en se souvenant que cet Hercule fut déifié sous le nom d'Ogmion, le dieu-guide.

Il y avait ainsi deux éléments de population principaux dans la région que les Phéniciens baptisèrent Ar-Mor-Raike[2], les hommes de la montagne et ceux de la plaine, les Celto-Cynésiens et les Ausks[3], les

---

1. « Le temps auquel les Phéniciens venus de Dora en Gaule ont passé d'Espagne dans les Gaules, est absolument inconnu ; mais on sait parfaitement celui de leur transmigration de Phénicie en Espagne : c'est l'an du monde 2555, c'est-à-dire, selon l'ère vulgaire, 1500 ans avant Jésus-Christ. » (D. Jacques Martin, *Histoire des Gaules*, t. I, douzième dissertation historique, p. 136.)

2. Contrée maritime. (Plin. *Hist.* lib. IV, cap. XVII.)

3. « Les druides racontent qu'une partie de la population est indigène,

uns et les autres si distincts, si divers d'organisme et de langue qu'aujourd'hui même, à trente siècles de distance, malgré l'épouvantable pêle-mêle qui s'est fait sur ce sol, les deux caractères primitifs se sont conservés presque intacts. Voyez le peuple du Cantal, de la Dordogne, de la Vienne, du Lot, rude, fort, demi-sauvage comme ses monts, à côté de ces peuplades sveltes, douces, vives, du bassin de la Garonne et de l'Adour. Regardez ces têtes du pays tolosate, avec leur coupe antique et les lignes harmonieusement uniformes de leur profil dorien, et vous reconnaîtrez le beau sang de l'Ibère et de la Tyrienne [1].

Les nouveaux venus, qui n'avaient pour but que le négoce, établirent leurs premières relations chez les Ausks. L'histoire nous les montre trafiquant de la résine recueillie au pied du sapin des Landes, et achetant la poudre dorée que les Ligors ramassaient sur les bords de leur fleuve. A ces commencements d'échange succéda le commerce des pelleteries avec les Celto-Cynésiens ; ce fut ensuite l'exploitation des

---

mais qu'une autre partie est étrangère et venue des îles éloignées et des pays d'outre-Rhin, fuyant devant la guerre ou devant les flots de l'Océan. » (Ammien Marcellin, liv. XV, c. IX.)

1. Champollion a remarqué que bien que le costume des *Namou* (race blanche à cheveux noirs) varie sur les monuments égyptiens, cette race est toujours caractérisée par le teint basané, l'œil noir, le nez aquilin et la barbe touffue. L'homme blond ou *Tamhou*, au contraire, se distingue par le teint blanc, les yeux bleus et la barbe blonde ou rousse. (Lettre XIII.)

« Ainsi, dit M. Moke (*Histoire des Franks*, vol. 1er, p. 317), les deux *espèces* de peuples blancs que croyaient distinguer les prêtres de Thèbes avaient pour caractère spécial les traits qui distinguent les deux familles qui se sont rencontrées et mêlées en France. »

mines de fer, d'argent, de plomb cachées dans leurs montagnes. Enfin les indigènes et les étrangers se familiarisant de plus en plus, ceux-ci, qui déjà se liaient, par leurs vaisseaux, à la Bretagne, à la Corse, à l'Italie, ouvrirent une route monumentale pour communiquer avec l'Espagne. Dès lors s'entame une ébauche de civilisation. Le mouvement commercial, de la Méditerranée à l'embouchure du Garaph ou Garw (Garonne), de Gadès [1], entrepôt de l'Afrique, aux comptoirs de Magala [2] et de Cazer [3], passe et repasse au milieu des Celtes et des Ausks comme une colonne lumineuse. Les premiers émoussent leur rudesse native au contact des colonies; les autres y perdent la simplicité de leurs mœurs pastorales : peu à peu les siècles s'écoulent, les trois peuples vont se mêlant toujours et finissent par se confondre à vue historique; on ne distingue plus que la différence ineffaçable des deux races.

C'est à ces époques de fusion générale que se rapporte probablement le mélange de la langue indigène avec la langue de Tyr [4]. Les Phéniciens traduisirent tous les sentiments moraux et physiques de ces populations au berceau par leurs idées plus avancées. Les Ausks adoraient *Egouskia* [5] et la blanche *Hilarguia* [6]. Les Phéniciens leur apprirent à appeler le dieu *Bel*, le soleil, et la déesse *Belisama*,

---

1. Cadix. — 2. Maguelonne. — 3. Cazères.
4. « Gallicum sermonem priscum Phœnicio in multis fuisse similem. »
(S. Bochart, *Phal. et Can.*, p. 660.)
5. Le soleil. — 6. La lune.

la reine du ciel. Les dieux des Celtes, le tonnerre et l'être vigoureux par excellence, se personnifièrent sous les noms de *Tarem*, le feu céleste, et d'*Hizzus*[1], le dieu fort.

Cette mission remplie, les Phéniciens s'effacent; des invasions, ou plutôt des déplacements indigènes, ont lieu sur les bords de la Garonne : Ibères et Celtes s'y rendent de points opposés; et un nouveau mélange est amené par le temps, qui s'empreint, en se naturalisant sur la terre du soleil, d'une forte couleur armorike. Tous ces éléments de nationalité ainsi fondus et constitués vécurent en bloc à peu près deux cents ans. Parcourons rapidement le triple cercle de leur existence religieuse, politique et sociale.

ÉTAT SOCIAL.

Sur toute la surface de l'Ar-Mor-Raike s'élevaient des villes dont le nom poétique, s'il faut en croire de savants étymologistes, trahit encore aujourd'hui l'origine[2].

---

1. Voir pour tous les mots d'origine punique : Lucain, livre II; — Adam de Brême; — T. Live, liv. XXVI; — Philon de Biblos, citation de Sanchoniaton; — Julien, citation de Jamblique, dans l'*Hymne au Soleil*; — Hérodien, liv. VIII; — Ausone, *de Profess.* et les Inscriptions de Gruter.

2. C'étaient, dans les régions montagneuses, la cité des Rochers, *Segoldun* (Rodez); la ville haute, *Uheldun* (Uxellodunum); la ville de la fontaine, *Duiona* (Cahors); l'habitation d'Isis, *Issidour* (Issoire); celle de la plaine fertile, *Eborolaith* (Ebreuil); celle du temple, *Nemetmag* (Nîmes); les villes au long pont, *Brigar* (Brives); la ville des parents, *Carantomag* (Villefranche); la ville vieille, *Caërkoz* (Pic-de Coz, Tarn-et-Garonne); la

De l'embouchure du Garw et du Tarn, en remontant à gauche vers la pyramide de neige du Canigou, puis descendant à droite jusqu'à Bordeaux et au fleuve roulant, toute la plaine se partageait entre quatre peuples principaux : les *Ausks* mêlés de Phéniciens, les *Volkes* issus du dieu celtique *Teutsagen*, les *Volkes* de la vallée *Arcwmikes*, et les émigrants ibères d'en bas, *Ligors*.

Prise séparément, chacune de ces tribus est distinguée par la divergence de climat et de race; mais réunies, elles offrent le même ensemble d'instincts et de coutumes.

Les cantons habités par elles présentent également un coup d'œil uniforme.

Partout se rencontrent à chaque pas d'immenses forêts vierges de bouleaux et de chênes. L'urus aux vastes cornes, le bison, l'alcée, et jusqu'au féroce

---

fontaine des tombeaux, *Besona* (Périgueux); la ville au miel, *Limodun* (Poitiers); la montagne du soleil, *Beldun* (Verdun).

On trouvait dans les basses terres : la ville des naufrages, *Metinès* (île à l'embouchure du Rhône); la ville semblable à une harpe, *Telo* (Toulon); celle de la plaine au fleuve, *Artole* (Toulouse); celle de la fontaine, *Fynmag* (Castelnau d'Estretes fonts); la ville des marécages, *Arlait* (Arles); du lac, *Badar* (Baziéges); des limites, *Carcassi* (Carcassonne); du champ humide, *Cessero* (Frontignan); du confluent, *Condate* (Condat); du pont blanc, *Albrig* (Albi); du lieu fertile, *Ebromag* (Bram). La lisière pyrénéenne, habitée par des Ausks purs, avait la ville neuve, *Illiberri* (Elne); l'habitation, *Cocoliberri* (Collioure); la ville baignée d'eau, *Ruscino* (près de Perpignan); la ville d'en bas, *Beterri* (Béziers). Le fleuve rapide, *Garaph* (la Garonne); le fleuve profond, *Dourdon* (la Dordogne); le torrent des montagnes, *Tarn* (le Tarn); le paresseux, *Arar*, *Araur*, et enfin *Eravus* (l'Hérault); le vieux, *Olt* (le Lot); le boueux, *Leidec* (le Lez); l'oiseau, *Ader* (l'Aude); le fleuve roulant, *Rhedeg* (le Rhône : Adrien de Valois le dérive à tort de Rodanos), et l'*Avon* (l'Avenne), arrosaient en tous sens ces

loup cervier [1], errent sous leurs arbres diluviens. Dans les campagnes, sur les rives des fleuves, se précipitent au son du *carno* des troupeaux de porcs aussi sauvages que le pasteur qui les rappelle.

Au bord du fleuve, sur le mont, ou dans le champ fertile, sont construites les cabanes des Armorikes. Leurs murs, toujours de chaume et d'argile grossièrement pétrie, soutiennent un toit conique de roseaux. La porte, large et jusqu'au toit élevée, tient lieu de fenêtre. A côté est creusée la caverne où se déposent les provisions d'hiver. Les fidèles chiens du maître défendent le seuil.

Grands et vigoureux, les hommes des duns se distinguent par leurs longs cheveux et par leur air farouche. Ils sont tatoués avec les lignes bleues du

belles contrées, qui n'étaient bornées que par le fleuve qui divise, le *Lieris* (la Loire).

Les cultivateurs de mil, *Limones* (Poitevins et Limousins); les enfants du Garw, *Arvernes* (tous ceux qui formèrent le noyau de la confédération arverne); les peuples libres, *Ruddènes* (Ruthenois); ceux des hauts lieux, *Uheles* (habitants du Velai); les chasseurs, *Helwirs* (du Vivarais); les habitants des pierres, *Craïouci* (Quercinois), et les *Ausks* non mélangés occupaient soit les sommets couverts de pins des *Byrren* ou Pyrénées, soit la crête froide et boisée des monts *Keben* (Cévennes), soit la chaîne inégale et caillouteuse qui serpente en longeant le Tarn de Rodez à Bordeaux, soit enfin les monts élevés de la cité du temple, ou de la ville au froment, *Icidmag* (Issengeaux).

(S. Bochart, *Geographia sacra seu P. et C.*, t. I, p. 660, 661. — Astruc, *Mémoires pour servir à l'histoire du Languedoc*, t. I — Genesius, *Monumenta Phœniciæ*. — Plutarque περὶ πόταμων, p. 23, et Philip. Jacobi Maussaci notæ, p. 43. — Camden in Danmoniis, p. 135. — Usheri Arcamani lib. De primordiis britannicarum ecclesiarum. — W. de Humboldt, *Prüfung der untersuchungen über die urbewohner hispaniens, vermitelst der vaskischen sprache*, in-4°.)

[1] Rhaavi (Pline, liv. VIII, ch. XIX).

glass. Ils couvrent leur tête du demi-bonnet rond de Memphis ; par-dessus leur *saye* rayée de bandes d'écarlate, ils portent la peau noire et velue de l'ours. C'est parmi eux que vivent les Wargin aux jambes rouges plus connus sous le nom de voleurs du Cantal.

Une taille moins haute mais plus élégante, des membres plus souples forment le caractère particulier des peuplades inférieures. Leurs yeux noirs, leur teint basané accusent la double origine d'Erria[1] et de Tyr.

La saye, retenue autour du corps par une ceinture[2] rouge, est plus courte que celles de leurs voisins ; le brak roulé en spirales enveloppe leurs jambes : celui des rics[3], peint de diverses couleurs, est quelquefois émaillé d'or.

Les uns et les autres portent des colliers, des anneaux, des bracelets d'or et d'argent. Les femmes en ont aux bras, aux mains, au cou, sur la poitrine. Il n'en existait pas de plus belles que les femmes armorikes, celles des plaines surtout : les étrangers qui les avaient vues nous en rendent un témoignage fanatique, et ils ajoutent comme dernier éloge que du Garw au Rhedeg on n'aurait pu trouver

---

1. Nation basque.
2. Euriza.
3. Chefs. (Fortunatus, lib. VIII).

(Athénée, liv. IV ; Marcellus Empiricus ; Isidore (Origines) ; Diodore de Sicile ; C. Sidonius Apoll., epist. IV, lib. VI.)

une des filles au tablier rouge avec sa linna [1] sale ou déchirée.

Les habitudes de la vie commune étaient celles de tous les peuples primitifs. Au lever du soleil [2] l'Armorike allait poursuivre à travers les bouleaux les alcées ou l'eurus, ou il semait le lym [3], ou il pêchait l'alose [4] dans les flots de l'Arar. Le produit de la chasse et de la pêche, cuit au retour dans le feu allumé près du banc de chêne à trois pieds, composait tous les mets de ses repas avec la bouillie nationale. La cervoise [5] leur servait ordinairement de boisson. Mais les jours de fête ils amoncelaient sur leur table des tas de viandes, le saumon rôti au vinaigre, les alouettes, et de larges rayons de miel sur des corbeilles de bois. Des flots de zyt [6] versé dans les cornes d'urus ou le crâne de l'ennemi arrosaient le festin.

C'est à la suite de ces orgies solennelles qu'étaient célébrés les mariages. Lorsque le barde avait fini de chanter Teut et la guerre, la porte de la cabane s'entr'ouvrait tout à coup; on voyait cesser le tumulte, et une jeune fille, vêtue de sa plus blanche saye, les cheveux retombant de chaque côté du front en deux

1. Saye fine.
2. Bel.
3. Mil.
4. Colac.
5. Corma.
6. Liqueur de grains.

(Athénée, liv. IV; Marcellus empiricus; Isidore (Origines); Diodore de Sicile, liv. v.)

longues tresses, venait, toute rouge, apporter la coupe d'eau à celui qu'elle choisissait pour époux.

Les Armorikes exploitaient avec succès les mines de fer, de plomb, d'argent et d'or découvertes par les Phéniciens dans les veines de leurs montagnes. L'histoire fait une mention spéciale de leur adresse à polir les métaux. Elle ne s'étend pas moins sur leur aptitude à cultiver les arts qu'ils avaient appris des émigrants de Tyr, tels que la poterie, la fabrication des étoffes de lin, la sculpture, l'architecture et le commerce.

Ce dernier surtout s'était fortement implanté dans les mœurs de la nation : aussi le dieu à qui une ancienne croyance en attribuait l'importation dans l'Armoraïke recevait-il une grande partie des hommages publics. Le quatrième jour de la semaine lui était consacré : c'était celui du négoce. L'Arverne nê vendait ses lames de fer, l'Ausk sa résine, le Limone son maïs, l'Helwir ses peaux, le Craïouci son lin et sa poterie, le Ligor sa poudre dorée et ses olives que le jour de Mercure, *di-mercher*[1].

ÉTAT POLITIQUE.

Les Armorikes étaient partagés en trois classes : les chefs, *rics*, marchaient les premiers ; après venaient les druides, puis le peuple. Au printemps, chaque canton élisait son ric. Tout habitant avait

---

1. Aujourd'hui *di-mecres*.

droit de suffrage¹; le chef ne se distinguait de ses soldats que par l'or qui brillait sur son brak et par sa longue barbe. Une magistrature annuelle, appelée vergobret, investissait le premier élu de l'autorité souveraine; là paraît avoir principalement résidé le pouvoir exécutif : les druides se tenaient dans une sphère plus haute, et, à travers les nuages religieux qui planaient entre eux et la foule, ils lui montraient du doigt la route qu'elle devait suivre². On consultait aussi quelquefois les senas : ces vierges couronnées de laurier lisaient dans l'avenir les destinées de la nation. Les événements les plus indifférents suffisaient, du reste, pour décider les plus grandes entreprises; et dans ces occasions, comme toute affaire importante était soumise à la délibération générale, il régnait une coutume barbare qui peint très-naïvement les idées imitatives de nos ancêtres. A l'exemple des grues qui déchirent la retardataire le jour de la migration, ils tuaient celui qui se faisait attendre et arrivait trop tard à l'assemblée publique³.

Dans ces temps primitifs où le droit ne semblait qu'une question de force, la guerre devait être la loi vitale du pays. Aussi, depuis sa naissance, la nationalité armorike s'élève-t-elle au bruit des armes. L'épée (*spatha*), le javelot, le bouclier, le char furent

---

1 Dom Jacques Martin, *Histoire des Gaules*, t. I.
2. César, VI, XIII.
3. Diodore de Sicile, *De Gallis*, lib. V.
(Isidore; Lactance, *Divinæ institutiones*.)

le premier code. Fallait-il partir pour une guerre ou pour une émigration; comme les alouettes qui s'envolent en troupes, ils se rassemblaient de tous les cantons confédérés. Les corps formés ainsi s'appelaient caterva, et passaient sous le commandement des rics qui les menaient à l'ennemi. Si le dieu Hizzus [1] leur était favorable, ils se partageaient le butin sur le lieu du combat et revenaient en triomphe dans leurs burgs traînant avec eux les esclaves et portant pendues au cou de leurs chevaux les têtes sanglantes des vaincus. On avait soin d'embaumer celles des chefs pour les montrer aux étrangers [2].

ÉTAT RELIGIEUX.

La religion, tutrice de tous les peuples mineurs, exerça une influence sans bornes sur l'esprit des Armorikes, les plus superstitieux des hommes.

Hâtons-nous cependant de le proclamer, jamais elle ne se présenta au monde sous une forme plus simple, plus séduisante, plus majestueuse. Les idées vagues d'un être tout-puissant, infini, inconnu, d'une force au-dessus de tout niveau humain; la reconnaissance des bienfaits que les astres éternels versent sur la terre, remontant de la terre au ciel, sortaient du cœur de ce peuple adolescent formulées en symboles sublimes ou ravissants de poésie.

1. Le dieu fort.
2. Allans.
 (Isidore; Lactance, *Divinæ institutiones*, lib. 1.)

La nature presque vierge encore, le firmament, les montagnes, les grands lacs, les forêts séculaires, voilà le seul temple de leurs dieux : trois pierres sur le dun, un vieux chêne au fond des bois, voilà les autels où ils viennent adorer *Teut*[1], *Ogmion*[2], *Hizzus*[3], *Taramis*[4], et surtout *Belenus*[5] et *Bélisama*[6]. Des vieillards, aux longs cheveux blancs, couronnés de feuilles de chêne, à la tunique blanche rayée de lignes de pourpre, quand le soleil a fourni la moitié de sa course, quand la lune brille à minuit, élèvent mystérieusement vers eux les prières de la nation aux murmures de la harpe d'or. Voyez ce sombre bois de chênes dont les troncs moussus éclatent de vieillesse ; trois druides y marchent à la lueur des étoi-

1. Le Dieu père : le Theos des Grecs ; Dis, Tus, Deus des Latins.
2. L'Hercule conducteur des migrations ou *Macusan*.
3. L'Hizzus (phénicien), le Dieu fort; en d'autres termes, *Mars*.
4. Le dieu tonnant.
5. Nom sous lequel on vénérait généralement le soleil dans la Gaule C'était, du reste, la divinité principale des peuples du Midi. Les Phéniciens l'appelaient *Elgabal*; les Perses, *Amanus*; les Palmyréniens, *Malachbelus*; les Égyptiens, *Ammon*, *Osiris*; les Assyriens, *Bel*. La terminaison de son nom variait quelquefois : c'était *Belen*, *Abellio*... Entre autres preuves historiques de ces dernières terminaisons, il nous reste une inscription trouvée près de Comminges et rapportée par Gruter :

DEO
ABELLIO
NI
MINUCIA
JUXTA
V. S. L. M.

6. La reine du ciel, la lune. De même qu'en Égypte, elle était adorée sous le nom d'*Isis* et de *Dercelo*. Dans ces dernières années un habitant du Couserans découvrit sa statue avec une inscription nominative au bas, *Belisama*, que *Latour-d'Auvergne*, antiquaire plus zélé qu'instruit, s'empressa d'interpréter ainsi : *C'est ici Bel*.

les : le premier qui s'avance, courbé sous les années, a les pieds nus, la tunique retroussée jusqu'aux genoux, et de larges bracelets d'or. Le deuxième, nu de la ceinture en haut, porte sur ses épaules un sanglier les pieds tournés vers les astres. Le troisième, plus jeune, les suit à quelques pas, et tient le couteau sacré pour égorger la victime, et l'olla pour recueillir ses entrailles. C'est le sacrificateur avec ses deux victimaires qui va accomplir la cérémonie nocturne de Teut [1].

Ainsi s'honorait la divinité. Le sang humain a bien rougi quelquefois les dolmens; mais alors le couteau sacré ne frappait que les criminels. Gardés cinq ans dans les fers, au terme de cette première expiation on les attachait en croix aux branches des chênes; ou plutôt, en l'honneur de Teut, ils étaient liés au poteau d'un bûcher couvert des prémices de tous les fruits : les Armorikes croyaient que, purifiées par le feu, ces âmes coupables s'envolaient dans le ciel.

Une autre coutume, inspirée par cette foi à l'immortalité de l'âme, régnait dans les basses terres. Si le corbeau [2] avait jeté son cri funeste au-dessus des bois sacrés, si l'air se chargeait de vapeurs léthifères, le peuple s'alarmait et demandait une victime pour apaiser les dieux. Le plus riche ou le plus pauvre du burg était alors remis aux druides, qui le nourrissaient avec soin pendant un an. Puis, vêtu

---

1. Le père Montfaucon, *Antiquité expliquée.*
2. Lug. (Plutarque, περὶ ποταμῶν αραρ., p. 23.)

de la robe blanche, le front ceint de verveine, et chargé de tous les crimes du canton, il était précipité du haut des duns.

Rien de plus doux maintenant, rien de plus gracieux que ce culte des champs et des bois coloré de toute la naïveté, de toute la fraîcheur, de toute la poésie des premiers âges.

Aussitôt que, le sixième jour de la lune, les deux taureaux blancs avaient été immolés au pied du chêne, au *gui*, les druides proclamaient l'an neuf.

La jeunesse se rassemblait alors et courait les burgs avec ce chant :

> « Nous sommes arrivés, nous sommes arrivés
> » A la porte des rics.
> » Dame, donnez-nous l'étrenne du gui !
>
> » Si votre fille est grande
> » Nous demandons l'étrenne du gui !
> » Si elle est prête à choisir l'époux,
> » Dame, donnez-nous l'étrenne du gui !
>
> » Si nous sommes vingt ou trente,
> » Nous demandons l'étrenne du gui !
> » Si nous sommes vingt ou trente bons à prendre femme,
> » Dame, donnez-nous l'étrenne du gui ! [1] »

Puis, le soir, quand les familles étaient réunies autour de la table patriarcale, une voix timide se faisait entendre à la porte, murmurant deux vers sup-

---

[1]. *Keysler* a écrit qu'en Guienne il n'y avait guère plus de 80 ans que la coutume d'aller demander des étrennes en criant : *Au gui l'an neuf !* était abolie ; il s'est trompé. Cet usage existe encore. Les strophes qu'on cite se retrouvent mot à mot dans une chanson populaire de Tonneins. (Voir Mone, *Die druidischen neujahrgebraüchte*, t. II, p. 379.)

pliants, et la femme s'empressait de sortir et de porter une part du festin aux pauvres.

C'était, au reste, le signal des joies publiques; on se masquait avec la robe des femmes, avec les peaux velues des faons : emprunter les cornes de l'urus, la tête de la génisse, et dresser la table la plus splendide, passait pour un gage de bonheur futur.

Les autres fêtes suivaient la marche des saisons en les réfléchissant à mesure dans leurs rites naïfs.

Ainsi, l'arrivée des hirondelles donnait le signal de la fête aux mauvais génies.

Par les matinées les plus riantes du printemps, au penchant fleuri des duns, à travers les bouleaux des chemins, apparaissaient tout à coup les prêtres d'Hizzus portant sur leurs épaules des statuettes couvertes d'un long voile blanc et couronnées de feuillages. Le vieux *barde* chantait des hymnes en leur honneur, tout le peuple accourait en dansant sur leur passage; et le cortége, au milieu des vœux et des chants, traversait les vertes campagnes.

L'été, la première branche de fruit qu'avait mûrie le soleil, on l'apportait aux druides. Ils la coupaient huit fois, sur chaque morceau gravaient des marques, puis ils les jetaient pêle-mêle dans une robe blanche. L'eubage, les yeux au ciel, invoquait Teut pendant ce temps, et, sa prière achevée, retirant, comme des bulletins, les morceaux de la branche ; sur le rapport que le hasard donnait entre elles aux marques hiéroglyphiques, il prédisait l'avenir.

Une recherche entourée par les *saronides* [1], d'un appareil plus mystérieux et pleine de terreur, signala long-temps les jours caniculaires. Une multitude de serpents s'assemblaient, disaient ils, poussés par l'haleine de feu du soleil. Entrelacés un mois, ils produisaient avec des sifflements affreux, et sur une place couverte d'écume verdâtre, un œuf magique diapré de taches de sang. Celui qui avait l'audace de le ramasser à cheval au milieu des reptiles, et le bonheur d'échapper à leur rage, possédait un talisman souverain. En mettant cet œuf dans son sein, il était sûr de réussir dans toutes ses entreprises et de gagner tous ses procès [2].

C'était ensuite la cérémonie si bizarre de la *belinuncia* [3].

Dans les temps arides, et lorsqu'il fallait de la pluie pour sauver le lym, on réunissait toutes les filles du burg ; la plus jeune, qui devait être vierge, quittait sa tunique, et toute nue allait à la tête des autres cherchant la jusquiame. Dès qu'on l'avait trouvée elle arrachait la précieuse plante avec le petit doigt de la main droite, et l'attachait au bout d'un cordon lié à ses pieds. Alors ses compagnes, coupant chacune un rameau dans les aubiers [4], condui-

---

1. De saron, vieux chêne (Hesychius).
2. Pline.
3. Ὑσχύαμον Γαλλοί βίλινύντιαν. (Dioscorides, lib. IV, cap. 67, Burchard.)
4. Albareta.

saient la vierge qui traînait la jusquiame à la rivière et l'y faisaient entrer jusqu'aux genoux : là, plongeant leurs rameaux dans les flots, elles l'aspergeaient tour à tour ; et quand l'eau, ruisselant de ses cheveux, inondait son sein et ses épaules, on la ramenait au burg à reculons¹.

Mais rien n'est comparable aux scènes étranges que l'imagination de nos aïeux voyait se jouer la nuit sur les gazons. Tantôt la déesse Néhalénia avec sa robe blanche et flottante, avec ses souliers d'or, descendait des nuages et glissait mystérieusement sur la lisière des forêts. Les feuilles des bouleaux frémissaient soudain sur son passage, ses deux torches l'entouraient d'un croissant de lumière, et on entendait hurler ses deux chiens noirs.

D'autres fois les fées, *fadas*, endormies au bord de leurs fontaines ou dans leurs cabanes de pierre, s'éveillaient en sursaut. Elles écoutaient le bruit de la source, puis, y trempant leurs pieds, se rendaient cueillir la sélago ² ensemble et furtivement comme s'il s'agissait d'un vol.

Mais voici que la clarté des étoiles allait pâlissant peu à peu. Aux trois branches d'un carrefour tombaient les génies du mal avec un sourd battement d'ailes ; de tous les coins de l'Armorike, les *stries* accouraient au rendez-vous. *Bentsozia* se mettait à la tête de ces monstres à forme de femme, et la troupe lugubre prenait son vol dans les airs. A cette heure,

1, Apulée, *De virt. herber.*
2. Sabine.

les femmes qu'un pacte liait aux génies, sortant du lit de leurs époux, allaient rejoindre l'olda et traversaient les nues avec elle. Malheur à l'homme égaré dans la nuit; s'il était aperçu de la troupe infernale, elle plongeait sur lui comme un vautour, ouvrait sa poitrine, mangeait son cœur, et renvoyait le corps animé d'une vie factice.

Souvent, dans les pelouses éclairées d'une lueur blafarde, on les voyait parmi le *dicone*, l'*halus*, le *laginum*, la *rhodora*, chercher la plante cabalistique. L'avaient-elles trouvée, elles se transformaient au même instant et devenaient des *dracs*[1]; ou elles faisaient sortir les morts de leurs tombes, ou elles forçaient la lune de descendre du ciel pour écumer sur l'herbe. Voilà pourquoi, tremblant devant ces fantômes, le peuple leur avait élevé dans toutes les campagnes des chapelles grillées où l'on venait, pour les fléchir, allumer des flambeaux, immoler un porc[3], et murmurer des paroles magiques.

Que si nous sortons du cercle d'or de ces fictions trop merveilleuses pour nos temps modernes, dans les plus tristes réalités de la vie nous trouverons, ou des illusions consolantes, ou les vertus de la famille fortement enracinées aux cœurs des Armorikes.

---

1. Quintilien, *Institutiones*.
2. C'est vraiment une chose intéressante et curieuse que de retrouver toutes ces antiques superstitions vivantes encore dans nos campagnes. On y craint aussi vivement qu'il y a trente siècles les *dracs* et les *stries*, les uns sous le même nom, les autres sous celui de *fathchillieras*, génies femelles a qui l'on attribue à peu près les méfaits des stries et des fadas.
3. Sic.

Ils étaient persuadés que l'existence de la terre n'est qu'une transition à celle du ciel [1], et que les âmes des bons s'envolaient dans la lune. C'est dans cette croyance qu'en brûlant les morts ils avaient soin de déposer sur le bûcher une note de leurs affaires, pour aider dans l'autre monde les mémoires paresseuses. On n'enterrait jamais ceux qui tombaient sur le champ de guerre sans leur remplir les mains de baume destiné à guérir leurs blessures.

Une statue de Teut, aux joues peintes, l'une en blanc, l'autre en noir, gardait la plaine des tombeaux. C'étaient de simples fosses creusées avec l'*ascia* qu'on sculptait ensuite sur le couvercle, ou des caveaux en pierres brutes de trois pieds de grandeur. Lorsqu'il avait quelque temps flotté au vent dans les draps mortuaires, on y descendait le cadavre, ou ses ossements calcinés, ou simplement l'urne qui renfermait ses cendres.

Les rics y ajoutaient une figurine assise sur un fauteuil de joncs et pressant un enfant dans ses bras, avec ces mots gravés en relief : Is poron istillu.

La figurine voulait dire, dans le style symbolique des druides, qu'après avoir reçu le corps de son fils la terre conservait son esprit ;

Et l'inscription, que celui-là avait payé le tribut. Réflexion profondément mélancolique qui, transmise

---

1. Θανάτου χαθαφρονῆταί διέλπίδα ἀναβιώσεως (Appien d'Alexandrie).

de siècle en siècle, comme un écho des tombes de nos pères, sort encore aujourd'hui des lèvres de leurs enfants toutes les fois qu'ils entendent la cloche des morts [1] !

GRECS.

Un navigateur des îles Ioniennes, appelé *Euxène* [2], aborda à une époque très-reculée aux rivages de l'Armorike. Le palais de Nant, ric de la tribu maritime, s'ouvrit pour lui et pour ses compagnons ; et la belle Gyptis, la fille du ric, entrant pendant le festin offert aux étrangers, présenta la coupe d'eau à Euxène. Celui-ci, devenu son époux, établit sous la puissante protection des Ségobriges une colonie phocéenne [3].

Traitée en sœur tant que Nant vécut, la nouvelle cité fut à sa mort l'objet des jalouses craintes des hommes du sol. Ils la comparèrent à la chienne qui demande humblement un asile au berger pour y déposer ses petits, puis qui refuse de sortir quand ils sont grands et forts. Et comme les défiances ne couvaient pas long-temps dans l'âme de ces peuples sans y engendrer des desseins violents, ils résolurent d'étouffer leur ennemie dès sa naissance. Au milieu d'une fête, ils introduisirent dans le burg des chars couverts de feuillages et pleins de guerriers armés.

---

1. A pagat é diben.
2. Εὐσεβίου τοῦ παμφίλου χρονικῶν λόγος.
3. « Massiliam verò à Mercatore conditam quidam veterum prodiderunt; item quod non omittendum, priùs conditam à Phocœnsibus, interjecto tempore, aliam coloniam Phocæensium accepisse. » (Joseph Scaliger.)

Par malheur, une Ségobrige amoureuse d'un Phocéen avait livré le secret; tous ses compatriotes, surpris à leur tour, furent massacrés. A peine échappée à ce péril, la colonie eut à soutenir le choc de ses voisins, qui pressaient vivement ses flancs jeunes encore, lorsque les armes de Bellovèse lui conquirent l'indépendance.

Plus tard, c'est-à-dire cent vingt ans avant la bataille de Salamine [1], d'autres émigrants ioniens fuyant le despotisme d'Harpale, lieutenant de Cyrus, vinrent s'y réfugier [2], et de leur arrivée date véritablement la fondation définitive et l'importance de Phocée connue désormais sous le nom de Massalia [3].

Une admirable intelligence, à partir de ce moment, prépare les destinées de la ville grecque. Les Massaliotes pressentirent le rôle qu'ils étaient appelés à jouer parmi ces nations demi-sauvages; ils virent que l'exploitation du continent par le commerce devait rigoureusement tomber dans leurs mains, et toute leur habileté, tous leurs efforts tendirent à ce but. La position de Massalia était excellente par elle-même, il ne s'agissait que de la rendre inexpugnable aux ennemis intérieurs et extérieurs : ce fut là leur premier soin.

1. Timée. — 2. Ammien Marcellin (Harpocration).
3. Qu'on remarque déjà l'adoucissement phonique des radicaux primitifs. De Mag, ville, habitation, les Grecs font Maz, mot qui est venu et resté sans altération. Maz-Salia, habitation *salienne*. Toutes les autres racines celto-cynésiennes, auskes, phéniciennes vont se teindre successivement d'une couleur hellénique.

La ville, bâtie en amphithéâtre sur des rochers et sur une langue de terre ferme, se trouva bientôt environnée de tours. De hautes murailles l'enfermèrent avec son port dans une ceinture formidable. Hors d'atteinte du côté de la terre par ses fortifications et sa citadelle, maîtresse de la mer par son lacydon[1] et ses vaisseaux, elle put mettre en œuvre l'idée première de sa fondation avec toute latitude.

Mais pour que cette idée de monopole universel ne s'effaçât jamais de l'esprit de leurs enfants, les Ioniens imaginèrent de la rendre vivante par la constitution politique. Six cents familles nobles envoyaient, avec force brigues, chacune un membre au conseil souverain de l'État[2]. Cette assemblée des Timouques en choisissait quinze dans son sein pour présidents et pour ministres. Le pouvoir exclusif était délégué, par les suffrages de tous, à trois d'entre eux[3]. Le peuple divisé en tribus ne comptait pour rien; il avait seulement la faculté de lire les lois des Timouques affichées sur la place publique[4]. La concentration de l'autorité produisit néanmoins les plus heureux effets : l'unité de vues qui en résulta d'abord ouvrit un immense sillon de prospérités et de richesses devant les Ioniens. Ils s'emparèrent de toutes les voies déblayées autrefois par les Phéniciens; et les deux roses de Tyr, si vermeilles

---

1. Le port.
2. Οἱ γὰρ μὴ μετέχωντες τῶν ἀρχῶν γίνουν ἑὼς μετέλαϐον οἱ πρεσϐύτεροι πρότερον ἀδέλφων. (Aristote, *Politique*, liv. v.)
3. Strabon. — 4. César.

encore sur les rives de l'Armorike, furent forcées de fleurir à l'ombre de la citadelle massaliote!

En s'attachant comme clientes *Rhodos* et *Rhodanoussia*, les Ioniens détruisaient la concurrence de ces deux places de commerce, et s'emparaient du même coup des clefs du *Rhedeg* et de la côte. Aussi, après avoir occupé ces deux points principaux, traçant un demi-cercle dans les terres, ils les lièrent à la métropole par une chaîne de colonies. On vit s'élever successivement la ville de la Victoire, *Nikaia* [1]; la Sentinelle, *Antipolis* [2]; la Nouvelle-Athènes, *Athenopolis* [3]; l'Heureuse, *Olbia* [4]; la Bonne, *Agathè* [5]; la Marchande de sel, *Alonis* [6]; la ville du Taureau, *Tauroentiom* [7]; la fille du Taurion, *Trézène* [8]; la Harpe, *Kitharista* [9]; les villes du marché et de l'étang, *Emporion* et *Stomalimné* [10]; celle du continent, *Abarnos* [11].

Trois vieilles cités celtiques, *Kabellion, Aouenion, Arelaith* [12], passèrent même sous leurs lois; et la dernière échangea son nom contre celui plus moderne de *Théliné*, la ville aux coquillages. Un commerce actif et quotidien s'établit entre les colons et les naturels du pays : des comptoirs jetés de toutes parts resserrèrent encore ces relations, et bientôt les

1. Νίκη (Nice).— 2. Antibes.— 3. Agaï. — 4. Eoubo.— 5. Agde.

6. Ἁλς ωνεω (Ile de Maguelonne). Le père Baudrand la confond avec Alicante. — 7. Tarento. (Scylax.)

8. Le fleuve Taurion baignait Trézène. On trouve aux environs de l'ancienne abbaye de Grandmont un ruisseau portant le même nom.

9. Ceyreste. (Baron Walckenaer, *Géogr. anc. des Gaules.*)

10. Ampurias, Estouma.— 11. Ἄβαρις, du continent, qui n'a point de vaisseau.— 12. Cavaillon, Avignon et Arles.

Massaliens parvinrent à se faire les entreposeurs de la Bétique, de la Gaule, de la Bretagne et de l'Italie.

Pendant cette période de l'établissement ionien à l'intervention romaine, l'histoire coule presque toujours dans le même lit. La cupidité grecque se déploie sans mesure, et rançonne impitoyablement les tribus celtiques d'en haut et les pasteurs des plaines. Comme les négriers de nos jours avec les sauvages, les Massaliotes abusent de leur supériorité morale jusqu'à solder leurs trafics en pièces fausses recouvertes d'une feuille d'or ou d'argent.

Sur les mers, Massalia est presque reine. Une seule fois la puissante Carthage a voulu les lui disputer, mais les têtes d'airain des liburnes grecs ont brisé les galères puniques, et depuis ce temps le taureau massaliote vogue sans rival. Lui seul a le monopole du corail et de cet ambre jaune que les femmes du Garw attendent avec tant d'impatience. Au seul entrepôt du Lacydon se rendent ces mules qui dans trente jours apportent l'étain d'Uxisama (Ouessant).

La constitution politique ne contribuait pas peu, du reste, à développer la prospérité commerciale. Par leur sévérité, les lois tenaient continuellement les esprits en éveil; et il arrivait qu'au lieu de songer à les éluder ou à les combattre, le peuple ne cherchait qu'à leur rendre hommage et à les fléchir quelquefois à force de vertu. On doit citer comme exemple, avec cette rouille antique dont le glaive de la justice était couvert, le beau trait de Zénothémis.

Son ami Ménécrate, convaincu d'avoir injustement jugé, venait d'être déclaré infâme et de perdre tous ses biens comme le voulait la loi. Le revers était grand, mais ce qui le rendait encore plus cruel au cœur du magistrat, c'était son amour et sa tendre sollicitude pour sa fille, pauvre créature horriblement disgraciée et même épileptique; un jour il ne put s'empêcher de confier toute sa douleur à Zénothémis; mais celui-ci, lui prenant la main : « Rassurez-vous, dit-il, les dieux ont trouvé un époux à votre fille. » Aussitôt il lui donna une dot de vingt-cinq talents, et, ayant fait préparer dans sa maison un splendide festin nuptial, aux dernières libations il présenta la coupe d'eau à Ménécrate et le força de l'accepter pour gendre. Cette union fut bénie du ciel, et un fils de la plus rare beauté étant né à Zénothémis, celui-ci l'apporta, vêtu de deuil aux pieds des Timouques, qui, touchés de son dévouement, rendirent à l'enfant les richesses et l'honneur de son aïeul[1].

Voilà donc quel était alors l'état de l'Armorike : trois grandes zones principales coupaient son territoire en y dessinant trois familles aussi distinctes que les raies diversicolores du sag (vêtement national). La première, qui bordait la côte, comprenait les colonies avec leurs maisons de plâtre et de chaume, leurs magasins couverts de tuiles, leurs murs de pierre blanche. Comme avant-postes, se rangeaient

---

[1]. Lucain, *De amicitia*.

dans la mer les cinq îles *Stoichades*, Prote [1], Mésea, Hypæa [3], Planassie [4] et Léron [5], dont le temple se mirait dans les flots. Les navigateurs voyaient de loin les colonnes de marbre du temple de Vénus sur le promontoire Aphrodision [6], le cap de Leucate [7] et le temple de Diane [8], se détacher sur des vagues aussi bleues et un ciel aussi pur que la mer d'Ionie, que l'horizon azuré d'Athènes. Ils abordaient au Lacydon, où flottait toujours une forêt de mâts encadrée par les remparts et les tours de Massalia, haletante au soleil. Les fanaux massaliotes les guidaient, pendant la nuit, aux bouches périlleuses du Rhodanos [9].

Tous les arbres précieux de la mère-patrie avaient été transplantés sur ce sol : on y trouvait le figuier aux larges feuilles, le citronnier aux pommes d'or, et l'aloès. Les collines étaient ombragées de verts oliviers, la vigne serpentait sur les flancs des rocs, et dans les vallées se courbaient de riches moissons [10].

Les bassins du *Garw*, de *l'Ator* et de *l'Arar* [11] enfermaient la seconde zone composée de tous les peuples que nous avons déjà nommés : çà et là s'élevaient des établissements massaliotes : à l'exemple des étrangers, les Ausks-Armorikes plantaient la vigne, commençaient à semer le blé et à clore leurs

---

1. Porquerolles. — 2. Portecroz. — 3. Ile du Levant. — 4. Saint-Honorat.

5. De Sainte-Marguerite, dite de Léron, à cause qu'il y avoit un temple en l'honneur d'ung certain petit roytelet d'Afrique, appelé Léry. (Thevet.)
6. Cap de Creus. — 7. Cap de Saint-Loup. — 8. A l'embouchure du Rhône. — 9. Le radical indigène Rhedeg est hellénisé à partir de ce moment. — 10. Salvien, Pline le-Jeune. — 11. Garonne, Adour, Hérault.

burgs de murailles¹. Sur les anciennes chaussées phéniciennes roulaient avec activité les chariots des colons. Partout où ils s'arrêtaient pour vendre leurs marchandises, les Ausks à la rouge ceinture, les Tectosagen au brack peint, les rusés Ligors s'attroupaient autour d'eux et leur demandaient d'où ils venaient, le nom et les usages de leur pays et de leurs pères².

La troisième s'étendait des monts Kèben, Byrren, Cantal, à l'Océan et à la Lierris. Les Arvernes, dispersés sur ce vaste plateau, éprouvèrent aussi l'influence des relations grecques. Défrichant leurs forêts, traçant des routes, ils ouvrirent passage aux chariots des marchands. Ceux-ci leur apportèrent l'étain d'Uxisama en échange de leur plomb et de leur fer : ils leur enseignèrent à pousser la charrue, à bâtir avec le ciment, et à substituer les lits au gazon et aux peaux de loup qui jonchaient leurs cabanes³.

On conçoit le changement que dut produire dans les mœurs des Armorikes ce commerce de tous les jours et de tous les instants, et quelles améliorations vinrent à la suite : la rudesse native du peuple indigène s'adoucit progressivement dans ses rapports avec le peuple civilisé; la langue dépouilla ses écailles celtiques pour se plier à la douce euphonie massaliote. A force d'entendre parmi eux l'idiome étranger, Ausks et Arvernes le bégayèrent dans les

---

1. Merula (Géographie générale). — 2. Polybe, Vopiscus. — 3. Strabon.

comptoirs, et une foule de mots restèrent sur leurs lèvres.

La religion aida encore au rapprochement par ses puissants prestiges. Les Grecs avaient trouvé la fête du solstice d'été, souvenir lointain de Tyr ou de Memphis: ils la fondirent dans une célébration commune avec leurs lacphries. La première nuit de l'été, tous les burgs, toutes les villes, tous les pens des campagnes étincelaient de feux. Les Armorikes voyaient dans ces flammes l'image du renouvellement de l'année, les Grecs un hommage à la déesse d'Éphèse; mais, en criant *Johnan* et *Diane*, les uns et les autres dansaient le red-an-dro [1] autour du bûcher, et scellaient leur amitié nouvelle par les plus joyeuses acclamations.

Prise de ce point de vue, l'Armorike se présente maintenant sous une face neuve. Tout y revêt une forme hellénique ou s'y baptise d'un nom ionien; or, comme sur cette première couche s'est superposé le badigeon romain, il importe à la vérité et à l'exactitude historiques de la conserver intacte. Par ce moyen on suivra facilement la physionomie nationale à travers toutes ses transformations.

Dans les commentaires sur Eusèbe-Pamphile, Scaliger nous a laissé le mot d'une énigme bien difficile à deviner sans son secours. Il nous a appris que l'Armorike était primitivement divisée en nomes semblables à ceux d'Égypte dont le nom disparut plus

---

1. Lucilius

tard sous la qualification de *civitates*. A l'aide de cette donnée et des vieux géographes, on peut reconstruire tout l'ancien édifice politique et social tel qu'il était, à peu de chose près, au temps de la colonisation grecque.

NOMES PRINCIPAUX [1].

Massalia.

Le nome de Massalia rangeait sous ses lois les terres comprises entre le golfe qui portait son nom, le Var et une partie du Rhône.

Nemaoussom [2].

De Nemaoussom ressortissaient Vindomagos [3], Ouienna [4], Magalo [5] et tous les villages des Volces arécomikes.

Andéridon [6].

Andéridon appartenait aux Gabaloi : Tasta et Datia [7] formaient les limites de ce nome assez restreint.

Cliberri [8].

Dans celui de Cliberri, les Auskioi occupaient Hungumberri [9], Lacura [10], Comacina [11], Elusa [12] et une grande partie de la rive gauche du Garw appelée par les Grecs Garon.

---

1. Στέφανος περὶ πόλεων, ἐκ τῆς Πτολεμαίου γεωγραφικῆς ὑφηγήσεως.
2. Nîmes, appelée, comme on s'en souvient, *Nemet-mag* par les peuples antérieurs.
3. Vendemiase. — 4. Vienne. — 5. Magnelonne. — 6. Anterrieux. — 7. Tasta près de Conques (Testet *sur la Daze*). — 8. Auch. — 9. Ville détruite près de la forêt de Bouconne. — 10. Lectoure. — 11. Ville perdue. — 12. Eause.

Aginnom [1].

Aginom était la métropole des tribus Nitiobriges.

Cossiom [2].

Cossiom dominait sur le pays vasate et les plaines sablonneuses des Boïes.

Bourdigala [3].

Les Bitourigues Vibisques composaient le nome de Bourdigala, borné par les Santones et l'Océan. Ils avaient pour seconde ville Noviomagos et Segosa [4].

Anatilia [5].

Anatilia était le chef-lieu de la confédération des Ligors, formée des Oxybes, des Déciates, des Anatiliés et des Avatiques. Kitarista [6], Agitna [7], Azania [8], Catoluca [9], villes principales.

Arrosiom [10].

Dans cette circonscription on comptait les Kaouaroi [11], disséminés entre Arrosiom, Akousciom [12] et Aeria [13].

Tarouscom [14].

Les Saliès tenaient dans ce nome tout le pays qui s'étend de Tarouskom à Glanom [15], Arelatom [16], Ernaginon [17], Ouassiom [18].

1. Agen. — 2. Bazas. — 3. Bordeaux. — 4. Royan, Escorsé (Landes). — 5. Ville située vers le pont Saint-Esprit. — 6. Ceyreste ou le cap Cepet. — 7. Port de Theoulé. — 8. Azillanet. — 9. Ville perdue. — 10. Orange. — 11. Les Cavares. — 12. Notre-Dame d'*Aigu*. — 13. Auriac. — 14. Tarascon. — 15. Saint-Rémy. — 16. Arles. — 17. Saint-Gabriel. — 18. Vaison.

Dinia [1].

Dinia et son district prolongé le long des côtes d'Agathé [2] à Blaskon [3] et à l'île Léron paraissent avoir été habités par les Bodiontikoi, peuple mêlé de Grecs et de Ligors.

Tolosa [4].

Tolosa, capitale des Volces Tectosages, commandait à Narbon [5], Kepero [6], Karkasso [7], Baitarrai [8]. Son autorité était reconnue dans le bassin de l'Ator et sur le versant purement auske d'Illiberri [9], Cocoliberri, Rouskinom à la mer.

Mediolanion [10].

Le nome des Santones dessinait l'extrémité du golfe Galate. Outre sa capitale, on y voyait Sassumina [11] et le port Siccor [12], à l'embouchure de la Liéris.

Liminom [13].

Les Limnikoi se partageaient en deux branches : la première, mélangée de Pictones, couvrait en deçà de la Liéris [14] le territoire qui confine aux Santones, aux Avarikes et aux flots de la Crosa [15]; Liminom donnait le nom à son nome, et Argantomagos [16] le limitait au nord.

---

1. Digne. — 2. Agde. — 3. Château de Brescou. — 4. Toulouse. — 5. Narbonne. — 6. Saint-Tibèri. — 7. Carcassonne. — 8. Béziers. — 9. Elne, Collioure, Perpignan. — 10. Saintes. — 11. Ville perdue. — 12. Trace philologique remarquable : *Sichor* signifie en phénicien rivière (Réland). — 13. Poitiers. — 14. Loire. — 15. Creuse. — 16. Argenton.

Ratiaton [1].

La seconde branche des Limnikoi remontait le plateau Arverne et, s'arrêtant à la Dourdon [2], formait le nome de Ratiaton. Villes secondaires : Toula [3], Briga, Cassinomagos, Aguista, Jougondiakos, Solemniagos et Tiblosa [4].

Vesuna [5].

Vesuna était le nome des Pétrocorioi.

Néméton [6].

Deux nomes principaux classaient, à ce qu'il paraît, la population Arverne ; à celui de Néméton obéissaient Brioua [7], Bruguèzia [8], Thigurna [9] et Eborolakos.

Gergovia [10].

A celui de la cité des montagnes Icidmagos [11], Iciodura et Ouiolvassion.

Doukona [12].

Les Cadourkoi en comptaient aussi deux : le premier, resserré d'abord dans les vallées de l'Oltis [13], se développait peu à peu sur les mille dunes du Craig [14], et s'arrêtait à la forêt baignée par l'Avario [15]. Doukona en était le siége ; Ouelloduna [16], le boule-

---

1. Limoges. — 2. Dordogne. — 3. Tulle, Brives, Chassenon, Ahun, Mont-Jouy, Solignac. — 4. Ville perdue. — 5. Périgueux. — 6. Clermont. — 7. Brioude. — 8. Ville perdue. — 9 Thiers et Ebreuil. — 10. Ville au sud de Clermont.—11.Issengeaux, Issoire et Volvic.—12. Cahors.—13. Le Lot. — 14. Les crêtes granitiques qui bordent les vastes groupes de terrain quartzeux de Figeac à Saint-Afrique. — 15. L'Aveyron. Cette forêt est la Grésigne. — 16. Uxellodunum.

vard. Villes secondaires : Cosa ¹, Diolinda, Moasan.

Albriga ².

Le second nome des Kadourkoi suivait le Tarn jusqu'au pays Tolosate, et, côtoyant les rochers Routanites ³, venait finir à Carantomagos ⁴. Son siége était Albriga.

Segadounom ⁵.

Le district de Segadounom comprenait tout le territoire des Routanoi;

Rouessiom ⁶.

Et celui de Rouessiom, le territoire des Ouellenes ⁷, qui terminait de ce côté le plateau Arverne.

Cette distribution du pays en nomes représentait, dans son ensemble, une vaste fédération pivotant aux deux extrémités sur deux centres de pouvoir rivaux. Autour des Arvernes se groupaient, à titre de sœurs, la famille Celto-Armorike et la famille Ausk-Armorike. Les colonies étaient ralliées au lion massaliote. Assez long-temps l'élément national et l'élément étranger, malgré la haine sourde qui les divisait, vécurent sans choc, côte à côte. Il y avait bien par intervalles des querelles de frontières entre les Ligors et les Grecs; mais ces différends bientôt apaisés ne franchissaient jamais la ligne de démarcation que les Gésates étaient payés pour maintenir, ou pour la retracer avec leur sang. Massalià et Gergovia,

---

1. Cos (entre Montauban et Moissac), Debiliac, Moissac. — 2. Alby. — 3. Les habitants du Rouergue. — 4. Villefranche. — 5. Rodez. — 6. Saint-Paulian. — 7. Ceux du Velai.

quoique mutuellement jalouses de leur puissance, et déjà se mesurant d'un œil hautain, n'en étaient point venues aux hostilités. L'occasion se présenta dans l'année cent cinquante-quatrième avant Jésus.

Massalia, depuis la soumission de Rhodos[1], n'avait plus trouvé que Carthage pour lui disputer l'empire des flots et le monopole du commerce. Mais trop faible pour saisir corps à corps le colosse africain, on doit sentir avec quelle joie elle vit Rome engager la lutte.

Dès lors, seconder les Romains, accabler les Carthaginois, partager leurs dépouilles et régner sur tous les marchés sans rivale et sans concurrence, tel devait être son plan dans les guerres puniques, et tel fut son rôle d'alliée. Constamment du côté des Romains, elle les servit jusqu'à la journée de Zama, comme amie, comme auxiliaire, comme espion. Son or, ses arsenaux, ses galères, les javelots de ses Gésates, elle leur prodigua tout; aussi, quand succomba Carthage, l'exploitation de l'Orient échut aux Massaliotes, et Rome paya magnifiquement les services rendus. Les vaisseaux partis du Lacydon purent entrer, francs de tous droits, dans les ports de la république; les oligarques purent venir s'asseoir dans les arènes à côté de ses sénateurs.

Mais le but convoité par la haute ambition de Massalia n'était pas encore atteint. Du côté des Armorikes, elle pressentait de vigoureuses résistances;

---

[1] Rose.

presque reine sur la mer, elle ne jouissait dans les terres que d'un territoire toujours contesté. Pas de repos pour ses Timouques, pas de sécurité pour ses colonies, pas de garanties de durée pour sa puissance même, tant que vis-à-vis d'elle s'élèverait la forte confédération arverne. L'attaquer seule était impossible, la mettre aux prises avec Rome, rancuneuse dans son cœur et dans son orgueil des balances de *Brenn* et des flammes du capitole, semblait le parti le plus habile. Ce fut celui qu'elle adopta, dans l'espoir que la tactique employée contre Carthage aurait le même succès contre Gergovia.

Un de ces combats périodiques que se livraient leurs mercenaires avec les Ligors servit de prétexte: battus et assiégés dans la ville de la victoire, les Massaliotes eurent l'art de jeter entre eux et leurs ennemis la morgue de l'ambassadeur de Rome qui, rudement repoussée par ces derniers, compromit en effet les Romains.

Le consul Opimius reçut ordre de marcher au secours de Massalia.

ROMAINS.

Parvenus au plus haut degré de puissance après la ruine de Carthage, ils avaient une surabondance de force militaire qu'ils précipitèrent avec empressement sur l'Armorike, appelée par eux *Aquitania*[1]. Auxiliaires d'abord, ils ne tardèrent pas à devenir envahisseurs et conquérants. Dans cette œuvre san-

---

[1] Le pays des *eaux*.

glante et difficile, les Massaliotes les aidèrent pendant près d'un siècle. Mettant au service de ces dangereux alliés toute leur intelligence du pays et des peuples, et toute la perfidie du caractère grec, ils ne furent occupés, durant quatre-vingts ans, qu'à semer la trahison au profit des Romains sur cette terre hospitalière. Fidèles aux vils instincts des peuples commerçants, ils n'envisageaient qu'une idée de gain, et ne songeaient qu'à la pressurer avec rapacité et bassesse. Nous allons les voir à la queue des armées romaines comme les lixes et les goujats; et, quand les légions auront vaincu, eux viendront sur le champ de bataille pour dépouiller les morts.

Quintus Opimius battit les Ligors, prit Ægitna, et suivant la coutume de sa nation envoya tous les habitants au marché des esclaves. Cette première invasion se concentra dans le nome d'Anatilia : les Oxybes, les Déciates, les Anatilies, les Avatiques, n'ayant pu soutenir le choc de l'armée consulaire, perdirent leurs armes et une partie de leurs terres : Opimius posa des camps au milieu d'eux pour marquer la prise de possession de Rome, et les Massaliotes s'enrichirent des vallées qu'on leur enleva.

Après les Oxybes ce fut le tour des Saliés. Les Grecs sollicitèrent contre eux l'intervention romaine et l'obtinrent facilement de l'amitié intéressée du sénat. Fulvius fut envoyé avec une nouvelle armée : écrasés sous le nombre, les peuples du nome de Tarouskom eurent le sort de leurs voisins d'Anatilia, il fallut rendre les armes aux Romains, et céder tout le territoire maritime aux Massaliotes.

Mais il n'entrait pas dans les desseins de Rome de se faire l'instrument de conquête de son alliée : Rome ne paraissait embrasser une cause étrangère que pour mieux soutenir la sienne : et ici, la politique des Timouques se vit bientôt débordée par le système largement spoliateur des pères conscrits. Le successeur de Fulvius débuta par le mettre en pratique. Quand il eut soumis tout le pays des Ligors, quand il eut vendu à l'encan la partie la plus brave de la population, au lieu de reprendre avec ses soldats la route d'Italie, Calvinus Sextius hiverna sur la terre conquise. Au premier soleil du printemps la population massaliote et les indigènes mandés à son camp y furent témoins d'un étrange spectacle.

Non loin de Massalia [1], dans un site magnifique, arrosé par des sources fumeuses et des ruisseaux d'eau vive, le général romain avait fait creuser une fosse. Il y jeta les prémices de toutes les choses nécessaires à la vie, avec une poignée de terre prise aux bords du Tibre. Puis, guidant une charrue traînée par une génisse et un taureau blanc, il enfonça le soc d'airain dans le sol jusqu'à ce qu'il eût tracé l'enceinte d'une ville. Aux endroits où il voulait faire les portes, du côté de l'Italie surtout, les centurions prenaient la charrue dans leurs bras afin d'interrompre la tranchée. Les soldats suivaient le général :

---

1. Cassiodore.

les uns répandant des fleurs et des feuillages dans les sillons, les autres les couvrant de terre. Cette première cérémonie accomplie, sur un autel élevé au centre de l'enceinte, le victimaire sacrifia à Jupiter le taureau et la génisse. On se rendit de là dans les champs que la légion divisa en parties égales : chaque soldat planta des bornes en les entourant avec soin de cendres, de charbon et de poterie cassée : un second victimaire passa ensuite, versa de l'huile sur tous les termes, les orna de couronnes, et, s'enveloppant la tête d'un voile, immola un bouc aux divinités des campagnes. Alors les Massaliotes et les Ligors apprirent que Rome venait de prendre possession de l'Aquitaine, que ces tranchées parsemées de fleurs étaient les fondements d'une ville baptisée du nom du consul et de celui du lieu, *Aquæ sextiæ* (Aix), et que par ses termes la nouvelle colonie s'était partagé le territoire.

Il n'en fallait pas moins pour éveiller les craintes des Arvernes. Leur roi Bitric chercha un prétexte de guerre, et comme le chef des Saliés, son ami, avait été précédemment détrôné par Sextius, il fit demander son rétablissement au consul Domitius. Sur le refus de celui-ci, les Arvernes se lèvent en masse, accourent au Rhône, et attaquent tumultueusement, selon leur coutume, les Romains conduits par Fabius. La victoire aurait peut-être été le prix de leur courage, car la ligne de fer des légions s'ébranlait déjà devant l'impétuosité de leur choc ; mais tout à coup le général romain lança sur eux les éléphants, et la vue inaccoutumée de ces animaux les glaça d'un tel effroi, qu'ils prirent la fuite. Les eaux du Rhône furent rougies du sang des morts. Bitric était parvenu à gagner les Cévennes ; mais une perfidie du proconsul Domitius le jeta dans les fers, d'où il ne fut tiré que pour orner la pompe triomphale et mourir à Albe. Tandis que le sénat s'instituait le tuteur de son fils, le consul et le proconsul parcouraient, sur des éléphants, le théâtre de leur gloire; et deux tours de pierre blanche, surmontées des armes prises dans la bataille, s'élevaient fastueusement pour rappeler aux Arvernes : *le malheur aux vaincus!*

Trois autres années donnèrent aux successeurs de Fabius les nomes de Rouessiom et de Nemaoussom. Après cette dernière conquête, toute la partie de l'Aquitaine soumise au sénat fut réduite en province romaine, et eut une armée consulaire affectée à sa garde.

Mais le jour était venu où Rome solidement établie pouvait se passer des services de son alliée : Massalia n'étant plus utile devint suspecte. Tous les avantages de ce mouvement commercial qui reversait dans ses murs les richesses de l'univers furent convoités par les Romains ; et leur adroite politique ne tarda pas à trouver le moyen de s'en emparer. Sur la proposition d'un membre de la famille Martia, ils envoyèrent une colonie à Narbon. Crassus, qui avait choisi la position, éleva un centre de puissance et d'activité assez fort pour neutraliser et attirer à lui toute l'influence de Massalia. Quoique bâtie à douze milles de la mer, par un de ces travaux de géants que le bras seul des Romains pouvait exécuter, Narbon fut transformée en ville maritime [1] : la flotte qui surveillait la province stationna dans son port ; les vaisseaux partis de tous les points de la république y vinrent aborder sans s'arrêter au Lacydon, et bientôt le taureau massaliote céda à l'aigle du Capitole l'empire de la mer.

Dans l'intérieur des terres, ce fut pis encore : Narbon, placée entre les Aquitains et les Grecs, intercepta impérieusement les communications des deux peuples.

Il fallut, dans toute la Provincia, désapprendre la langue ionienne pour parler la langue de Rome, se plier aux mœurs de Rome, adopter ses lois, s'agenouiller aux pieds de ses dieux [2]. Mais ce brusque amalgame d'hommes divers, d'intérêts ennemis, de passions rivales, de haines, de vengeances, étroitement uni sous la vigoureuse main du sénat, ne pouvait se consolider qu'à force de temps et de despotisme. Rome, qui l'avait senti, brisait donc de tous ses efforts les résistances des Aquitains, lorsque des flots de Barbares vinrent donner une secousse terrible à sa puissance.

Les Kimri et les Teutons, accourus du fond de la Baltique, se précipitèrent sur la Provincia. Ils passèrent sur le ventre à deux armées romaines, et

---

1. Pline-le-Jeune.— 2. Fréret.

bientôt à la place des camps proconsulaires furent plantées leurs tentes de peaux. Les Aquitains saisirent cette occasion d'attaquer leurs premiers vainqueurs en se liguant avec les Barbares. Tolosa donna le signal; elle égorgea la garnison que les Romains avaient introduite par surprise dans ses murs, et se déclara indépendante. Malheureusement, elle comptait des traîtres parmi ses enfants; ils ouvrirent les portes au consul, et ce fut une nuit de pillage et de sang. Cépion osa même s'emparer des trésors que les anciens Tectosages avaient jetés dans le lac du Tor en l'honneur de leur dieu Belen. Il y trouva, dit-on, quinze mille talents [1]; mais ce sacrilége lui devint funeste. Attaqué avec son collègue Mallius, il vit tomber 80,000 Romains, et s'échappa presque seul sur l'immense amas de cadavres, d'hommes et de chevaux, traîné pêle-mêle par les Barbares dans les flots du Rhône. Cette influence fatale l'accompagna à Rome; il perdit ses biens par suite d'une accusation, le bourreau déflora ses filles, et lui-même fut exilé. C'est en vue d'une destinée si étrange, qu'on dit de l'homme malheureux : *Il a pris l'or de Tolosa.*

Les Teutons étaient maîtres de toute la Provincia; Rome tremblait pour ses temples, et l'Italie aurait revu peut-être les journées d'Allia et de Cannes, si elle avait eu dans son sein un grand homme de moins. Mais le farouche Marius se chargea du salut public. A la tête des légions, il vint opposer une

---

1. 82,500,000 francs.

barrière d'airain à cet océan de Barbares. C'est encore au bord du Rhône qu'il les attendit, et qu'à l'abri des tranchées appelées depuis de son nom *Fossæ Marianæ*, il prépara ses soldats à la victoire par une discipline sévère.

Elle s'était relâchée entre les mains de ses prédécesseurs, au point d'exiger pour en renouer les liens toute la vigueur et toute l'inflexibilité de son caractère. Mais le consul ne s'y épargna pas, et un exemple pris dans sa propre famille, en prouvant sa haute équité, acheva de courber les volontés les plus rebelles. C. Lucius, son neveu, un des bons soldats de l'armée, en proie à ce vice infâme qui gangrenait les mœurs romaines, sollicitait depuis long-temps le jeune Trébonius. Toujours repoussé avec horreur, il l'envoya chercher une nuit sous prétexte des besoins du service, et, dans sa tente seul à seul, il essaya d'employer la violence. Trébonius, se sentant trop faible, tira son glaive et le tua.

Ceci se passait en l'absence de Marius. A son retour, il fit comparaître le meurtrier devant son tribunal, et là, comme mille se présentaient pour l'accuser et pas un pour le défendre, Trébonius raconta lui-même d'une voix assurée les poursuites honteuses du mort, et comment il avait été forcé de verser le sang pour sauver son honneur. Ce qu'entendant Marius, il se fit apporter une couronne de gazon, et la lui posa sur la tête en le comblant de louanges[1].

1. Plutarque

Mais les Kimri et les Ambro-Teutons qui, passant comme un torrent sur la Provincia, s'étaient répandus dans l'Ibérie, franchirent de nouveau, un an après, le col d'Ibanèta ; et le partage du butin fait entre les trois nations, ils se divisèrent en deux masses : la première, formée uniquement de Kimri, dut se diriger sur l'Italie par le pays des Noriques[1], et culbuter Catulus qui défendait ce passage. La seconde, composée des Ambro-Teutons, se chargea de pénétrer par les Alpes, en filant le long de la mer, et balayant en chemin l'armée de Marius. Celle-ci ne tarda pas à se trouver en présence des légions. Avec des hurlements féroces qui jetaient la terreur dans l'âme des soldats, les Ambrons déployèrent leur multitude dans la plaine, et dressèrent leurs tentes vis-à-vis des tentes romaines. Là, ils entouraient le camp ennemi, et, secouant leurs têtes horriblement hideuses, ils provoquaient les Romains, leur reprochaient la lâcheté des chefs, et, pour les forcer au combat, brûlaient, pillaient, saccageaient tout dans la campagne, souvent même ils assaillirent les retranchements. Les légions bouillonnaient en vain d'impatience ; Marius les tenait dans ses lignes et attendait qu'elles fussent familiarisées avec la vue des Barbares. Il les laissait regarder du haut des murs l'incendie et les ravages qui dévastaient le pays pour irriter de plus en plus leur courage et les remplir du désir de la vengeance.

---

[1]. Entre Saltsbourg et Œdenbourg.

Ce moyen lui réussit merveilleusement : de jour en jour la fureur croissait dans le camp ; de toutes parts on entendait dire : « Marius nous juge donc
» bien lâches pour nous empêcher de combattre? Il
» nous regarde donc comme des femmes pour nous
» tenir ainsi sous clef? Montrons que nous sommes
» des hommes, et allons lui demander s'il attend
» d'autres soldats pour défendre l'Italie, et s'il ne
» nous croit bons qu'à détourner la rivière ou à
» creuser des fossés; car voilà les grands travaux
» qui ont lassé deux ans nos bras. Craindrait-il le
» sort de Carbon et de Cépion?... Et ne sait-il pas
» qu'il est, lui, plus illustre et plus brave, et qu'il a
» de meilleurs soldats? Encore vaudrait-il mieux
» être battu en essayant de battre les Barbares, que
» de rester oisifs pour voir la ruine et le saccage-
» ment des nôtres [1].

A ces discours que Marius écoutait avec plaisir, il répondait en louant leur courage et en montrant la pythonisse, qui devait dire l'heure de la victoire. Car, pour relever plus promptement le moral de l'armée, il avait en effet une syrienne dont l'emploi mystérieux était de nature à frapper les esprits. Toujours cachée dans une litière, elle n'en sortait que pour assister aux sacrifices, et alors sa double robe de pourpre aux fermoirs d'or, sa lance entourée de festons, de flammes et de fleurs, pénétraient les soldats d'une sorte d'effroi religieux. Cette inaction de

---

1. Plutarque, *Vie de Marius*.

Marius fatiguait cependant les Teutons; plusieurs fois ils tentèrent d'emporter les retranchements d'assaut; mais, forcés de se retirer sous une grêle de traits, ils prirent le parti de continuer leur route vers l'Italie. Pendant six jours, les Romains les virent défiler devant le camp; six jours ils essuyèrent les injures et les railleries de toute cette multitude. Quand les derniers rangs furent passés, Marius les suivit et les observa des hauteurs jusqu'à la ville de Sextius.

Arrivés à ce point si voisin des Alpes, la bataille ne pouvait plus s'éviter; aussi Marius s'empressa-t-il de mettre les premières chances de son côté. Tandis que ses ennemis couchés pêle-mêle dans la plaine, ou plongés dans les eaux chaudes, ou gorgés de vin, ne songeaient qu'à se reposer des fatigues de la marche, il fortifiait son camp sur la montagne, puis, lorsque ses soldats dévorés de soif lui demandèrent de l'eau, il leur répondit en montrant celle du Cœnus : « Allez l'acheter avec votre sang. » Les Lixes descendirent donc armés d'amphores, de haches, de lances, et, en voulant puiser de l'eau, engagèrent l'action. Bientôt les légions se précipitèrent avec impétuosité sur les Barbares, les culbutèrent dans le Cœnus, remplirent la rivière de morts, et poussèrent jusqu'aux chariots qu'ils auraient pris sans l'énergie des femmes teutones.

L'armée romaine coucha sur la place; mais toute la nuit se passa de sa part dans l'anxiété et la terreur. Elle s'attendait à tout moment à une attaque dans les ténèbres, et les plus hardis étaient glacés d'effroi en entendant les Teutons, qui ne cessèrent de pousser des gémissements et des lamentations funèbres sur la défaite de leurs frères. Les bois et les vallées frémissaient de ce mugissement surhumain qui troubla Marius lui-même; et toutefois, ni cette nuit, ni le jour suivant, ils ne se présentèrent. Marius profita de cette espèce de trève pour regagner son camp et dresser une embuscade dans les bois où ils s'appuyaient : les Teutons enterrèrent leurs morts.

Le second jour, à la vue de la cavalerie romaine qui venait escarmoucher sur leur front, ils prennent tumultueusement les armes et courent attaquer Marius dans son camp. Mais refoulés par le choc des légions descendues en masse de la montagne, et chargés à dos par les trois mille hommes de l'embuscade, ils furent écrasés après une résistance terrible et qui dura plusieurs heures. Marius laissa la plaine encombrée de cadavres. A cause de l'immense putréfaction qui s'ensuivit, les habitants d'Aquæ-Sextiæ la surnommèrent Campi-Putridi. Et les Massiliens, dont toutes les idées tournées vers le gain exploitaient jusques aux morts, quand les pluies eurent dissous ces corps, quand les vautours eurent achevé ces chairs corrompues, vinrent ramasser les ossements pour enclore leurs vignes!

Les querelles de Marius et de Sylla ne sont point de notre sujet; toute la part qu'y prit la Provincia se borna à quelques rencontres entre les lieutenants des deux partis. Massalia, fidèle à son instinct aristocratique, s'était déclarée pour Sylla. De cette époque, à l'arrivée de César, il n'y eut de remarquable dans l'Aquitaine que l'expédition de Pompée aux Pyrénées. Une tribu indépendante, reste des anciens Ausks, vivait pour ainsi dire à l'état sauvage sur les roches neigeuses d'Altabiçar. De ce quartier-général, se répandant sur les deux versants, ses bandes infestaient le territoire ibérien et les plaines du Lapurdum; les débris de l'armée de Sertorius se réfugièrent dans ses rangs, et, grossie en outre de tous les déserteurs romains des deux pays, elle résista si vivement à Pompée, qu'il fut forcé de traiter avec elle. Il lui donna des terres sur le territoire arékomike, et en forma une colonie appelée Convène, dont tous les membres eurent droit de citoyen romain [1].

César qui, pour fonder la tyrannie sur la gloire, avait entrepris la conquête des Gaules, venait d'attaquer la Celtique. Mais la sourde fermentation de l'esprit national lui faisant craindre un soulèvement en Aquitaine et une invasion dans la Provincia, il y envoya Crassus, un de ses lieutenants. Celui-ci, rendu prudent par les défaites de Manilius, qui peu d'années auparavant avait laissé ses bagages sur cette terre, et de Preconinus, qui y avait laissé la vie, agit avec toute la sage précaution de son maître. Il établit des camps pour s'assurer les vivres et les communications avec la Provincia, appela autour de ses ai-

---

1. Origine des peuples de l'ancien comté de Comminges.

gles les alliés de Tolosa et de Carcasso, et les colons de Narbon, et les mena d'abord contre les Sotiates[1]. Ce peuple, dont la force principale consistait en cavalerie, au premier bruit de la marche des Romains, accourut à leur rencontre et engagea un combat, dont l'issue fut long-temps douteuse. Forcés cependant de céder le terrain, les Sotiates se replièrent sur leur ville[2], que le lieutenant de César investit immédiatement et tenta de prendre d'assaut. Mais, repoussé à son tour, Crassus forma un siége en règle. La défense dut être vigoureuse, car on voit les Romains user tous leurs moyens de stratégie devant ces murs, et ce n'est qu'à la dernière extrémité que les assiégés parlent de se rendre. Tandis qu'on apportait les armes, le *ric Adcantuan*, à la tête de six cents soldenars, entreprit de s'ouvrir un chemin à la pointe du Gisa; mais, ayant affaire à toute l'armée romaine, il fut rejeté dans Soz, où il obtint par son courage une honorable capitulation.

Crassus marcha ensuite contre les Vocates[3] et les Tarusates[4], qui sous les ordres de vieux chefs formés à l'école de Sertorius, suivirent de point en point la tactique du fameux proscrit. Interceptant toutes les communications, coupant les vivres, écrasant les partis ennemis qui s'éloignaient du gros de l'armée, ils étaient partout pour attaquer, et, lorsque Crassus voulait prendre l'offensive, il les trouvait à couvert

---

1. Les Armagnacs.— 2. Lectoure.— 3. Bazas.— 4. Le Tursan.

dans leur camp. Par ce moyen, en refusant le combat, ils diminuaient tous les jours le nombre des Romains, tandis que leurs forces croissaient de plus en plus.

Crassus, convaincu du danger de sa position, sentit qu'il ne pouvait en sortir que par un coup de vigueur, et il se porta sur le camp. Les Tarusates se défendirent avec toute la bravoure que donne l'avantage du terrain et le salut de la patrie mis en jeu. Comme à Soz, les Romains arrosèrent les lignes de leur sang, et l'aigle s'y serait peut-être brisée, sans la négligence des chefs aquitains qui avaient laissé la porte Décumane presque dégarnie de troupes : quatre cohortes de cavalerie pénétrèrent par là dans les retranchements, et cette surprise donna la victoire à Crassus. Elle amena en même temps la soumission des Tarbelli [1], des Bigerriones [2], des Preciani [3], des Vocates [4], des Tarusates [5], des Elusates [6], des Garites [7], des Auscii [8], des Sibutzates [9], des Cocosates [10] et des Garumni [11].

Mais cette soumission ne fut probablement que nominale. Tout porte à croire que les succès de Crassus eurent pour seules conséquences la cessation des hostilités et une alliance avec ces peuples. Le fait, du reste, semble nous être attesté encore par ce chant national, dernier et lointain écho des guerres romaines :

1. Près d'Aqs.— 2. Bigorre.— 3. Peuple perdu.— 4. De Bazas. — 5. Le Tursan. — 6. D'Eause. — 7. De Lectoure.— 8. Les Ausks. — 9, 10, 11. Peuplades gasconnes.

Les étrangers Romains
Entourent la Biscaie; et
La Biscaie élève
Le chant de guerre.

Le Romain est
Seigneur du monde,
Lecobidi [1]
Seigneur des Biscaiens.

Du côté de la mer,
Du côté de la terre,
Nous embrasse
Le siége.

Les plaines brûlées
Sont à eux,
A nous les bois de la montagne,
Les cavernes:

Dans un poste favorable
Retranché,
Chacun de nous a un robuste
Courage.

Imperceptible frayeur
Au manier des armes;
Arche au pain
Mal pourvue.

Si lourdes cuirasses
Ils portent eux,
Nos corps sans défense
Sont plus agiles.

Cinq ans
Jour, nuit
Sans aucun repos
Le blocus dure.

1. Chef basque célèbre.

Des nôtres un
S'ils tuent
Quinze d'entre eux
Sont écrasés.

Mais eux sont nombreux
Et nous petite troupe,
A la fin nous faisons
Amitié.

Des grands chênes
La vigueur s'use
Quand y grimpe perpétuellement
Le pic [1].

Il se leva cependant chez les Arvernes un défenseur de la liberté nationale, digne de tenir tête à César : un jeune Vercingetoric [2] engagea avec le proconsul une lutte terrible, et dont nous regrettons de ne pouvoir retracer les vicissitudes, resserrés que nous sommes dans notre cadre tout spécial. César avait mis le siége devant Gergovia, le Vercingetoric le força à plier ses tentes ; mais investi lui-même dans Alésia, après la plus valeureuse et la plus brillante défense, le noble chef se dévoua pour le salut des siens. Seul et sans armes il vint se livrer à César, qui, incapable d'un mouvement généreux, le fit jeter dans les fers jusqu'au jour du triomphe.

Le Vercingetoric pris, Alésia rasée, il ne restait presque plus d'ennemis en armes, lorsque deux compagnons du héros arverne essayèrent de relever le drapeau des Gaules. Retirés dans les montagnes,

---

1. W. Humboldt (Prüfung) a donné ce chant celtibérien dont nous rétablissons le sens. — 2. Chef de guerre.

des Caïrouçi, Drapès et Lutheric, avec les débris des troupes confédérées, arrêtèrent quelque temps le lieutenant de César, Caninius. Mais l'heure de la nationalité aquitanique avait sonné, il fallut la laisser mourir et s'enfermer pour voir son agonie dans les remparts d'*Uxellodunum*. Le *pech d'Issolud* [1], aujourd'hui si morne et si désert, peut seul nous raconter ces dernières scènes historiques. Ces pierres noircies par dix-neuf siècles et cachées à moitié sous la mousse furent les murs, les tours, les cabanes de la ville haute. César, accouru du pays des Carnutes avec deux légions et toute sa cavalerie, plaça le camp dans cette plaine : voilà la butte de Bel-Castel, où il fit dresser une tour en bois à dix étages remplie d'archers et de frondeurs qui défendaient aux assiégés l'approche de la fontaine. Sur ces roches escarpées ont rebondi les tonneaux de suif et de bitume lancés contre la tour pour y mettre le feu. Il semble qu'on entend encore les trompettes des cohortes que César envoya menacer les murs pour rappeler les Caïrouçi prêts à détruire ses ouvrages. On cherche la tranchée ouverte dans le roc, et qui détourna la source de la fontaine. Involontairement on se sent saisi de tristesse à la vue de ces ruines funestes ! N'est-ce pas à la même place que les *Uxelènes* se sont rendus à discrétion ?.. N'est-ce pas cette terre qui fut baignée de sang ? Si on la fouillait à nos pieds, on trouverait peut-être encore ces quatre mille mains

---

1. Il faut n'avoir pas vu les lieux pour placer, comme M. Champollion, Uxellodunum à Capdenac.

que le barbare vainqueur fit couper aux Caïrouçi; on découvrirait peut-être la tête du brave Lutheric qui, venant pleurer sur la mutilation de ses soldats, fut trahi par Espanact et livré aux bourreaux. Mais la terre a été fouillée, et l'on n'a déterré que des glaives romains, que des médailles consulaires, et l'avarice qui dispute un peu d'or à la rouille a brisé sous la pioche les plus glorieux ossements de nos pères! Puis le temps qui entraîne toutes choses a jeté l'oubli le plus profond sur ce dun d'Issolud où se débattit le dernier destin de la Gaule. Les ruines furent relevées en partie par l'évêque Frotaire de Gourdon pour arrêter les Normands. Le roi Raoul les donna dans la suite aux religieux de Tulle, et aujourd'hui elles sont désertes et muettes. La Dordogne seule les reflète encore dans ses eaux vertes. Un misérable débris de portique conserve le nom de Rome qui n'est plus, et la ville victorieuse, morte comme la ville vaincue, ne vit maintenant que dans les traditions confuses des montagnes [1].

La guerre civile ébranla bientôt le monde romain : chaque pays, suivant l'impulsion de ses intérêts ou de ses haines, prit parti pour le beau-père ou pour le gendre. César, représentant de la force militaire, eut pour lui la majorité des plébéiens, et recueillit en quelque sorte l'héritage de Marius, tandis que Pompée, agissant au nom du sénat, rangea sous ses drapeaux tous les clients de la noblesse. L'Aquitaine épuisée d'hommes, et gisant encore sanglante sur le champ de bataille, ne put se mêler de la querelle;

mais Massalia, fidèle au système aristocratique des Timouques, s'empressa d'embrasser le parti de Pompée. Les vieilles bandes de César s'étaient présentées à ses portes et les avaient trouvées fermées, il fallait un châtiment sévère. César assiégea la ville, la prit, et dès lors toutes les perfidies commises au profit de Rome furent punies par Rome. Malgré les lamentations du rhéteur Cicéron, son image captive orna le triomphe de César, et fut traînée au Capitole par le même chemin où ses trahisons avaient jeté Bitric et le Vercingetoric.

Après la soumission des Massaliens toute indépendance nationale s'éteint dans l'Aquitania : la Gaule entière plie sous le joug. Les peuples qui avaient combattu quatre-vingts ans pour leur liberté, semblent l'abdiquer sans retour, et eux qui ont douze cents villes se laissent enchaîner par douze cents hommes.

Période de civilisation.

TRAVAUX PUBLICS.

Les Romains suivirent toujours un double système de conquête merveilleusement entendu : lorsqu'ils avaient brisé à coups d'épée la nationalité d'un peuple, ils s'empressaient de rompre les liens physiques et moraux qui enchaînaient depuis des siècles ce peuple au sol où il était né. De larges routes détruisaient l'isolement des tribus éparses; des communications continuelles adoucissaient leur sauvagerie;

les édifices à la grande architecture, surgissant tout à coup au milieu d'elles, détachaient leurs idées de la hutte primitive : puis, forcé dans ses rapports quotidiens d'apprendre la langue des conquérants, d'obéir à leurs lois, de se plier à leurs mœurs, ce peuple vaincu ne tardait guère à se trouver transporté peu à peu sur le terrain de la civilisation romaine. C'était un immense service que Rome lui rendait alors : en versant sur lui, dans un but d'égoïsme, les bienfaits du progrès social développé dans son sein, elle soldait un arriéré de plusieurs siècles, et l'élevait sans travail, sans bruit, ni secousses, à son propre niveau.

Ne nous plaignons pas de la manière dont elle arrivait à cette inoculation morale; pour qu'elle fût bonne, il la fallait rude et faite avec le fer. Voici donc comment procédèrent les Romains à l'égard de la Gaule méridionale, qu'ils se plurent à considérer, après la conquête, comme une annexe de l'Italie. Le jour où les légions quittèrent le glaive, elles prirent la pioche. L'aigle les conduisit dès lors à des travaux plus pacifiques; les marais furent comblés, les vieux chênes abattus, les duns aplanis, et bientôt sur cette vaste surface hérissée de forêts ou impraticable à force de montagnes et de fondrières, les voies latines étendirent et entrecroisèrent leurs rayons au solide ciment. La plus fréquentée, partie de Burdigala, se déroulait ainsi jusqu'à Arelate :

De Burdigala [1] à Vasates [2], une couchée.
            Elusa [3]   idem.
            Auscius [4], une couchée.
            Tolosa [5]   idem.
            Nonum [6], mutatio, un relai.
            Vicesimum [7], mutatio, un relai.
            Elusione [8], mansio, une couchée.
            Sostomago [9], mutatio, un relai.
            Hébromago [10], vicus, le bourg ou relai.
            Cédros [11], mutatio, relai.
            Castellum [12], couchée.
            Tricensimum [13], mutatio, relai.
            Hosuerbas [14], mutatio, relai.
            Civitas [15], couchée.
            Civitas [16], mutatio, relai.
            Cesarone [17], mansio, couchée.
            Foro Domiti [18], mutatio, relai.
            Sostantione [19], mutatio, relai.
            Ambrosio [20], mutatio, relai.
            Nemauso [21], couchée.
            Ponte Ærario [22], mutatio, relai.
            Arelate [23], [24].

Comme on le voit, sur les radicaux celtiques po-

---

1. Bordeaux. — 2. Bazas. — 3. Eause. — 4. Auch. — 5. Toulouse. — 6. A la distance de 9 milles.—7. De 11 milles de plus.—8. Bastide-d'Anjou. —9. Castelnaudary. — 10. Bram.—11. Villesèque.—12. Carcassonne. — 13. Trèbes. — 14. Tourousèle. — 15. Narbonne — 16. Béziers. — 17. Saint-Tibéri.— 18. Frontignan. — 19. Substantion. — 20. Pont-Ambroix. — 21. Nimes. — 22. Un village vis-à-vis Beaucaire. — 23. Arles. — 24. Tables de Peutinger.

lis à moitié par les hellénismes, voici qu'il se superpose une nouvelle couche étrangère. L'élément romain envahit le langage, efface les vieilles traces des Galls et des Grecs, et teint de sa couleur majestueuse tous les mots tombés des lèvres du peuple de la Provincia, en commençant par les noms des contrées et des villes. Jaloux de conserver autant que possible le caractère particulier à chaque époque d'invasion, nous considérerons scrupuleusement cette période de notre histoire de son point de vue latin.

Les deux autres routes principales étaient celle d'Arelate à Narbonne et celle de Tolosa à Lugdunum.

La première passait par Nemausum [1].
     Ambrussum [2].
     Sextationem [3].
     Forum Domiti [4].
     Arauram,
     ou Cesseronem [5].
     Beterras [6].
     Narbonem [7].

La seconde, sortant du bassin de la Garumna, traversait la couche arénacée des collines des Cadurci [8], tournait sur les pics des Rhuteni [9], et, se développant sur la pente des monts Arvernes, arrivait à Lugdunum [10].

1. Nîmes. — 2. Pont-Ambroix. — 3. Substantion. — 4. Frontignan. — 5. Saint-Tibéri.— 6. Béziers.— 7. Narbonne.— 8. Quercinois.—9. Peuples du Rouergue. — 10. Itinéraire d'Antonin; Bergier, *Histoire des grands chemins de l'empire.*

Ces voies provinciales s'embranchaient en outre avec les voies romaines qui venaient directement d'Italie : ainsi la voie Domitia, coupant le pays qui tirait son nom de Narbonne, entrait en Espagne par le Summum Pyrenæum [1], tandis qu'une voie militaire, allant de Narbo à Tolosa, se croisait au départ avec la domitienne [2]. Dans ces travaux se révélait déjà la main puissante de Rome. Chaque route était fondée sur une triple assise de pierre cimentée ; de larges fossés la bordaient ; de mille pas en mille pas des colonnes cylindriques hautes de six pieds sur deux de diamètre, avec une corniche arrondie, indiquaient la distance par une inscription où brillait le nom de César [3] : ce furent les milliaires d'Auguste ; plus tard on doit reconnaître ceux de Tibère à leur forme raboteuse et carrée, et ceux de Claude et d'Antonin, à leur inscription gravée dans le cadre et entourée d'un rebord.

A partir de ce moment, la haute pensée qui dominait au Capitole ne cessa d'être écrite en pierre et en marbre sur le sol aquitanique.

Suivons-la dans la forme monumentale où elle se manifesta le plus largement, s'imposant aux peuplades soumises par les mœurs d'abord et ensuite par la religion, comme nous allons le voir tout à l'heure.

Nemausus, la première ville qu'on rencontre toutes les fois qu'il s'agit des prodiges de l'art, ouvre d'abord

---

1. Col de Perthus. — 2. Polybe. — 3. Nomen Cesareum nitet columnis (Sidonius).

son amphithéâtre haut de soixante-dix pieds et large de quatre cent huit [1] : l'ordre toscan règne dans la partie supérieure; au-dessous brille l'ordre dorique. La foule y monte par des escaliers de quatre pieds de large, et quand elle a franchi neuf gradins elle trouve le vomitorium [2] et se répand dans l'enceinte. Vient ensuite Arausio [3], dont le cirque doit ses élegantes colonnes à l'ordonnance corinthienne, et qui est moins fameux encore par son mur de face aux dix-sept arcades que par ses bas-reliefs. Parmi ces trophées d'armes, prisonniers et captives conduits en triomphe, combats à cheval, labara frangés, entremêlés de rostra, de tridents, de masques, d'instruments de sacerdoce, attirent et flattent les yeux par la finesse de la sculpture. Les Romains lisent sur le bouclier les noms triomphaux de *Caïus Bodnacus* et de *Marius*. Narbo, Augusto-Nemetum [4], Tolosa, Mediolanum, Nemausus, Apamiæ [5], se couronnaient en même temps de capitoles.

Les travaux publics furent néanmoins dirigés vers un but plus réel d'utilité : et, si l'orgueil de la victoire se trahit encore dans les arcs de triomphe, si le marbre à Carpentoracte [6] porta dans les airs les

---

1. « A Verona la somma lunghezza era piedi 450; la somma larghezza di 360, l'altezza 100. A Nîmes, 408 piedi in circa, l'altezza di 70. »

(MAFFEI.)

2. « Chaque gradin avait 15 ou 18 pouces d'élévation et le double en largeur. Ils étaient interrompus par des escaliers alternés à chaque rangée. Les portes par lesquelles le peuple entrait ou sortait en foule, soit dans l'orchestre (*cavea*), soit sur les gradins, étaient appelées *vomitoria*. »

(GOBERT, *De l'exécution dramatique.*)

3. Orange.— 4. Clermont.— 5. Pamiers.— 6. Carpentras.

trophées de Marius, si Vasio [1] érigea son monument à l'invincible Gallien, et si enfin le nom de Mémorius étincela au milieu du centaure et du lion, des griffons et des sphynx d'Arelate, les ponts, les canaux, les aqueducs attestèrent les vues éclairées des colonisateurs.

Trois rangs d'arcades unirent les montagnes que baignait le Vardo [2], une seule suffit pour traverser l'Elaver [3] à Brivas [4]. Les vieilles roches détachées de la chaîne celtique rapprochèrent à Cadurcum [5] les rives de l'Oltis [6]. Tarasco s'enorgueillit de son pont entretenu aux frais du public, et le pont Septime, parti de l'Atax (Aude), plongea pendant un mille ses piliers dans un étang, et apparut à travers les campagnes, déroulant encore ses arceaux trois milles plus loin.

Chaque cité eut son aqueduc pour alimenter ses fontaines ou ses thermes : parmi ceux où éclata principalement la puissance de l'art architectural, on dut compter les aqueducs de Tolosa, Forum Julii, Cadurcum, Cemelion [7], Lemovices [8], Augustonemetum [9], Vesuna [10], Mediolanum [11] et le monument de Vencium [12], au célèbre sarcophage. Aux angles supérieurs d'une conque, ornée d'un buste d'homme et de femme, deux tritons sonnent du buccin, et deux génies tiennent encore le masque comique.

---

1. Vaison.— 2. Le Gard.— 3. L'Allier. — 4. Brioude. — 5. Cahors. — 6. Le Lot.— 7. Cimiez. — 8. Limoges. — 9. Clermont. — 10. Périgueux. (Nous en avons vu de nouvelles ruines qu'on déblayait encore au mois de mars 1834.) — 11. Saintes. — 12. Vence.

Arelate offrait son amphithéâtre et ses souterrains disposés pour la préparation des artifices dramatiques, et pour faire rafraîchir les spectateurs [1]. Un jour, en l'honneur de Constantius, on y célébrera des jeux magnifiques [2]. Voyez le cirque de Forum Julii, bâti par Castor, ceux de Burdigala, de Limonum, de Vasio, de Vesuna, de Divona, de Narbo! Sur le proscenium [3] de ces divers théâtres, Jupiter, avec un pallium cramoisi doublé de blanc; Mars, avec un manteau couleur de feu; le Soleil, avec son colpoma [4] orange; Junon, avec sa tunique bleue; et Vénus, drapant avec grâce sa robe blanche, descendent tour à tour de l'Olympe, et viennent poser devant les mortels. Les Roscius y font retentir les vers tragiques du fond de leur masque d'airain; les habits jaunes et les danseurs y plaisent à la foule. Entendez-vous les hurlements de ces lions et de ces tigres? Entendez-vous le choc bruyant des armes? Les gladiateurs s'égorgent, l'arène, répandue avec soin, boit le sang qui coule, et Rome, en faisant signe à l'Aquitaine étonnée, d'applaudir, lui verse dans l'âme un torrent d'idées et de passions nouvelles.

DIVISIONS TERRITORIALES ET POLITIQUES.

Du temps de César le midi de la Gaule se découpait en deux zones distinctes; la première, tournée

---

1. Guis.— 2. Ammien Marcellin.— 3. Scène.— 4. Sorte de manteau à manches courtes.

au sud-ouest, portait le nom d'Aquitania; on appelait Provincia celle qui tirait vers le sud-est : à cette dernière était aussi appliquée la dénomination de Braccata, la contrée du Brac [1], par opposition aux autres parties du pays gaulois dites comatæ ou chevelues. Sous Auguste ces circonscriptions changèrent; une ligne passant au milieu de l'Aquitania la partagea en deux : la première descendit du nord au midi depuis Bituriges [2] jusques à Cadurcum; la seconde se déploya à l'ouest de celle-ci sur les côtes de l'Océan. Le bassin de l'Atur [3] et de la Garumna fut appelé de ses neuf peuples Novempopulanie; et entre les Alpes, les Pyrénées, les Cévennes et le Rhône, la Narbonnaise dans l'ancienne Provincia tailla ses trois provinces.

Soixante et quinze peuples habitaient ces contrées :

Arverni, les peuples d'Auvergne.	Boii, du Bordelais.
Anatilii, ceux du Pont-St-Esprit.	Cadurci, de Cahors.
Ausci, d'Auch.	Camatullici, de Toulon.
Atacini, de l'Hérault.	Cavari, de Cavaillon.
Bazabocates, de Bazas.	Cambiovicences, de Chambon (Auvergne).
Belandi, des Landes.	
Begerri, de Bigorre.	Cempsi, des Pyrénées.
Bituriges-Cubi, de Bourges.	Cenicences, de l'Hérault ou du Gard [4].
Bituriges-Vivisci, de Bordeaux.	Cynetæ, du Roussillon.
Beneharnenses, de Béarn.	Clabilci, de Vaison.

1. On ne se douterait guère de la controverse que le sens de ce mot a soulevée : Isidore, saint Jérôme, saint Ambroise et le grand Alcuin ont prétendu qu'il signifiait des braies; Tacite et Diodore de Sicile, qu'il voulait dire un sayon. Nous pensons, nous, que le brac était ce pantalon court et serré que les montagnards écossais appellent les trews : ils ont conservé la chose et nous le mot, *brago*.

2. Bourges.— 3. Adour.

4. Il a été trouvé récemment, entre Nîmes et Montpellier, un autel votif dédié par Audemax, à Cœniceus, dieu tutélaire du pays.

Consuarini, limitrophes des Cynetæ.	Ruteni, de Rodez.
Consorani, du Conserans.	Salyés, du pays marseillais.
Deciates, du territoire marseillais.	Sardones, du Roussillon.
Desuviates, de Tarascon.	Segalauni, des bords du Rhône.
Ecolismenses, de l'Angoumois.	Santones, de la Saintonge.
Esubiani, de la frontière provençale.	Sibillates, du pays basque.
Euburiates, du pays ligurien.	Sibutzates, d'Aix.
Garites, de Lectoure.	Sotiates, de l'Armagnac.
Gabali, du Gévaudan.	Succasses, de Gascogne.
Garumni, de Gascogne.	Suelteri, de Draguignan.
Helvii, de l'Ardèche.	Tricorii, de Gap.
Ligauni, de Grasse.	Tricastini, de la Drôme.
Lactoractes, de Lectoure.	Tolosates, de Toulouse.
Ligures, entre le Rhône et les Alpes.	Tarbelli, de Tarbes.
Lemovices, du Limousin.	Tasconi, de Tarn et Garonne.
Medulli, du Medoc.	Tornates, de Bigorre.
Memini, de Carpentras.	Tylangii, de la Durance.
Massilienses, de Marseille.	Umbranici, de Nîmes.
Nitiobriges, d'Agen.	Vellavi, du Velai.
Oratelli, d'Aix.	Vasconnes, de Comminges.
Oscidates, de Navarre.	Vasarii, de Bazas.
Oxubii, de Fréjus.	Volcæ Arecomici, de Nîmes.
Petrocorii, du Périgord.	Vocontii, de Vaison.
Pictones, du Poitou.	Vulgii, de Cavaillon.
Reii, de Riez.	Volcæ Tectosages, de Toulouse.

On a perdu les traces des Datii, des Andecamulenses, Bercorcates, Bipedimni, Onobrisates, Venami, et de quelques autres sections des groupes précédents.

Outre la forte place de Narbonne [1], qui pesait au-dessus des nations méridionales comme clef de voûte de la conquête, les Romains avaient pourvu à la sûreté du pays par les colonies et les soldats vétérans. La huitième légion veillait à Fréjus, la seconde à Orange, la septième à Béziers, la sixième à Arles, et la dixième à Narbonne [2].

---

1. « Propugnaculum istis ipsis nationibus oppositum et objectum. » (Cicéron.) — 2. Pomponius Mela.

On y comptait soixante cités.

Acqs.	Cahors.	Javols.	St-Lizier.
Agen.	Cavaillon.	Lescar.	Seillans.
Aire.	Chorges.	Lectoure.	Senez.
Aix.	Clerm.-Ferrand.	Limoges.	Sisteron.
Alby.	Comminges (St-	Lodève.	Tarbes.
Angoulême.	Bertrand de).	Marseille.	Toulouse.
Apt.	Cimiez.	Narbonne.	Trois-Châteaux.
Arles.	Die.	Nîmes.	Uzès.
Auch.	Digne.	Oloron.	Vaison.
Avignon.	Eause.	Orange.	Vence.
Antibes.	Embrun.	Périgueux.	Viviers.
Bayonne.	Fréjus.	Poitiers.	Vienne.
Bazas.	Gap.	Riez.	Valence.
Béziers.	Genève.	Rodez.	
Bordeaux.	Glandèves.	Saintes.	
Bourges.	Grenoble.	St-Paulian.	

« Ce mot n'indiquait pas seulement l'enceinte et
» le territoire de la ville, désignée par le nom propre
» auquel il s'appliquait : il désignait encore l'éten-
» due entière du pagus, pays, diocèse, district com-
» pris dans l'enclave de la cité, et qui formait
» presque toujours un vaste territoire peuplé de
» villes, de bourgades, de hameaux [1]. »

INSTITUTIONS MUNICIPALES. LIBERTÉS.

Toute cité était considérée comme une république à part, quant à l'existence sociale; indépendante, quant à son gouvernement. Ceux qui naissaient dans ses murs ou dans un de ses bourgs, ou même seulement dans son rayon, lui appartenaient de

---

1. Notice d'Honorius d'après D. Bouquet.
2. Raynouard, *Histoire du droit municipal.*

droit¹. Ils demeuraient toute leur vie attachés au sol qui les avait produits. Ce sol, représentant le premier fonds des colonies romaines, la première terre conquise, était en quelque sorte inaliénable. Possédé exclusivement par une classe privilégiée de citoyens, il donnait à ce corps le nom de curie ou d'ordre.

Les membres de la curie s'appelaient curiales ou décurions.

Ce titre passait par l'hérédité à leurs enfants;

Par la naissance aux fils de sénateurs;

Par l'élection aux candidats.

L'assemblée électorale formée au moins des deux tiers de la curie élisait membres :

Les propriétaires de plus de vingt-cinq journaux de terre², qui avaient atteint l'âge de vingt-cinq à cinquante ans seulement. La loi permettait difficilement de décliner l'honneur du décurionnat. Le préfet était d'ordinaire présent, mais il ne pouvait que présider l'assemblée, et son rôle sagement circonscrit se bornait à conseiller tout au plus les choix dans un cas grave; sous aucun prétexte il ne lui était permis de les diriger³.

Les citoyens de la curie se partageaient en deux classes distinctes, les électeurs et les élus. Ces derniers formaient le conseil local qui, sous le nom

---

1. « Qui e vico ortus est eam patriam intelligitur habere cui reipublicæ vicus respondet. » (Ad municipalem.)

2. « Ultra viginti quinque jugera privato dominio possidens. » (Code Théod.)

3. « Sed si præses in ordine fuerit, magis videtur consilium dedisse quis sit creandus quam ipse constituisse. (L. si quidem.)

de sénat-minor, administrait les affaires de la cité.

Les décurions étaient forcés de résider dans le chef-lieu de l'ordre; ils ne pouvaient vendre leurs biens de campagne ou de ville, sans avoir exposé au magistrat les motifs qui les strangulaient [1], et sans en avoir reçu la permission d'aliéner, permission qu'il n'accordait que lorsque la nécessité lui paraissait bien évidente.

Affermer les propriétés passait pour une infamie que la loi punissait rigoureusement.

Les élections municipales avaient lieu aux calendes de mars.

Chaque curie élisait pour un an deux duumvirs, magistrats subalternes de la cité, espèce de suppléants de paix du préfet; pour quinze ans, dix principaux, conseil exécutif et permanent chargé de l'édilité, de la répartition, de la collecte et du versement des impôts; pour deux ans, un curateur ou défenseur de la cité, dont l'office consistait à surveiller l'administration des premiers, à se mettre entre le peuple et le préfet toutes les fois que celui-ci voulait abuser du pouvoir, et à protéger ses concitoyens contre toute injustice. Il avait droit d'appel à l'empereur.

Après quinze ans d'exercice dans les charges municipales, les décurions passaient dans une section plus haute et plus illustre, appelée sénat. Le sénat se composait donc de l'élite des curies, des nobles, des vieillards honorés par le sacerdoce, et quelquefois des créatures de l'empereur. Son action se con-

---

1. « Causas quibus strangulatur exponat. » (Cod.)

fondait dans celle de la curie, et le seul privilége qu'il possédât, c'était d'inscrire les noms de ses membres les premiers, sur l'album de chaque curie.

Les Romains, qui portèrent si haut la science politique, avaient fait du pouvoir un réseau assez vaste pour couvrir à la fois toutes les parties de leur immense empire, et assez fort pour mettre sous la main de l'empereur toute la masse gouvernée.

Tous les citoyens exerçant art ou métier étaient réunis en corporation :

Cette agrégation d'individus, formée par la loi, portait le nom de collége.

Les colléges étaient héréditaires, c'est-à-dire que le fils devait forcément continuer l'art ou le métier de son père.

Protégés par un défenseur, leur élu, ils avaient le droit de s'assembler pour délibérer sur leurs intérêts.

De plus, le Code exemptait des charges publiques, trop lourdes, les colléges :

Des arpenteurs.
De leurs aides.
Des infirmiers.
Des médecins.
Des bahutiers.
Des maîtres ès arts.
Des fossoyeurs.
Des vétérinaires.
Des architectes.
Des pilotes.
Des constructeurs de vaisseaux.
Des constructeurs de balistes.
Des vitriers.
Des forgeurs de flèches.
Des chaudronniers.
Des constructeurs de cabestans.
Des carrossiers.
Des ouvriers en bardeaux.
Des fourbisseurs.
Des fontainiers.
Des faiseurs de trompettes.
— de clairons.
— d'arcs.
Des plombiers.
Des forgerons.
Des tailleurs de pierre.
Des chaufourniers.
Des fendeurs de bois.

Des charbonniers.	Des libraires.
Des bouchers.	Des écrivains des dépôts.
Des victimaires.	Des notaires.
De leurs aides.	Des adjoints aux appariteurs.
Des boutiquiers.	Des écuyers.
Des cultivateurs.	Des embaumeurs de morts.
Des gardes des armes.	Des crieurs publics.
Des grammairiens.	Et des trompettes.

A la tête de ces colléges marchait celui des nautes ou négocians par eau. « La faveur que les Romains » accordaient à ce genre de commerce mit ceux qui » l'exerçaient dans une grande considération. Par ce » nom de nautes, on entendait un corps de per- » sonnes illustres. On y comptait des décurions, » des sevirs-augustaux, des duumvirs, des chevaliers » romains, des questeurs. Ils reconnaissaient des » chefs appelés curateurs [1]. »

Enfin, en dehors et des curies et des colléges, se trouvait l'armée de l'empire, divisée en cohortes et répandue dans les cités. Elle était aussi héréditaire. Les cohortales se transmettaient leurs armes de père en fils, et, à très-peu d'exceptions près (car les empereurs y autorisaient rarement), personne ne pouvait quitter l'état militaire pour la vie civile.

Tous ces éléments, ainsi classés, vécurent en parfaite harmonie sous la domination romaine qui les laissait se gouverner eux-mêmes, car le pouvoir de ses agents, soit qu'on les nommât préteurs ou préfets, se réduisit toujours à une sorte de surveillance générale.

1. Michel Félibien.

Le pays de nos pères fut donc entraîné cinq cents ans dans le mouvement civilisateur de l'empire : il y gagna une liberté plus large cent fois que celle que nous possédons aujourd'hui. Maîtresse du pays par droit de conquête, Rome pouvait imposer toute forme de gouvernement à son gré. Voici comment elle parla :

« Ceux qui désirent le pouvoir pour eux, et la
» servitude pour les autres, se cachent derrière la
» liberté, et ne manquent jamais d'invoquer les noms
» les plus séduisants.

» Guerres et discordes ont rempli la Gaule jus-
» qu'au jour où vous avez accepté mes institutions.
» Quoique tant de fois harcelée par vous, je n'ai pris
» dans le droit de la victoire que ce qu'il m'a fallu
» pour assurer la paix. Car point de repos pour les
» nations sans les armées, point d'armées sans
» solde, point de solde sans tributs. Tout le reste
» est en commun. Vous commandez à la plupart de
» mes légions; vous gouvernez votre pays et les pro-
» vinces étrangères : aucune différence ne nous sé-
» pare, vous n'êtes exclus de rien; aimez donc et
» chérissez cette paix et ces droits que le vaincu pos-
» sède au même titre que le vainqueur [1].

» Ainsi, en associant le pays méridional à ses ins-
» titutions, Rome légitima la victoire qui l'avait sou-
» mis [2]. »

Durant toute cette période de cinq siècles, ses codes s'élargirent incessamment pour enregistrer des dispositions favorables aux gouvernés. Pleine de

---

1. Tacite, liv. IV.— 2. Raynouard, *Droit municipal*.

respect pour leurs droits, elle décréta successivement dans la personne de ses empereurs :

Que chaque cité qui voudrait envoyer des députés pour se plaindre d'un tort en aurait la faculté; que trois élus de la province pourraient apporter les demandes qu'elle avait à former.

Que si quelqu'un offrait la preuve qu'un juge, un comte, ou tout autre employé avait agi injustement dans l'exercice de ses fonctions, l'empereur lui donnerait audience avec empressement, punirait le prévaricateur, et récompenserait en dignités et en largesses celui qui aurait découvert et rendu palpable l'injustice. Trop grande ensuite pour pervertir par de honteux moyens la morale publique, et voyant les choses de trop haut pour introduire la trahison dans le corps gouvernemental, Rome donna une remarquable leçon à tous les pouvoirs qui l'ont suivie. En maintenant scrupuleusement dans leur intégrité les libertés municipales, elle posa en principe que *les agents du gouvernement ne pourraient jamais être éligibles.*

Indépendamment des assemblées locales particulières, il y en eut de générales toutes les fois qu'il fallait discuter sur un objet qui intéressait les cinq provinces. Cet usage, fortement enraciné dans le sol gaulois, n'en fut pas arraché par les vainqueurs; ils se contentèrent d'en régler la forme¹, tout en ayant soin d'exclure les préfets, et de leur défendre de gêner ou de retarder les délibérations utiles à la chose publique².

1. En 338, 380, 382, 395. (Voir le Code Théodosien.) — 2. Ibidem.

Enfin, en 418, les assemblées représentatives des Gaules furent rétablies dans leur périodicité annuelle ; et le premier délégué de l'empereur, le préfet du prétoire, reçut cet édit d'Honorius et de Théodose-le-Jeune.

« Sous l'administration de ta magnificence, con-
» vaincus des améliorations que réclame l'état de
» la république, nous avons résolu de décréter, pour
» nos sept provinces [1], une mesure très-utile, qui ne
» sera plus abrogée, et qu'elles avaient droit d'at-
» tendre. Car les besoins de la propriété et les
» difficultés des fonctions publiques accrus par ces
» temps difficiles, exigeant, ou que les honorés af-
» fluent à ton prétoire, ou que des députés y soient
» envoyés, non-seulement des provinces, mais en-
» core de toutes les cités, nous jugeons utile et
» opportun que, selon l'ancienne coutume, les sept
» provinces tiennent désormais une assemblée an-
» nuelle dans notre ville métropolitaine d'Arles.

» D'abord, afin que par le concours des meilleurs
» citoyens délibérant sous ton illustre présidence,
» si la situation des affaires l'exige, on puisse re-
» cueillir des avis salutaires sur toute chose. En-
» suite pour que les mesures qui auront été agitées
» ou prises après mûre discussion soient portées à
» la connaissance de toutes les provinces, et que les

---

[1] Ces provinces méridionales étaient : la Viennoise, la première et la seconde Aquitaine, la Novempopulanie, la première et la seconde Narbonnaise, et les Alpes maritimes. Quelquefois on réunissait, pour n'en compter que cinq, les deux Aquitaines et les deux Narbonnaises.

» griefs de celles qui n'auraient pas de représentants
» obtiennent la même justice. Nous pensons qu'ou-
» tre les besoins de la chose publique, cette assem-
» blée annuelle que nous rétablissons ne servira pas
» peu à donner du liant aux mœurs, et de la faci-
» lité aux relations. Déjà l'illustre préfet Pétro-
» nius avait essayé de remettre en vigueur cet usage
» que nous ressuscitons aujourd'hui, et qui fut trop
» long-temps interrompu par le malheur des temps
» et l'incurie des usurpateurs. Ta magnificence aura
» donc à faire exécuter perpétuellement notre vo-
» lonté, qui est, que tous les ans aux ides d'août,
» les honorés, les propriétaires et les juges des pro-
» vinces se réunissent dans la cité d'Arles. Toutefois,
» quant à la Novempopulanie et à la seconde Aquitaine
» qui sont un peu plus éloignées, si les juges y
» étaient retenus par leurs occupations, nous leur fai-
» sons savoir qu'elles aient à envoyer des députés selon
» la coutume. Nous croyons par cette mesure faire
» une chose utile et agréable aux provinces, et ajouter
» à la splendeur de notre cité d'Arles, dont nous
» n'avons cessé de nous louer. Que ta magnificence
» sache enfin que le juge qui ne sera pas arrivé à l'é-
» poque fixée doit être frappé d'une amende de cinq
» livres d'or, l'honoré ou le curiale de trois livres¹..»

Telle fut la situation politique du midi de la Gaule sous les empereurs. Il nous reste à retracer maintenant l'état religieux et littéraire, depuis César jusqu'à l'arrivée du christianisme et des barbares.

1. « Saluberrimâ magnificentiæ tuæ......» .

DEUXIÈME PARTIE.

MOUVEMENT DES IDÉES ET DES FAITS JUSQU'EN 711.

LITTÉRATURE.

Pour retrouver le berceau de la littérature aquitanique, il faut revenir dans les forêts. Les temps primitifs du celte furent les seuls temps poétiques : ce n'est que sous les vieux chênes, sous les bouleaux de Néhalénia, au bord des fontaines de la fée, ou entre les dolmens parés de fleurs et les rudes blocs des montagnes ; ce n'est qu'aux doux rayons de Bel qu'on vit la poésie éclore et développer mystérieusement ses formes nationales. La religion, la fraternité et la guerre [1], voilà le triple sujet de ses chants : honorer les dieux, s'aider mutuellement, combattre, voilà le triple but des clans celtes et les trois idées fondamentales que les bardes exaltaient dans leurs vers.

Il y avait ensuite un quatrième genre de poésie dont il faut constater l'existence, car nous le retrouverons à mesure que nous avancerons dans la vie sociale : c'est le genre *parasite*. Au-dessous des bardes, qui suivaient les guerriers au combat, et des vieillards accoutumés à célébrer la divinité et les vertus civiques, paraissent avoir été placés

---

1. « Bardi fortia virorum illustrium facta heroicis composita versibus cum dulcibus lyræ modulis cantitarunt. » (Ammien Marcellin, *Rerum gestarum*, lib. xv.)

d'autres poètes qu'on ne saurait désigner plus exactement qu'en les appelant les flatteurs du chef. De tous les temps la paresse, corrompant les nobles facultés dans le cœur des hommes, les mena à l'avilissement, à l'oubli de leur dignité. Ceux dont nous parlons vivaient oisifs dans les tribus, grâce à la dîme levée sur l'orgueil des rics, et c'est avec un sentiment pénible qu'on les voit courir, hors d'haleine et la larme à l'œil, à côté du char de leurs maîtres, et s'écrier avec enthousiasme, *que les roues en sillonnant la terre font jaillir l'or et les bienfaits sur les mortels*, lorsque leurs maîtres, comme Loueric, daignent leur jeter une bourse [1].

Heureusement la fierté de l'âme et l'indépendance [2] inspiraient mieux les bardes. Voyez ces débris découverts sous les traditions et à demi effacés par la rouille des siècles :

« *L'écho est la voix des aïeux!*

» *Le ciel est un arbre divin aux menues feuilles d'argent clair;*

» *La mort vient sur un cheval grand, maigre et noir, dont les pieds, si doucement qu'il marche, bruissent comme s'il foulait l'herbe et les feuilles sèches* [3]. »

---

1. Ἔτι ὁ ποσυδώνιος......
Ἀθηναίου, δειπνοσοφιστων. (Liv. iv.)

2. Le barde loue les bons et *diffame* les mauvais. (Diodore de Sicile.)

3. Le dialecte, même actuel de l'Auvergne, revêt ces idées d'une sorte d'harmonie sauvage, inimitable avec la langue française : *Tshavaï nigre, maïgre e beï doun lous pé creïdoun ta dapas què vastchoun coma sé patschikavoun de fullias o de pfy.*

Ces définitions magnifiques ne respirent-elles pas la pureté, le calme, la méditation solitaire et libre de la première époque? Elles appartiennent aux druides arvernes, et caractérisent avec assez de justesse la tournure vigoureuse et le sublime plein de mélancolie des idées celtiques. Voici maintenant un chant ibérien qui, tout en fournissant un sujet de comparaison entre la littérature primitive des deux races, nous reporte à l'un des événements les plus profondément gravés dans la mémoire des peuples.

I.

« Oiseau [1], chantre délicieux du pays, où fais-tu entendre à présent ton ramage? Depuis long-temps je prête en vain l'oreille à a voix mélodieuse : il n'est point d'heure dans ma vie où tu ne sois présent à ma pensée.

II.

» Un soir, il passa au pied de nos montagnes, l'étranger africain, avec une foule de soldats étrangers, et il dit à nos vieillards « que nous, leurs enfants, nous étions braves (comme cela » est vrai), et qu'il ne venait pas contre nous, mais qu'il pour- » suivait les Romains, nos ennemis. »

III.

» Et alors les jeunes lui répondirent : « Annibal, si tu dis vrai, » nous marcherons devant toi et nous nous mêlerons à tes soldats » étrangers. Les Romains ont voulu soulever les Gaules contre

---

1.   Chori cantatzate eigena,
           Non othe hiz cantatzen?
           Aspaldian hire botzic
           Nic er diat ent zuten.
           Ez orenic ez menrentic
           Ez diat igaraiten
           Non chitzaitan.

» nous et ils n'ont pas réussi. Nous te suivrons au bout du
» monde. »

IV.

» Et nous sommes partis pendant que les femmes dormaient tranquillement, sans réveiller les petits enfants qui dormaient sur leur sein; et les chiens qui pensaient que, suivant la coutume, nous reviendrions avec le jour, n'ont pas aboyé.

V.

» Et bien des jours, bien des nuits ont passé, et nous ne sommes pas revenus. Courageux Cantabres, au jarret souple, au pied léger, nous avons suivi l'étranger africain, nous avons traversé les Gaules comme un trait, nous avons franchi le Rhône plus furieux que l'Adour, les Alpes plus droites que les Pyrénées.

VI.

» Et, partout vainqueurs, nous sommes descendus dans la belle Italie où il y a des campagnes fertiles, des villes dorées et des femmes belles. Mais tout cela ne vaut pas nos montagnes, nos mères, nos sœurs et nos bien-aimées.

VII.

» Ils disent que dans un mois nous entrerons dans la capitale des Romains et que nous y amasserons de l'or à pleins casques. Moi je leur réponds : « Je ne veux pas ; c'est assez ; j'aime mieux
» revenir dans mes montagnes et revoir celle qui possède mon
» cœur. Le pays est loin d'ici, et il y a long-temps ! »

VIII.

» Oiseau, joli chanteur, chante doucement ! Je suis le plus malheureux qui soit au monde. J'ai quitté la montagne sans faire mes adieux et je m'abreuve de larmes [1].

1.
       Chori, cantari cigerra,
       Canta eçac ez lite;
       Malerousic mundiala
       Ez tu sorthu ni baiçi.
       Adioni erran gabe.

Après la conquête, les bardes, ployés sous les faisceaux romains et la tête baissée devant l'aigle, ne chantent plus; ou, s'il leur échappe encore quelques accents nationaux, c'est à voix basse et avec amertume qu'ils les murmurent :

> Prends garde, fier Pétrocorien,
> Réfléchis avant de prendre les armes,
> Car si tu es battu
> César te fera couper les mains [1] !

La science elle-même portait chez les druides une forte empreinte poétique. Nul doute que dans leurs colléges si célèbres une flamme idéale et philosophique ne brillât au milieu des mythes de la Grèce et de l'Inde. Les druides enseignaient l'immortalité de l'âme : autant qu'on peut le voir à travers les ténèbres de ce passé si loin de nous, ils connaissaient la médecine, car la sorte d'obligation religieuse de cueillir des plantes est un indice des propriétés curatives qu'ils observaient en elles. Mais, soit qu'ils voulussent instruire leurs disciples, moraliser le peuple ou guérir ses maux, se retirer dans les secrets de leur vie contemplative ou célébrer les actions héroïques des guerriers, toutes leurs idées, rendues

---

Phartitu niz hirriti
Nigarrez arinis bethi.

Le texte, dont nous ne donnons que le premier et le dernier couplet, a été copié le 7 octobre 1821, dans la bibliothèque du couvent des capucins de Fontarabie. La tradition en a conservé les principaux passages qu'on chante dans les montagnes.

(Extrait d'une Histoire inédite des établissements des Basques sur les deux versants des Pyrénées.)

1. Refrain traditionnel des villages du Périgord qui touchent au Quercy.

par des symboles, peignaient admirablement, ainsi que le prouve le peu qui nous en reste, le merveilleux simple et beau et la grande pensée des premiers âges.

Mais avec les mœurs celtiques mourut la poésie. La civilisation massaliote les tua du même coup. Ce grand bruit des marchés étrangers couvrant la voix des druides, de nouveaux instincts, des besoins nouveaux, des passions inconnues se sont développés dans le cœur de cette nation qui sort de son heureuse enfance.

Alors commence la deuxième période intellectuelle. Elle a naturellement pour foyer le centre commercial du pays, Massalia. Notons bien les progrès qu'amène la civilisation. Avant l'établissement de la colonie grecque, la poésie était dans tout et ne songeait qu'à faire naître des sentiments religieux, des actions nobles et courageuses. Elle répandait même ses reflets gracieux sur les sciences utiles, qui durent être exercées avec désintéressement chez ces peuplades pauvres. Mais, en greffant son rameau d'or sur le chêne au gui, la civilisation changea toutes les tendances morales.

Il y eut brusque transition de la poésie, science naturelle et spontanée, aux sciences positives, lesquelles ne furent considérées, à cette seconde époque, que sous le rapport de l'utilité égoïste, c'est-à-dire des moyens qu'elles pouvaient fournir pour étendre et généraliser l'action du commerce.

Ainsi, Massalia n'eut pas d'abord de poètes; mais, à la tête des hommes distingués qui s'élevèrent dans ses murs, nous rencontrons deux mathématiciens. Le premier, dont l'antiquité vanta souvent avec raison les connaissances astronomiques, est le créateur de la géographie. Avant Pythéas, les peuples vivaient dans une ignorance profonde les uns des autres. Les navigateurs allaient à tâtons le long des côtes d'une mer, débarquant au moindre signe de bourrasque, et oubliant le lendemain le pays visité la veille. Cet état de choses ne pouvait durer. Dès que Massalia, délivrée de ses embarras intérieurs, voulut disputer les flots à Carthage, elle sentit le besoin d'acquérir les notions qui manquaient à ses pilotes sur la configuration du globe. Alors, et 325 ans avant notre ère, Pythéas fut envoyé à la découverte. Voguant de cap en cap, il longea toute la partie orientale de l'Ibérie, pour entrer dans ce bras de la Méditerranée qui la sépare de l'Afrique à Gibraltar en joignant l'Océan. Une fois hors du détroit, il remonta vers le Nord en côtoyant la Lusitanie et l'Espagne, et se dirigea, sans perdre de vue l'Aquitaine et les pens celtiques, vers la Grande-Bretagne, qu'il doubla par la Manche jusqu'à Thulé [1]. Dans ce voyage, ou un peu plus tard, il explora la Baltique, et du recueil de ses observations composa le premier ouvrage écrit en Occident, et intitulé : *le Tour de la Terre* [2].

1. L'une des Orcades.
2. Γῆς περίοδος.
Cet illustre géographe fut fort maltraité par Polybe, que Strabon s'empressa de croire et d'imiter sur parole, et vigoureusement défendu par Éra-

Dans le même temps, Euthyménès, son compatriote, exécutait un voyage semblable au Midi, et visitait avec soin l'Égypte et l'Atlantique. L'ouvrage qu'il donna après son retour a été critiqué par Sénèque, qui en jugeait la partie physique défectueuse. Mais tout en justifiant Euthyménès d'un reproche qui ne saurait l'atteindre, car il n'avait fait que reproduire les idées de Thalès, on doit remarquer que le philosophe romain ne proposa pas un système meilleur. Ce qui semblerait du reste prouver en faveur d'Euthyménès, c'est qu'au bout de huit cents ans l'on puisait encore dans ce livre et dans ses Chroniques. Un demi-siècle plus tard, Ératosthénès, suivant ses traces, fit l'histoire des Gaulois[1]. Cet ouvrage, cité par César et par Étienne de Bysance, était, à ce qu'il paraît, très-étendu, et, quand on songe aux précieux détails dont il devait abonder sur des temps qui sont restés pour nous dans un lointain si obscur, on n'en peut déplorer trop vivement la perte. Ces trois hommes représentent avec vérité, par le caractère utile et sérieux de leurs œuvres, la nouvelle ère qui s'ou-

---

tosthénès, Hipparque et Pline. Dans les temps modernes, Bayle a répété les injures de Polybe, qui, mot à mot copiées par les bénédictins (Histoire littéraire), viennent de reparaître textuellement dans l'ouvrage de M. Ampère fils. Nous nous contentons d'opposer à Bayle, Nicolas Sanson, Olaüs Rudbek, Mannert, Ukert, d'Anville, Bougainville, Gassendi, Keralio, qui ont su rendre justice à Pythéas, et d'écrire à côté du nom de M. Ampère fils celui du dernier défenseur de cet homme extraordinaire, l'illustre Joachim Lelewel.

1. Γαλατιχῶν.

vrit en Aquitaine sous l'influence des lettres grecques. Après eux, en effet, vinrent immédiatement les rhéteurs, et l'empire que Massalie avait perdu sur les mers, elle le reconquit dans ses écoles, de florissante renommée. A la tête des grammairiens qui attiraient à leurs leçons toute la jeunesse des Gaules et d'Italie, se placent trois de ses enfants Teucer, Jachus et Choréas. Il est probable que l'enseignement se faisait en grec; mais Rome ayant fondé des écoles rivales dans la ville [1] qu'elle avait élevée pour supplanter Massalie, la langue latine dut suivre la progression de la conquête romaine, et prévaloir en même temps. A peu de distance, en effet, des guerres de César, deux des plus célèbres rhéteurs massaliens abandonnèrent leur patrie pour aller enseigner à Rome. Celui qui partit le premier y fut accueilli avec enthousiasme : un concours prodigieux d'auditeurs se pressait constamment autour de sa chaire [2]. Tous les amateurs des belles-lettres allaient apprendre de ce barbare à parler latin, et un maître en l'art de bien dire [3] appelait Lucius Plotius l'*orateur insigne par excellence*.

Gnypho n'eut pas moins de succès que Plotius. Pauvre orphelin abandonné, et devant toute son instruction à lui-même et à la pitié d'un citoyen massaliote, c'est une grande présomption en faveur de son talent que de le trouver tout à coup professant dans le palais de Jules César : il laissa des recher-

---

1. Narbonne. — 2. Cic., *Fragment.* — 3. Quintil., *De arte oratoriâ.*

ches très-curieuses sur les fenêtres des temples. Son fils Hermas, de son côté, composa avec Atteius, autre Aquitain, une vaste encyclopédie divisée en huit cents livres, et non sans motif intitulée *Hylè* [1].

Cet enseignement soutenu, cette culture si exquise et si littéraire devaient finir par produire des fruits. On les voit mûrir sous la dictature de Sylla, dans les ouvrages de Valerius Cato. Valerius, surnommé la sirène latine, est le résumé de cinq siècles de civilisation et le type le plus parfait que la fusion græco-latine ait créé. Son nom forme la date de la troisième phase littéraire, qui ne ressemble en rien aux deux autres. Ainsi la poésie druidique avait déjà brillé d'un éclat sauvage et sublime comme la nature qui l'inspirait; les sciences, filles de la Grèce, venaient de grandir pendant trois siècles sur le sol aquitain; avec la domination romaine et les rhéteurs devait paraître et parut une littérature toute de réflexion et d'art. Ces deux qualités classiques, qui ne sont données aux nations qu'après un laborieux enfantement, caractérisent surtout les poésies de Valerius Cato. Ses vers sont pleins d'harmonie et de grâce. Ils ont été revus avec le goût le plus pur, et l'antiquité offre peu de poèmes aussi achevés, aussi élégants, que ces malédictions contre les soldats de Sylla qui l'avaient chassé de son héritage.

1. Ύλη, toute matière.

Battarus, répétons en vers les invocations de Médée [1].
Chantons cette demeure et ces terres qu'on nous a ravies,
Ces terres sur lesquelles nous allons lancer des vœux impies.
Les chevreaux emporteront les loups, le veau timide poursuivra [les lions,
Les dauphins fuiront devant les poissons, les aigles devant les [colombes.
Et ce bouleversement de la nature deviendra plus grand encore,
Avant que ma muse abdique sa liberté.
Aux monts et aux forêts je dirai tes destinées funestes, ô Lycurgus!
Que les joies de la Sicile soient taries pour nous,
Que les champs de mes pères demeurent stériles,
Que les moissons cessent d'y mûrir, les collines de s'y couvrir de
Les arbres de fruits, le pampre de raisins :   [pâturages,
Que les feuilles ne parent plus les bois, que les sources ne jaillis- [sent plus des montagnes.
Répétons donc de nouveau, Battarus, les invocations de Médée.
Puissent les sillons garder dans leurs flancs les germes avortés de
Puissent les prairies altérées jaunir sous les feux du soleil, [Cérès.
Puissent les fruits qui chargent les branches tomber avant leur [maturité,
Que les arbres n'aient plus de fraîcheur et les fontaines plus d'ondes [pures,
Mais que toujours de nos pipeaux s'échappent ces malédictions!

1. Battare, cytaeas repetamus carmine voces,
Divisas iterùm sedes et rura canamus,
Rura quibus diras indiximus impia vota.
Antè lupos rapient hædi, vituli antè leones,
Delphini fugient pisces, aquilæ antè columbas
Et conversa retrò rerum discordia gliscet
Multa priùs fuerit quàm non mea libera avena.
Montibus et sylvis dicam tua fata, Lycurge,
Impia. Trinacriæ sterilescant gaudia nobis,
Nec fœcunda senis nostra felicia rura,
Semina parturiant segetes; non pascua colles,
Non arbusta novas fruges, non pampinus uvas,
Ipsæ non sylvæ frondes, non flumina montes,
Rursùs et hoc iterùm repetamus, Battare, carmen.
    (Diræ... ed. Burman (Leyde, 1731).

Que sur ces guirlandes fleuries et si variées de Vénus,
Que sur ces champs peints de couleurs purpurines,
Les doux zéphyrs, les suaves brises de la plaine
Portent des ardeurs pestifères et des venins contagieux !
Que rien d'agréable n'y frappe les yeux ni l'oreille :
Telle est ma prière !
Et toi qui fus si souvent le sujet de mes vers,
Toi la plus belle des forêts avec tes frais ombrages,
Tu vas voir tomber tes voûtes verdoyantes, et plus tes rameaux
Ne frémiront doucement agités.
Et mes malédictions, ô Battarus, ne s'éteindront
Que lorsque la main impie du soldat
Fera tomber sous le fer ces ombrages ravissants.
Les bois fortunés de l'ancien maître,
Tant de fois en vain maudits dans ces tablettes,
Seront dévorés par le feu du ciel. Jupiter lui même,
Jupiter les a fait croître, il faut qu'il les fasse périr.
Que les tourbillons de Borée soufflent sur eux un épouvantable
Que l'Eurus y précipite une nuée sulfureuse, [ravage,
Que le vent d'Afrique les menace d'un déluge
Lorsque la forêt resplendissante dans son horizon d'azur,
Lorsque Lydia qui s'achemine vers l'Érèbe auront reconnu la voix
Que les flammes dévorent les vignes, [de leur maître.
Que les moissons en feu volent dans les airs
Au-dessus des arbres, que les arbres soient brûlés comme les
[moissons,
Que la mesure coupable qui a divisé mes champs,
Que mes anciennes limites soient réduites en cendre.
Rivière, qui baignes de tes flots les bords de ma villa,
Bords heureux qui les rafraîchissez de vos brises douces,
Écoutez mes accents ! que Neptune lance ses ondes dans mes champs
Et les couvre d'un lit de sable,
Qu'il ne trouve que de l'eau dans mes sillons le laboureur étranger,
Le laboureur étranger qui s'enrichit toujours du crime des guerres
[civiles !

Exilé, dépouillé, pauvre, j'ai été chassé de mon héritage
Pour qu'un soldat reçût la récompense d'une guerre fatale.

J'irai donc maintenant dans les forêts : les collines arrêteront
[mes pas,
Les montagnes m'arrêteront et je ne pourrai plus revoir mes
[campagnes.....
Adieu, ô champs bien aimés, et toi, Lydia, plus chère encore !

Avec l'obole de ses leçons publiques et de ses vers, le malheureux Valérius s'était racheté une petite villa près de Tusculum, où il aurait sans doute donné des frères aux poèmes gracieux de *Diana* et de *Lydia*, mais ses créanciers, non moins barbares que les soldats du dictateur, ne lui en laissèrent pas le temps. Chassé de nouveau sans pitié, il alla cacher sa vieillesse dans une misérable retraite où il supporta, lui, le *maître unique*, l'*illustre grammairien*, l'*excellent poète* [1], toutes les rigueurs de la pauvreté avec la constance de Zénodote [2].

A la même époque, par un jeu cruel du hasard, Roscius, un autre Aquitain, gagnait cent deniers par jour à déclamer des vers ; dédaignant pendant dix ans de toucher sa pension, il donnait une somme énorme à la république [3]; et, comme pour constater l'étrange dissemblance de ces deux destinées en les rapprochant de la sienne, ce même Sylla, qui avait tout enlevé au poète, comblait de dons et d'honneurs le comédien !

Les sciences ne laissaient cependant pas d'être cultivées avec honneur : les deux jumeaux de Mas-

---

1. Unicus magister, summus grammaticus, optimus poeta.
2. M. Furius Bibaculus. — 3. 600,000 fr.

salie, Télon et Gyarée, s'adonnaient en même temps à l'astronomie et aux mathématiques, et pour que leur fortune fût pareille à leur nature, leur amitié et leurs études, ensemble ils soulevaient les Massaliens contre César, et périssaient dans le même combat naval sous les aigles de Pompée. Pendant cette lutte civile, brillait dans les travaux historiques Publius Terentius Varro l'Atacien [1]. Son récit de la guerre des Sequani [2], ligués avec les Germains et les Arvernes contre les Eduens, mérita de passer à la postérité. Les anciens en disaient autant de ses élégies et de ses poèmes qui, par le reflet d'hellénisme dont ils sont colorés, montrent combien était puissante encore l'influence grecque. Mais comme poète, Varro fut éclipsé par Cornélius Gallus, la gloire de Forum-Julii [3], l'intime de Virgile, le favori d'Auguste, et un écrivain né dans le pays des Voconces [4] le fit oublier comme historien. Trogus Pompeius, qui avait passé par les charges publiques avant d'arriver aux lettres, était un de ces hommes dignes et graves qu'il faut aux peuples pour raconter leur vie. Soutenu par une *audace herculéenne*, il osa embrasser l'univers dans son plan et entreprendre de raconter les gestes des rois et des nations depuis le commencement des siècles. Son histoire, qui formait quarante volumes, reproduisit effectivement dans toute son étendue ce coup d'œil général. Trogus, prenant les sociétés à

---

1. Né sur les bords de l'Aude.— 2. Peuples des Vosges. — 3. Fréjus.— 4. A Die.

l'état d'enfance et sous la tutelle des rois, décrivit d'abord les monarchies des Assyriens, des Mèdes et des Perses. Des chroniques des Scythes il passa ensuite avec les plus grands détails aux révolutions de la Grèce, et quand il eut dit tout ce qu'on savait des luttes intestines de ces républiques, de leurs combats glorieux contre les monarques persans, il suivit Alexandre en Asie et l'accompagna de victoire en victoire jusqu'à sa tombe. Le conquérant mort, Trogus se tourna vers Carthage, et raconta sa naissance et son prodigieux développement qui le conduisit à peindre l'origine et la grandeur de sa rivale. Entre ces deux colosses de puissance qui se partageaient le monde, l'historien fit surgir les Juifs, les Égyptiens, les Gaulois, les Parthes, et ranimant les passions, les intérêts, les actes tragiques, les douleurs de chacun de ces peuples, il les ressuscita tous dans son livre. Cette histoire, qu'il avait intitulée les *Philippiques*, est le premier ouvrage vraiment remarquable, vraiment important de l'antiquité. Elle éleva son auteur à ce rang illustre où se placèrent successivement Salluste, Tite-Live et Tacite, et lui valut des éloges que deux d'entre eux ne méritèrent pas en faisant dire : que Trogus Pompeius était un narrateur *très-sévère*[1] et l'homme de la vieille éloquence[2].

Sous Tibère et sous Caligula l'art oratoire eut de nobles interprètes à Massalie et à Narbonne. Oscus,

---

[1]. « Est ipse auctor severissimus. » (Pline l'ancien.)
[2]. « Vir priscæ eloquentiæ. » (Son abréviateur.)

né dans la première de ces villes, orateur abrupte, fier et mordant, déchira long-temps avec sa parole aiguë le manteau hypocrite dans lequel les patriciens drapaient leur pensée et leurs vices. Plein de souplesse et de mélodie, l'avocat Némausien Agrotas charma, au contraire, le Forum par les délicatesses de sa faconde ionienne. Votienus Montanus illustrait les chaires narbonnaises lorsqu'il fut relégué dans les îles Baléares, pour avoir dit de Tibère ce que tout le monde en pensait. Julius, son frère, passait à la même époque pour le plus doux et le plus gracieux des poètes. Et cette réputation était méritée si nous en croyons ce fragment bucolique arrivé jusqu'à nous entre un éloge de Sénèque et d'Ovide.

>Phébus commence à lancer ses flammes ardentes,
>La lumière vermeille s'épand; déjà la triste hirondelle
>Revole chargée de nourriture à son nid
>Et la distribue doucement avec son bec à ses petits [1].

Un autre écrivain du même prénom, Julius Græcinus, de Forum-Julii (Fréjus), se distingua dans le genre didactique. Ses loisirs de sénateur furent employés à la composition d'un traité d'agriculture dont on citait le style élégant et poli. Les lettres romano-aquitaniennes comptent encore dans cette période un empereur parmi leurs favoris. Germanicus avait déjà tenté de mêler à ses lauriers les pal-

---

1. Incipit ardentes Phœbus producere flammas,
   Spargere se rubicunda dies; jam tristis hirundo
   Argutis reditura cibos immittere nidis
   Incipit et molli partitos ore ministrat...

mes de la poésie. Claudius, né sur les frontières de
la Provincia et nourri de lait hellénique, entra franchement dans la carrière et continua de s'y tenir
même quand il porta la pourpre. Malgré la difficulté
qu'il éprouvait de s'exprimer, il réussit dans l'éloquence : son talent comme grammairien était connu,
et, outre l'histoire de sa vie, on lui devait des annales romaines depuis la mort de César jusqu'à
son règne, et les histoires de Carthage et de Tyr.
Après lui deux rhéteurs, Quirinalis (d'Arles) et Surculus de (Tolosa), jetèrent le plus grand éclat, par
leur enseignement, à Massalie et à Rome. Le vieux
poète Antonius Primus revint jouir de sa réputation
à Tolosa, sa patrie, et Agricola (de Forum-Julii),
le beau-père du prince des historiens, ferma la liste
des historiens de ce siècle. Massalie cependant n'avait pas renoncé à ces sciences exactes qu'elle cultiva la première en Aquitaine : Démosthénès,
Crinas et Charmis soutinrent dignement l'antique
honneur de l'art hippocratique. Tous les trois arrivèrent à une réputation immense, et ramassèrent
d'énormes richesses en pratiquant trois systèmes
opposés : le premier commençait par la recherche
des causes morbides, et traitait ensuite le malade :
ses trois livres sur les affections des yeux étaient
très-estimés ; le second pratiquait la médecine planétaire, et la réglait sur le cours des astres : ce fut
le plus riche, il légua un million pour les fortifications de sa patrie ; Charmis, le troisième, guérissait
avec des bains froids.

Les vices des princes ont coutume de réagir d'une manière funeste sur les mœurs publiques. Sous les règnes des quatre successeurs d'Auguste, l'effroyable corruption qui remplissait le palais impérial déborda au dehors avec violence, et souilla tout. Alors, comme dignes représentants de cette société immonde, apparurent successivement le Massalien Petronius Arbiter, Domitius Afer de Nemausus, et l'hermaphrodite Phavorinus qu'Arelas avait vu naître. Petronius peignit avec des couleurs assez éclatantes cette vie molle et abandonnée des Romains fléchissant sous le triple poids de la dégradation morale, du luxe et des débauches. Son festin de Trimalchio est une allégorie admirable. Dans ce vieillard chauve et débile que portent quatre esclaves, et qui fait passer sur les tables de son triclinium aux murs dorés tous les produits du monde, pouvait-on méconnaître le peuple romain? — Une symphonie mélodieuse ne cessait de retentir dans la salle; des chanteurs habillés de blanc desservaient, en mêlant leurs voix au son des instruments; le falerne de cent ans coulait à flots opîmes; des animaux rôtis tout entiers laissaient échapper de leurs flancs l'oiseau du Phase et les colombes; mais, pendant que Trimalchio s'enivrait de son monstrueux sensualisme et de ses richesses, pendant que les chœurs légers de ses danseurs enlevaient les derniers plats d'argent, et rejetaient du pied dans les ordures ceux qui s'étaient échappés de leurs mains, l'image de la mort circulait comme un hochet parmi ses convives, l'odeur de cette foule d'esclaves entassés dans le triclinium suffoquait le vieillard. Et la sentinelle philosophique, placée auprès de l'horloge, lui disant d'heure en heure avec sa trompette ce qu'il avait perdu de vie, lui annonçait que sa fin était proche.

Dans cette satire, Petronius fit un portrait immortel de la décrépitude et de l'énervement du peuple romain. Ses autres ouvrages, pleins du souffle impur de son époque, n'offraient qu'une certaine élégance de style jetée sans imagination et sans verve comme un voile doré sur de la boue.

Les mêmes causes pervertirent plus profondément encore le talent du Némausien. Domitius Afer qui, dans des temps ordinaires eût été un grand orateur, devint un type d'infamie sous Tibère. Employant l'éloquence au vol et au crime, l'avocat de Nîmes se fit le délateur impérial, parce que le quart des biens des condamnés récompensait la délation. Plaideur inépuisable, il fatigua, jusqu'à l'extrême vieillesse, les murs de la curie du bruit de sa parole que ranimait seule l'ardeur du gain, et mourut d'un excès de table, après avoir été l'ami de Tibère, de Caligula, de Claude et de Néron.

C'est au spectacle de ces mœurs, c'est devant de tels hommes que Phavorinus prit la plume. Aussi un fiel long-temps contenu et corrosif, une amère et sanglante ironie s'épanchent de son âme. L'eunuque se venge, et tout abrutie qu'était la société romaine, elle dut comprendre en l'entendant faire l'éloge des pires fléaux et de la peste.

De l'expression littéraire des idées, passons maintenant à l'expression religieuse.

POLYTHÉISME.

Comme nous l'avons déjà vu, le polythéisme romain était arrivé dans l'Aquitaine à la suite de la conquête. Il s'y établit avec d'autant plus de facilité, qu'il ne froissait aucune croyance et reconnaissait même les divinités étrangères. Par l'effet de cette tolérance habile et de la disposition bien connue des Aquitains à se porter vers les choses nouvelles, on vit régner parmi eux trois cultes principaux qui, en inspirant un égal respect, traçaient néanmoins des lignes de démarcation distinctes entre les trois peuples amalgamés sur ce sol. Les Gallo-Romains continuaient à se presser sous les chênes des druides ; et, si les sacrifices sanglants avaient cessé devant la défense des empereurs, les obélisques de Bel et de Bélisama, les larges tables de pierre n'en étaient pas moins entourés par une foule fidèle à l'ancien culte. L'attachement à la religion des aïeux n'ayant point empêché cette même foule d'adorer la Diane et l'Apollon des Grecs, dans lesquels elle retrouvait ses deux divinités favorites, rien ne s'opposa plus tard à ce qu'elle adoptât avec les peuplades d'origine ionienne les dieux de Rome qui, sous d'autres noms, étaient encore les siens. Il résulta donc de cette tolérance mutuelle et des rapports qu'elles offraient entre elles, que les trois religions se confondirent. Le polythéisme latin, qui avait déjà absorbé l'hellénisme, devint dès lors dominant.

Avec la nomenclature de ses principaux édifices et des lieux consacrés, on peut se rendre compte de son influence. Il y avait :

A *Narbonne* (Narbo-Martius) : Un temple de Jupiter tonnant; un temple de Mercure ; de Bacchus ; d'Esculape ; de Vulcain.

A *Toulouse* (Tolosa) : Un capitole dédié à Jupiter ; un édifice [1] de Pallas.

A *Nîmes* (Nemausus) : Un temple de Diane.

A *Arles* (Arelas) : Un temple de Mithra.

A *Usez* (Usetia) : Une fontaine consacrée aux Nymphes (fons Nympharum); un temple de Mars.

A *Apt* (Apta Julia) : Un autel des Nymphes ; de Mars; une statue de Minerve.

A *Vaison* (Vasio) : Un autel de Gallien.

A *Fréjus* (Forum-Julii) : Un Panthéon.

A *Port-Vendres* (Portus Veneris) : Un fanum [2] de Vénus.

A la *jonction du Rhône et de l'Isère* : Un délubre [3] de Mars; d'Hercule.

1. On appelait *œdes* les temples non consacrés.
2. Par *fanum* on entendait un espace réservé et consacré aux dieux, mais où n'existait aucun édifice.
3. Le *délubre* était un temple devant lequel coulait une fontaine destinée à purifier ceux qui venaient rendre hommage au dieu. « Delubrum à deluendo ducitur, quia in fonte qui propter templum erat lavabantur homines et deluebantur. »

(Schurzfleisch, *De Templ. antiquitatibus, disput.* 53.)

Près de *Riez* (Reii) : Un temple d'Apollon.

A *Théopolis* (près de Saint-Geniez) : Un édifice de Mercure.

A *Aix* (Aquæ-Sextiæ) : Un temple d'Auguste; de Cybèle; des autels de Junon; de Neptune; de Minerve; de Jupiter; de Mercure; des Muses (ara Camenarum).

Auprès de *Foz* (Fossæ Marianæ) : Un délubre de la Victoire.

Au cap de *Creus* : Un aphrodision ou temple de Vénus.

A *Limoges* : Un temple de Jupiter; d'Isis; des autels des Furies; de Saturne.

Sur les montagnes du Limousin (Lemovices[1]) : Des temples de Pluton; de Mars; des autels de Minerve; d'Apollon pythien; d'Hercule; des déesses Maires.

Dans le territoire des Cadurques (Cadurci) : Des temples de Minerve; de Jupiter; de Mercure; de Bacchus; d'Apollon; une chapelle de la Lune[2].

Chez les Santons (Santones) : Un capitole de Jupiter olympien à Mediolanum (Saintes); un édifice d'Auguste et de Rome au confluent de la Charente et de la Seugne.

---

1. Bellac et Saint-Yrieix.
2. La chapelle *Sacellum* était un temple sans toit (Festus). « Locum parvum et sacratum cum arâ », disent Aulu-Gelle et Trébatien le jurisconsulte.

A Parsac, sous Aubusson (chez les Lemovices) : Un temple de Mercure.

A Périgueux (Vesona) : Un temple de Vénus ; un édifice de la déesse tutélaire.

A Chancelade (Cancellata) : Un édicule (petite chapelle couverte).

Au Puy (Civitas Vellaunorum) : Un temple de Diane.

A Batresse (chez les Pictones) : Un autel dédié à Apollon, à Mars, à Hercule et à Mercure.

A Poitiers (Limonum) : Un temple de Janus.

A Bordeaux (Burdigala) : Un temple de la déesse tutélaire ; la fontaine *Divona*.

Près du Mont-d'Or (chez les Arvernes) : Un Panthéon.

A Clermont (Augusto-Nemetum) : Un temple de Vas dédié au Soleil[1] ; une statue colossale de Mercure faite par le fameux Zénodore, qui mit dix ans à la tailler[2].

Dans les Landes : Le temple et le bois sacré de Pan.

Auprès d'Auch (civitas Ausciorum) : Un temple d'Apollon.

A Eause (Elusa) : Un temple d'Hercule et d'Apollon.

A Marseille : Temple de Diane ; de Minerve.

---

1. Vas veut dire tombeau, ce qui semblerait indiquer que le temple était consacré à Mercure. D'autre part, l'édifice rappelle par son nom ionien l'emplacement du temple de Phigalie, Βᾶσσαί, ravin situé au milieu d'une forêt, et dans ce cas, comme nous le pensons, Bel aurait été le dieu tutélaire.

2. « Verum omnem amplitudinem ejus generis statuarum vicit ætate nostrâ Zenodorus. » (Pline, liv. xxxiv.)

A Lectoure (civitas Lactoratium) : Plusieurs autels tauroboliques, plusieurs autels votifs aux génies et aux divinités locales.

Au col de Perthus (Summum Pyrenæum) : Un autel de César.

Auprès de Perpignan : Un temple de Vénus.

A Rodez (Segodunum) : Un temple de Rhut, divinité aquitanienne et tutélaire[1].

A Vienne (Vienna) : Des temples de l'Apollon romain et de l'Apollon celte Belenus; un édifice de Mars et de la Victoire; une statue d'Hercule.

Près de Grenoble : La Fontaine ardente, qui est une des sept merveilles du Dauphiné, dédiée à Vulcain.

A Die (Dea) : Un temple de Junon; de Vesta; d'Auguste.

A Grenoble (Gratianopolis) : Des autels d'Isis et de Diane.

A Mont-Vendres (Mons-Veneris) : Un temple de Vénus.

A Ouls : Un temple de Mars.

A Bourges (Avaricum) : Un temple de Jupiter; de Bacchus.

Tous ces édifices resplendissants de marbre et d'or, et accompagnés d'une multitude de cancels[2], d'édicules, d'autels votifs, donnaient à la religion

---

1. Ce temple ne pouvait appartenir qu'à l'époque romaine, bien que *Rhut* paraisse une divinité locale, car les Gaulois (et l'auteur des *Essais historiques sur le Rouergue* aurait dû s'en souvenir) n'adoraient point d'idoles. « Nulla simulacra, nullum peregrinæ superstitionis vestigium ibi videre licet. » (Tacite.)

2. Chapelle.

une forme extérieure magnifique. En même temps, par le soin habile qu'avaient eu les législateurs de mêler partout à l'idée des dieux l'idée de la patrie, du sénat, des césars, toutes ces choses étaient devenues inséparables dans la foi et le respect du peuple. Il était d'ailleurs impossible de faire un pas sans toucher quelque emblème de la divinité ou du pouvoir; on ne pouvait songer à un objet sans être ramené immédiatement à ces deux principes. Toutes les parties de la création étant divinisées présidaient à la vie sociale et en réglaient le mouvement.

Le Soleil donnait son nom au premier jour de la semaine : *dies Solis*.

La Lune, sa sœur, au second : *dies Lunœ*.

Mars, au troisième : *dies Martis*.

Mercure, au quatrième : *dies Mercurii*.

L'astre doré de Jupiter illustrait le cinquième jour : *dies Jovis*.

La douce Vénus suivait son père : *dies Veneris*.

Et Saturne achevait la septième révolution, *dies Saturni*.

La même pensée religieuse et politique se manifestait dans l'ordre et les noms des mois.

Le premier était appelé *januarius*, parce que le dieu à deux visages caractérisait d'une manière heureuse ce mois qui voit fuir l'année écoulée et arriver l'année nouvelle. *Les februa*, ou sacrifices expiatoires, désignaient pieusement le second. A Mars était consacré le troisième, en mémoire de l'ancienne coutume qui, le plaçant le premier de l'année, avait dû lui donner pour patron le père présumé de Romulus. Le printemps s'ouvrait sous les auspices de Vénus, *apirilis*[1]; venaient ensuite après celui-ci le mois des aïeux (*majorum*), et le mois de la jeunesse, *junius*. Le septième conservait le souvenir de Julius Cesar et le huitième le nom d'Auguste. Les quatre derniers rappelaient par leurs radicaux empruntés aux noms de nombre que l'année avait autrefois commencé en mars.

Comme toutes les institutions, le culte retraçait dans ses rites le but que s'étaient proposé les fondateurs de la société romaine en la constituant sur une base religieuse.

Jetez en effet un regard sur les cérémonies et les fêtes.

Le mois sacré commence, les autels sont couverts d'un nuage d'encens brûlé aux dieux Lares, les nouveaux magistrats et les grands à la robe de pourpre entrent en fonctions. Mais voici février, qui ramène les lupercales, les sacrifices expiatoires; et mars, les cérémonies saintes, instituées en l'honneur des guerriers; ce sont, après le mois de Mavors, les solennités des nones caprotines, pendant lesquelles la *stola*[2] des matrones couvre leurs esclaves; ce sont les jeux apollinaires, les mystères de Cybèle; les ides de mai et d'auguste, dédiées à Diane et à Mercure. On a déjà célébré les féries du solstice et ce jour régifuge, ce jour d'allégresse pour les Romains, où

---

1. Ausonii, Edyllia.— 2. Robe traînante et sacrée.

les tyrans furent chassés de la ville. Avant les rites de la déesse Opis, arrivent les saturnales, fêtes des esclaves, qui voient les maîtres servir à leur tour. Les neptunales leur succèdent; ce double culte, qui réunit le dieu des mers et Consus, le dieu des bons conseils, est solennisé en commun avec des vaisseaux et des quadriges par les Romains et leurs alliés. Le jour de Vulcain ouvre l'automne, Minerve a son quinquatrus, Hercule son jour natal, Isis ses actions de grâces, et les dieux étrangers reçoivent l'hommage de leurs adorateurs. On court ensuite aux floralies, joies d'un théâtre lascif que tout le monde veut voir et que personne ne veut avoir vues. Plus tard on célèbre les jeux équiriens et les mystères de Bacchus. Les édiles plébéiens et les édiles curules renouvellent les cérémonies sigillaires, et les gladiateurs ferment l'année en apaisant par leur sang, à la fin de décembre, le fils du ciel armé de sa faux[1].

Pour desservir tous ces temples et suffire aux besoins du culte, il fallait un clergé nombreux et opulent. Les prêtres gallo-romains se divisaient en trois classes, représentées par trois colléges hiérarchiquement établis : le premier était le collége des pontifes, sorte de sénat religieux investi d'un contrôle supérieur, d'une autorité souveraine; le second, celui des augures; les aruspices formaient le troisième. A un degré inférieur se plaçaient ensuite les quindecimvirs, les épulons, les frères des champs

---

[1]. Ausonius, *De feriis romanis*.

(*fratres arvales*), les curions, les feciaux, les sodals, les sevirs augustaux, les flamines, prêtres des divinités particulières, les flamines municipaux et provinciaux, les victimaires. Les trois colléges supérieurs étaient composés de patriciens et l'ordre sacerdotal tout entier indissolublement lié aux familles nobles, afin que la religion fût toujours entre les mains de celles-ci le grand gouvernail politique. Il résultait de là que l'intérêt du clergé païen, se confondant sans cesse dans les intérêts de la constitution, il la soutenait avec la tendresse d'un père et veillait près d'elle comme une sentinelle infatigable[1].

CHRISTIANISME.

Les choses étaient ainsi dans la Gaule méridionale lorsque de lointaines rumeurs venues de Rome apprirent qu'une secte avait surgi qui prêchait ouvertement le mépris des dieux et le renversement des temples. Ces athées, disait-on, repoussent comme impie la religion des Romains;

Parlent d'un roi appelé Christ avec lequel ils doivent tous régner;

Refusent de prier pour le salut de César;

De lui donner le nom de seigneur[2];

De jurer par son génie[3].

C'est une race ténébreuse et lucifuge, muette en

---

1. Beugnot, *Histoire de la destruction du paganisme en Occident*, t. I.
2. Tertullien, *Apologet.*, cap. XXX.
3. Τύχην μὲν τοῦ βασιλέως... (Origènès.)

public, pleine de paroles dans les coins obscurs. Ces hommes, coupables de tous les crimes, ennemis de la nature entière, ne connaissent pas le mariage, se plongent dans d'infâmes débauches, et, ce qui est horrible à dire, vivent de chair humaine[1] ! Malgré la peine de mort portée contre tous ceux qui tiennent des conventicules nocturnes, ils se réunissent le soir du jour du soleil pour initier leurs prosélytes. Cette initiation est un sacrifice aussi connu qu'abominable. Un enfant couvert avec soin pour tromper les yeux de ceux qui ne connaissent pas ces mystères est placé devant l'initiateur. Le prosélyte, frappant aveuglément, tue cet enfant sans le savoir. Alors, ô crime épouvantable ! ces tigres altérés boivent son sang, se partagent ses membres, et, scellant leur pacte avec le meurtre, se garantissent mutuellement le silence par la complicité du crime[2]?.. Rien n'a égalé jusqu'ici la barbarie de ces sacriléges; rien n'approche de leurs banquets dont tout le monde parle. Le jour du soleil, ils s'assemblent secrètement avec leurs esclaves, leurs mères, leurs sœurs; là tous les âges et tous les sexes sont mêlés; là, dès que le festin s'échauffe et que la ferveur de l'ivresse allume les mauvais désirs, un chien attaché au candélabre, et qu'on excite en lui jetant des morceaux de viande, éteint en sautant la lumière. Aussitôt ces ténèbres impudiques engendrent au hasard de monstrueuses voluptés... [3]. Voilà pourquoi

---

1. Théophile, Φασγοντων ως κοινας απαντων ουσας τας γυναικας...
2. Minutius Félix, Cœcilius. — 3. Idem.

ils s'efforcent de cacher avec tant de soin, de dérober à tous les yeux la divinité qu'ils honorent ; voilà pourquoi ils n'ont pas de temples, point d'autels, point de simulacres visibles ; voilà pourquoi ils se gardent bien de parler en public et de se réunir au grand jour [1].

Ce n'est pas seulement une idole qu'ils adorent, mais un *mort*, Christ qui, après une fin ignominieuse, a été fait Dieu [2]. Aussi, la croix est pour eux un objet sacré, c'est l'autel de tous les hommes perdus qui encensent ce qu'ils méritent. Fascinés par un aveuglement inouï, et animés d'une incroyable audace, ils oublient les peines présentes pour ne songer qu'à celles qui doivent arriver après la mort, que par une étrange inconséquence ils ne craignent pas néanmoins. Ils ajoutent à ces chimères insensées une foule d'autres visions de vieille femme. Ainsi tous disent qu'ils ressusciteront après la mort, et que des cadavres sont déjà revenus à la vie. Ils défendent de brûler les morts comme si, en dérobant le corps aux flammes, on empêchait les années de le dissoudre dans la terre ;

Ils ne veulent pas mettre de couronnes sur les tombeaux ;

Ils fuient les spectacles et les festins publics et ont horreur des mets consacrés et des libations ;

Ils ne peuvent souffrir ni fleurs sur leurs têtes, ni parfums sur leurs corps, et gardent tout l'encens pour les funérailles ;

---

1. Jacob Huldrich, *De calumniis in primævos christianos sparsis*.
2. « Ne idolum quidem sed mortuum colunt. » (Celsus)

Contempteurs des dieux, ils maudissent leur culte et vont prier sur les tombes des suppliciés [1];

Ils exercent la magie. De quelques forfaits qu'un criminel soit souillé, s'il vient à eux et se confesse, ils répandent sur lui un peu d'eau, et soudain ce criminel est pur [2];

Vil ramas d'apprêteurs de laine, de cordonniers, de foulons, sortis du fond le plus infime de la plèbe [3], les *chrétiens* (ainsi s'appellent ces hommes) sont flétris de tous les opprobres, et se déclarent audacieusement les ennemis des dieux, de César, des mœurs, de la nature entière [4] !

Qu'on se figure le sentiment de stupéfaction et d'effroi que dut produire une définition semblable sur la société païenne de l'Aquitanie; elle s'émut comme un seul homme, et voua d'avance toute sa haine, tout son mépris, à ces *ennemis publics, l'exécration du genre humain* [5].

Il ne pouvait pas en être autrement; car les chrétiens ne se bornaient pas à blesser Rome dans ses croyances et ses usages religieux; ils attaquaient la constitution, et marchaient droit au renversement de la république [6]. Cela explique les deux

1. Libanius.
2. « Quicumque corruptor, quicumque homicida, quicumque impurus aut abominabilis, confidens accedat, hâc enim aquâ lavatum illicò purum dabo. » (Julien.)
3. « Lanarii, sutores. » (Celsus.).« Fullones... hebetes, stolidi, fatui... » (Arnobius, lib. 1.)
4. « Homines omnium scelerum reos, deorum, imperatorum, legum, morum, naturæ totius inimicos. » (Tertullien, *Apologet.*, c. 11.)
5. « Odium generis humani. »
6. « Rempublicam evertebant. » Inscription de Diocletianus.(Gruter, t. 1.)

sortes de haines et de mépris qu'ils excitèrent à leur apparition. La multitude, dont le jugement s'arrête toujours aux objets extérieurs, ne vit en eux que les ennemis de ses idoles et de ses prêtres ; elle crut sincèrement tout ce que lui disaient ces derniers, et détesta les chrétiens comme impies, comme incestueux, comme vivant de chair humaine. Mais tandis qu'elle ajoutait la foi la plus robuste au sacrifice de l'enfant, aux incestes nocturnes, au chien du candélabre, à l'adoration de la tête d'âne, et que sa colère s'exaltait au récit de ces prétendues infamies, les patriciens, qui avaient, pour ainsi dire, le monopole de l'intelligence, étaient préoccupés plus sérieusement. Maîtres de la société, et accoutumés à la guider en aveugle par la religion, c'est avec de vives alarmes qu'ils durent voir se lever des hommes qui proclamaient la fausseté de cette religion, et en démontraient l'absurdité. D'un coup d'œil, l'aristocratie entrevit les conséquences du christianisme. Elle comprit avec promptitude que ces idées nouvelles amèneraient tôt ou tard une lutte d'extermination entre elle et les masses, et résolut de les étouffer au berceau. Ce qui l'irritait le plus dans la perspective de ce péril, c'était *que des hommes de la plèbe*, sans étude, sans lettres, étrangers à tout art qui n'était pas un vil métier, osassent penser autrement que les patriciens. Et lorsque cette lie populaire, bonne seulement à travailler et à se battre pour eux, refusa de suivre les nobles aux autels, de brûler de l'encens devant leurs dieux, de prier pour le salut de César[1]; lorsque, par ses discours et par sa vie, elle fit la critique la plus amère de la société romaine, et rompit d'une manière éclatante avec les vœux et les sympathies de la république telle qu'elle était constituée, la guerre s'engagea, une guerre à mort.

Il faut remarquer que la situation qui rendit ce conflit inévitable n'était pas spontanée. Tout se tient dans l'histoire des hommes. Indépendamment des causes surnaturelles qu'on ne doit jamais jeter dans la balance de ce monde, il existait une foule de causes physiques bien suffisantes pour amener une révolution morale. Rome avait conquis les deux tiers de l'univers connu : en faisant de la conquête un instrument de civilisation, dans un but égoïste sans doute, mais qui n'en fut pas moins utile aux nations conquises, elle avait en quelque sorte obtenu le pardon de sa victoire. Mais, poussée par ce besoin de luxe et de plaisirs qui tourmente fatalement les peuples du Midi, Rome, en prenant l'indépendance et la liberté des nations, leur prit leurs richesses, et, partant, tous les vices qu'elles engendrent. De plus, comme la république reposait sur la base la plus inégale, comme les citoyens étaient partagés en deux classes entièrement distinctes, les nobles et les plébéiens, l'aristocratie et le peuple, il arriva que, dans le partage de l'or étranger et des dépouilles opimes, tout échut aux puissants, rien aux

---

1. Spanheim apud Liebe.

faibles. La première classe domina dès lors la seconde par le prestige de sa noblesse, de ses dignités, de sa fortune, et la réduisit peu à peu à un degré d'avilissement inouï. Toutefois, quelque petite que fût sa place dans la constitution, le peuple, lorsqu'il se trouvait quelque homme de cœur dans ses rangs, ou lorsque l'ambition déçue des patriciens venait y remuer les ferments de haine, le peuple protestait violemment contre la tyrannie des nobles. Mais après la chute de la république toute protestation généreuse s'éteignit. Le sénat avait d'abord repoussé avec énergie l'établissement du pouvoir absolu qui n'était qu'une usurpation sur son pouvoir aristocratique; mais, du moment où les empereurs furent sur le trône, une transaction eut lieu de patriciens à patriciens, et, comme toujours, elle s'accomplit aux dépens du peuple. Celui-ci, perdant le peu de liberté qui lui restait encore (car les empereurs s'emparèrent de l'autorité des tribuns et s'investirent de tous les droits que les plébéiens avaient arrachés au sénat avec tant de peine), tomba dans l'inertie de l'esclavage. D'un autre côté, les patriciens ne gouvernant plus qu'en seconde ligne, et se trouvant réduits souvent à l'oisiveté [1] par les ombrages ou le caprice du maître, se détachèrent insensiblement des affaires et ne songèrent plus qu'à remplir la brèche faite dans leur vie politique à l'aide des ressources de leur im-

---

1. « *Nam cum otio langueremus* et is esset reipublicæ status ut eam unius consilio atque curâ gubernari necesse esset. »
(Cicéron, *De nat. deorum*, lib. i.)

mense fortune. Le luxe prit aussitôt un essor effrayant, et précipita l'aristocratie dans les excès d'un matérialisme dont aucune époque n'avait offert l'exemple.

Le rouge monte au front en laissant tomber un regard sur cette société perdue.

Labienus vend ses jardins pour acheter des esclaves aux longs cheveux[1];

Themison a une sœur et n'a point de femme[2];

Celui ci compte dans son sérail soixante esclaves des deux sexes[3];

Ammiana donne à son fils le nom de frère[4];

Cantharus ne se croit jamais assez caché[5];

Callistratus épouse publiquement un Africain. On célèbre l'hyménée selon les rites ordinaires, les flambeaux, le voile de pourpre, la dot, rien n'est oublié[6];

Hommes et femmes se baignent pêle mêle dans les thermes;

L'empereur envoie chercher l'une après l'autre les plus illustres patriciennes, et ni pères ni maris ne peuvent sauver leur pudeur;

Enfin, on est descendu si bas dans la corruption qu'il y a chez la plupart des grands un client ou un esclave chargé de conserver la race noble, qui se meurt d'épuisement[7].

Un pareil débordement devait donc créer tôt ou

---

1. M. Val. Martialis, epig., lib. xii. — 2. Idem, lib. xii, epig. 20. — 3. Idem, lib. xii.— 4. « O quam blandus es Ammiane matri.» (Idem.) — 5. Idem.— 6. Idem, liv. xii, epig. 52.— 7. Juvénal, sat. ix.

tard une réaction. Ce fut la première cause sociale du christianisme. Le peuple, témoin et victime de tous ces désordres, finit par s'en indigner. Son âme se révolta contre ce long et odieux avilissement de la dignité humaine. Alors les disciples du Christ, tous sortis de son sein, tous pauvres et opprimés, jetèrent hardiment dans le monde l'idée qui allait le régénérer, et qui se résumait en trois mots : *Opposer l'âme à la matière.*

En prêchant effectivement le dédain des choses matérielles et l'excellence des biens de l'âme oubliée jusqu'alors; en disant que le corps comme tout ce qui tient à la terre est de la boue, que l'âme seule émane des cieux comme la lumière, les chrétiens arrachaient, sans le savoir, les deux gonds antiques sur lesquels tournaient la religion et l'empire. Et les patriciens ne s'y trompèrent pas, car au premier mot de la doctrine nouvelle, sénat, empereur et clergé, s'unirent à l'instant contre l'ennemi commun, bien décidés à l'écraser.

Cette résolution était peut-être plus fortement arrêtée encore dans les esprits des Romains qui habitaient l'Aquitaine, et avaient à contenir une population assez remuante au moment où les chrétiens s'y présentèrent. Selon des autorités respectables, ils seraient venus vers la fin du règne de Néron; mais on n'est pas d'accord sur cette date : des savants dont l'orthodoxie n'est pas douteuse la reculent de deux ou trois siècles. J'avoue que je ne saurais partager ce sentiment[1]. Rome était trop près de Narbonne et avait trop de relations avec cette province de son choix pour que les idées nouvelles aient mis plus de cinquante-six ans à faire le chemin. Elles étaient connues en Espagne à la même époque, puisqu'en les exterminant on assimilait aux voleurs ceux qui les y portèrent. Je ne vois donc pas ce qui se serait opposé à leur introduction dans la Gaule méridionale, placée avant l'Espagne et plus à portée de l'Italie.

Toutefois, les semences évangéliques tombèrent d'abord sur la pierre, et comme elles étaient jetées sans doute d'une main timide, on ne commence à en découvrir le germe que dans les dernières années du deuxième siècle. Arrosé du sang des martyrs, il verdit alors sur la frontière alpine. Voici une lettre qu'on dirait avoir été écrite exprès pour mettre sous nos yeux ces temps de deuil.

« Les serviteurs de Dieu habitant Vienne et Lyon à tous leurs frères en Christ : paix à vous et gloire à Dieu le père et à Jésus notre Seigneur.

» Sachez que dans leur fureur les gentils, ne connaissant plus de bornes, nous chassèrent premièrement des maisons ; défense nous fut faite ensuite de nous présenter aux bains, et bientôt on ne voulut plus nous souffrir nulle part. Mais la grâce de Dieu soutenait néanmoins les faibles et poussait en avant

---

[1]. « Si falso assentiri turpe est, cavere debemus ne alio extremo vitio circumveniamur ; neque enim veritas minus religionis meretur propter circumfusos errores. » (Mabillon, *Diplom.*)

des hommes plus fermes que des colonnes, capables, non-seulement de soutenir le choc que préparait l'ennemi, mais de le provoquer et de s'offrir volontairement à tous les opprobres, à tous les supplices, à tous ces bourreaux qui nous entouraient. Or, le peuple proférait mille clameurs et mille injures contre nous qui regardions ses outrages comme des louanges et attendions patiemment en nous laissant accabler de coups et de pierres le sort que nous préparait sa rage insensée. Peu de temps après, obéissant à ses cris, le tribun et les premiers citoyens de la ville firent traîner nos frères en prison d'où ils ne sortirent que pour paraître devant le président. Celui-ci nous traita si inhumainement que les expressions manquent pour peindre les raffinements de sa cruauté. Il y avait parmi les nôtres Vectius Epagathus, qui gardait une charité si parfaite devant Dieu et si pure devant les hommes, et offrait une vie si irréprochable, que malgré sa jeunesse il était préféré aux vieillards les plus sages. Ce digne adolescent, plein d'un zèle divin et de la ferveur de l'esprit, voyant les tortures qu'on préparait aux serviteurs de Dieu, ne put retenir son indignation et demanda à nous défendre devant le sénat et à prouver que nous n'étions coupables d'aucun crime. Il comptait en effet parmi les plus nobles et les plus instruits de la cité; mais sa demande fut rejetée et le juge se contenta de s'informer s'il était lui-même chrétien. *Oui, je suis chrétien*, répondit-il d'une voix éclatante. Le président commanda aussitôt qu'on l'enchaînât avec les autres. Cet exemple animant le courage des saints, ils fortifiaient avec joie leurs cœurs dans la liberté et la foi. Malheureusement la même faveur ne fut pas accordée à tous; une dizaine environ se trouvèrent faibles, et, fléchissant sous la terreur des supplices préparés, ils nous laissèrent par leur chute dans une grande tristesse et abattirent le courage de beaucoup d'autres que la foi d'Epagathus avait enflammés. Nous demeurâmes accablés de cette défection, non par la crainte des tourments qu'on semblait rendre plus cruels, mais à cause de l'incertitude où nous tombions sur l'issue de la confession, car la faiblesse de nos frères nous déchirait plus douloureusement que la peur des bourreaux. On arrêta sur ces entrefaites nos esclaves païens, et ces malheureux, par l'inspiration du démon et la frayeur des tortures qu'ils nous voyaient souffrir, témoignèrent tout ce que des soldats leur avaient dit de témoigner. Ils nous accusèrent de renouveler le repas sanglant de Thyeste, les nuits incestueuses d'Œdipe et d'autres crimes qu'il ne nous est permis ni de dire ni de penser, mais tellement infâmes que nous ne croyons pas qu'ils aient jamais été commis par des hommes. Lorsque cela fut connu au dehors, nous devînmes l'objet de l'exécration publique. Nos propres parents, qui inclinaient avant vers l'indulgence, nous prirent en horreur. Il n'y eut plus qu'une voix, qu'un frémissement contre les chrétiens. Tous étaient enflammés d'une haine furieuse; et alors nous vîmes s'accomplir cette parole du Seigneur : *Il viendra un temps où* tout homme qui vous ôtera la vie croira se rendre agréable à Dieu.

» Les supplices ne se firent donc pas attendre. Juge, bourreau, soldats, artisans, tous s'acharnaient avec une fureur particulière sur le diacre Sanctus de Vienne, sur Maturus qui, bien que simple néophyte, était un des plus fermes dans la patience et dans la foi, sur Attalus de Pergame, noble pilier de notre Église, et sur Blandina, faible femme dans laquelle le Christ se plut à montrer que les choses prises en mépris par les hommes sont élevées en grande gloire par la main de Dieu, et que sa bonté rend souvent bien forte une nature fragile. Nous tremblions tous, et sa maîtresse dans ce monde, qui était au nombre des martyrs, craignait vivement qu'elle ne cédât à la douleur, et que ce corps débile ne pût résister aux tourments de la *confession*; mais elle déploya une énergie telle, que les mains des bourreaux qui se succédaient pour rassasier la barbarie du juge retombèrent lassées. Depuis le lever du soleil jusqu'au soir ils l'avaient torturée en inventant sans cesse de nouveaux supplices; à la nuit ils s'avouèrent vaincus et parurent stupéfaits de voir que la vie animait encore ces lambeaux humains. Quant à cette bienheureuse, dès qu'elle se retrouva avec nous et qu'elle put parler : *Je suis chrétienne*, s'écria-t-elle, et toutes les fois qu'elle prononçait ces mots elle semblait reprendre des forces.

» Le diacre Sanctus, de son côté, en butte à la furie toujours plus ingénieuse des bourreaux, eut à souffrir

un genre de tourments inconnu jusqu'alors, et qu'il
supporta avec une fermeté et une énergie qui ne
sont pas dans notre nature mortelle. Plein de l'esprit de Dieu, il riait de leurs cruautés, et l'on avait
beau le briser impitoyablement sous les douleurs de
la question en lui demandant sa naissance, son nom,
son pays, à toutes ces interrogations il se contentait
de répondre : *Je suis chrétien!* le christianisme est
mon nom, ma famille, ma patrie! et sa réponse jetait les bourreaux dans une démence incroyable; ils
frémissaient d'épuiser leurs peines infernales sans
pouvoir parvenir à lui arracher même son nom.
Enfin ils se mirent à lui appliquer sur la peau des
lames d'airain rougies au feu, et à lui percer les
membres avec des fers ardents. Ses chairs brûlaient
et coulaient sous les flammes, et cependant, immobile, ferme, serein, il semblait les éteindre avec les
rosées célestes de Jésus. Bientôt il fut martyr dans
tout son corps, bientôt il ne fut plus qu'une horrible
plaie. La forme humaine disparut en lui; et dans ces
débris palpitants les bourreaux eux-mêmes n'auraient
pu reconnaître leur victime.

» Quelques jours se passèrent; mais les gentils, se
persuadant que s'ils rouvraient de nouveau par la
question ces plaies gonflées encore, et qui ne pouvaient même supporter le plus léger attouchement,
ou l'impiété triompherait de l'un des deux, ou en
expirant dans les tortures ils frapperaient les autres
de terreur, le supplice recommença. Mais cette espérance fut déçue : armés du courage céleste, ils ré-

sistèrent à l'épreuve comme si elle leur eût apporté des forces nouvelles. Et lorsque Biblias, l'une des faibles, fut livrée aux bourreaux, elle parut se réveiller en sursaut et ne cessa de crier au peuple : « Vous êtes dans une grande erreur, ô ci-
» toyens, en croyant que ceux qui s'abstiennent
» même de viande mangent la chair des en-
» fants.

» Le Christ, ayant enfin pitié de ses soldats, réunit toutes les cruautés de leur martyre et les offrit à son père comme une couronne formée de fleurs diverses, afin qu'ils montassent recueillir auprès de lui la récompense éternelle du combat. Maturus, Sanctus, Attale et Blandina furent apportés dans l'arène où se pressait pour voir ce spectacle une foule immense ; là tout recommença comme si rien n'eût été fait. Les tourmenteurs, furieux de leur constance et animés par les vociférations de la multitude, épuisaient les tortures. Mais l'approche de la mort redoublant leur courage, les heures du spectacle s'écoulèrent sans qu'ils fussent ébranlés. Mis à la fin sur des siéges de fer chauffés à blanc, ils eurent la tête tranchée, et leurs âmes infatigables montèrent dans les cieux.

» Blandina, pendant ce temps, avait été attachée en croix à une potence et destinée à devenir la proie des lions ; mais ils l'épargnèrent, et elle fut rapportée dans la prison invincible et victorieuse en attendant de nouveaux supplices.

» Sur ces entrefaites, le peuple demanda à grands

cris qu'on amenât Attale. C'était un homme de grande noblesse, et, ce qui vaut mieux, de grande foi. Quand il parut dans l'amphithéâtre, la populace se mit à frémir et à pousser des cris de mort; mais le président, entendant dire qu'il était citoyen romain, le renvoya en prison et s'empressa d'écrire à César pour savoir ce qu'il devait faire. César ayant répondu peu de temps après de punir ceux qui persistaient et d'élargir les autres, le juge choisit ce jour solennel où toutes les provinces se réunissent à Lyon pour le commerce, et, montant sur son tribunal au milieu d'un concours immense, il fit amener les martyrs. Les tortures reprirent donc leur cours. On tranchait la tête aux citoyens romains, le reste était abandonné aux bêtes. Celles-ci n'ayant pas voulu d'Attale qu'on leur avait livré au mépris des ordres de l'empereur, il fut placé sur les siéges ardents et là confondit encore les païens.

» Le dernier jour on rapporta Blandina et un enfant de quinze ans à peine, appelé Ponticus. Déposés au milieu du cirque et sommés d'adorer les dieux, ils répondirent qu'il était impossible d'adorer ce qui n'existait pas. Le peuple entra aussitôt en furie, et n'étant ému de pitié ni par l'âge de cet enfant, ni par la faiblesse de cette femme, il réclama les tourments les plus atroces. Ponticus, soutenu par sa courageuse compagne, confessa le Christ jusqu'au dernier soupir. Et Blandina ne tarda pas à le suivre. Après avoir souffert tout ce que la cruauté avait inventé de plus affreux, elle fut jetée dans un filet

devant un taureau sauvage qui la perça de coups et
la traîna en la foulant aux pieds d'un bout du cirque
à l'autre. Elle respirait encore....., ils l'ache-
vèrent à coups d'épée, en avouant malgré leur impiété que jamais femme n'avait montré pareil courage. Quelques jours plus tard, son cadavre et ceux
de ses compagnons qu'il n'avait pas été permis
d'ensevelir furent brûlés et les cendres dispersées
dans le Rhône [1]. »

Ces horribles spectacles donnés à la foire de Lyon
devant deux ou trois cent mille personnes, sous
les feux du soleil d'août et face à face de cet autel
célèbre où tous les députés des provinces venaient
sacrifier à Auguste, durent frapper les esprits d'une
émotion profonde. Le récit qu'en firent au retour
dans leurs cités les témoins oculaires confirma sans
doute l'idée que les païens avaient déjà du christianisme, et contribua à présenter sous des couleurs
plus sombres l'impiété prétendue de ces hommes et les
abominables calomnies dont on les flétrissait. Ceux-
ci, regardés comme des anthropophages, accueillis
de tous côtés par le mépris et l'exécration, ne se dé-
courageaient point cependant, et à peine échappés
aux tortures, allant de ville en ville à l'apostolique,
ils disaient aux Aquitains :

Vos temples dorés ne sont que des sépulcres [2],
vos dieux, que de vains simulacres de métal et de
bois. Tous ont vécu ainsi que vous, tous sont morts

---

1. Εὐσεβίου τοῦ παμφίλου ἐκκλησιαστικῆς ἱστορίας, λογ. πεμ.
2. Georges d'Alexandrie.

laissant une mémoire honteuse. Votre Hercule, qui a parcouru et purgé la terre, n'était-il pas souillé de crimes? N'a-t-il pas porté dans toutes les familles le désordre, le déshonneur, l'infamie? Vous lui avez décerné les honneurs divins, et pourquoi? Parce qu'il a tué un lion et un sanglier, abattu des oiseaux à coups de flèches, nettoyé l'étable d'un roi, vaincu une virago, massacré des chevaux féroces? Mais ce sont là les œuvres d'un homme et non celles d'un dieu. Jupiter son père n'était-il pas mauvais fils, roi débauché et frère incestueux? Nous ne parlons ni de Mercure, qui protège les voleurs, ni de cette prostituée appelée Vénus; adultère non-seulement avec les dieux, mais encore avec les hommes. La nourrice du fondateur de l'empire que vous adorez, vous, Romains, sous la figure d'une louve, c'était la courtisane Larentina. Et ne connaît-on pas la vie de Faula et de Flora, devenues aussi des divinités? Vous honorez la pâleur et la peur, la nielle et la fièvre; votre encens brûle devant tous les vices, et il n'est pas un symbole dans votre culte que vous n'ayez flétri d'avance, en y mêlant une idée obscène ou ridicule, comme la virginité de Vesta sauvée par les braiments d'un âne[1].

A ces discours, les païens répondirent en se jetant sur les athées, et Saturninus, qui probablement venait d'en tenir de semblables à Toulouse, ayant osé passer devant le Capitole, les prêtres pous-

---

1. Firmiani Lactantii, op., t. 1.

sèrent le cri fatal[1] et le peuple le saisit. Sommé de sacrifier aux dieux, il refusa. Les victimaires l'attachèrent alors par les pieds à un taureau indompté amené pour le sacrifice, et, après avoir long-temps irrité l'animal avec des dards, on le lâcha dans les rues. Il s'y précipita furieux et sema partout le sang et les membres du chrétien. La corde ayant cassé, ce qui restait du corps fut laissé tout le jour au bord d'un cloaque, et ce n'est qu'au milieu de la nuit que deux femmes courageuses purent l'ensevelir[2].

Martialis ne fut pas plus heureux chez les Lémovices. Frappé de verges pour avoir touché aux idoles, tout porte à croire qu'il scella sa confession de son sang[3].

Il se rencontrait quelquefois des magistrats indulgents qui essayaient de ramener les chrétiens au respect de la constitution et des lois, et cherchaient à prévenir par la douceur les désordres qu'ils allaient être forcés de réprimer.

On conduisit un jour devant le préfet de Vésone (Périgueux) Frontasius, Severinus, Severianus et Silanus, disciples de Fronto.

« D'où êtes-vous, leur dit-il, et comment vous appelez-vous? Non-seulement vous ne sacrifiez point aux dieux, mais vous voulez même empêcher ceux qui sacrifient, et vous détruisez les temples. En vérité, je ne sais qui vous autorise à faire ces choses.

---

1. Mort aux athées! — 2. Surius, *De probatis sanctorum vitis.* — 3. Labbe, Fleury et F. Bosquet, *Histoire de l'église gallicane.*

— Préfet, répondit Frontasius, pourquoi nous interroges-tu, toi qui ne connais pas la vertu divine et qui proscris la vérité? — Commence par te demander qui a fait ton âme et ton corps, et tu la comprendras. Les idoles des nations sont l'œuvre des hommes. Elles ne peuvent ni se protéger elles-mêmes ni secourir les autres.

— Je vois, reprit le préfet Squiridon, que vous comptez sur la faconde qui vous a été apprise par votre maître.

— Cette faconde est la seule vraie, ô préfet. Toutes les idoles ne sont que des métaux sourds, muets, vains et consacrés au diable.

— Tenez, dit Squiridon, si vous sacrifiez, je vous fais grâce.

Mais Frontasius s'écria : — Notre grâce, c'est de vivre et de mourir dans le Christ.

Le préfet se tournant alors vers Silanus qui savait chanter, jouer de la cythare et de la lyre : — Jeune homme, lui dit-il, pourquoi ne sacrifies-tu pas ?

— Je sacrifie, répliqua Silanus, à Jésus-Christ mon Seigneur, qui par la grâce de son baptême a lavé mes souillures et m'a rendu pur.

— Comment a-t-il fait cela? demanda encore Squiridon?

— En disant à ses disciples : Allez par l'univers et prêchez; baptisant au nom du Père, du Fils et du Saint-Esprit. Celui qui croira et recevra le baptême sera sauvé; celui qui refusera de croire sera condamné. Donc, toi, préfet, si tu veux croire au Christ, tu seras sauvé. Si tu refuses de croire et que tu rejettes le baptême, ta condamnation est certaine.

A ces paroles, le préfet irrité ordonna qu'on les menât dans une prairie située sur les bords de l'Ille..... Tous les quatre se mirent à genoux et leurs têtes tombèrent [1].

Vers les mêmes temps, Austremonius, chez les Arvernes; Ursinus, à Bourges; Ausonius, sur les bords de la Charente; Vincentius, auprès d'Agen; Clarus, à Lectoure, moururent de la mort des saints en répandant la foi [2].

1. Joannis Bollandi Act. sanctorum, t. I.
2. Grégoire de Tours et Sulpice Sévère croient que la Gaule ne doit point être comptée, avant le milieu du troisième siècle, parmi les nations soumises à Jésus-Christ. Les églises qui attribuent leur origine aux premiers hommes apostoliques sont obligées de descendre jusqu'à cette époque pour trouver les successeurs de ceux qu'elles se donnaient pour fondateurs; et c'est ce long intervalle qui a déterminé plusieurs savants à retarder la publication de l'Évangile chez les Gaulois; mais on peut dire avec beaucoup de vraisemblance que la religion chrétienne, quoique établie chez ces peuples dès sa naissance, n'y fit que peu de progrès pendant les deux premiers siècles : c'était le sentiment des sept évêques qui écrivirent à sainte Radégonde. Et ces prélats méritent plus de croyance que les prétendues traditions d'un grand nombre d'églises qui se glorifient d'avoir été florissantes dès le temps des apôtres ou de leurs disciples. Si l'on devait ajouter foi aux traditions, il faudrait croire que saint Martial de Limoges, saint Saturnin de Toulouse, saint Gatien de Tours, saint Front de Périgueux, saint Austremoine d'Auvergne, saint Ursin de Bourges, saint Paul de Narbonne, saint Eutrope de Saintes, ont été envoyés dans les Gaules par saint Paul ou par saint Clément, et qu'ils ont établi dès le premier siècle de florissantes églises. Mais il en est de ces traditions comme de celles de plusieurs peuples sur leur origine, et des prétentions de différentes familles sur l'ancienneté de leur noblesse. Les Actes des saints que nous venons de nommer sont autant d'armes pour combattre l'opinion qu'on veut éta-

DEUXIÈME PARTIE.

La persécution dioclétiane s'exerça principalement sur les deux rives de la Garonne. Dacianus, l'exécuteur des mesures impitoyables en Aquitaine, s'étant établi dans la cité des Nitiobriges, en fit le théâtre de ses exécutions. Peu de temps après, les cryptes, où se cachaient les chrétiens, étaient pleines des corps des martyrs, et leur apôtre Caprasius descendait de sa montagne pour mêler son sang à celui de la jeune et noble Fides[1] qui l'avait précédé dans le combat.

Les empereurs ne se contentaient pas de lancer contre les chrétiens des édits sévères et de les frapper par la main des magistrats ; toutes les fois qu'ils trouvaient l'occasion d'ajouter au châtiment l'éclat de l'exemple, ils la saisissaient avec empressement.

« Victor brillait comme une étoile parmi les justes de Massalia, ville plongée dans les superstitions et les sacriléges, et cruelle ennemie des chrétiens, lorsque Maximianus Herculius y arriva. Cette bête inhumaine et sauvage avait acquis la plus sanglante célébrité dans la Gaule par sa barbarie envers les saints, et surtout par le massacre de l'illustre légion thébéenne. Toujours altéré de sang, il s'empressa dès son arrivée de déclarer la guerre au Christ et ordonna de faire périr dans les supplices tous ceux qui adoraient son nom. Cet arrêt consternait les nôtres alors accablés d'un orage de maux. Victor,

---

blir par leur autorité. (Le Clergé de France, par l'abbé Hugues du Temps, docteur de Sorbonne.)

1. Sainte-Foy, J. Baiole, *Histoire sacrée d'Aquitaine*.

qui sentit le besoin qu'ils avaient d'être fortifiés, se mit à leur tête et ne laissa plus passer une nuit sans visiter le camp des saints et sans aller de maison en maison raffermir le cœur des serviteurs de Dieu en leur prêchant l'amour de l'autre vie et le mépris de cette mort charnelle.

» Un tel ministère ne pouvait s'exercer impunément ; bientôt découvert, il fut conduit aux juges. Ceux-ci, usant d'abord de clémence, cherchèrent à lui persuader de revenir aux autels des dieux, et de ne pas sacrifier sa charge dans la milice ni l'amitié de César au culte d'un mort. Mais lui, armé de la force de l'Esprit saint : Ceux que vous appelez des dieux, s'écria-t-il, sont des démons immondes : je suis soldat du Christ, et ne veux point de l'amitié de l'empereur ni des dignités de la milice s'il faut outrager mon *Roi*[1] pour les conserver. Quant à Jésus, le fils très-haut de Dieu, il est vrai qu'épris de l'amour du genre humain il s'est fait mortel et a été violemment mis à mort, mais par sa puissance divine il est sorti du tombeau le troisième jour et remonté au ciel.

» Une clameur immense s'éleva à ce discours. La foule qui entourait le tribunal couvrit Victor d'injures et de huées ; mais, comme c'était un homme de grande noblesse et de haut rang, les magistrats

---

1. Βασιλέαν προσδοχῶντας. (Justin.)

« Christum *regem* dici et à suis pro *rege* coli id incredibile dictu est quam male istam gentem habuerit... » (Gruner.)

n'osèrent prendre sur eux de le condamner et le renvoyèrent devant César.

» Maximianus, enflammé de colère en apprenant ces choses, le fit amener sur-le-champ à son tribunal, et, comme il refusait de sacrifier, cette âme féroce commanda de le garrotter en forme de boule et de le rouler dans toute la ville. Mille bras exécutèrent aussitôt la sentence, et ce ne fut que lorsque cette multitude insensée eut assouvi jusqu'au bout sa cruauté et sa colère, qu'elle traîna le martyr tout sanglant au prétoire. Là, pendant qu'il reprenait ses esprits, les juges, pensant que la douleur et les ignominies auraient brisé son courage, s'efforcèrent de nouveau de le gagner par la douceur. Ils lui disaient qu'après la terrible expérience qu'il venait de faire, ce serait folie d'outrager encore la république et l'empereur; qu'il y aurait plus que de la démence à sacrifier la faveur des dieux et de ces princes invincibles qui l'avaient comblé de gloire, d'honneurs, et de tout ce qu'on désire dans la vie, à perdre la vie elle-même, et à s'attirer volontairement l'exécration des dieux et des hommes, pour quelqu'un qu'il n'avait jamais vu ; qu'il songeât aux larmes de ceux qui lui étaient chers avant de courir à une mort affreuse ; qu'on ne devait jamais oublier sa raison ni mépriser les dieux dont la majesté resplendissait dans les temples, dont les bienfaits étaient sentis par tout le monde ; que cette antiquité si vénérée adorait les dieux; que les empereurs étaient leurs pontifes ; que leur sourire créait le bonheur sur la terre, dont l'existence tenait à eux seuls; qu'il fallait renoncer à celui qui, en vivant toujours pauvre et malheureux, et en mourant ignominieusement, avait prouvé son impuissance; que, s'il adoptait ce parti, les bourreaux s'éloignaient et il ne tardait pas à s'élever, par la faveur intime de César, au faîte des honneurs, tandis qu'en persistant dans son aveuglement il se livrait lui-même aux plus horribles tortures et allait devenir un objet d'opprobre et d'abjection.

» Le martyr, qui n'avait rien perdu de son énergie, leur répondit:

» Si l'on m'accuse d'outrager César et la république, je dirai que je n'ai jamais nui ni à la république ni à César, et que jamais personne n'a rempli plus scrupuleusement ses devoirs de citoyen. Tous les jours je sacrifie avec zèle pour le salut de l'empereur, j'immole tous les jours pour la stabilité de l'empire des victimes spirituelles. La démence dont vous m'accusez consisterait seulement, selon moi, à préférer un objet qui plaît à un autre cent fois meilleur. Que serait-ce donc si cet objet préféré était indépendant de nos désirs, s'il ne pouvait être possédé sans crainte et si, malgré les inquiétudes dont il accable, nul ne peut se flatter de le conserver? L'objet qui vaut le centuple au contraire, quand on le veut, est dans vos mains: quand on le tient on en jouit avec sécurité: il ne vous fuit et ne vous manque jamais, et les violences les plus grandes sont impuissantes à le faire perdre. L'expérience des sages nous apprend que la faveur des princes, le bonheur du monde, la gloire, les honneurs, l'amour des siens, la vie, ne dépendent pas de nos vœux, et que nous n'en pouvons jouir ni sans alarmes, ni long-temps. Toutes ces choses doivent donc être sacrifiées aux joies de la vie éternelle, aux embrassements du Dieu créateur qui donne tout en se donnant à nous et qui reste toujours.

» Comparez ce Dieu avec les vôtres : qui ne connaît les adultères et les parricides du grand Jupiter? qui ignore la cruauté de la reine des dieux et son hymen incestueux avec son frère? l'implacable férocité de Mars, l'obscénité épouvantable de Priape, la turpitude de cette luxurieuse Vénus ne sont-elles pas publiques? que vous dirai-je de ces fièvres, de ces maladies dont vous avez fait des troupeaux de divinités? Je rougis de rappeler ces dieux stercoraux, ces déesses cloacines et mille autres pareils simulacres qui imposent à leurs adorateurs le culte infect des cloaques et des fumiers.

» De quel amour maintenant, de quelle vénération n'est-il pas digne celui qui, bien que nous fussions ses ennemis, nous a chéris le premier, nous a découvert tant de fraudes honteuses, et, pour nous empêcher de continuer à les accepter, sans affaiblir son caractère divin, a revêtu notre fragile humanité, d'immortel s'est fait mortel, de maître de l'univers le plus pauvre des hommes! Les paroles qu'il a laissées sur la terre ne sont-elles pas un exemple continuel de vertu et de probité? oh! quelle opulente et magnifique pauvreté que celle dont vous lui faites un reproche et qui pouvait à son gré remplir d'un mot les barques de poissons et apaiser la faim de cinq mille hommes! oh! quelle énergique faiblesse que celle qui guérit tous les maux des siens! oh! quelle mort puissante qui ressuscita tant de trépassés! Réfléchissez-donc, illustres citoyens, et vous dont le jugement est mûr, vous qui êtes puissants par la raison et les lumières, écartez ces préventions insensées, et, ne ployant plus le genou devant les démons, obéissez au très-grand, au très-saint, au très-clément Créateur, votre ami, dont l'humilité, si vous venez à lui, vous élèvera, dont l'indigence vous rendra riches, dont la mort vous donnera l'immortalité! »

Dès que le martyr eut parlé : Tu ne cesseras donc pas de philosopher, Victor? lui dirent les juges. — Il ne te reste qu'à choisir entre le sacrifice et les tourments. — Puisqu'il en est ainsi, répondit-il, je méprise vos dieux et je confesse le Christ. Alors les tortures recommencèrent, et pendant trois jours il souffrit. Le quatrième, ce funeste Maximianus, ayant eu des nouvelles de sa constance, le fit ramener à son tribunal; mais, le retrouvant dans les mêmes dispositions, il fut saisi d'une nouvelle fureur et s'emporta avec rage contre l'intrépide soldat du Christ. Les instances, les menaces, les malédictions furent employées de nouveau et en vain. Tout à coup Maximianus demanda un autel de Jupiter : on apporte l'autel, le prêtre sacrilége le tient dans ses mains et attend : « Victor, s'écrie l'empereur, brûle de l'encens, apaise Jupiter et deviens notre ami. » A ces paroles, le martyr, animé d'un saint zèle, réunit toutes ses forces, car il pouvait se soutenir à peine, et, s'approchant comme pour prendre l'encens, il renversa l'autel d'un coup de pied. Cette action irrita si fort l'empereur qu'il ordonna qu'on lui coupât le pied sur-le-champ et qu'il mourût broyé par une meule [1].

Ainsi, depuis Néron jusqu'à Diocletianus inclusivement, dix empereurs, Domitianus, Trajanus, Hadrianus, Antonius Pius, Marcus Aurelius, Severus, Maximinus, Decius, Valerianus, employèrent tous les moyens de répression pour étouffer le christianisme [2]. Ce fut en vain, l'idée évangélique se trouva plus forte que leur pouvoir; et après trois siècles de supplices, après l'avoir poursuivie et frappée presque sans relâche partout où elle s'était montrée, il fallut retirer le glaive des flancs tout meurtris de l'Église. L'âme avait vaincu la matière, la plus grande autorité qui ait dominé le monde fléchissait devant une conviction, et pour la première fois les maîtres de Rome faisaient la paix après une défaite.

C'est un beau spectacle et une leçon bien éclatante pour les pouvoirs que ce triomphe des idées chrétiennes. Nées dans les derniers rangs du peuple et n'ayant eu que des cavernes pour berceau, elles sont flétries en paraissant au jour des calomnies les

---

1. Acta Martyrum sincera. (T. Ruinart, t. 1.)
2. Sulpitii, S. Sacræ historiæ.

plus infâmes. On les attaque avec une colère d'autant plus ardente que de persécution en persécution leur influence s'accroît, le danger qu'elles apportent se dévoile ; et, toutefois, on a beau les calomnier, les charger de fers, les noyer dans le sang, elles grandissent dans les calomnies, la prison et le cirque, et finissent par désarmer les plus implacables de leurs ennemis.

Il n'est rien qui montre mieux que le préambule de l'édit de Galerius[1] tout le chemin qu'elles avaient dû faire pour obliger le possesseur de tant de titres fastueux à s'abaisser, dans sa clémence, jusqu'à cette plèbe infime qualifiée naguère l'exécration et le mépris du genre humain.

A force de courage et de persévérance, les chrétiens aquitains obtinrent donc la liberté de professer leur culte au commencement du quatrième siècle. On les vit abandonner les cavernes et les cimetières où ils avaient caché Dieu jusqu'alors, et tenir publiquement leurs conventicules sous la surveillance des magistrats. La religion nouvelle contrastait singulièrement par sa simplicité avec la pompe et l'éclat des cérémonies païennes. On se réunissait en commun le jour du soleil (dimanche), parce que c'était ce jour-là que Dieu avait créé le monde. De ferventes prières pour soi et pour les hommes en général étaient d'abord adressées au ciel. Les prières finies, on se saluait par des baisers mutuels, ensuite

---

1. Αὐτοκράτος Καισαρ Γαλέριος Οὐαλέριος Μαξιμῖνος.....

celui qui présidait les frères présentait le pain et la coupe pleine d'eau et de vin. Après avoir rapporté à Dieu le père la gloire et les louanges de toutes choses, il offrait au nom du Fils et du Saint-Esprit l'*eucharistia*, c'est-à-dire la *reconnaissance* pour les grâces que les chrétiens avaient reçues de leur bonté. A la fin tous les frères témoignaient leur approbation en criant d'une commune voix : Amen! Les diacres distribuaient le pain et le vin consacrés et en portaient aux absents avec les quêtes faites pour les pauvres [1].

Nous avons dit de quels éléments s'était d'abord formé le christianisme : la prédication primitive n'avait germé que dans les derniers rangs du peuple [2]. Par sa doctrine de liberté, d'égalité et de réhabilitation, l'Évangile groupait autour de la croix toute cette classe nombreuse que l'aristocratie tenait à si grande distance dans l'oppression et la misère. Le lendemain des dix persécutions et lorsqu'ils regardèrent autour d'eux pour se compter, les chrétiens se trouvèrent au fond de la société païenne et ils y restèrent. Pendant la lutte ils avaient été forcés de se rallier étroitement pour s'entendre, se porter secours et résister avec ensemble : or cette organisation qui était toute démocratique, ils la conservèrent quand ils jouirent de la tolérance. Les chrétiens se divisaient, selon le nombre et les lieux, en petites associations ou *églises*. Chaque église obéissait à un pasteur élu par la majorité des frères : plusieurs de ces

---

1. Saint Justin. — 2. « Ecclesia Christi de vili plebicula congregata est. » (Saint Jérôme.)

églises s'entendaient souvent pour constituer une fédération qui nommait un chef commun, *Épiscopé* ou Évêque. En général ces sortes de fédérations étaient calquées sur les divisions territoriales de l'empire et ne sortaient pas des limites de la province, de la préfecture ou du diocèse. Les pasteurs et les épiscopes en étaient les magistrats spirituels, magistrats républicains dont la décision souveraine dans les matières religieuses devait bientôt s'étendre avec la même autorité aux matières civiles [1].

Dès ce moment il y eut deux sociétés en Aquitanie : la société antique, composée des nobles, des magistrats, des sénats des villes, du clergé païen, des corporations, société nationale qui, occupant le haut de l'empire, possédait tout et avait pour couronne vivante l'empereur; et la société nouvelle, humble phalange recrutée chez les plébéiens romains, dans les populations rurales, parmi ces races celtes et ibériennes, toujours prêtes à briser le joug, société proscrite, qui, reléguée au bas de l'échelle, ne possédait rien et avait pour couronne symbolique l'instrument du supplice, une croix ! toutes les deux ennemies, et se livrant un combat d'extermination, car la première voulait conserver sa position suprême, et la seconde n'aspirait qu'à l'en faire descendre. Laissons la plus haute s'abaisser peu à peu et la plus basse monter d'un degré tous les jours, afin d'atteindre à la main que va lui tendre Constantin,

---

1. Villers.

et rentrons dans le mouvement des faits politiques.

Après la mort de César, l'Aquitaine avait essayé de reconquérir l'indépendance ; mais deux fois vaincue par Agrippa et le consul Valérius, elle fut contrainte de s'incorporer de nouveau au monde romain. Ce monde ayant été audacieusement partagé par trois hommes, elle échut à celui qui sut s'emparer des trois lots. Auguste, son maître, vint en prendre possession aussitôt qu'il eut fermé le temple de Janus, et au vif déplaisir des Aquitains, qui s'indignaient en se sentant esclaves et en voyant leurs têtes, leurs familles et leurs biens, devenir le domaine de l'héritier de César [1]. Il fit dresser une statistique générale du pays, comprenant : les peuples, les cités, les bourgs, les villages, avec le nombre, l'âge, la condition, le métier, la fortune des habitants. Ce dénombrement, appelé *bréviaire*, en même temps qu'il offrait un tableau à peu près exact des forces et des ressources de l'empire, était destiné à fournir la base de l'impôt. C'est dans le premier de ces voyages qu'Auguste établit les divisions territoriales dont il a été parlé plus haut : la fondation de plusieurs monuments publics, entre lesquels l'histoire distingue surtout le temple dédié au vent Circius [2], qui désolait la Narbonnaise, remonte à la même époque. Auguste convoqua à Narbo

---

1. Mézeray, *Histoire de France avant Clovis.*—« Hæc sunt notæ captivitatis. » (J. Lipsi, *De magnitudine romanâ*, lib. II.)— Tertullien, *Apologet.*, ch. XIII.

2. Σχίρον.— Mistral.

l'assemblée générale des Gaules, et soit par reconnaissance de quelques bienfaits impériaux, soit pour rendre hommage à cet immense pouvoir de fait concentré dans sa personne, Nemausus, Narbo, Beterris, le divinisèrent. D'autres cités briguèrent la faveur de porter son nom ; celle des Auscii s'appela Augusta-Ausciorum ; celle des Albigenses, Augusta-Alba, Augustine la Blanche ; celle des Tarbelliens, l'Augustine des eaux Tarbelliques ; celle des Arvernes, l'Augustine du Temple, Augusto-Nemetum ; celle de Boïes, le bourg de Jules, vicus Julii. Enfin, en revenant à Rome, il vit le magnifique temple que soixante peuplades celtiques élevaient en son honneur sur la montagne de Lyon. L'Aquitanie ne s'aperçut qu'elle avait changé de tyran que par l'aggravation des impôts devenus écrasants sous Tibérius, et par le bruit de la révolte de Sacrovir, qui expira sur ses frontières. Caligula, son successeur, avait passé les Alpes avec le projet de piller la Narbonnaise et l'Espagne. Mais, n'ayant pas osé le mettre à exécution, il rançonna les deux provinces en détail et les rendit cruellement responsables, toutes les fois qu'il joua aux dés, de la mauvaise humeur de la Fortune. L'indolent qui succéda à ce furieux, Claudius, se souvenant qu'il avait vu le jour à Lyon, combla au contraire les contrées aquitaniques de faveurs. Toute la Narbonnaise, déclarée libre et franche d'impôts, et les portes du sénat ouvertes comme sous Jules César aux enfants des rics au brak doré, attestent le sentiment de pieuse affection que lui inspirait la terre natale. Malgré l'auréole de sang qui luit autour de cette lugubre figure, et que dix-huit siècles n'ont point effacée, on doit être juste envers Néron : il aima l'Aquitaine, et chercha libéralement à réparer les malheurs publics. Le pays lui prouva sa reconnaissance lors de la défection de Vindex en refusant de le trahir, et l'armée son attachement en massacrant le traître. De Galba à Pertinax, le joug impérial pèse légèrement sur les Aquitano-Romains : sauf la bienveillance toute filiale d'Hadrianus qui embellit le sol némausien d'édifices, on n'aperçoit poindre nulle part l'influence du gouvernement césarien. Sévérus Septimus commença par ensanglanter les bords du Rhône en foulant son rival Albinus aux pieds de son cheval; ensuite, lorsqu'il eut jeté ses membres écartelés dans le fleuve et brûlé Lyon, il passa dans l'Aquitaine, et se plut à la parer, entre autres monuments somptueux, du pont qui garde son nom, et qu'on admirait auprès de Narbo. L'odieux Caracalla sembla, en lui succédant, prendre à tâche de faire expier aux Narbonnais les sympathies de son père. Venu dans la province en pillard, il tua de sa main le proconsul de Narbo, bâillit tous les honorés qui voulurent s'opposer à son despotisme, et viola comme à plaisir les droits des curies et les privilèges de toutes les corporations. Il passait sur l'Aquitaine avec la même cruauté que Severus à cheval sur le corps de son concurrent, et l'écrasait d'une tyrannie si intolérable, qu'à la fausse nouvelle de sa mort l'allégresse se

manifesta bruyamment des Pyrénées à la Garonne.
Sa convalescence fut un deuil public. Malheureusement ce deuil devait durer long-temps. Pendant une période de moins de quarante années, le trône fut ensanglanté dix-huit fois : dix-huit empereurs disparurent égorgés dans le tourbillon rapide du pouvoir. La pourpre, dans ces jours néfastes, apparaît comme un linceul, d'où ne sortent plus ceux qui s'en couvrent. L'usurpation arrive à ses dernières conséquences. Le sénat avait enlevé l'autorité au peuple, les césars la prirent au sénat, l'armée la reprend aux césars : par la puissance de cette loi inexorable qui ramène tout à son principe, la république, arrachée de sa base primitive et artificiellement élevée sur des étais oligarchiques d'abord et ensuite autocratiques, finit par retomber de tout son poids dans la démocratie. Or cette démocratie étant l'armée, l'armée ignorante de ses droits et dressée à la violence par ceux même qu'elle renversait, ce déplacement de l'autorité s'opéra comme une explosion de force brutale, d'autant plus impétueuse qu'elle avait été plus durement comprimée. Mais tandis que les légions, regardant l'empire comme leur patrimoine (ce qui était vrai relativement à l'empereur souverain, par la seule souveraineté de leurs armes), vendaient cet empire au plus offrant, et massacraient tour à tour les acheteurs; en l'absence du gouvernement permanent, stable et fort qu'il fallait à cette vaste société, il s'établit un désordre effroyable. A la tête de l'empire un chef que l'ambition du pouvoir y

avait jeté, et qui s'y trouvait tout à coup seul entre un sénat débile et secrètement ennemi ; une plèbe énervée et des légions féroces dont les passions montaient toujours ; des institutions décrépites et méprisées, des finances taries; partout la corruption, l'égoïsme, la licence, voilà le tableau que présentait Rome. L'Aquitaine, déjà désolée par quatre pestes qui sous Marcus Aurelius, Commodus, Gallus et Galba, avaient emporté la moitié de la population, gémissait sous un fléau plus cruel encore. Cette nuée de fonctionnaires dont elle était couverte, ne se sentant plus retenue par le frein du gouvernement central, profitait de l'anarchie pour amasser de l'or et pressurait ces malheureux peuples avec la plus âpre avidité. Leurs exactions furent poussées si loin, qu'il vint un jour où des milliers d'hommes, dépouillés de tout par les procurateurs du fisc et les mauvais juges, n'eurent plus ni champ, ni asile sous le ciel de leurs pères. Proscrits, errants, au milieu de ces brigands publics qui flétrissaient impitoyablement les calamités qu'ils avaient faites [1], réduits au désespoir par l'excès de la misère et des persécutions, ces infortunés se réfugièrent dans les forêts et s'y associèrent sous le nom de Bagaudes [2]. Ces premiers rassemblements, recrutés sans cesse des victimes des publicains, et des chrétiens poursuivis par les présidents, devinrent bientôt des armées ; alors les

---

1. Papirii Massoni, *Hist. calamit. Gall.*
2. *Bagad*, attroupement. Aurélius Victor dérive ce mot de *Bag-gaud*, habitant des bois.

Bagaudes sortirent des bois. De toutes parts les curies embrassèrent leur cause; des cités les accueillirent; une foule immense d'esclaves accourut grossir leurs rangs, et sous le commandement d'Elius et d'Amandus, deux officiers des troupes romaines, l'insurrection acquit un développement formidable. Le but des Bagaudes, but qu'ils annonçaient hautement, était l'indépendance du pays, et l'on doit bien croire qu'une vieille réaction nationale poussait dans cette circonstance les hommes du sol contre les hommes de la conquête, car tout paraissait tendre au renversement de cette dernière. Au bruit de leurs progrès Diocletianus s'alarma, et envoya au plus vite Maximianus-Herculius contre les insurgés. Ceux-ci furent battus et momentanément dispersés. Mais la ligue qu'ils venaient de former laissait dans les cœurs d'immortelles racines. Nous la verrons reparaître désormais de siècle en siècle avec son même cri de ralliement : le droit et la liberté !

BARBARES.

La société ancienne marchait ainsi vers une dissolution inévitable : les éléments épars qui devaient constituer la nouvelle se rapprochaient et s'agglomération tous les jours davantage : de la négation des idées religieuses les chrétiens avaient passé à la négation des faits politiques, de la résistance aux prêtres des dieux à l'insurrection contre les magistrats de César. La lutte était engagée des deux côtés avec acharnement et le terrain disputé pied à pied :

si les forces étaient inégales, de part et d'autre se montraient une même constance, une même inflexibilité, une volonté aussi ferme de ne rien céder. Les incertitudes du combat se seraient probablement prolongées long-temps sans l'intervention soudaine des barbares [1]. Il ne faut pas s'imaginer, comme l'ont cru des hommes de grande science, que les peuples refoulés vers le nord [2] par la pression de l'immense pouvoir romain soient revenus au midi lors de l'affaiblissement de ce pouvoir. Aucune nation du sud de l'Europe n'avait changé de place : c'était le contraire qui était arrivé partout. Les tribus germaniques, restées indépendantes dans leurs forêts et dans leurs glaces, n'avaient cessé à toutes les époques de se rapprocher du soleil. Malgré les cinquante châteaux qu'Auguste avait élevés sur les bords du Weser, de la Meuse et du Rhin, malgré les neuf *marches* ou frontières fortifiées dont il avait couvert le cœur de l'empire et qu'il fallut doubler dans la suite, les frères des Kimri et des Teutons s'efforçaient continuellement de suivre leurs traces. Poussés en avant par la faim, dès que la bise sifflait dans les chênes, que la neige obstruait leurs cavernes, que le givre chargeait leurs tentes, que les roues de leurs basternes pouvaient sillonner la glace compacte des

---

1. Beugnot, *Histoire de la destruction du paganisme*, t. II.
2. « Ces essaims de barbares qui sortirent autrefois du nord, ne paraissent plus aujourd'hui. Les violences des Romains avaient fait retirer les peuples du midi au nord. Tandis que la force qui les y soutenait subsista, ils y restèrent ; quand elle fut affaiblie, ils se répandirent de toutes parts. » (Montesquieu, *Grandeur et décadence*, ch. XVI.)

marais et des fleuves, ils s'élançaient au-delà du Rhin. Presque sans interruption, d'Auguste à Diocletianus, les armées romaines avaient été occupées à les repousser dans la Germanie d'où ils sortaient toujours. En 258, ces incursions en Gaule jusqu'à ce moment temporaires, et qui se réduisaient ordinairement à un pillage, prirent un caractère de gravité effrayant. Plusieurs bandes de Franks, de Germains et d'Alemanes, ayant forcé la barrière, se précipitèrent sur les terres gallo-romaines et les traversèrent du nord au midi comme une avalanche. Tel était l'oubli de l'ancienne gloire et l'abandon où Mars laissait les aigles latines, qu'un misérable avantage d'Aurelianus fit tressaillir l'empire de joie et suffit pour inspirer un chant de triomphe. Mais quoiqu'il eût tué *mille Franks*, le nombre des envahisseurs, loin de diminuer, s'accrut sur tous les points. Les troubles et la confusion du dedans semblaient retentir au dehors et les appeler. Chaque révolution intérieure donnait le signal d'une invasion. Lorsque les légions mutinées eurent massacré Galianus et mis le Gaulois Posthumus à sa place, les Vandales arrivèrent à leur tour. Grossis par des hordes de Suèves, d'Alemanes, de Franks, ils entrèrent sous la conduite de leur chef Chroch dans la Provincia. Une terreur superstitieuse volait devant ce barbare. Avant de partir, disait-on, il avait demandé à sa mère, qui était une fée druidique, comment il pourrait illustrer son nom, et la vieille *Fada* lui avait répondu, de renverser tous les monuments, de brûler toutes les villes, de massacrer tous les Romains qu'il trouverait sur son passage. Chroch suivit ce conseil à la lettre. Après avoir incendié deux florissantes cités du nord [1], il se jeta sur l'Aquitaine, ravageant tout, détruisant tout dans sa course rapide. Des montagnes des Gabali [2] qu'il laissa pleines de ruines, il courut chez les Arvernes et rasa jusqu'aux fondements ce magnifique temple d'Augusto-Nemetum [3], appelé *Vas* ou *Bass* et dédié au soleil [4]. De là il était descendu vers Arles, qui aurait éprouvé le même sort s'il n'eût été pris par un brave soldat nommé Marius et décapité. Cependant l'empire penchait de plus en plus, le pouvoir était déchiré par toutes les mains, un moment trente tyrans en eurent un lambeau chacun; la pourpre tombait sur les épaules d'un forgeron, de ce Marius qui avait battu le barbare, et Tetricus la ramassait dans le sang à Burdigala pour la quitter ridiculement quelques mois après aux pieds d'Aurelianus. En vain cinq grands hommes, Claudius, Aurelianus, Tacitus, Probus et Diocletianus, avaient essayé de relever le pouvoir et de faire reculer les barbares; le partage de l'autorité ne l'avait pas rendue plus forte, et les Germains avançaient toujours. Dans ce péril qui

---

1. Mayence et Metz.— 2. Ceux du Gévaudan.— 3. Clermont.

2. « Il avait été fait avec un art admirable. Sa double muraille était construite intérieurement de petites pierres et à l'extérieur de grands blocs carrés. Un placage de marbre le recouvrait partout; des dalles de marbre formaient le pavé, et le plomb seul brillait sur le dôme. »

« Miro enim opere factum fuit atque firmatum.... » (Grégoire de Tours, *Hist. des Fr.*, liv. 1.)

s'augmentait d'année en année, le collègue de Diocletianus avait établi le siége impérial dans les Gaules, à Trèves, afin de concentrer toutes les forces vers la frontière, et Constantius Chlorus ou le Pâle y avait été installé avec le titre d'Auguste et la mission de défendre les marches. Il remplissait vaillamment son office, lorsque l'abdication des vieux empereurs Maximianus et Diocletianus lui donna, en 304, avec la pourpre, la Gaule, la Grande-Bretagne et l'Ibérie. Aussitôt Constantius, politique non moins habile que bon général, cherche un point d'appui solide pour lui et les siens dans la popularité. Par une indulgence très-adroitement ménagée lors de la persécution dioclétiane, il s'était déjà acquis l'amour et la reconnaissance des chrétiens. Ceux-ci, qui formaient un groupe puissant dans l'empire, se serrèrent avec empressement autour de leur protecteur. Outre que ce prince était le premier qui ne les eût point repoussés, ils se sentaient attirés vers lui par une sorte de conformité de croyances, car, ainsi que tous les patriciens éclairés, Constantius adorait en secret un seul Dieu [1]. A cette tolérance religieuse le nouveau César joignit une grande douceur dans le gouvernement. Les impôts furent diminués, les exacteurs punis, on amnistia les Bagaudes, et, grâce à ce changement de système, les deux classes hostiles de la république se trouvèrent insensiblement

---

1. Τὸν μὲν οὖν ποιητὴν καὶ πατέρα, τοῦδε τοῦ παντός εὑρεῖν τό ἔργον. Καὶ εὑρόντα εἰς πάντας ἀδύνατον λέγειν. (Platon, *Timée*.)

transformées et devinrent aussi fidèles qu'elles avaient été ennemies.

Telle était la situation politique de l'Aquitaine au moment où Constantinus succéda à son père. Au lit de mort ce dernier l'avait initié au secret de son indulgence, il lui avait tracé de sa main défaillante le plan qu'il devait suivre pour triompher de ses rivaux : Constantinus ne s'en écarta à aucune époque de sa vie. Très-nombreux dans le reste de l'empire et surtout en Orient, les chrétiens ne composaient encore dans la Gaule méridionale que de petites confédérations répandues çà et là sur la vaste surface du sol païen. Mais dans ces églises si humbles et si largement espacées étaient la foi et le courage, et dans le courage et la foi tout l'avenir ! le polythéisme, blanchi de vieillesse, ne pouvait que mourir ; ardent et jeune, le christianisme voyait devant lui la conquête du monde. L'un s'attachait avec ténacité à toutes les ruines du passé, il niait ce mouvement violent qui faisait tourner le globe romain en sens inverse du midi au nord, et persistait à proclamer l'autocratie universelle et unique de Rome, lorsque Rome gardait à peine dans ses murs un tiers de l'autorité, un seul pan de la triple pourpre impériale. L'autre, au contraire, maudissant les temps et les institutions antiques, soutenait que les uns devaient être mis en oubli et les autres changées ; qu'il fallait renouveler la face de la terre et réformer l'empire à moitié dissous, non plus avec la force et la guerre, mais avec la fraternité et l'amour. En professant ces idées les chrétiens obéissaient à l'impulsion éternelle du progrès humain, et Constantinus, à son insu, et abstraction faite des derniers conseils de son père, par sa jeunesse, par son éducation philosophique, par sa qualité de représentant d'un ordre nouveau, et enfin par la haine que lui inspirait nécessairement une ville qui avait traîné ses images dans la boue, se trouvait beaucoup plus près d'eux que des païens. Toutefois il agit avec prudence et ne laissa point percer d'abord ses sympathies. Avec la pourpre les empereurs prenaient la robe pontificale afin que l'union intime du pouvoir et du sacerdoce reçût une consécration perpétuelle dans la fonction la plus élevée et que les deux moteurs de la société tournassent dans la même main [1]. Constantinus se conforma scrupuleusement à cet usage. Il adora les dieux comme la majorité de son peuple, et, après son expédition contre les Franks, les autels d'Apollon fumèrent de l'encens qu'il brûla en actions de grâces. S'il n'eût pas rencontré de rival, peut-être que toute sa vie se serait passée comme ses premières années dans l'indifférence et l'athéisme [2]. Mais Maxentius ayant créé en s'emparant de l'Italie un antagonisme redoutable, il dût songer à le détruire, et alors s'éleva pour lui la question de savoir sous les auspices de quel Dieu il irait combattre [3]. Si l'on en croit son biographe,

---

1. And. Alciat, *De magist. rom.*
2. Eusèbe, *Vie de Constantin.* — Mosheim, *De rebus christianorum.*
3. Eusèbe, *Vie de Constantin.*

la délibération fut longue, les titres des dieux du Capitole firent l'objet d'un mûr examen et la préférence de Constantinus ne se détermina que par des motifs purement personnels. Car, se disait-il, en prenant ce parti, « mon père qui adora un seul Dieu
» jouit d'un bonheur constant jusqu'à la fin de sa
» vie, tandis que les empereurs qui en reconnais-
» saient plusieurs, après avoir éprouvé de grandes
» infortunes, sont morts misérablement. Afin de
» vivre comme lui j'imiterai donc mon père et je
» m'attacherai au culte d'un seul Dieu. » La croix lumineuse qu'il vit briller dans les airs lorsque son armée marchait contre Maxentius, et le *Labarum* que Jésus lui montra dans un songe et qui le guida à la victoire, ayant complété sa conviction, il se fit chrétien et publia, en 312, un édit en faveur de ses nouveaux frères.

Par cet édit et ceux qui suivirent, la liberté des cultes était proclamée et plus solidement garantie que dans le rescrit mortuaire de Galerius. L'empereur ouvrait lui-même une large et irréparable brèche au corps de la constitution : les idées nouvelles s'y précipitèrent et, à dater de cette mesure, l'unité politique, qui survivait encore à la rupture de l'unité sociale, fut brisée à son tour. Le monde romain, soumis bientôt tout entier au même maître, offrit alors ce spectacle nouveau d'un César, qui, du haut de la puissance suprême, donnait publiquement la main aux classes opprimées et conspirait à la tête d'une faible minorité la ruine de la société païenne.

Constantinus, soutenu en ses desseins par l'ardeur de réaction qui emportait les chrétiens malgré eux, et poussé en avant avec plus de violence encore par les résistances qu'il rencontrait et les outrages dont il était accablé du côté du paganisme, mesura son énergie sur les obstacles à vaincre et foula tout aux pieds.

Rome eut beau frémir de colère, il refusa de célébrer les jeux auxquels elle attachait la conservation de l'empire; la Victoire disparut des monnaies; les dieux furent jetés hors du palais ouvert à deux battants aux confesseurs et aux évêques; un Christ tissu en fils d'or sur le labarum [1], mena désormais les légions à la victoire. Chassé enfin de cette capitale de l'univers par les malédictions d'une foule immense, il lui ôta son antique couronne et, en emportant toute l'activité en Orient, il abandonna l'Occident aux barbares. Cette révolution, dans laquelle Constantinus avait déployé toute la hauteur dure, froide et implacable du Romain, n'avait pu s'accomplir sans blesser au vif le parti national encore tout-puissant dans l'empire. A sa mort, les haines, qu'on ne prenait pas même la peine de cacher, éclatèrent avec fureur; tous ses parents furent massacrés dans les légions, et le sang jaillissait à flots sur la pourpre lorsque ses trois fils se la partagèrent.

L'aîné avait eu la Gaule méridionale, mais s'y trouvant trop à l'étroit il essaya d'y ajouter l'Afrique

---

1. Christus purpureum gemmanti textus in auro
   Signabat labarum...
   (PRUDENTIUS.)

et l'Italie qui appartenaient au jeune Constans. Or à ce jeu fratricide il perdit la vie et l'Aquitaine ; elle échut par le droit de la victoire à celui qu'il voulait dépouiller. Lorsque Constans y vint, le gouvernement lui fut facile : tout y conservait encore la forte impulsion donnée par son père; les chefs barbares en passant la frontière tremblaient de retomber dans l'amphithéâtre de Trèves, et les factions intérieures, frappées de terreur, semblaient toujours avoir devant les yeux le cadavre de Maximianus Herculius pendu lugubrement à une poutre dans ce même palais de Massalie où il avait condamné Victor. Ce calme dura huit ans; au commencement du neuvième, les esprits étant revenus de leur surprise, le désordre recommence ; les vieilles légions païennes, qui n'osaient plus mettre la main sur l'empereur depuis le dernier massacre, reprennent leur vieille audace, chassent Constans et l'égorgent à Illiberri (Elne). La guerre civile s'engage aussitôt entre Constantius, son successeur, et Magnentius, son meurtrier. Celui-ci, qui personnifiait l'opposition nationale contre les Césars chrétiens, se ligua avec les Saxons et les Franks. A la tête de toutes les troupes de l'Ibérie et de la Gaule renforcées de ces courageux auxiliaires, il marcha contre Constantius. La victoire fut disputée avec acharnement. Plus de trente mille hommes, vieux soldats, tombèrent de chaque côté, et, quoique le champ de bataille restât à Constantius, cette lutte, qu'on ne peut considérer que comme la suite du combat que se livraient depuis quatre siècles les idées anciennes et les idées nouvelles, cette lutte dura trois ans dans la Gaule méridionale et ne finit que par une sanglante tragédie qui rappelle les premiers temps de l'empire. Battu, trahi, sur le point même d'être livré par ses soldats, Magnentius tua de sa main ses meilleurs amis et sa mère et se frappa ensuite au cœur. Decentius, son frère, qui lui amenait du renfort, suivit froidement son exemple. Ce triomphe cependant avait épuisé Constantius : les meilleurs soldats étaient morts ; les légions démoralisées, à moitié détruites, semblaient abandonner la Gaule ; les Germains entraient de toutes parts, et l'empereur, ne se croyant plus en sûreté à Trèves, reculait devant eux jusques à Arles, la ville efféminée, et envoyait Julianus disputer le Rhin aux barbares.

Julianus était un débris de cette famille impériale massacrée par les légions sur le cercueil de Trachala[1]. Comme échappé par miracle avec son frère Gallus, il avait eu jusqu'alors à défendre preque tous les jours sa vie contre les inquiétudes et les soupçons de Constantius ; son frère venait d'être assassiné par les ordres de ce tyran, à qui l'avenir faisait peur, et lui-même aurait péri depuis long-temps si une main invisible n'avait sans cesse écarté le poignard de son sein. L'impératrice Eusébia, le couvrant de cette vigilance si active et si tendre dans la femme qui aime, lutta avec la réserve que lui commandaient ses devoirs, mais avec une persévérance infatigable,

---

1. *Au long cou*, c'était le surnom grec de Constantin.

contre les mauvais desseins de l'eunuque Eusèbe qui gouvernait son mari et le poussait au crime. Après le meurtre de Gallus, elle l'éloigna du danger par un exil en Grèce, pays qu'il chérissait; et quand elle fut parvenue à désarmer et assoupir un moment la haine de Constantius, elle en profita pour obtenir qu'il fût créé César, et envoyé dans les Gaules. Une influence d'un grand poids encore dans les conseils de l'empereur avait secondé en cette circonstance les efforts d'Eusébia et décidé peut-être le succès dont ils furent couronnés. Le parti païen tout entier, c'est-à-dire l'élite et la majorité de la société romaine, fondait en effet les plus hautes espérances sur Julianus, et s'occupait sans relâche de le porter au pouvoir. Guidé par un rhéteur, ce jeune homme avait reçu à l'école philosophique de Proæresius, d'Ecébole, de Nicoclès, de Libanius, l'éducation la plus propre à le rendre un instrument aveugle de la réaction que méditait le paganisme. On l'avait imbu avec soin de toutes les idées des sophistes, qu'il adopta sincèrement dans l'enthousiasme irréfléchi de la jeunesse. A ces premières semences les païens mêlèrent habilement les ferments de la vengeance et de l'ambition; et enfin, lorsqu'ils furent certains de manier selon leurs vues cette âme façonnée de leurs mains, ils lui laissèrent entrevoir leurs projets. Julianus s'y étant associé comme le voulaient ses maîtres, avec le dévouement d'un disciple et la ferveur des convictions qu'ils lui avaient inspirées, devint césar, et sous ces auspices partit pour la Gaule, où son entrée fut saluée par ces paroles prophétiques sorties des lèvres d'une vieille aveugle de Vienne :

> Celui qui passe relèvera nos temples.

Julianus n'avait alors que vingt-trois ans ; et il n'est pas sans intérêt d'apprendre de sa bouche comment il évita les piéges mortels multipliés à dessein autour de lui :

« Je reçus, dit-il, au commencement de l'hiver, l'ordre de partir avec 360 soldats pour les Gaules, où des troubles s'étaient manifestés, moins pour y commander les armées que pour obéir aux généraux de ces provinces. Il leur était expressément enjoint, et par écrit, de me surveiller plus que les ennemis, afin que je ne formasse aucune entreprise. Constantius, qui avait fixé mon départ au solstice d'hiver, me fit alors accepter son char, pour que je portasse son effigie avec moi ; car il avait dit, et même écrit d'avance, qu'il allait envoyer aux Gaulois, non un souverain, mais quelqu'un chargé de porter l'effigie de sa personne impériale.

» Au printemps je marchai contre les Germains : après cette première année, où l'expédition fut aussi heureuse que pouvait le permettre le peu de soin qu'on avait pris pour en assurer le succès, je rentrai à Vienne, quoique j'y demeurasse exposé à mille dangers. En effet, on m'avait défendu de lever des troupes, et un autre que moi était chargé de cette mesure. Je me trouvai donc reclus avec un très-petit nombre de soldats : encore me vis-je bientôt forcé de les envoyer aux villes voisines qui réclamaient des secours; en sorte que je demeurai tout à fait isolé.

» Sur ces entrefaites, Constantius, ayant conçu quelques soupçons contre le général en chef de cette armée, le rappela, et lui ôta le commandement, dont il le jugeait d'ailleurs incapable; quant à moi, je ne passais pas dans son esprit pour un chef habile et expérimenté, parce que j'avais montré de la douceur et de la modération. En effet, je n'avais opposé aucune résistance aux projets une fois arrêtés, et je ne m'étais jamais écarté du plan qui m'avait été tracé, si ce n'est dans quelques circonstances où il eût été dangereux, soit de négliger une mesure urgente, soit d'en suivre une tout à fait contraire au but : et bien qu'à cet égard j'eusse plus d'une fois rendu quelques services aux chefs, j'avais cru devoir pour leur honneur les laisser ignorés; je bornais mes prétentions à paraître revêtu du manteau de pourpre et à porter l'effigie du chef de l'empire; personne du moins ne pouvait me contester ce droit.

» Plus tard, Constantius, croyant m'accorder peu et n'imaginant pas que les affaires de la Gaule fussent susceptibles de grands changements, me confia la conduite de l'armée; le printemps commençait, et lorsque j'entrai en campagne les blés étaient déjà grands. Une multitude de Germains campaient impunément autour des villes gauloises qu'ils avaient couvertes de ruines. Le nombre des cités démantelées pouvait monter à quarante-cinq, sans y comprendre les citadelles et les petits forts. L'étendue du terrain qu'occupaient ces barbares en deçà du Rhin égalait l'espace compris entre les sources de ce fleuve et les bords de l'Océan. Ceux qui nous avoisinaient le plus près s'étaient cantonnés à trois cents stades du Rhin ; encore avaient-ils laissé entre eux et nous un désert trois fois plus grand par des dévastations telles, que les Celtes ne pouvaient y mener paître leurs troupeaux. D'autres villes, quoique plus éloignées de ces barbares, n'en étaient pas moins dépeuplées.

» Ayant trouvé les Gaules dans ce triste état, je repris d'abord Cologne, sur le Rhin, ville dont l'ennemi s'était emparé depuis environ dix mois. J'emportai également une forteresse située presque au pied des Vosges. Ce ne fut point sans livrer d'heureux combats. Les dieux firent même tomber en mon pouvoir le roi des ennemis ; mais je n'enviai point à Constantius l'honneur du triomphe, qu'il s'en attribua. Cependant j'avais le droit de mettre à mort mon prisonnier ou de le traîner à ma suite dans toute la Gaule en me jouant de son malheur. Peu tenté de rien faire de semblable, je l'envoyai à Constantius, qui reçut à ma place les honneurs du triomphe.

» Dans la seconde et la troisième année qui suivirent, la Gaule entière fut purgée de barbares ; la plupart des villes furent rebâties, et un grand nombre de navires, tirés de l'Armorique occidentale, mouillèrent dans les ports de mon gouvernement.

Je veux vous épargner le long récit de mes quatre années d'exploits militaires dans ces contrées ; en voici le résumé. N'étant encore que césar, je traversai trois fois le Rhin et je ramenai d'au-delà de ce fleuve 20,000 prisonniers faits par les barbares. Un siége et deux batailles me valurent la prise de 1,000 hommes de bonne milice, et dans la fleur de l'âge. J'envoyai à Constantius quatre cohortes de fantassins choisis, trois autres de cavalerie d'élite, et deux superbes légions. Je réduisis sous ma puissance près de quarante villes, et fus bientôt maître de toutes.

» J'ose ici prendre Jupiter et tous les dieux tutélaires des villes à témoin de mon dévouement et de ma fidélité envers le prince : ils savent que j'eus pour lui les mêmes égards que j'aurais voulu qu'un fils eût pour moi ; et certes, aucun césar avant Julianus n'avait poussé plus loin la déférence pour le chef de l'empire. Cependant il avait placé, afin de me perdre, auprès de ma personne, Lupicinus, Pentadius Paulus et Gaudentius, auxquels ne tarda pas à se joindre Florentius, dont j'avais voulu réprimer la cupidité. »

Il faut dire à ce sujet qu'il avait eu de violents démêlés avec ce préfet du prétoire lors du règlement de la capitation. Exacteur habile, Florentius assurait qu'il tirerait encore de nouveaux tributs de la Gaule. Mais Julianus, qui voyait les plaies incurables faites aux provinces par ce brigandage, protesta qu'il perdrait plutôt la vie que de le souffrir. Le préfet s'écriant alors que l'homme de confiance de l'empereur n'était pas tout à coup devenu infidèle, il l'apaisa doucement, et lui prouva par un calcul incontestable que la capitation ordinaire était nonseulement suffisante, mais qu'elle excéderait même les besoins de la milice. Son antipathie contre les taxes allait si loin, que jamais il ne voulut signer les rôles d'augmentation qu'on lui apportait. Il les jetait sans les lire; et Constantius, à qui le préfet s'était plaint, lui en ayant écrit, n'obtint que cette réponse : « Il faut se féliciter que les habitants des provinces pillés de tous côtés acquittent l'impôt ordinaire, et prendre bien garde de les charger encore, car il n'est pas de rigueurs qui puissent faire contribuer l'homme qui n'a rien. » Sa conduite, du reste, ne démentit jamais ces paroles, et grâce à sa fermeté, tant qu'il fut en Gaule on n'eut à déplorer aucun accroissement d'impôts [1]. Mais laissons-le continuer le récit des événements :

« Florentius se réunit donc aux quatre premiers pour persuader à Constantius de me retirer le commandement des armées. Peut-être aussi la jalousie qu'il avait conçue de mes succès l'avait-elle déjà déterminé à ce parti. En conséquence, il écrivit des lettres pleines d'invectives contre moi, et de menaces contre les Gaulois. En même temps il ordonna qu'on fit sortir de la Gaule presque toutes les troupes, et surtout celles qui étaient les plus aguerries.

---

1. « Factumque est tunc et deindè unius animi firmitate, ut præter solita nemo Gallis quidquam exprimere conaretur. » (Ammien Marcellin, lib. XVII)

Il chargea Lupicinus et Ginto d'exécuter cette mesure, à laquelle il me fit défendre de m'opposer.

» Mais comment vous rendrai-je ici la manière dont les dieux conduisirent les événements? Ils savent que j'étais résolu à déposer la pourpre pour vivre en repos loin des affaires publiques. J'attendais pour cela l'arrivée de Lupicinus et de Florentius. Mais ils ne se hâtaient pas de peur d'un soulèvement, et cette crainte de leur part n'était pas dénuée de fondement. Les légions arrivent; je marche au-devant d'elles comme on l'avait exigé de moi; et je leur signifie l'ordre du départ. Elles demeurèrent un jour entier sans que je susse ce que les soldats avaient arrêté entre eux. Oui, j'atteste Jupiter, le soleil, Mars, Minerve et tous les dieux, que jusque dans la soirée de ce jour je n'avais soupçonné aucun mouvement parmi les troupes. Je n'en fus instruit que vers le coucher du soleil. Tout à coup les soldats environnent mon palais, et font retentir l'air de leurs cris confus. Je méditais encore ce que j'avais à faire, et, ne pouvant me fixer à rien, je prenais quelque repos dans une chambre voisine de celle de ma femme, qui vivait alors ; de là, par une ouverture qui me laissait voir le ciel, j'adressai mes vœux à Jupiter ; et pendant que les clameurs augmentaient, que tout était en désordre dans le palais, je demandai au dieu un signe de sa volonté ; il me l'accorda sur-le-champ. Malgré cet indice, je cédai difficilement : je résistai d'abord de toute ma force, et je refusai à la fois le salut et la couronne impériale

Mais je ne pouvais seul lutter contre tous, et d'un autre côté les dieux, qui avaient leurs desseins sur moi, excitèrent le zèle des soldats et fléchirent mon esprit. Vers la troisième heure, je me décidai à me décorer du collier qui me fut offert par l'un des soldats, et je fis mon entrée dans le palais en soupirant du plus profond de mon cœur : les dieux en furent témoins! Sur ces entrefaites, les affidés de Constantius, profitant d'une panique qu'ils avaient jetée dans le palais, ourdissent une trame perfide et répandent l'argent parmi les soldats pour les séparer de mes intérêts. Le premier avis de ces odieuses intrigues me fut transmis par un officier de ma femme, qui vit bien que j'en faisais peu de cas. Mais lui, comme éclairé par une soudaine inspiration, s'élança dans la place publique, et se mit à crier :

« Braves guerriers, et vous étrangers, citoyens, » trahirez-vous votre empereur? »

» A sa voix, une ardeur nouvelle électrisa les soldats : tous se précipitent en armes dans le palais, où m'ayant trouvé sain et sauf, ils se livrent aux plus vifs transports de joie. Vous les auriez vus se presser autour de moi, me serrer dans leurs bras et m'enlever sur leurs épaules. Cet imposant spectacle offrait le caractère du plus grand enthousiasme[1]. »

Julianus diminua d'un tiers les charges publiques. Toutefois il eut l'idée de retenir cet arriéré des con-

---

1. Lettre de Julien au peuple et au sénat d'Athènes.

tributions, appelé *indulgences ;* car il n'ignorait pas que l'abandon du fisc profitait seulement aux riches, les pauvres payant toujours les premiers.

Voilà quelle fut l'action de ce jeune empereur sur la Gaule pendant les sept années qu'il y resta : les bandes ultra-rhénanes dispersées, les villes rebâties, la paix donnée aux sept provinces, l'administration remise dans les voies de l'équité, l'ordre rétabli partout, telles sont les marques éclatantes de son passage. Le reste de sa vie échappe à notre appréciation : dès qu'il eut passé les Alpes, ses actes n'atteignirent plus la Gaule romaine que d'une manière générale; elle partagea comme tout l'empire les bienfaits de son gouvernement modéré et tolérant [1]. Mais il est douteux que la réaction qu'il méditait en chassant le christianisme du pouvoir et en essayant de ramener la société nouvelle vers l'ancien culte, y ait produit une perturbation très-grande. C'est à peine d'ailleurs si l'on eut le temps de sentir la fumée de ses sacrifices, et d'entendre les cris plaintifs de cette multitude de victimes qu'il égorgeait lui-même pour matérialiser de nouveau les croyances religieuses [2]. En vingt et un mois

---

[1]. En montant sur le trône il s'était empressé de confirmer la liberté des cultes et de rappeler les évêques de l'exil.

« Even faction, and religious faction, was constrained to acknowledge the superiority of his genius, in peace as well as in war; and to confess, with a sigh, that the apostate Julian was a lover of his country, and that he deserved the empire of the wordld.»

(Edward Gibbon, *History of the decline and fall of the roman empire*, chap. xxii.)

[2]. Superstitiosus magis quàm sacrorum legitimus observator.

(Amm. Marcellin, lib. xv.)

l'Aquitaine apprit que ce disciple fanatique des sophistes, que ce dernier gladiateur du polythéisme venait d'expirer glorieusement sur des drapeaux teints du sang des Perses.

Jovianus, élu auprès de la tente mortuaire par un petit nombre d'officiers, ne sembla avoir été mis à la tête de l'armée que pour conduire le deuil et apporter pieusement à Tarse le corps de l'empereur. La vie du tribun Valentinianus, qui lui succéda par le libre suffrage des légions, s'usa avec rapidité à repousser les invasions de jour en jour plus rapprochées, plus désastreuses des Germains. Tout annonçait la dernière heure de l'empire : comme un char lancé sur une pente désespérée, le pouvoir romain volait à sa ruine, renversant violemment ses guides et écrasant sous ses roues à Andrinople, Valens; à Lyon, le jeune Gratianus, qui laissa sur un mur, où il voulait se retenir, l'empreinte de sa main sanglante; à Aquilée, le vaillant Maximus; à Vienne, le frêle pupille d'Arbogast, Valentinien II; aux Alpes noriques, Eugenius. Théodose ne l'arrêta un instant qu'afin de l'abandonner aux mains débiles d'Honorius, qui devait le laisser aller se briser dans la Gaule méridionale contre les barbares du Nord.

GOTHS ET BURGONDES.

Avant d'aborder cette terrible péripétie, il est indispensable de se faire une idée bien nette de la situation du pays. On vient de voir qu'il était divisé en sept provinces : ces provinces avaient sept métropoles, d'où ressortissaient dans l'ordre suivant les autres cités municipales :

Province Viennoise.

Métropôle ou Capitale : Cité des Viennicns 1,
Cité des Genaviens.
Cité Grátianopolitaine.
Cité des Albensiens.
Cité des Diens.
Cités de Valentiniens.

Cité des Tricastiniens.
Cité des Vasiens.
Cité des Arausiques.
Cité des Cabelliques.
Cité des Avenniques.
Cité des Arlésiens.
Cité des Massiliens.

Province Aquitanique première.

Métropole : Cité des Biturriges [2]
Cité des Arvernes.
Cité des Rhutènes.
Cité des Albiens.

Cité des Cadurques.
Cité des Lémovices.
Cité des Gabâles.
Cité des Vellaves.

Province Aquitanique seconde.

Métropole : Cité des Burdigaliens [3].
Cité des Agéniens.
Cité des Ecolimiens.

Cité des Santons.
Cité des Pictaves.
Cité des Petrocoriens.

---

1. Civitas Viennensium, Vienne; Genevensium, Genève; Gratianopolitana, Grenoble; Albensium, Viviers; Deensium, Die; Valentinorum, Valence; Tricastinorum, Trois-Châteaux; Vasiensium, Vaison; Arausicorum, Orange; Cabellicorum, Cavaillon; Avennicorum, Avignon; Arelatensium, Arles; Massiliensium, Marseille.

2. Civitas Biturigum, Bourges; Arvernorum, Clermont; Rutenorum, Rodez; Albiensium, Albi; Cadurcorum, Cahors; Lemovicum, Limoges; Gabalum, Javols; Vellavorum, Saint-Paulien.

3. Civitas Burdigalensium, Bordeaux; Agennensium, Agen; Ecolismensium, Angoulême; Santonum, Saintes; Pictavorum, Poitiers; Petrocoriorum, Périgueux.

Province Novempopulane.

Métropole : Cité des Elusates [1].
    Cité des Aquensiens.
    Cité des Lactorates.
    Cité des Convennes.
    Cité des Consorans.
    Cité des Boates.

Cité des Benarniens.
Cité des Aturiens.
Cité Vasatique.
Cité Turda, ou camp Bigorre.
Cité des Ellonoriens.
Cité des Ausciens.

Province Narbonnaise première.

Métropole : Cité des Narboniens [2].
    Cité des Tolosates.
    Cité des Béterriens.

Cité des Némausiens.
Cité des Lutéviens.
Château Uzétien.

Province Narbonnaise seconde.

Métropole : Cité des Aquiens [3].
    Cité des Aptiens.
    Cité des Reïens.
    Cité des Foro-Juliens.

Cité des Vapinciens.
Cité des Segestériens.
Cité Antipolitaine.

Province des Alpes maritimes.

Métropole : Cité des Ebroduniens [4].   Cité des Diniens.

1. Civitas Elusatium, Eause; Aquensium, Acqs; Lactoratium, Lectoure; Convenarum, Saint-Bertrand de Comminges; Consoranorum, Saint-Lizier ; Boatium, Bayonne; Benarnensium, Lescar ; Aturensium, Aire; Vasatica, Bazas; Turba, Tarbes; Ellonorensium, Oloron; Ausciorum, Auch.

2. Civitas Narbonensium, Narbonne; Tolosatium, Toulouse ; Beterrensium, Béziers; Nemausensium, Nîmes ; Lutevensium , Lodève ; Castrum Uceciense, Usez.

3. Civitas Aquensium, Aix; Aptensium , Apt ; Reiensium , Riez ; Foro-Juliensium, Fréjus; Vappincensium, Gap ; Segesteriorum , Sisteron ; Antipolitana, Antibes.

4. Civitas Ebrodunensium , Embrun ; Diniensium , Digne ; Rigomagensium, Chorges; Sollinieqsium, Saillans; Sanitiensium, Senez; Glannatina , Glandèves; Cemelenensium, Cimiers; Vinciensium, Vence.

(*Notitia provinciarum Honorii temporibus condita ex t. 1, Conciliorum Galliæ,* J. Sirmond.)

DEUXIÈME PARTIE.

Cité des Rigomagiens.   Cité Glannatine.
Cité des Salliniens.   Cité des Cemelleniens.
Cité des Sanitiens.   Cité des Vinciens.

Ces soixante villes libres, auxquelles on peut joindre Castellane, Maguelonne et Briançon, se gouvernaient donc elles-mêmes sous l'autorité nominale du préfet du prétoire des Gaules[1], qui était représenté dans les sept provinces par un vicaire résidant à Vienne.

Ce magistrat avait pour délégués : dans la Viennoise un consulaire, et dans les Alpes maritimes, les deux Aquitaines et les Narbonnaises, six présidents.

L'illustre comte des largesses sacrées de l'empire entretenait un préposé aux trésors à Nîmes.

A Arles, un préposé aux œuvres des *Brambaricarii*, ou orfèvres; un préposé aux trésors; un procurateur des monnaies; un procurateur des fabriques.

A Toulon et à Narbonne, deux procurateurs des teintures.

L'illustre maître de la cavalerie dans les Gaules était investi du commandement supérieur de l'armée[2].

Après lui venaient ensuite dans le pays méridional,

---

1. « Quales apud dictatores magistri equitum, tales demum fuere præfecti prætorio apud Cæsares. A parvis ortis crevit auctoritas... »
(Andr. Dominici Flocci Florentini, *De potestatibus Romanorum*, lib. II, cap. XXIII.)

« Ejus postea auctoritas aucta ergà forenses causas cœpit. »
(Pomponii Læti, *De magistratibus romanis*, lib. I.

2. « Ut dictatori summum jus in populum fuit, ità in omnes milites et accensos magistro equitum fuisse traditum est. »
(Aud. Dom. Flocc. Florent., lib. II, cap. XI.)

divisé en deux provinces militaires (la Viennoise et la Novempopulanie) :

Le duc du Tractus armorique, dont le cercle embrassait les côtes de l'Aquitaine et le maître des présentales.

A ce dernier obéissaient les préfets des flottes stationnées à Vienne, ou à Arles et à Embrun;

Le tribun de la première cohorte Flavienne;

Le préfet des soldats musculariens[1], cantonnés à Massalie;

Le tribun de la cohorte Novempopulane, campée à Lapurdum (Bayonne);

Le préfet des Letès Suèves, fixés à Clermont dans la première Aquitaine;

Le préfet des Sarmates et des Taïfales, établis à Limonum (Poitiers);

Et le préfet des Sarmates, entretenus sur les bords du Rhône, vers Arles[2].

Toute la milice se composait ainsi de corps mobiles appelés *presentales*, destinés à se porter sur les points que menaçait l'ennemi, et des corps sédentaires qui, sous le nom de ripuaires ou *limitaniens*, étaient postés pour les défendre, aux bords des fleuves et aux frontières.

Un impôt spécial, l'annonc militaire, était affecté à leur entretien. Cette taxe, créée par Auguste, se

---

1. Les soldats qui se mettaient à couvert sous la galerie de siége afin de combler les fossés.

2. Notitia dignitatum imperii per Gallias antequam eas Burgundiones, Gothi et Franci occuparent.

formait du vingtième prélevé sur les héritages et les donations, du vingt-cinquième pris sur les ventes des propriétés, et du centième que payaient les marchandises [1].

La nature des autres tributs répondait à la condition des provinces : c'était une imposition indirecte ou générale, selon que la province s'appelait *vectigale* ou *stipendariée* [2]; dans le premier cas, qui était celui de la Narbonnaise, les peuples ne devaient que les droits de péage des marchandises, des métaux, de la poix, du sel, droits affermés par les publicains ; dans le second, ils étaient frappés d'un impôt invariable et périodique.

Ce dernier se divisait lui-même en deux branches principales qui portaient deux noms différents, la taille agraire et la contribution personnelle.

La taille agraire consistait dans le dixième des terres en friche, et dans une redevance due pour celles qui avaient été cultivées avant la concession.

Primitivement, la base de cette contribution avait été assise avec une équité dont le fisc ne conserva pas long-temps l'habitude.

« Je veux, avait écrit Servius Tullius, *que tous les*

---

1. Suetonius in Caligula. (Justi Lipsi, *De magnitudine romanâ*, lib, II.)

2. « More romano, aliæ provinciæ fuerunt vectigales, aliæ stipendariæ ; vectigales erant quæ vectigal pensitabant, quale est portorium vectigal rerum venalium... Stipendium erat vectigal certum et ordinarium : tributum, incertum et extraordinarium, quod pro ratione rerum, et temporum indicebatur. Galliam Narbonensem etiam fuisse vectigalem insinuat M. Tullius, pro Fonteio. » (Dadinus Altaserra, *Rerum Aquitanicarum*, lib. V.)

La contribution fixe s'appelait *canon*. (Naudet, *Des changements opérés dans toutes les parties de l'administration de l'empire sous Dioclétien*, t. I.)

biens payent le cens, lequel sera déterminé en proportion de la richesse de chacun. J'estime qu'il est juste et utile à la république que *ceux qui possèdent beaucoup payent beaucoup, et peu, ceux dont les facultés sont petites* . »

Le blé, l'huile, le vin, les fruits rentraient dans la taille agraire qui était perçue pour les premiers objets par dixième, et pour les figues, pommes, noix, par cinquième. Ces deux modes de perception étaient nommés la *Dîme* (Decumas) et la *Quinte* (Quinta).

Au tribut agraire se rattachait encore l'*écriture* [2]; lorsque les Romains, en effet, s'emparaient d'un pays, la perche, succédant dans leurs mains à l'épée victorieuse, partageait une partie du territoire. Ils y plantaient aussitôt leurs aigles, distribuaient les terres cultivées à des colons [3], et les friches qui ne devaient pas manquer après la guerre, les bois, les pâturages, ils les donnaient à bail, moyennant la

---

1. « Volo omnium bona censeri et unumquemque pro censu facultatum suarum conferre. Ut justum autem et reipublicæ utile existimo, ut qui *multa* possident, *multa* conferant ; qui verò tenuibus sunt facultatibus, *pauca*. » (S. T. in Dionysio Halicarnassio.)

2. Les pasteurs tant de gros que de menu bétail payaient un certain droit, pour chaque espèce, appelé *scriptura*, parce que le publicain mettait les troupeaux en écrit.

   (Chassipol, *Traité des finances et de la fausse monnoie des Romains.*)

3. « Romani nunc hos, nunc illos Italiæ populos superando ac subjiciendo, partem agriis auferebant atque oppida et *colones* condebant ; aut si oppida opportunè sanè condita, hos inducebant. *Agri* igitur quod cultum erat *colonis* ferè adsignabant : quod incultum (ut multa per bellum) id aliis cupientibus elocabant, *parte decimâ* fructuum sibi retentâ in agris sativis ; in plantariis aut arboretis, quintâ ; in pastionibus autem, centum pretium definiebant in capita minoris pecoris majorisque. » (Appianus in Justo Lipsio, *De magnitudine romanâ*, lib. II, chap. I.)

quinte, et une certaine redevance en argent par chaque tête de bétail.

La durée des baux était de cinq années. Quelquefois ils y établissaient des colons avec lesquels ils partageaient et qui, pour cette raison, s'appelaient *partiaires*.

Les terres incultes se prenaient à long bail ; à l'expiration, les anciens fermiers obtenaient de droit la préférence en offrant le prix de l'adjudication : « Car, avait dit Honorius, dans des conditions égales, il est juste de préférer les premiers adjudicataires aux nouveaux [1]. »

Toujours soigneuse d'écarter les fonctionnaires des affaires d'argent, où leur influence n'aurait pu qu'être nuisible aux intérêts des citoyens, Rome interdisait sévèrement à tout officier de l'empereur, et en particulier aux employés des finances, *de figurer dans les adjudications en leur nom ou sous le nom de tiers* [2].

Quant aux ventes qui étaient faites après la victoire d'une partie des biens conquis, le domaine se constituait responsable et garantissait les engagements avec la religion la plus sainte.

« Je rougirais, proclamait Severus dans son édit,

---

1. Æquitari congruit ut veteres possessores fundorum publicorum novissimis conductoribus præferantur, si facta per alios augmenta suscipiant.

2. Nullus palatinorum qui in officio rei nostræ privatæ militant, conductionis nomine vel per se, vel quamlibet personam, possessionum hujusmodi conducendarum facultatem, cum neque militi neque curiali hoc permittamus.

que le fisc inquiétât un légitime acquéreur du domaine¹. »

Celui-ci avait le droit d'affranchir les esclaves attachés au fonds vendu. Toutes les terres domaniales étaient sujettes à la taille et autres charges extraordinaires, telles que réparation des voies, ponts et chaussées de l'empire².

Personne n'était exempt du premier de ces impôts. On évinçait même de leurs possessions les palatins ou officiers de l'empereur, et les membres du clergé qui ne payaient point³.

Dans ce dernir cas, le fisc procédait à la vente des biens, versait la somme exigible au trésor et rendait le surplus à l'évincé.

Un très-grand nombre de personnes et de cités payaient la taille par abonnement⁴.

Elle était imposée par les censeurs, les répartiteurs et les inspecteurs⁵.

Ces décurions prenaient pour guide dans leurs opérations le livre du cens qui contenait les noms des fermiers et des propriétaires avec le plan des propriétés, et, en regard, la nature et la valeur de chacune d'elles⁶.

Ils avaient le droit de faire des diminutions dans

---

1. Gravissimum verecundia mea duxit, ut cujus rei pretium, cum bonâ fide esset addictâ semel fiscus acceperit ejus controversiam referat.
2. Chassipol.
3. L. viii, Cod., De exact.
4. Ulpien, lib. i, De censibus.
5. Censitores, peræquatores, inspectores.
6. Cod., De censibus et censitoribus.

les années malheureuses, de disposer à leur gré des terrains vagues et abandonnés, et d'établir l'équilibre de l'impôt de telle sorte que la fertilité d'un champ compensât la stérilité d'un autre [1].

Deux agents du fisc les secondaient dans le recouvrement.

Tous les ans, les infortunés contribuables voyaient arriver le canonicaire chargé de presser les rentrées, et après un mois de grâce l'inflexible persécuteur, qui *contraignait* de payer, condamnait à l'amende, et mettait ses frais de voyage et de séjour à la charge des retardataires.

Le tribut personnel était cette capitation que les Aquitains subissaient si impatiemment, parce qu'ils la regardaient comme une marque d'esclavage, bien qu'elle ne portât que sur les hommes libres [2]. Les hommes la payaient depuis quatorze ans [3], et les femmes depuis douze jusqu'à soixante-cinq ans. Et il n'est peut-être pas d'exemple, dans l'histoire, qu'un impôt ait été repoussé avec une pareille unanimité et une énergie plus constante. C'est qu'on ne blesse jamais impunément la dignité humaine, et que Rome rouvrait sans cesse la blessure en exi-

---

1. Lib. IV, Cod., *De censibus*.
2. « Servi caput non habere scribitur. »
(Justi Lipsi, *De magnitudine romana*, lib. II.)
3. « Imò alibi, non ante vigesimum annum obligatos lego. » (*Idem*.)
D'après l'évaluation de Velleius Paterculus, qui donne le chiffre le plus haut, la capitation, dans toute la Gaule méridionale, ne pouvait dépasser *trois millions*.

geant tous les ans un tribut qui ne représentait, au fond, que le rachat de la servitude.

Nous venons de montrer les grosses sources du revenu public, mais sans parler des subsides locaux fixés par les décurions, des confiscations et des amendes; l'argent coulait par une foule d'autres canaux dans le coffre avare du publicain.

On payait le *vectigal* et les *portoria*, c'est-à-dire les droits de douane, non-seulement dans les ports, mais sur les rives des fleuves et les routes;

On payait le vingtième du prix des esclaves vendus ou affranchis;

Le vingt-cinquième de la valeur des comestibles;

Le quart du revenu des mines.

Dès que l'empire eut remplacé la république, et à mesure que les besoins du luxe se développèrent, ces tributs devinrent insuffisants; alors le fisc Protée, sans pudeur et sans entrailles, extorqua l'argent sous toutes les formes. On le vit tous les quatre ans à la porte des lieux infâmes réclamant le droit mis par Caligula sur chaque journée de courtisane; il fouilla dans les haillons des mendiants, arracha leur denier baigné de sueur aux portefaix, et fit acheter la permission d'enterrer les morts.

On ne put se marier, plaider, allumer du feu, couvrir les maisons, sans contribuer de nouveau. Enfin, suivant toujours la progression ascendante, le fisc en vint, sous Constantinus, jusqu'à promulguer le *chrysargire*, qui imposait la nature dans ce qu'elle a de moins libre et taxait les excréments ¹ !

C'était là le plus étrange mais non le dernier mot des publicains. Après avoir acquitté toutes ces charges, il en restait encore d'autres qui, périodiques et variables, pesaient continuellement comme un joug et une menace sur les propriétaires fonciers; dans ce nombre on peut ranger principalement l'annonc de la milice, les tributs des travaux publics et l'or coronaire.

Les possesseurs des fonds de terre étaient tenus de fournir gratuitement le blé, la viande, le vinaigre, le vin, les fourrages et les habits dont la milice avait besoin.

Les plus rapprochés de ces étapes militaires (mansiones), qui bordaient les voies ou des camps, y transportaient ces tributs en nature, lesquels, mis en magasin sous la garde des actuarii, étaient distribués tous les jours, depuis l'édit de Constantius, de la manière suivante :

Pendant deux jours les soldats recevaient le pain, *buccellatus* ou biscuit; le troisième on leur donnait du pain ordinaire, du vin un jour et l'autre du vinaigre, un jour du lard et deux jours de suite du mouton.

Les habits devaient être livrés du 1ᵉʳ septembre au 1ᵉʳ avril. Vingt chefs de famille fournissaient un habit.

---

1. « Chrysargirum sustulit (Anastasius) quod erat ut omnes viri, fœminæ, pueri, servi, liberi argentum nomine stercoris et urinæ fisco darent. »
(Constantin Manassès.)

A cette contribution qui pouvait se payer en argent se rattachait le logement des soldats de passage et des principaux officiers de l'empereur auxquels il fallait en outre des chars et des chevaux.

Les peintres, les médecins et les artistes en étaient seuls exceptés.

La construction et réparation des monuments donnait encore lieu à des levées de deniers extraordinaires, à des corvées que l'ordre seul des sénateurs ne supportait pas.

On avait entendu, dans le principe, par la troisième redevance, les couronnes d'or que les cités et les provinces envoyaient en présent aux empereurs. Mais comme les précédents sont dangereux en matière de finances, il arriva que les Césars, ne se lassant point de recevoir ce que les cités se seraient probablement dispensées d'offrir, convertirent ce don gratuit en impôt normal, tout en lui conservant, par une sorte d'ironie, sa qualification d'offre volontaire.

A côté de ces abus, nés de la corruption du gouvernement despotique, s'élevaient cependant de loin en loin, comme des chênes dans la clairière, quelques grands débris de la législation primitive [1].

Toute erreur commise au préjudice de l'imposé était réparée sur une simple réclamation et même punie si elle ne semblait pas justifiable [2].

Si un publicain avait négligé la perception d'un

---

1 Dig., lib. xvi. — 2. Ibid.

péage, son successeur ne pouvait le rétablir sans un décret de l'empereur. A moins d'un rescrit impérial, ni président ni curateur n'avait la faculté de toucher aux impôts [1].

Telle était l'équité rigoureuse de la loi, que ceux qui supposaient des exemptions couraient le risque d'être brûlés vifs [2].

Ce vaste système financier, tout en embrassant pour ainsi dire l'univers, roulait sur un mécanisme des plus simples.

Au mois d'auguste l'empereur envoyait au préfet du prétoire des Gaules un état des sommes qu'il lui fallait pour l'année suivante : l'illustre préfet dressait sur cet état une délégation ou répartition proportionnelle entre les diverses provinces et la transmettait à son honorable vicaire de Vienne, lequel la faisait tenir au consulaire et aux présidents des sept provinces, qui eux-mêmes la transmettaient aux dix premiers de la curie. Ceux-ci élisaient aussitôt les censeurs, les répartiteurs, les exacteurs et s'occupaient de la levée des tailles, dont ils répondaient personnellement [3] et qui étaient payables par trimestre, le 1er septembre, le 1er janvier et le 1er mai.

L'argent perçu arrivait ensuite à l'empereur en remontant la même échelle. Versé d'abord dans l'arche des *susceptores* ou receveurs, qui étaient au nombre de deux en chaque cité [4], il passait, après la

---

1. Dig. lib. x, *De publicanis.*—2. Liv. II, C. *De immunit. nemini conced.* — 3. Lib. final. *De muneribus et honoribus.*— 4. Leur ressort était appelé *metrocomia*.

quittance longuement libellée des *chartulariens*[1], chez les trésoriers des métropoles qui s'empressaient de le transmettre aux préposés ou préfets des trésors d'Arles et de Nîmes[2]. En traversant cette triple filière il se divisait : une partie restait dans le pays pour subvenir aux charges locales, une autre dans le prétoire de l'illustre délégué de l'empereur pour les besoins de l'administration, la troisième, un peu affaiblie dans le voyage, parvenait seule au comte des largesses sacrées.

Passons maintenant de l'impôt à la propriété qui le rendait, et considérons-la un moment sous son aspect romain.

La propriété était partagée en quatre grandes zones :

Les biens du domaine,

Les biens des citoyens,

Ceux des cités,

Et les colonies des Lètes.

La terre, subdivisé entre ces quatre classes principales de possesseurs, avait été mesurée et limitée avec un soin admirable. Tous les champs portaient les noms de leurs maîtres écrits sur la première borne. On lisait ainsi autour de Nîmes :

Campagne[3] d'Armatus,   d'Avianus,

---

1. Lib. i, C. *De apochis.*
2. Lib. vii, *De ærar. publici persequend.*

« Præpositi seu præfecti thesaurorum qui ex singulis provinciis exactam pecuniam separatim conservabant donec ad largitionum comitem mitteretur. » (*Commentarium Pancinaroli in notitiam dignitatum imperii.*)

3. Armati-ager.

Campagne de Bolanus, de Veranius,
de Bagradæus, d'Appalius,
Vallée des Bagradiens, d'Albutius,
Campagne de Cæsar, de Bassius,
de Dassius, de Carvilius,
de Gallus, de Domitius,
de Marinus, de Fuscius,
de Marius, de Montanus,
d'Acilius, de Martinius,
d'Auzilanus, de Mauritius,
de Soter, de Cereus,
de Savinius, de Tescius [1].

Dans toutes les autres parties de la Gaule méridionale les noms des quarante quatre familles patriciennes et des plus remarquables entre celles des plébéiens désignaient les champs, les bourgs, les villæ de la conquête.

Malgré les ravages des invasions étrangères et le poids des tributs, une exubérance de prospérité et de richesse circulait dans les sept provinces. L'opulence publique, absorbée par la haute classe, se reverse encore à flots, pendant tout le quatrième siècle, sur les cités, les métropoles et les campagnes.

Arles, la ville illustre, ouvre deux ports hospitaliers : Arles, la Rome des Gaules, brille entre Narbonne, Martiane et la florissante Vienna. Les flots du Rhône la divisent, mais un pont de bateaux la réunit,

---

1. Ces *noms étaient* gravés sur des lames de cuivre incrustées dans la borne. (Dureau de la Malle, *Économie politique des Romains*, t. I, p. 173.)

et ces mêmes flots impétueux amènent dans ses murs le commerce du monde, qu'elle répand ensuite, en le fécondant, sur le vaste sein de l'Aquitaine¹.

Non moins belle apparaît Tolosa, au milieu de l'immense contour de ses murs de briques et sur les bords de cette Garonne délicieuse qui lui baigne les flancs. Son nom, honoré depuis les neiges des Pyrénées jusqu'aux montagnes couvertes de pins des Cévennes, est prononcé avec respect par les Aquitains et les Ibères : et, malgré les quatre villes sorties de son sein, toujours forte et remplie d'une population nombreuse, elle presse avec amour dans ses bras les colonies qu'elle a fait naître.

Narbonne présente à son tour un empire qui s'étendait des frontières des Allobroges et des sommets escarpés des Alpes, jusqu'aux glaciers pyrénéens, au Rhône fougueux, au Léman, aux Cévennes et aux limites des Tectosages, autrefois nommés Bolkes². La première dans les Gaules, Narbonne, Martiane, avait eu l'honneur des faisceaux et le privilège prétorien. Qui pourrait peindre ses ports, ses lacs, ses montagnes ? Qui entreprendrait de décrire cette population diverse de mœurs et de lan-

---

1. Ausonius, Claræ urbes.

« Arelatum super mare situm est quod ab omni mundo commercia suscipit. » (Anonyme grec. 347.)

«Quidquid enim dives Oriens, quidquid odoratus Arabs, quidquid delicatus Assyrius, quod Africa fertilis, quod speciosa Hispania, quod fortis Gallia potest habere præclarum, itâ illic affatim exuberat quasi ibi nascantur omnia, quæ ubique constat esse magnifica. » (418, *Constitution d'Honorius*.)

2. Remuants, inquiets.

gage? Comment parler de ce magnifique temple en marbre de Paros que n'eût point dédaigné celui qui éleva le faîte doré du Capitole. Les mers lui portent les trésors de l'Orient et de l'Ibérie; c'est pour l'enrichir que les vaisseaux de l'Afrique et de la Sicile déploient leurs voiles; et tout ce qui flotte et se croise dans le monde sur les rivières et les flots entrera dans son port.

Burdigala étale son enceinte quadrilatère, fermée de remparts et flanquée de tours, dont les créneaux semblent entrer dans les nuages; la Garonne, refoulée par l'Océan, ne cesse de lui apporter des vaisseaux qui suivent, avec leurs marchandises, le vieil itinéraire des Phéniciens, et les étrangers, que l'on compte par milliers à ses écoles, hésitent, dans leur admiration, entre le temple de Bacchus, l'édifice du dieu tutélaire de la cité, la célèbre fontaine et le majestueux amphithéâtre de Galianus.

Le luxe n'éclate pas avec moins de profusion dans les *villœ* patriciennes dont les tours s'élèvent sur toutes les collines, dont les toits dorés étincellent au fond de tous les vallons.

Arrêtez-vous devant ces demeures fastueuses : une montagne escarpée s'élève tournée vers le couchant ; deux chaînes de collines qui s'allongent comme ses deux bras à droite et à gauche d'une vallée, viennent mourir au pied des murs de la villa. Un large portique la décore. Sa double façade regarde à la fois le septentrion et le midi. Du côté de l'occident on aperçoit les thermes, adossés à une roche qu'ombragent des bouquets de bois : les arbres qu'on y coupe roulent jusque dans la fournaise. La salle des bains est carrée ainsi que la salle des parfums, dont la sépare seulement l'hémicycle de la cuve, où filtrent au signal des flots d'eau tiède et douce.

La lumière inonde les murs éclatants de blancheur ; la piscine pourrait le disputer en capacité aux piscines publiques ; elle est couverte par un dôme environné de quatre flèches ; deux fenêtres, percées à la naissance de la voûte, laissent admirer le goût qui a présidé à sa construction.

Quand le maître est païen, des peintures obscènes tapissent les murailles : partout s'offrent aux yeux, entre les nudités des scènes érotiques, ces lutteurs que le fouet du gymnasiarque est si souvent forcé de rappeler à la décence ; s'il croit en Christ, quelques vers seulement se lisent sur les murs de marbre.

L'eau s'écoule dans un immense réservoir qui défend la villa des ardeurs du soleil et qu'alimentent les sources des montagnes voisines, amenées par des canaux et épanchées en nappes écumeuses de la gueule de six lions.

Vis-à-vis s'ouvrent le triclinium des femmes et la cellule aux provisions ; l'atelier où l'on fait la toile n'en est séparé que par un léger mur. Sous le vestibule commence le criptoportique, galerie étroite et longue dont le fond qui n'a aucun jour est plein d'une agréable fraîcheur. Là, aussitôt que le maître s'est retiré pour chercher le sommeil, le chœur babillard des clientes et des nourrices fait retentir la voûte de ses chants.

Le criptoportique touche au triclinium d'hiver, qui donne entrée dans une salle à manger d'où l'on découvre la campagne et le lac. On monte à la terrasse qui les couronne par une rampe large et douce. Cette élévation présente un coup d'œil délicieux. On voit errer dans le lointain les troupeaux épars, et glisser sur le lac les barques silencieuses des pêcheurs.

Un frais diversorium, ou cabinet de repos, termine au septentrion la villa, et enfin entre le lac et les bois une pelouse l'environne de sa verdoyante ceinture émaillée de marguerites [1].

C'est dans ce séjour qu'il faut suivre pas à pas la vie voluptueuse des patriciens.

L'été méridional a commencé, le soleil monte à grands pas vers le cancer, tout est en feu. La glace fond sur le sommet des Alpes, la terre crevassée s'ouvre de toutes parts, les gués n'ont plus d'eau, un limon jaunâtre rétrécit le lit des rivières, des torrents de poussière salissent les haies et la campagne : à peine si les sources les plus abondantes coulent encore. L'eau n'est pas tiède, elle est bouillante. Pendant que le colon, courbé sur la charrue depuis le lever du jour arrose la terre de sueurs, le maître s'éveille aux cris de l'hirondelle. Les clartés matinales l'éblouissent : « Debout, esclave! du linge,

---

[1]. C. Sollii Sidon. Apoll. Epistolarum, liber II.

» mes sandales, une toge, que je me lève ; de l'eau
» de fontaine pour ma tête et mes mains, que je
» m'habille. »

La toilette finie, il brûle de l'encens aux dieux, fait une libation sur le gazon de leurs autels, et envoie l'esclave porter dans les villes voisines des invitations à ses amis. Lorsque le soleil marque la quatrième heure, Sosie consulte sa clepsydre et sert le dîner. Les esclaves fléchissent sous le poids des plats d'argent où sont accumulés des mets plus copieux que variés. Mollement couchés sur leurs lits, les convives mangent beaucoup et vite. En buvant, l'un d'eux raconte, pour exciter le rire, quelque histoire plaisante. Les esclaves se tiennent auprès de chaque lit avec un éventail. Si le festin est solennel, des musiciens placés sur une estrade au fond de la salle jouent des airs mélodieux, et huit gladiateurs viennent mêler au son des instruments le fatal cliquetis de leurs armes. Quelquefois l'un de ces malheureux, à demi renversé, et qui sent le glaive à la gorge, implore avec des cris déchirants la pitié des convives; tous les pouces se courbent à la fois, et le vainqueur, enfonçant le fer, fait jaillir jusque sur la table une gerbe de sang!

Le repas fini, l'on descend dans le diversorium, qui, orienté au septentrion, ne voit jamais le soleil et conserve une température ravissante de douceur. Là c'est une volupté d'entendre à midi le chant retentissant des cigales et le bruit criard des cygnes sur le lac.

Après le sommeil du jour, tout le monde va jouer à la paume sous les tilleuls, et quand l'ombre commence à dépasser leurs branches, les hommes se reposent à leur ombrage en jetant les dés. Quant aux femmes, pour égayer l'oisiveté profonde où elles sont plongées, elles surveillent les métiers de leurs esclaves ou filent, et plus souvent encore essaient d'oublier les heures aux échecs et en regardant la *sallation* si libre des bouffons [1].

Pendant ce temps les agents du gouvernement, s'efforçant de monter à ce degré d'opulence, pressuraient les curies, qui, malgré la nouvelle institution de leurs principaux [2], s'appauvrissaient et s'affaiblissaient tous les jours davantage : la misérable condition de la plèbe allait en empirant [3]. Exclue des emplois, repoussée des honneurs, écrasée de misère, brisée par un travail sans fruit pour elle-même, elle traînait une existence honteuse, et ne possédait rien que la vie, laissée encore à la merci des patriciens [4]. La seule ressource qui lui restait était de se réfugier dans les forêts pour y périr ordinairement de faim avec les Bagaudes.

L'état des esprits retraçait fidèlement cette inertie molle qui régnait au sommet de la société, et l'im-

1. Pline-le-Jeune, liv. vii, lettre xxiv.
2. Cod. Théod., l. clxxi. Savigny, *Gesch. des Rom.*
3. Georg. Vauchop., *Comparatio status optimatum et plebeiorum. De magist. vet. pop. roman.*
4. Elle était regardée comme si peu de chose, qu'un évêque, Sidoine Apollinaire, trouvant des malheureux qui creusaient par mégarde une fosse sur la place où était enterré son aïeul, ne put s'empêcher de les tuer en passant.

patience dans laquelle s'agitaient les classes opprimées.

Les païens, énervés comme leur civilisation, s'endormaient au moment le plus périlleux, et si le son rauque et lointain de la corne des barbares venait à les réveiller en sursaut, ils se retournaient en fermant les yeux sur le pulvinar de pourpre, ou couraient oublier au cirque l'agonie de l'empire. Les chrétiens, au contraire, pleins d'espoir, redoublaient d'activité et de courage. Repoussant du pied l'ancien monde, ils marchaient droit à la conquête du monde nouveau : d'une main on les voyait combattre leurs ennemis intérieurs, et de l'autre frapper les idoles, ruiner les temples.

Ainsi, tandis qu'une rude bataille était livrée aux doctrines d'Arius, dont les dissidences tendaient à placer le christianisme sur une base purement philosophique; Martinus, qui mérita bien dans sa longue carrière l'auréole des saints, parcourait en tous sens le pays des Pictons, attaquant Jupiter, et répandant la semence évangélique.

La défaillance de Rome, le déclin des idées, se réfléchissaient avec une clarté douloureuse dans la littérature. Là, le paganisme régnait en maître, et lui communiquant son affaiblissement moral, ne songeait qu'à rajeunir par la forme cette littérature vieillie qu'il regardait non sans raison comme une branche de la religion. Les deux siècles précédents avaient vu éclore les œuvres de Paulinus (de Forum Julii), ami de Pline-le-Jeune et de Martial : un duumvir de Vienne, Trebonius Ruffinus, s'était rendu célèbre par son éloquence. L'empereur Titus Antoninus, le Némausien, cultiva honorablement les lettres, et l'Arverne Fronto dut au Forum une haute réputation. Orateur éloquent et grave, Cornelius Fronto devint l'ami de Marc-Aurèle, et assista lui aussi à son immortalité, en voyant élever sa statue sur le théâtre de ses triomphes. On lui attribue l'ouvrage publié sous le pseudonyme de Minutius Félix, dont nous avons déjà cité les principaux passages.

Il ne faut point oublier cette lettre des martyrs de Lyon qui plaisait tant à Scaliger, et qu'on découvre au fond de ce pâle horizon comme une étoile radieuse.

L'époque suivante avait été marquée par une pénurie réelle d'écrivains. Un géographe, Titianus, un poète que l'admiration peut-être suspecte de ses sujets appela sur le marbre *l'orateur le plus puissant de son temps* [1], et un modeste sténographe nommé Saint-Genès; voilà tout ce que nous trouvons de 177 à 320.

Le quatrième siècle, en revanche, porte une brillante couronne littéraire.

Minervius, le Bordelais, conquit la première palme de l'éloquence et de l'enseignement. Sa parole coulait avec la rapidité du Gave, roulant dans ses flots mille paillettes d'or et jamais du limon. Il possédait au suprême degré ce que Démosthène appela par trois fois la faculté la plus utile à l'orateur.

---

1. L'empereur Numerianus, de Narbonne.

Non moins grave dans les luttes du Forum, et plus harmonieux dans ses écrits, le Nitiobrige Alcimus Alethius recueillit la double gloire des lettres latines et des lettres grecques.

Léontius, le grammairien, né sous les piliers de Tutèle, enseigna dans sa patrie avec éclat, et laissa une réputation d'excellent professeur et d'homme probe. Il avait un collègue, Ammonius, venu de chez les Pictons, dont la tombe ne couvrit pas le nom tout entier.

Arborius, de Tarbes, Exuperius et Marcellus, de Bordeaux, remplirent du bruit de leurs cours les chaires de leur métropole et de Toulouse. Le rhéteur Sedatus arriva dans cette dernière ville à une illustre renommée, et quand il mourut après une longue et opulente vieillesse, Bordeaux redemanda le corps de son fils à la cité de Pallas. La Garonne, qui avait si long-temps entendu sa voix en passant, le descendit probablement à son tombeau.

La même époque vit fleurir l'Auscien Staphylius, qui connaissait *la raison de toute science,* avait une âme d'or, une parole persuasive, un débit calme et mesuré; Dynamius, l'enfant de Bordeaux, qu'une accusation d'adultère exila sur le sol ibérien, où il devait mourir caché auprès de sa belle Espagnole, sous le nom de Flavinius; et Glabrio, son compatriote, dont la fin prématurée fut un deuil public[1].

---

1. Primus Burdigalæ columen dicère Minervi
    Alter rhetoricæ Quintiliane togæ.....

Mais de tous ces hommes célèbres, aucun ne s'éleva aussi haut que le fils du médecin de Bazas. Julius Ausonius, également distingué et comme adepte d'Hippocrate et comme helléniste, eut à Bordeaux ; de sa femme Eonia, un enfant dont la naissance le combla de joie. Arborius, son beau-père, qui était très-versé dans les sciences occultes, s'empressa d'interroger les astres, et de chercher dans l'avenir les destinées de cet enfant. Il vit son étoile rayonner dans le ciel le plus pur, et monter successivement de la questure au prétoire, et du prétoire au consulat[1]. Le vieillard garda son heureux secret, et

> Nec me nepotes impii silentii
> Reum ciebunt, Alcime.
> Palmæ Firensis et Camenarum decus
> Exemplar unum in litteris.....
> Tu meæ semper socius juventæ,
> Pluribus quamvis cumulatus annis,
> Nunc quoque in nostris recales medullis,
> Blande Leonti.....
> Bis meritum duplici celebramus honore parentem
> Arborium arborio patre et avo Argicio.....
> Relligio est, tacitum si te, Sedate, relinquam,
> Quamvis docendi munus indeptus foris.
> Communis patria est tecum mihi.....
> Externum sed fas conjungere civibus unum
> Te Staphyli genitum stirpe novem populis.....
> Aurea mens, vox suada tibi, tum sermo quietus
> Nec cunctator eras, nec properante sono.....
> (Ausonii professores.)

1. Tu cœli numeros et conscia sidera fati
   Callebas, studium dissimulanter agens.
   Non ignota tibi nostræ quoque formula vitæ :
   Signatis quam tu condideras tabulis.
   Prodita non unquam : sed matris cura retexit...
   Dicebas sed te solatia longa fovere :

l'horoscope s'accomplit. Maître de grammaire à l'âge de trente ans, le jeune Ausonius ne tarda pas à occuper une chaire de rhétorique, et après un assez court exercice il s'acquit une telle réputation, que l'empereur Valentinianus le fit venir à Rome et le chargea de l'éducation de Gratianus son fils. Ausonius, doué de beaucoup de tact et d'adresse, parvint promptement à entrer dans les bonnes grâces de Valentinianus et de son impérial élève, et, comme la littérature était alors la porte des honneurs, il obtint tout ce qu'il voulut[1]. Malgré le vers satirique de Juvénal, le rhéteur devint consul; puis, quand ses cheveux furent blancs, et que Maxime eut massacré son disciple chéri, quittant ces portiques de Rome qui ne lui montraient plus que des images de deuil, il reprit la route de Bordeaux, et alla finir sa vie à sa campagne de Novère[2].

Le talent d'Ausonius est comme un limpide cristal où toute son âme se réfléchit : aimant et bon, il s'abandonne avec une sorte de délice aux impressions douces, aux sentiments de la famille et de l'amitié. Ses premiers chants sérieux sont consacrés aux siens : les *Parentales* expriment sous une forme pleine de délicatesse et de charme, l'émotion qu'il éprouvait au souvenir de ceux qui étaient liés à lui

Quod mea præcipuus fata maneret honos.
Sentis quod quæstor, quod te præfectus et idem
Consul honorifico munere commemoro.
(Ausonii Parentalia.)

1. Lives of the roman poets by Lewis Crusius.— 2. Les Nouliers.

par le sang, et le bonheur que leur attachement lui donnait. Ses maîtres lui revinrent ensuite en mémoire : l'hommage le plus affectueux que puisse inspirer la reconnaissance, il le dépose sur leur tombe. Ces devoirs du cœur remplis, il suit dans ses *Edyllia* la pente d'une fantaisie poétique, toujours dirigée vers un but agréable et moral. Là il se plaît à décrire les origines des jours, des mois, des fêtes romaines. Là sa vie d'homme paisible et ami des campagnes est peinte au naturel et du premier jet. On le voit jouir de l'oisiveté au milieu de ses vignes vigoureuses, des plaines de ses colons, de ses prés où se déploie une riche verdure, de ses bois au feuillage ondoyant. Que les événements le jettent sur les bords de la Moselle pendant que les barbares entonnent à deux pas de lui leur chant de guerre, vous croyez qu'il va écouter et pâlir, vous connaissez peu Ausonius : tandis que les rouges chevelures des Sarmates se hérissent pour le combat, le pacifique consul oublie toge, épée et licteurs, et, suivant délicieusement le cours du fleuve, il chante ses coteaux accidentés et riants, ses ondes transparentes, le frais gazon qui émaille ses rives, les peupliers argentés qui les ombragent et les nombreux poissons qui se jouent à ses pieds. Et cette naïveté de sentiment n'est pas exceptionnelle dans Ausonius ; on la retrouve au fond de toutes ses actions, en toutes les circonstances de sa vie. Qui pourrait s'empêcher de sourire en l'entendant avouer tout bas avec une bonhomie charmante que sa femme prend un air railleur lorsqu'elle lit par-dessus son épaule les vers adressés à une Dionée imaginaire? Ce naturel, impressionable jusqu'aux larmes, explique bien honorablement les transports exagérés de sa reconnaissance à l'annonce de sa nomination au consulat[1]. Être élevé à la plus haute dignité de l'empire par un disciple bien aimé qui vous écrit : *J'ai payé ce que je devais et cependant je dois encore,* voilà ce que personne ne supporterait froidement. Ausonius, qui était d'une sensibilité extrême, en fut ému jusqu'au fond de l'âme et remercia Gratianus avec toute l'effusion de sa joie d'enfant. Chez lui, du reste, l'homme ne se sépara jamais du poète. La vocation poétique étant le premier but où tendait son esprit, il ne chercha pas à remonter le courant, et sur le siège curule du prétoire comme dans sa chaire, entre les faisceaux dorés du consul comme sous les ormeaux de sa villa, Ausonius ne songea qu'à une chose et ne prit au sérieux qu'une affaire, la poésie. Aussi, cette foi littéraire vraie et profonde étendit-elle son talent au delà des limites posées par ses prédécesseurs. Ausonius n'a rien à leur envier du côté de la pensée, qui est toujours gracieuse ou juste; rien pour le style, qu'on trouve irréprochable; et aucun d'eux, sans en excepter Virgile, n'a répandu au même degré dans ses œuvres la lumière douce et calme, les admirables demi-teintes qui colorent les vers du poète bordelais.

---

[1]. Un rhéteur vient d'en faire le sujet d'une raillerie qui semblerait prouver qu'on a tort de confier le haut enseignement aux âmes sèches.

Paulinus, son élève, eut beaucoup de ses qualités; à moins d'abondance, toutefois, il joignit une forme plus austère et où percent plus distinctement les idées chrétiennes [1].

Ausonius et Paulinus sont les deux grands littérateurs du quatrième siècle; avant il n'avait paru que des grammairiens et des rhéteurs; après eux il ne resta plus que des panégyristes. Le panégyrique, impudente flatterie, glorification souvent menteuse, énorme couronne de lauriers et de fleurs qu'un homme osait porter pendant trois heures au front d'un autre homme, sans que le premier rougît de tant de bassesse et le second de tant d'orgueil; le panégyrique, venu en Occident lors de la décadence de l'empire, est l'œuvre caractéristique et principale de l'époque; il complète à merveille l'histoire de l'esprit public pendant cette longue période d'avilissement qu'amena l'usurpation des Césars. Alors nul encens n'est trop fort, nulle louange trop pompeuse, nulle parole d'adulation trop crue et pour celui qui parle et pour celui qui écoute. Alors le plus remarquable par le talent de ces thuriféraires

---

1. Non reor hoc sancto sic displicuisse parenti
Mentis ut errorem credat sic vivere Christo.

. . . .

Inque tuo tantus nobis consensus amore est
Quantus est in Christo connexâ mente colendo.

Ces vers, extraits des Épîtres de saint Paulin, ont encore l'avantage de prouver d'une manière irréfutable le christianisme d'Ausone, mis en doute par Vossius et quelques autres critiques.

impériaux, Latinus Pacatus, trace en ces termes le plan de son oraison à Théodose :

Exorde. Entre tous ses sujets de crainte, l'orateur ne peut se voir sans trouble, lui, Gaulois rustique, obligé de parler à la face de l'empereur, du sénat et de Rome. Il va cependant louer Theodosius, car il a fait pour cela un long voyage, et son éloge est d'autant plus libre, que le prince n'en a pas besoin.

Distribution. Éloge de la vie privée de Théodose et de sa vie publique.

Première partie : Théodose, associé à l'empire dans des jours difficiles, soutient la république, qui penchait vers sa ruine. La splendeur de sa noblesse, les victoires de son père, la beauté de sa personne, son âge exempt d'infirmités et mûr pour l'empire, sa patrie, tout atteste qu'on ne pouvait en élire un plus digne. Des dons de la fortune on passera aux qualités de l'âme. On peindra son habitude des camps, où depuis l'enfance il se préparait à régner un jour ; ses exploits, sa modestie en refusant la pourpre, son gouvernement paternel, son économie en retranchant le luxe inutile du palais, sa prévoyance dans ses lois, dans le choix de ses conseillers et des magistrats, sa prudence : fidélité à ses amis, exactitude religieuse à tenir sa promesse, sa douceur singulière avec les solliciteurs que le petit nombre des emplois vacants l'empêchait de satisfaire.

Deuxième partie : De ses vertus publiques. Combien il se montre bon et doux en admettant tous les réclamants dans son palais, et en daignant prêter l'oreille à leurs plaintes. De son visage, qui n'est pas moins connu des citoyens que des ennemis. On rappelle ses victoires sur les Goths, les Huns, les Scythes et les Perses; ses rapides succès contre le tyran Maxime, meurtrier de Gratianus : l'usurpateur n'échappe pas au châtiment que méritait son crime. Exemple futur de la vengeance qu'on tire tôt ou tard de la tyrannie, il périt misérablement par le glaive. Haute clémence du vainqueur, bien différente de la clémence de Sylla, de Marius et de César. Entrée de Theodosius à Rome. Lois sagement remises en vigueur.

Fin. L'orateur s'applaudit d'être venu des Gaules jusqu'à Rome pour voir de si grandes choses. Avec quelle allégresse il sera reçu par ses concitoyens lorsqu'il les leur racontera! comme la foule va se presser autour de lui! quels sujets magnifiques il pourra donner aux orateurs et aux poètes!

Ce plan fut exactement suivi. Pacatus feignit d'abord la terreur sacramentelle des écoles. En présence d'un empereur si auguste, d'un sénat si attaché à son empereur, personne, à l'entendre, n'a tremblé comme il tremble :

« Outre ces honorés qui m'écoutent, les Caton, les Cicéron, les Hortensius, qui assistent, dit-il, à cette solennité dans la personne de leurs descendants, redoublent encore mes craintes. Une nouvelle épouvante, une palpitation subite me saisissent au moment de parler. Avant ce grand jour, bien longtemps et bien souvent j'ai pressenti ces angoisses; mais l'admiration de tes vertus, auguste empereur, m'ayant amené, pour te contempler et t'adorer, de cette plage de la Gaule où le soleil tombe dans l'Océan, j'ai craint de perdre par mon silence le fruit de ces rudes fatigues. Ainsi, tout en expliquant mon audace, tout en continuant de penser que la joie ne peut rester muette, je m'aperçois que je réunis deux choses bien opposées, la témérité et la crainte. Ce qui, du reste, m'enhardit à parler, c'est que ma parole est libre. Ni le discours ni le silence ne sont forcés maintenant : il y a autant de sécurité à louer le prince qu'à ne rien dire. Je veux donc jouir, en parlant de la liberté qui nous est rendue, et je le veux par ce motif même que nul n'est mieux placé pour louer l'empereur que celui qui n'y est contraint par aucune nécessité.»

Après cet exorde, travaillé à l'athénienne, Pacatus entre dans l'énumération minutieuse des vertus privées du prince; et venant ensuite à ses vertus publiques, il trace d'une main vigoureuse un tableau de la Gaule méridionale sous le règne de Maxime, tableau qui vaut la peine qu'on essuie sa vieille poussière latine.

« Quel peuple pourrait comparer ses malheurs aux nôtres, qui avons eu un tyran ? Rappellerai-je les cités abandonnées de leurs municipaux, les solitudes pleines de nobles ? Les biens des hommes les plus illustres vendus à l'encan, ces têtes consulaires abattues, ce glaive menaçant que les honorés n'écartaient qu'à prix d'or? J'ai vu les dignités abolies, les consulaires dépouillés de la trabée [1], des vieillards qui survivaient à leurs désastres, des enfants, souriant, hélas! sous le fer. Accablés du poids de ces maux, nous étions forcés de simuler le contentement, et, après avoir dans le secret de nos familles confié furtivement nos larmes à nos femmes et à nos seuls enfants, nous paraissions en public avec le visage d'une autre fortune. Là, vous auriez entendu le délateur dire à son complice : Pourquoi est-il triste, celui-ci? Serait-ce parce que de riche il est devenu pauvre? Il ne s'estime donc pas heureux de vivre encore? d'où vient qu'il fatigue ainsi nos regards avec ses vêtements de deuil? je crois qu'il pleure un frère.—Mais il a un fils.—Ainsi, l'on n'osait regretter les morts tant on craignait pour les vivants. Nous nous efforcions de faire rayonner sur nos fronts la sérénité des âmes tranquilles, et comme ceux qui, empoisonnés par l'herbe des Sardes, meurent avec le rire aux lèvres, nous affections la joie, le désespoir dans le cœur. C'est une grande consolation cependant que de pouvoir pleurer quand on souffre, et de livrer passage aux soupirs

---

1. « Prætextæ trabeam meritò subjiciemus, quia ab instar prætextæ fuit, non in imâ solum orâ, sed per totum purpuræ fasciis, virgisque latioribus veluti trabibus transversis distincta undè et trabea nomen invenit, non quod ex pluribus purpureis pannis assutis constaret, sed ut Turnebus ait, *intextis* ut nempè subtemen purpureum, stamen album vel coccineum esset.» (Octavius Ferrarius, *De re vestiariâ, in Thesauro antiquitatum romanarum*, t. VI.)

dont notre poitrine est remplie. Aucune peine n'égale celle qu'il faut cacher en la souffrant. Nous, n'avions-nous nulle espérance de satisfaire ce brigand? Contre l'ordre habituel de la nature, l'excès ne produisait point la satiété; de jour en jour la faim devenait plus cruelle, et, de même que les liquides irritent la soif des malades, que les combustibles augmentent l'ardeur du feu au lieu de l'étouffer; de même cet amas de richesses aiguillonnait l'avidité de son âme.

» Il se tenait debout; et, couvert de la pourpre auprès des balances, et là, pâle d'attention, respirant à peine, il suivait constamment des yeux le mouvement des plateaux. On ne cessait pendant ce temps d'apporter à ses pieds les dépouilles des provinces, les épaves des exilés, l'héritage des victimes. Ici brillait l'or arraché des mains des femmes, là les boules dorées que portent au cou les enfants, plus loin étaient pendus des vases d'argent teints encore du sang de leurs maîtres, partout on entendait tinter la monnaie, accumuler l'airain, briser les vases. On n'eût pas pris ce lieu pour le palais d'un César, mais pour la caverne d'un voleur. Il ne songeait pas, comme la plupart des princes, à chercher les métaux précieux dans les entrailles de la terre. Non, l'or que recèlent les veines des montagnes et les sables de nos fleuves [1] n'avait aucun prix à ses yeux.

1. Le Tarn (Tar) et l'Ariége (Auriejo), appelée par les Espagnols l'*Aurigera*. « Autrefois l'or que tiraient les orpailleurs de l'Auriège, et qu'ils faisaient passer à la monnaie de Toulouse, était estimé 80,000 fr. » (Gensane, *Hist. nat. du Languedoc.*)

Celui que les larmes avaient arrosé lui paraissait plus pur que les paillettes lavées par l'eau des rivières ; celui qu'il ramassait dans le sang des patriciens égorgés resplendissait avec plus d'éclat que l'or arraché du sein de la terre. Aussi, comme nous vivions sans cesse sous le style et le glaive du tyran, nous avions fini par désirer la pauvreté et par appeler de nos vœux le délateur, afin d'échapper au bourreau.

» Que si quelqu'un de ceux qui m'écoutent pensait que j'exagère sa cruauté, je le prie de se souvenir du meurtre de Balio et de Mérobaud, dont l'un, après avoir été honoré des premières magistratures et de la pourpre consulaire, fut contraint de se tuer de ses propres mains; dont l'autre, pris de force derrière les portes brisées de sa maison, périt d'une mort honteuse par le lacet des satellites bretons! Mais cette barbarie ne fléchira même point si des hommes je passe aux femmes. Certes, il faut l'avouer, Maxime avait des motifs graves pour condamner au dernier supplice la veuve d'un illustre poëte! On lui reprochait, en effet, l'ardeur de son zèle religieux et son trop grand attachement à la divinité. Que pouvait dire de plus l'accusateur chrétien [1]? On vit alors,

---

1. Vers 380, un homme de grande érudition et d'une illustre naissance, appelé Priscillianus, essaya de réformer les abus qui, pareils à l'ivraie, étouffaient déjà le bon grain dans les sillons du christianisme. On renouvela sur-le-champ contre lui les accusations portées contre les premiers chrétiens. Chose remarquable, à quatre cents ans de distance, des évêques dont il censurait la conduite licencieuse retirèrent de l'oubli, pour les lui appliquer, les reproches d'incestes et d'orgies nocturnes que les païens

on vit surgir une race nouvelle de délateurs : ces hommes, qui portaient le nom de pontifes, et qui méritaient beaucoup mieux celui de satellites et de bourreaux, non contents d'avoir expulsé une foule de malheureux de leurs patrimoines, préparaient la mort par la calomnie, et finissaient par verser le sang de ceux dont ils tenaient les biens. Ensuite, lorsqu'ils venaient de prononcer la peine capitale, lorsqu'ils avaient bien rassasié leurs regards des tortures des condamnés, qu'ils avaient touché les armes des licteurs, les chaînes des victimes, l'oreille pleine encore de gémissements, la main souillée de ce contact funeste, ils retournaient à leurs autels et profanaient matériellement les mystères qu'ils avaient déjà souillés dans leurs âmes. Ces hommes étaient les amis de notre Phalaris : il les avait continuellement auprès de lui et dans ses bras.

» Un Dieu eut enfin pitié de nos maux et regarda l'Occident. Aussitôt l'impie sentit s'allumer dans son cœur une fureur insensée, il viola le traité et marcha contre toi.

---

avaient faits aux néophytes du premier siècle. Un homme que Sulpice Sévère (l. II, p. 152) appelle un mauvais prêtre, audacieux, effronté, grand parleur, aimant la bonne chère et le luxe, Ithacius, après l'avoir poursuivi à outrance et fait condamner au concile de Bordeaux, demanda sa tête à Maxime et l'obtint, malgré l'énergique opposition de Martinus, l'apôtre de Poitiers. Euthrocia, veuve du célèbre Delphidius, fut aussi punie du dernier supplice, et une pauvre femme de Bordeaux, nommée Urbica, lapidée à l'instigation d'Ithacius, que tout ce qu'il y avait de grand dans l'Église (les saint Martin, les saint Ambroise, les saint Paulin) repoussa avec horreur depuis cette malheureuse affaire. Le cri public s'éleva si haut contre lui, qu'il fallut le déposer; mais néanmoins, comme l'observe saint Paulin, « sancta Patrum gravitas nimium vilescere cœpit debita blanditiis. »

» S'il en eût été autrement, aurait-il conçu le projet d'en appeler aux armes et de courir au-devant de la mort, lui qui la craignait tant qu'il ne put même se la donner après sa défaite? — Tu n'avais besoin, auguste empereur, pour raffermir la république et fixer la victoire que de te présenter, de paraître seul. Car si des maîtres, ayant autrefois à combattre des esclaves rebelles, jetèrent le glaive et les dispersèrent à coups de verges, n'aurais-tu pas renouvelé ce triomphe du droit?

» Aurait-il pû rester devant toi et soutenir tes regards, ce fils d'une servante, qui servit lui-même dans ton palais? — Le rapprochement de sa naissance et de la tienne ne l'aurait-il pas écrasé sur le champ? — Ne se serait-il pas dit que tu étais le fils d'un père honoré du triomphe, et qu'il ne connaissait pas le sien? Que tu descendais d'une des plus nobles familles et lui d'un client? Que depuis longtemps tu commandais les armées romaines et protégeais la liberté, tandis qu'il était éloigné, et, pour ainsi dire, chassé de sa patrie? Que tu venais d'être élu au centre de la république par le suffrage unanime des armées et le consentement des provinces, tandis que lui, caché à l'extrémité de l'univers, à l'insu des légions, malgré le vœu des provinces, avait dérobé comme un larron ce titre de tyran? Ne se serait-il pas avoué enfin que de ton côté était la foi, du sien la perfidie; avec toi le droit, avec lui l'usurpation; avec toi la justice, avec lui le crime; avec toi la clémence, l'honneur, la religion, avec lui l'impiété, la débauche, la cruauté, et tout un cortége de forfaits? Non, plus on pèse ces choses, moins on doute du parti qu'il aurait pris en te voyant.

» Et cependant, bien que tu vinsses contre ce misérable ennemi plutôt pour le châtier que pour le combattre, tu ne négligeas, dans ta rare prudence, aucune de ces précautions qui assurent le succès. On eût dit que tu allais lutter contre les Perses, contre un nouveau Pyrrhus, ou un autre Annibal. Tu commences d'abord par resserrer les liens de l'alliance qui nous unit aux rois des frontières de l'Orient, et tu reçois de nouveaux gages de leur fidélité, afin d'être sûr que la paix ne sera point troublée dans l'empire, tandis que tu porteras tes armes au dehors. Tu fais ensuite trois corps de ton armée pour frapper de terreur, pour envelopper l'ennemi, et consens enfin à ouvrir les rangs des légions à cette multitude de barbares qui demandent à soutenir ta cause.

» O mémorable événement! ce barbare qui hier encore était l'ennemi des Romains marche sous les drapeaux de Rome, il suit ces enseignes contre lesquelles il était rangé, il remplit comme défenseur ces villes de la Pannonie, qu'il avait ravagées naguère. Le Goth, le Hun, l'Alain, répondent à l'appel, montent alternativement la garde, et font le service avec une exactitude admirable. Aucun désordre, aucun tumulte parmi ces bandes, aucun pillage de leur part. Quoique la disette se fît sentir quelquefois dans le camp, elles supportaient tout avec patience, et ne réclamaient pour salaire que la gloire de te servir.

»Tu vis bientôt, auguste empereur, des marques de leur zèle. La cité de Syscia fut témoin du brillant combat de la Save, si l'on peut appeler combat cette impétueuse attaque qui mit en fuite les ennemis publics : ni leur nombre, ni la profondeur d'un grand fleuve, ni la fatigue d'une longue marche n'arrêtent tes soldats. Ils lancent dans les flots leurs chevaux haletants et couverts de poussière, passent à la nage, abordent malgré les rebelles et les culbutent de toutes parts. L'action dura moins que ce récit. Sitôt qu'elle eut franchi le fleuve, ton armée tint la victoire ; sitôt qu'elle vit l'ennemi, il fut battu. Ces troupes infidèles subissent le châtiment qui leur était dû. Leurs cohortes roulent dans le sang ; les campagnes sont jonchées de cadavres : ceux qui se réfugient vers la ville comblent les fossés de leurs corps, le fleuve en engloutit des milliers dans ses eaux sanglantes et la mer dévore jusqu'au vexillaire [1] de cette faction sacrilége.

» Dirai-je maintenant le triomphe qui t'attendait à Hémona [2] ? Quand on apprit la chute du tyran, toute la ville accourut au-devant de son empereur. Le peuple dansait, chantait, faisait retentir les crotales, déclamait des vers contre Maxime, et se livrait aux plus violents transports de joie. Toute la noblesse sortit de la ville ; les sénateurs en toges blanches, les vénérables flamines municipaux avec leurs robes de pourpre, les saints pontifes aux cheveux tressés, se ha-

---

1. Andragathius, le meurtrier de Gratianus.
2. Lambach.

tèrent de t'apporter leur hommage. Les portes étaient couronnées de vertes guirlandes ; dans les rues et les places publiques flottaient de superbes tapisseries ; partout des flambeaux prolongèrent ce jour heureux. Tu n'avais pas encore achevé de vaincre et tu triomphais du vaincu.

» Celui-ci, fuyant sans se retourner, lorsque toute espérance l'abandonna, voulut s'ôter la vie, mais la fortune affaiblit son bras et empêcha le fer de pénétrer dans sa poitrine. Peut-être, ô vénérable Gratianus, tu lui apparus alors suivi des furies vengeresses ; peut-être ton ombre menaçante secouait-elle à ses yeux les torches enflammées des enfers pour qu'il ne pérît pas en homme de cœur, et que tu ne fusses pas même redevable de son trépas à Maxime.

» Saisi noyé de sang, les yeux à moitié fermés par la mort, on arrache le diadème de son front, la pourpre de ses épaules, les sandales d'or de ses pieds. Ce ravisseur public est dépouillé publiquement, ces mains rapaces portent des chaînes, ce captif est jeté tout nu à tes pieds, comme il convenait que le vaincu parût devant le vainqueur, l'esclave devant le maître, le tyran devant l'auguste. Trop clément pour les criminels, tu n'aurais pas consenti à ce qu'il souillât tes regards s'il ne s'était agi de le forcer à démentir les accusations qu'il avait semées. Telle est l'autorité de ta voix, qu'au premier mot l'aveu de ses impostures sortit de sa bouche. Il avoua, sans pouvoir hésiter, qu'il n'était parvenu à séduire ses troupes qu'en se servant de ton nom et en se parant de ta faveur.

» Et après cet aveu, tu n'ordonnas pas de le crucifier, de le coudre dans le sac de cuir, de l'écarteler, de lui extirper jusqu'à la racine cette langue infâme qui t'avait calomnié ! Bien loin de là, tu commençais à t'attendrir, tes yeux se baissaient vers le coupable, la rougeur colorait ton front, tu lui parlais avec pitié. Il est heureux que tu ne sois pas tout-puissant. Les tiens te vengèrent malgré toi, et se jetant tout à coup sur le tyran, ne laissèrent plus qu'un cadavre à ta clémence[1] ! »

Ainsi se déroulait le panégyrique, en offrant souvent, comme l'œuvre de Pacatus, dans ses ondulations flatteuses de belles images et de magnifiques pensées. Par ce dernier degré littéraire on descend aux beaux arts et au luxe.

Jamais chez aucun peuple les arts ne s'élevèrent aussi haut dans la perfection que chez les Romains pendant la période impériale. Il y avait dans la constitution de la société tout ce qu'il fallait pour les développer outre mesure : le despotisme et d'immenses richesses. Sous un gouvernement absolu, en effet, les esprits ne sont entraînés que par un seul torrent, celui des jouissances matérielles, et ils s'y livrent avec d'autant plus d'abandon, qu'ils semblent puiser dans l'excès même de ces jouissances un dédommagement de la liberté ravie. D'un autre côté, le calme

---

1. Latini Pacati Drepanii panegyricus Theodosio Augusto. (In panegyricis veteribus illustratis interpretatione et notis Jacobi de la Beaune.)

qui plane sur toutes les parties de l'empire lorsqu'une volonté souveraine le conduit devient très-favorable aux méditations des artistes. Ajoutons à ces deux causes principales que dans le système romain le gouvernement, devant se manifester extérieurement aux peuples, de manière à commander leur admiration et leur respect, soit par les monuments d'utilité publique, soit par les monuments religieux, tenait sans cesse les arts en haleine et leur inspirait les grandes choses.

C'est ainsi que s'élevèrent ces superbes amphithéâtres dont les arceaux grands et sveltes laissaient apercevoir avec tant d'élégance et de noblesse le ciel azuré du midi. C'est ainsi que les montagnes et les marais furent franchis, que les voies impériales étendirent de toutes parts leur ciment indestructible, que les temples couronnèrent les villes de leurs coupoles dorées et multiplièrent si splendidement leurs formes octogones longitudinales ou hexastyles. Alors, les fortunes privées luttèrent de magnificence avec la fortune publique. Des portiques, soutenus par deux cents colonnes, décorèrent les demeures des patriciens[1]; pavées en marbre ou en dalles de bronze, elles n'eurent plus que des portes d'airain où les coquillages incrustés brillèrent à côté des pierres

---

1.   Atria. . . . .
Purpureis effulta columnis.
(STATIUS.)

Et tua centenis incumbunt tecta columnis.
(MART., lib. v, épig, XIII.)

précieuses¹. Dans les palais, on ne vit plus que des lits d'argent massif, des tables d'argent ou de citronnier, soutenues par des pieds d'ivoire, des tables étincelantes d'émeraudes, des lits dorés que paraient des couvertures de pourpre et de drap d'or². Lampes, vases, candélabres, coupes, tout fut d'argent ou d'or, tout dût être orné de diamants. Sous les colonnes de marbre rose prodiguées pour la seule ornementation³, des piédestaux composés de plusieurs pièces soutenaient partout des statues, et des tableaux gardés par des chaînes. Des jets d'eau rafraîchissaient les salles lambrissées d'ivoire, les platanes couvraient les cours de leur ombrage chéri, et les arbres même des jardins étaient forcés de plier leurs branches aux caprices de l'art⁴. Les myrtes et tous les arbres nains, sous les ciseaux du topiaire, devenaient des hommes, des vaisseaux, des tours et de vertes cellules.

Devant ces palais aussi vastes que des villes, dont Auguste avait limité la hauteur à soixante-dix pieds et que Trajanus fit descendre à soixante, des milliers de clients se pressaient le matin pour saluer le maî-

1. ...... foribus testudinis Indi
Terga sedent, fulvo maculas distincta smaragdo.
(LUCANUS, lib. X.)
Nec varios inhiant pulchrâ testudine postes.
(VIRG., Georg. II.)

2. « Lecti aurei, purpureis auratis, imò aureis toralibus tecti, mensæ citreæ.... » (Stanislas Kobierzycki, *De luxu Romanorum*.)

3. « Quantùm statuarum, quantùm columnarum est nihil sustinentium, sed in ornamentum positarum impensæ gratiâ. » (Seneca, epist. 86.)

4. Vitruvius, lib. V, cap. VIII.

tre. Tandis qu'ils dévoraient la sportule avec leurs femmes pâlies par le besoin [1], le noble revêtait mollement une tunique de ce lin blanc né et tissé à Cahors, ou sa tunique à palmes, ou bien sa tunique vert pâle. Après avoir noué sa ceinture, il passait la trabée rayée transversalement par des lignes de pourpre ou la toge aux clefs sénatoriales, et allait aux affaires entraînant à sa suite ces flots mal repus de clients. Pendant ce temps, l'eunuque chargé d'agiter l'éventail auprès du lit éveillait sa maîtresse. Elle se levait et voyait aussitôt accourir :

Le foulon,	Le fripier,
Le brodeur,	Le linger,
L'orfèvre,	Le cordonnier,
Le marchand de laines,	Le ravaudeur,
Le patagiaire [2],	Le strophiaire [5],
Le chemisier,	Le ceinturier,
Le flammiaire [3],	Le rubanier,
Le fleuriste,	Le passementier,
Le teinturier,	Le bahutier,
Le tailleur,	L'enlumineur,
Le murrobatharien [4],	Et le safraneur.

1. . . . . . Sequiturque maritum
Languida vel prægnans et circumducitur uxor.
(JUVENALIS, sat. I.)

2. Celui qui vendait le patagium. Le patagium, d'après *Guédeville*, était une bande d'étoffe parsemée de feuilles ou petites pièces d'or ou de pourpre dont les matrones ornaient leurs habits : cousue au haut de la tunique, vers les épaules, elle descendait des deux côtés jusque sur le sein.

3. Le marchand de voiles.
4. Le parfumeur de souliers.
5. Tailleur de collerettes.

Dès que la noble matrone avait donné ses ordres, ils cédaient la place aux cinéraires qui apportaient les fers de la toilette et aux ornatrices habiles à construire l'élégant édifice de ses cheveux [1]. Tantôt ils devaient tomber en deux tresses sur ses épaules nues, tantôt elle les voulait relevés et noués comme Diane; aujourd'hui l'écaille de Cyllène les couronnait, demain leurs boucles flottantes allaient ondoyer sur son sein. Quelquefois l'ornatrice les teignait en rouge, les trempait dans la couleur jaune, cachait les nattes brunes de la Romaine sous la blonde chevelure enlevée aux esclaves Germains, et parsemait celle-ci de poudre d'or [2]. Ce premier soin rempli et les cheveux attachés avec la *villa*, que les patriciennes avaient seules le droit de ceindre, elle prenait l'indusium ou tunique intérieure, et l'esclave apportait :

La régille [3],   l'impluviata,

---

1. « Quamvis auro, veste, gemmis omnique caetero mundo exornata mulier incedat, tamen nisi capillum distinxerit, ornata non possit videri. » (Apuleius II.)

2. « Nunc tibi captivos mittet Germania crines. » (Ovid.)

3. La *regilla* était une petite tunique; l'*impluviata*, une sorte de châle qui enveloppait tout le corps; la *ralla*, la tunique rase; la *spissa*, la tunique fourrée; le *linteolum cæsitium*, le tour de gorge, ou, d'après M. Naudet, le linon à franges; la *calthula*, la tunique jaune souci; la *crocotula*, une petite jupe jaune safran; la *rica*, le suaire; la *basilique*, une robe superbe; la *cumatile*, une tunique bleue; la *plumatile*, une tunique ornée de panaches; la *carine* et la *melline*, des tuniques couleur de cire et de miel; les *laconiques*, des peignoirs pour les thermes.

PERIPHANES.
Tunicam rallam, tunicam spissam, linteolum cæsitium,
Indusiatam, patagiatam, caltulam aut crocotulam,
Subparum, aut subnimium, ricam, basilicum, aut exoticum,

14.

La ralla,	La basilique,
La spissa,	L'étrangère,
Le cæsitium,	La cumatile,
Le patagium,	La plumatile,
La calthula,	La carine,
La crocotula,	La melline,
La rica,	Et les laconiques.

Son choix fait et ces diverses parures disposées avec grâce, elle prenait la stola de pourpre dont les plis majestueux tombaient jusqu'aux talons, et, jetant par-dessus le pallium broché d'or, entrait dans sa litière. Là, négligemment couchée sur un pulvinar de soie embaumé de roses [1], et portée par six beaux Germains aux cheveux blonds ou par des Mèdes dont l'œil noir faisait crier le satyrique, elle suivait toutes les rues d'Arles ou de Narbonne. Les tisserands précédaient sa litière la verge à la main : aux deux côtés marchait le noir bataillon de la cuisine ; toute la domesticité venait ensuite pêle-mêle avec les clientes et les oisifs du voisinage, et une multitude d'eunuques au teint livide, commençant aux enfants et finissant par des vieillards, terminait le cortége [2]. En repas-

---

Cumatile aut plumatile, cerinum aut mellinum :
Cani quoque etiam ademptum est nomen.
ÉPIDICUS.
Qui ?
PERIPHANES.
Vocant laconicum.
(M. Accii Plauti, Epidicus.)

1. Cicero, *In Verrem.*
2. « Per latera civitatis cuncta discurrunt... juxta vehiculi frontem omne incedit textrinum : huic atratum coquinæ adjungitur ministerium, deindè totum promiscuè servitium. » (Ammianus Marcellinus, lib. xiv.)

sant avec leurs femmes les barrières de leurs palais, les patriciens se délassaient quelque temps dans les thermes, et puis, le corps inondé de parfums, le front ceint de couronnes de lavande fleurie, entremêlées de roses, ils entraient dans le triclinium orné de tapisseries représentant les sommets ardus du Niphate et du Ctésiphon, où l'aiguille avait dessiné des chasses rapides. Les bêtes féroces couraient sur la toile, des blessures figurées avec l'écarlate semblaient irriter leur fureur, le sang coulait de leurs flancs, on voyait voler les flèches, le Parthe y voltigeait avec adresse sur son coursier docile. Du lin plus blanc que la neige couvrait la table entourée de festons, de laurier, de lierre et de pampres verdoyants. Le cytise, l'amelle, le souci, les fleurs les plus odoriférantes, étaient répandus sur la table de citronnier et les reposoirs d'argent [1]; ils s'y couchaient et aussitôt de nombreux esclaves servaient le porc troyen et le sanglier, les coqs engraissés

---

[1].   « Peregrina det supellex
Ctesiphontis ac Niphatis
Juga texta belluasque
Rapidas, vacante panno,
Acuit quibus furorem
Bene ficta plaga cocco
Jaculoque seu plorante
Cruor incruentus exit.....
It equo reditque telo
Simulacra bestiarum
Fugiens fugansque Parthus.
Nive pulchriora lina
Gerat orbis atque lauris.....

(C. Sollii Sidon. Apoll., *Epistolarum*, lib. ix)

avec de la pâte pétrie dans le lait et les foies de canard. Les becfigues, les grives, les flammants, les faisans, les autruches, les rossignols, les cigognes remplaçaient ce premier service. On apportait plus tard les poissons parmi lesquels apparaissaient dans les plats d'or le murène, l'alose, le mulet et le scare; alors le vin vieux rougissait les coupes incrustées de pierreries, alors la neige des Pyrénées, des Alpes ou du Cantal rafraîchissait ses flots limpides. C'était le moment de la joie, les flûtes murmuraient leur molle et langoureuse mélodie, et les danseuses de Cadix venaient exécuter devant les convives leur saltation obscène [1].

Or pendant que toute la masse des richesses s'engloutissait dans le même gouffre, pendant qu'il restait souvent à certains patriciens, *malgré le malheur de la guerre*, quatre mille esclaves, trois mille six cents paires de bœufs, deux cent cinquante mille têtes de bétail [2], les deux tiers de la population dépérissaient dans la misère, dans les forêts ou dans la servitude. Le client, fatigué de sportule, attendait du pain; le Bagaude, le droit de vivre avec ses bras; l'esclave, celui de s'appartenir. Cette attente durait depuis long-temps; de longs siècles s'étaient écoulés, et le sort du client, du Bagaude et de l'esclave n'était pas meilleur. Le christianisme lui-même n'avait

---

1.   Forsitan expectas ut Gaditana canoro
     Incipiat prurire choro, plausuque probata
     Ad terram tremulo descendat clune puella.
               (JUVENALIS, sat. II.)

2. Plinius, lib. XXXIII, cap. X.

pas osé attaquer le mal sur la terre [1]; il se bornait à montrer le ciel aux victimes et à leur promettre la compensation éternelle de l'avenir. Mais cette monstrueuse inégalité, cette exploitation impie, insolente, infâme du genre humain, que le paganisme consacrait au profit de quelques familles, devait finir par disparaître devant les plaintes et les gémissements des opprimés : l'excès de l'abus et, à l'insu de ceux qui les prêchaient, les idées chrétiennes hâtèrent la chute. Le dernier décembre de l'année 406, ces malheureux esclaves parés comme des femmes, et auxquels il n'était pas permis de devenir hommes, veillaient après le banquet l'ivresse immonde de leur maître [2], lorsqu'un grand bruit de chevaux battant la terre retentit dans le lointain. Des cris confus se firent entendre avec un bruit d'armes toujours plus éclatant, toujours plus rapproché. Bientôt, des torches étincelèrent comme un incendie, et à leur immense lueur, les patriciens, réveillés tout à coup, virent les barbares et leurs esclaves qui accouraient au-devant d'eux, et les accueillaient comme des libérateurs.

DERNIERS MOMENTS DE L'EMPIRE.

Depuis quelques années, des trombes, des météores, des éclipses de soleil [3], frappaient l'esprit si

---

1. « Servi non inflentur, verùm ad gloriam Dei plùs serviant ut potiorem libertatem à Deo consequantur. Non cupiant à communi donari libertate, ne servi inveniantur cupiditatis. » (Ignatii Litteræ.)
2. Seneca, epist. 47.
3. Prosperi Aquitani chronicon.

enclin à la superstition des Aquitaniens, et semblaient présager cette invasion et la ruine de Rome. Il faut entendre la parole brève et voilée des contemporains, pour se représenter la terreur qui pesait sur toutes les âmes et le grand découragement où elles étaient tombées :

« Je dirai peu de mots de nos misères, écrit le célèbre Hieronymus à son amie, d'innombrables nations sorties d'entre les plus barbares ont envahi la Gaule. Toutes les contrées qui s'étendent des Alpes et des Pyrénées à l'Océan viennent d'être dévastées par les Quades, les Wandales, les Sarmates, les Alains, les Gépides, les Hérules, les Saxons, les Burgondes, les Alemanes et, ô malheureuse république! par les Huns eux-mêmes! L'Aquitaine, la Novempopulanie, la Narbonnaise, à l'exception de quelques villes qui échappèrent par miracle ont tout perdu. La faim dévore maintenant ce que n'a pas détruit le fer. Je ne puis sans verser des larmes me rappeler Toulouse, que les bienfaits du saint évêque Exuperius ont sauvée du saccagement. L'Espagne tremble sans cesse, et s'attend à périr en se souvenant des Kimri. Ce que les autres n'ont souffert qu'une fois, elle le souffre tous les jours dans ses angoisses. Je tais le reste pour ne pas paraître désespérer de la Providence. Depuis trente ans que les barrières du Danube sont rompues, on combat au centre de l'empire. Hélas! nos yeux se dessèchent à force de pleurer. Sauf un petit nombre de vieillards, la plupart de nos citoyens nés dans la captivité ou pendant les siéges ne regrettent pas une liberté qui leur fut inconnue. Qui le croira, qui osera l'écrire? — Rome combat dans ses murs non pour sa gloire, mais pour son salut! Elle ne combat même pas, elle se rachète, Rome se rachète au poids de l'or! Voilà où nous a conduits la trahison de ce demi-barbare Stilichon, qui attire ses pareils avec l'appât de nos richesses.... Ah! ma voix s'éteint, et les sanglots m'empêchent d'en dicter davantage [1]. »

En présence de ces désastres, les païens s'écriaient de leur côté :

« L'apparition des chrétiens dans le monde a déchaîné tous les fléaux contre les hommes. Les dieux ne s'occupent plus de leur tâche immortelle, ils laissent flotter au hasard les rênes célestes, et l'ordre de l'univers est renversé. Furieux des outrages dont on accable leurs autels, ils suscitent pour nous punir des pestes, des sécheresses, des invasions, des grêles, des famines qui désolent et tuent l'empire [2]. »

La décomposition rapide que cet empire subissait était encore accélérée par les divisions de jour en jour plus profondes, plus implacables des esprits : toute l'activité, toute l'énergie se dépensaient dans les querelles religieuses, et, quand le danger éclatait et qu'il fallait lui tenir tête, les païens ne voulaient

---

1. Hieronymus ad Ageruchiam... « Præsentium miseriarum pauca percurram. Innumerabiles et ferocissimæ nationes Gallias occuparunt, » etc., etc.

2. « Postquam esse in mundo christiana gens cœpit terrarum orbem perisse » multiformibus malis affectum esse genus humanum... (Arnobius, Adv. gent.)

point suivre le Christ du Labarum, et demandaient qu'on remît la Victoire sur son autel et sur les vieux drapeaux de Rome, et les chrétiens marchaient avec répugnance contre les barbares qui adoraient la croix, avec horreur dans les rangs des idolâtres qui la blasphémaient. Ainsi, nul lien moral ne rattachant au gouvernement cette société scindée en deux partis irréconciliables, elle ne pouvait tenter aucun effort vigoureux, et, par sa désunion même, demeurait livrée pieds et poings liés aux barbares. Un homme véritablement supérieur, Stilicho, le maître de la cavalerie qui régnait derrière la pâle effigie d'Honorius, comprit où était le seul espoir de salut, et entreprit de rapprocher les deux factions ennemies en concentrant leurs sympathies dans sa famille. Pour ne pas s'aliéner la cour de Ravenne et diriger de sa main le christianisme, il affecta un grand zèle contre le vieux culte, profana les temples et se compromit avec les patriciens jusqu'à brûler les livres sibyllins [1]; en même temps, il avait poussé adroitement son fils, Eucherius, au milieu des païens, et celui-ci, blâmant publiquement son père et sacrifiant avec ardeur, s'efforçait de gagner leur affection. Mais il arriva le contraire de ce que Stilicho avait préparé.

---

[1]   Quò magis facinus diri Stilichonis acerbum
        Proditor arcani qui fuit imperii.
    Romano generi dùm nititur esse superstes,
        Crudelis summis miscuit ima furor.
    Nec tantùm Geticis grassatus proditor armis,
        Antè Sibyllinæ fata cremavit opis.
               (Rutilius, *Itinerarium*, lib. ii.)

Ce double jeu politique, bon dans les circonstances ordinaires, en ce moment d'exaltation mit tout le monde contre lui. Le christianisme abhorra le père à cause du fils, le fils fut exécré du paganisme à cause du père. Trompé dans son attente, Stilicho se vit donc condamné à l'inaction entre un fantôme d'empereur qui s'effaçait de plus en plus dans le déclin de l'Occident, Al-Rich, le noble Balthe [1], qui rançonnait Rome avec ses Goths, les débris des légions qui conspiraient sa mort et quelques hordes de Huns attachés à sa fortune. N'ayant ni le pouvoir ni les moyens de passer les Alpes, il dut abandonner la Gaule méridionale aux bandes qui la ravageaient.

Voici quel était en général le caractère des invasions. Ces Germains demi-nus, et qui n'avaient rien apporté d'outre-Rhin que des armes grossièrement forgées, commençaient par rassasier leur besoin le plus impérieux : la faim. Ils la souffraient depuis si long-temps dans les forêts, que leur premier mouvement était de faire taire le cri de leurs entrailles. L'Hérule aux joues flétries, le Wandale aux yeux verdâtres, le colossal Burgonde au dos cassé, se précipitaient d'abord pêle-mêle dans les cuisines des riches [2]. Le pillage venait ensuite et s'opérait partout où il n'y

---

1. Puissant en toutes choses, de la famille *Baltha*, intrépide. (Ab Hugone Grotio.)

2.   Quem non ut vetulum patris parentem,
    Nutricisque virum, die nec orto
    Tot tantique petunt simul gigantes
    Quot vix Alcinoï culiná ferret.
                    (C. Solli Sid. Apollin., carmen xii.)

avait pas résistance sans effusion de sang. A cette irruption violente de barbares, entrant par la brèche dans les villes les plus florissantes, la pensée se porte naturellement sur les affreux désordres qu'ont à souffrir les populations prises d'assaut. Rien de semblable n'avait lieu toutefois. Maîtres de la vie des hommes et de l'honneur des femmes, les barbares respectaient l'un et l'autre : les côtés honteux de la civilisation gallo-romaine leur faisaient horreur ; ils avaient en abomination le vice qui la rongeait jusqu'à la moelle ; et, dans leur indignation chaste, ils se hâtaient de fuir les lupanars et le contact des courtisanes [1]. Les ravages qu'on leur impute doivent être examinés du même point de vue historique, et en se replaçant d'un pied ferme sur le terrain si étrangement bouleversé des faits. S'il fallait en croire le rapport des historiens, celui des modernes surtout, les tribus germaniques seraient passées sur l'Aquitaine, pillant, brûlant au hasard et massacrant indistinctement ce qui se trouvait sur leur passage. A entendre ces écrivains, le sol n'aurait pas été assez vaste pour contenir toutes les ruines qu'elles y amoncelèrent, tous les cadavres foulés aux pieds de leurs chevaux. C'est transformer en hyperbole la moitié de la vérité et oublier le reste. Les Wandales, les Hérules, les Burgondes et toutes les autres peuplades de la Germanie qui assiégeaient depuis tant d'années l'orbe occi-

---

[1] « Et quis non admiraretur populos Vandalorum qui ingressi urbes opulentissimas ubi hæc omnia passim agebantur.... » (Salvianus Massiliensis, *De gubernatione Dei*, lib. vii.)

dental de l'empire, n'agissaient pas seulement dans un but de pillage : dans la ruine de cette immense tyrannie qui avait voulu river ses fers aux mains de toutes les nations, ils voyaient autre chose qu'une grande proie, autre chose que du butin : ils voyaient l'indépendance et la liberté. Vieilles victimes de la société romaine qui les avait écrasées pendant des siècles sous son despotisme, et déshonorées dans la personne de leurs enfants par ses débauches, ces nations barbares avaient juré sa mort, et jamais elles ne frappaient que leur ennemie. En se rappelant le conseil donné au chef Chroch par la fée druidique, sa mère, ce but apparaît dans toute sa clarté. On a la certitude qu'il ne s'agissait, dans ce mouvement général et simultané des peuples rhénans contre Rome, que d'une lutte entre la civilisation oppressive et efféminée du midi, et la barbarie indépendante et courageuse du nord.

Ainsi se trouve expliqué le système agressif des barbares. Toutes les parties culminantes de la société aquitano-romaine devinrent les points de mire de leurs flèches. L'aristocratie, qui par son immoralité bestiale [1], son orgueil, son luxe monstrueux,

---

1. « Insanientes in fœminas facti sunt. Quotus enim quisque est divitum connubii sacramenta conservans, quem non libidinis furor rapiat in præceps? Cui non domus ac familia sua scortum sit? Ad tantam res impudentiam venit ut ancillas suas multi uxores putent. Hi autem verè ut emissarii equi non ad paucas tantùm, sed penè ad omnes vernulas suas, id est quasi ad greges proprios inhiebant et in morem earum pecudum quæ mariti gregum appellantur, fervidæ libidinis debachatione grassantes, *in quamcumque eos fœminam primùm ardens impudicitiæ furor traxerat irruebant.* » (Salvianus Mass., *loco citato*, libri IV et VII.)

était l'incarnation de cette société, fut la première et presque la seule frappée. La hache celtique brisa ces vases d'or et d'argent, ces tables incrustées de pierreries, ces reposoirs à la couverture dorée qui avaient servi à tant d'orgies obscènes : les mains calleuses du Wandale déchirèrent sur l'épaule parfumée des clarissimes ces toges de pourpre dont les clefs tinrent le monde esclave; en dévorant ces voluptueuses villæ, le feu effaça les traces de la lubricité épouvantable qui les avait souillées. Des villæ des nobles, les barbares passèrent aux monuments païens : outre la haine qu'ils leur portaient à titre de symboles d'une civilisation odieuse, le christianisme, dont ils faisaient presque tous profession, les animait si fortement contre ces sépulcres dorés, qu'ils en détruisirent autant qu'ils purent. En résultat, aux pertes éprouvées par les patriciens, à la ruine de quelques temples, aux contributions levées sur les curies qui ne furent pas défendues par de larges fleuves ou de bonnes tours, et enfin à la disette temporaire que laissa probablement dans certaines localités le passage de cette masse d'hommes, se bornent les effets nuisibles de l'invasion de 406. Voyons maintenant l'heureuse influence qu'elle exerça.

L'action du gouvernement romain fut d'abord anéantie ou suspendue dans les sept provinces, la Viennoise exceptée; et telle était l'iniquité des juges, l'avidité des publicains, la prévarication publique des présidents, qu'on doit considérer ce renversement de l'autorité comme un bienfait. La présence des Wandales affranchit, de plus, des milliers d'esclaves; au bruit de ces basternes chargées de butin qui sillonnaient tranquillement les voies impériales, les Bagaudes sortirent des bois. N'apercevant nulle part Limenius, préfet du prétoire, qui se cachait dans les murs d'Arles, ni Cariobaud, le maître de la cavalerie, retranché comme un lâche derrière les vagues du Rhône, ils s'emparèrent de la campagne. Auxiliaires des barbares, toutes les fois qu'il s'agissait d'attaquer, de dépouiller les Romains, ils les combattaient quand l'œuvre de la commune vengeance était accomplie. Pas un fleuve, pas un défilé, où les Germains ne rencontrassent alors les Bagaudes en armes prêts à ressaisir ces trésors volés à leurs pères, et qui ne devaient point passer le Rhin. A mesure que le succès grossissait leurs rangs, le sentiment de la nationalité se réveillait dans leurs âmes avec une nouvelle énergie, et allait se propageant rapidement de ville en ville. Bientôt le vieux nom de la patrie fut murmuré par toutes les bouches : les montagnards, se levant les premiers, le jetèrent du haut de leurs rochers dans les plaines Ligures; les échos des vallées de l'Adour, de la Garonne, du Lot et de la Loire le répétèrent, et la banderole des Celtes brilla sur nos fleuves comme l'étoile de la liberté antique.

Pendant que les populations et les provinces se détachaient partout de l'empire, l'armée, qui le représentait encore, essaya de reculer sa chute. A l'imitation de leurs pères, qui dans les jours de crise nommaient un dictateur, les soldats, depuis que la tempête barbare ébranlait Rome, avaient coutume, lorsque le danger devenait trop grand, de mettre à leur tête un chef énergique et d'une valeur éprouvée. Ceux qui gardaient la Grande-Bretagne apprenant l'état de la Gaule, et convaincus de l'impuissance d'Honorius, et même, à ce qu'on assure, de la trahison de Stilicho, ne prirent conseil que de la situation, et après avoir essayé, durant trois ou quatre mois, de Marcus et de Gratianus, dont le bras ne leur sembla pas assez fort, ils élurent à l'unanimité un brave soldat nommé Constantinus[1].

Le nouvel empereur justifia leur choix. A peine couvert de la pourpre il débarque à Boulogne, réunit à ses légions les diverses cohortes répandues çà et là dans la Celtique et en Aquitaine, et parvient en peu de temps à faire reconnaître son pouvoir jusqu'aux Alpes cottiennes. Son fils Constans est ensuite créé César et envoyé en Ibérie pour y détruire le parti d'Honorius, que soutenaient deux cousins de l'autocrate de Ravenne, Dydimus et Verinianus. Ces deux personnages, que l'ambition avait divisés, se rapprochèrent promptement devant l'ennemi; entraînant sous leurs aigles une foule de paysans et d'esclaves, ils se retirèrent en Lusitanie, et s'y défendirent non sans succès contre le César aquitain.

---

1. Κωνςταντίνον χειροτονοῦσιν; οἴεντες.....
(Σωζομενοῦ Σαλ. εκκλησιαστικης ιστορίας, τομος Θ'. κεφαλ. ΙΑ'.)

Mais celui-ci, ayant reçu du renfort, ne tarda pas à prendre sa revanche. Battus et faits prisonniers avec leurs femmes, Dydimus et Verinianus perdirent la vie. Constans rejoignit immédiatement son père, laissant un fort détachement aux Pyrénées pour la garde des passages, qui d'ordinaire était confiée aux montagnards [1].

Constantinus, voyant que la fortune souriait à ses vœux, éleva alors Constans à la dignité d'Auguste, et ne songea plus qu'à la conquête de l'Italie. Il avait déjà franchi les Alpes et traversé le Pô, une fatale nouvelle qu'il reçut en chemin le fit revenir sur ses pas. Le maître de la milice d'Honorius, Allobich, qui l'attendait pour lui livrer le reste de l'Occident, venait d'être assassiné à une procession, où il marchait devant son maître. Constantinus s'empressa donc de regagner Arles : il y fut bientôt rejoint par son fils, qui se sauvait à toute bride de l'Espagne; car les Vandales, les Suèves, les Alains, les Hérules, les Burgondes de 406, refoulés dans les bassins pyrénéens par la milice romaine qu'avait ralliée Constantinus, et bloqués par les Bagaudes des Cévennes entre la mer et les remparts de granit d'Ibaneta, entendant dire que la puissance de l'empereur de la Gaule s'affaiblissait, montèrent vers les Pyrénées, et les trouvant mollement défendues, forcèrent les ports et entrèrent en Espagne.

1. Φρουρὰν κατάστησας ὑπὸ τῶν στρατιωτῶν.....
κεφαλ. 12.

Gerontius, l'un des plus braves généraux de Constantin, saisit cette occasion pour s'y déclarer indépendant. Il revêtit de la pourpre un de ses familiers nommé Maxime, et l'installa en qualité d'empereur à Tarragone. Soit qu'il eût traité avec les barbares, ou qu'il les laissât piller l'Espagne derrière lui, il marcha contre son maître, et fit trancher la tête en passant à l'auguste Constans qui défendait Vienne. Le malheureux père, recevant à la fois la nouvelle de la défection de son duc et du meurtre de son fils, s'enferma dans Arles, et envoya le maître de la cavalerie Édobich au delà du Rhin, demander du secours aux Franks et aux Alemanes. Quant à Gerontius, il investit la ville et pousse le siége avec vigueur. Mais voici sur ces entrefaites que deux événements imprévus changent la face des affaires par-delà les Alpes. Al-Rich meurt et, en cachant son cercueil sous les eaux du Busentino, les Goths semblent avoir enseveli dans sa tombe barbare tous les vastes projets, toute l'hostilité menaçante du vainqueur de Rome. Stilicho, massacré en même temps par les ordres de cet empereur qui ne devait l'empire qu'à son épée, laissait à Honorius toute sa liberté d'action. Ce faible et rancuneux monarque se hâta d'en profiter, afin de remettre la Gaule sous son obéissance. Ayant obtenu, par l'intercession de sa sœur Placidia, une trêve d'Ataulf [1], le successeur d'Al-Rich, il confia l'armée qui lui restait au patrice Constantius, et l'aventura en Aquitaine.

1. Le doux.

A son arrivée sous les murs d'Arles, le général honorien rencontra Gerontius qui prit la fuite pour son malheur ; car les soldats espagnols, irrités de son peu de courage, formèrent le projet de l'assassiner, et la première nuit de son retour se portèrent en tumulte vers sa demeure.

Alors se passa dans les ténèbres une scène qui peint au naturel les mœurs sanglantes de ce temps. Seul avec un Alain qui lui était affectionné et quelques esclaves, Gérontius se défendit comme un lion. De la terrasse de la maison, il abattit à coups de flèches plus de trois cents hommes. Mais les traits manquant, les esclaves se sauvèrent un à un à la faveur de la nuit. Gerontius aurait pu s'échapper comme eux ; il aima mieux mourir que d'abandonner Nunechia, sa femme, qu'il adorait. Au point du jour, les soldats mirent le feu à la maison : n'entrevoyant plus aucun espoir de salut, il ôta la vie à cet Alain fidèle qui l'en suppliait à genoux. Sa femme lui demandait la même grâce d'une voix lamentable et brisée de sanglots ; elle portait avec ses mains le fer à sa poitrine ; elle le conjurait de lui donner ce dernier et funèbre gage de son amour : il n'avait pas la force de s'y résoudre, et ce n'est qu'en entendant les pas des assassins, qu'il la frappa et se tua sur son corps [1].

Cependant Constantinus, étroitement pressé par le général de Ravenne, n'espérait plus que dans le

---

1. Σωζομενος, θομ. Θ'. κεφαλ. ΙΓ'.

secours que lui amenait Édobich. Celui-ci accourait à marches forcées, et le duel des deux empereurs allait se vider sur les bords du Rhône. Il suffisait d'une victoire pour gagner la couronne de l'Occident : l'assiégé et l'assiégeant le savaient; aussi, ce dernier hésita-t-il à livrer le combat, et peu s'en fallut qu'il ne reprît la route des Alpes. Mais, craignant encore plus la retraite que la bataille, il attendit et fut heureux. Une embuscade dressée par sa cavalerie gothique jeta le désordre dans l'armée franko-alemane, dont il acheva la déroute à la tête de son infanterie.

Cette défaite était l'arrêt de mort de Constantinus. Privé du seul appui qui pouvait le soutenir encore un hôte perfide ayant vendu la tête d'Édobich, il se dépouilla de la pourpre et librement échangea les ornements impériaux contre la tunique modeste du prêtre. Le fardeau immense dont il s'était chargé dépassait les forces de l'homme : quand il le sentit, il plia les genoux, mais ce ne fut que devant Dieu. Les soldats, en rendant la ville, avaient stipulé que leur ancien chef aurait la vie sauve. Constantinus exécuta la capitulation en l'envoyant avec son plus jeune fils à Honorius, qui ne voulut voir que leurs têtes plantées au bout de deux piques.

Ainsi finit le plus brave, le plus remarquable de ces hommes que nous avons rencontrés à toutes les époques périlleuses de l'empire, se levant du milieu des camps et prenant en main le gouvernail abandonné. Après avoir rétabli les affaires, tous périrent de mort violente, victimes de l'envie ou des haines de princes incapables. Magnentius, Maxime, Arbogast, Stilicho, Constantinus ne redorèrent à force de courage et de génie le prestige de la grandeur romaine que pour expirer aux pieds de l'inhabile légitimité de leurs maîtres. D'une lâcheté singulière envers les vaincus, l'histoire les a flétris du nom de tyrans. Si nous écoutons le langage des faits, nous verrons en eux des caractères supérieurs, des âmes d'élite. Pour nous arriver avec l'encens si odorant de la décadence, il leur a manqué seulement le succès du grand Constantin et de Julianus, qui n'eurent comme eux d'autres titres que les suffrages de quelques légions. Le panégyrique de Pacatus dont on a rapporté exprès les passages les plus saillants jette une vive lumière sur ces jugements passionnés. Voilà Maxime, contre lequel la postérité épuisera les malédictions parce qu'il a dépouillé l'impudique aristocratie païenne d'une partie de son luxe, et qu'il protégeait les chrétiens !

Un événement très-important avait signalé le règne de Constantinus. Pendant les troubles de ces quatre années, et tandis que les Romains de la Gaule et ceux de l'Italie se disputaient l'autorité, la réaction nationale marchait sans bruit et s'organisait. Tout à coup une révolution purement gauloise éclata dans la Gaule. Tout le tractus armoricain ou commandement maritime en revint à l'ancienne constitution, et se fédéra pour la défense du sol et le salut commun[1]. Depuis la source du Tarn jusqu'à l'embouchure de la Seine, les peuples qui habitaient le long des fleuves chassèrent l'administration impériale et se proclamèrent indépendants. A cette ligue générale se rattachèrent : les Avernes, les Rhutènes, les Albiens, les Cadurques, les Lemovices, les Gabales, les Vellaves, les Burdigaliens, les Écolimiens, les Santons, les Pictaves, les Pétrocoriens et les Bituriges formant les deux Aquitaines[2]. Dès lors, le gouvernement romain, détruit dans la première Narbonnaise par les Vandales, et dans la Novempopulanie par les Barbares et les Bagaudes, ne conserva plus une ombre de pouvoir que sur la Viennoise, la seconde Narbonnaise et les Alpes maritimes, encore ce reste d'empire tenait-il à la concentration des débris de la milice.

Au nord, la situation de Rome n'offrait pas un aspect plus rassurant : lorsque l'issue de la lutte engagée entre les deux empereurs semblait douteuse, un riche Gallo-Romain, appelé Jovinus, avait pris la pourpre. Il ralliait sous ses drapeaux toutes les tribus de la ligne du Rhin, et comptait bon nombre de partisans parmi les ambitieux des contrées méridionales. Car, habituée à vivre au milieu des affaires et des honneurs, l'aristocratie ne balançait jamais à se jeter dans les entreprises qui pouvaient lui donner

---

1. Καὶ ὁ ἀρμόριχος ἄπας καὶ ἕτεραι Γαλατῶν ἐπαρχίαι.....
(Ζωσίμου ἱστοριῶν.)

2. L'abbé Dubos, *Histoire de l'établissement de la monarchie françoise.*

ces deux choses. Le lendemain de sa victoire, Constantius trouva donc devant lui un autre adversaire; et sa position déjà difficile se compliqua peu après de l'arrivée d'Ataulf, qui descendait d'Italie avec ses Gètes.

ÉTABLISSEMENT DES GOTHS.

C'est une destinée singulière que celle de ce peuple : parti des bords de la Baltique et fixé le long du Danube, pendant quatre siècles il vit de la guerre aux dépens des contrées septentrionales ou à la solde de Rome. Un jour de l'année 375, une masse de Huns et d'Alains fond sur lui et le rejette sur la rive gauche de son fleuve, suppliant à mains jointes les légions qui gardaient la droite de l'y laisser passer. Valens y consent; deux cent mille hommes se réfugient sur les terres de l'empire : mais il faut payer le passage. L'indigne corruption des Romains les force à racheter les armes avec l'honneur de leurs femmes et de leurs filles, avec la liberté de leurs enfants. L'avarice patricienne les pressure, leur vend au poids de l'or de mauvais vivres. C'en est trop pour la bouillante fierté des Balthes, ils se précipitent sur ces hôtes perfides, les écrasent auprès d'Andrinople, et brûlent l'empereur sur le champ de bataille. Redevenus auxiliaires de ceux qu'ils avaient si bien châtiés, ils envahissent l'Italie à la suite d'Al-Rich. Le noble chef bat partout où il lui fait face le premier peuple du monde. Trois fois il oblige Rome à remplir d'or la balance gothique ; puis, quand la nation toute entière a couché son cadavre pour qu'il dormît en paix sous les eaux d'un grand fleuve, elle franchit les Alpes et marche vers l'Aquitaine, qui est sa terre promise.

Ataulf arriva sous Vienne en même temps que Jovinus : la rencontre n'était agréable ni pour l'un ni pour l'autre [1], car, convoitant la même proie, chacun d'eux se heurtait là contre un obstacle imprévu et qui ne pouvait disparaître qu'après une lutte. Malheureusement pour Jovinus, elle ne fut pas longue. Ataulf ayant traité sous main avec Honorius, toujours par l'entremise de Placidia, sa captive, attaqua ce faible rival et le prit à Valence, où il s'était réfugié. Jovinus et Sebastianus, son frère, qu'il avait créé césar, furent envoyés à Narbonne au préfet du prétoire [2]. Dardanus les décapita lui-même.

Renforcé des divers corps germains qui suivaient Jovinus, Ataulf laissa reposer son peuple dans la Viennoise et se remit à négocier avec Honorius. Tel ne devait pas être cependant le rôle du successeur d'Al-Rich : en énervant autant qu'il le pouvait la rude énergie de ses soldats dans les mollesses de la civilisation, Ataulf trahissait indignement au profit de leurs ennemis les destinées des Goths. Mais le barbare amoureux ne voyait plus que Placidia. Pris

---

1. Ὀλυμπιόδορος. (Ἐκλογαί Φωτίου.)

2. « Jovinus et Sebastianus oppressi ab Honorii ducibus Narbonâ interfecti sunt. » (Idatii, *Episcop. chronic.*, 19.)

dans les liens de la voluptueuse Romaine, et vivant aveuglément sous le charme de cette passion si nouvelle pour lui, il ne savait que soupirer après le repos et obéir aux volontés de la fille de Théodose. C'est ainsi qu'il avait emmené ses troupes de l'Italie où rien ne s'opposait à leur établissement, et qu'il les retenait oisives au bord de la Durance. Tout porte à croire que les murmures de ses chefs, fatigués de neuf mois d'inaction, l'obligèrent enfin à marcher en avant. Il se mit en mouvement avec ses guerriers et cette immense multitude de femmes, d'enfants, de vieillards qui composaient le gros de la nation et l'arrière-garde de l'armée. Ayant tâté Massalie en passant et pressentant trop de résistance, il se rabattit sur le Rhône et entra dans la Narbonnaise. On faisait les vendanges ; tout y respirait la joie bruyante de l'automne : la population de ces belles contrées répandue dans les vignobles du vallon de l'Aude et les oliviers du Minervois, en revenant le soir à la cité, en regagnant ses bourgs et ses villages, les trouva occupés par ces nouveaux hôtes aux cheveux blonds et aux yeux bleus. Elle les accueillit sans trop de répugnance. Il est présumable que ces masses d'hommes causèrent d'abord quelques désordres; un surcroît de deux ou trois cent mille individus ne pouvait tomber à l'improviste dans un pays sans presser un peu les habitants : toutefois, et quoique ce renfort inattendu accélérât probablement les vendanges et empêchât bien des corbeilles d'arriver au pressoir, comme les

Goths venant pour habiter la Narbonnaise traitaient le peuple avec douceur, le peuple abandonna la cause de Rome et fut partout pour eux. Les portes de Narbonne, de Toulouse, de Bordeaux s'ouvrirent amicalement à leur approche; alors Ataulf, continuant d'avancer vers un but contraire à celui que Dieu avait donné à son peuple, et s'efforçant de relever les ruines de cette société où il était venu porter la flamme, marqua hardiment le point d'arrêt et manifesta par un symbole éclatant l'alliance qu'il voulait contracter avec le passé en épousant la fille des empereurs.

Cet hymen étrange se célébra à Narbonne dans les calendes de janvier. Le riche Ingenius avait préparé la scène nuptiale. Étendus sur des reposoirs d'argent à côté des magnifiques patriciens, ces vieux chefs dont le limon du Danube semblait encore souiller la barbe blanche et qui auraient en vain essayé de laver dans les aiguières d'argent tendues par les esclaves leurs mains noircies au sac de Rome; ces vieux chefs, le front couvert d'une couronne de myrte, prenaient part au festin d'un air farouche. Les chevreaux, les brebis, les cerfs, les daims rôtis entiers se succédaient sur la table; d'énormes coupes en faisaient le tour sous les auspices de Bacchus. Mais bientôt les doux sons de la flûte se firent entendre au dehors, les femmes, les enfants, le peuple poussaient des acclamations, tous les convives se levèrent et coururent sous le portique. Des guirlandes d'anémones pendaient au plafond, les flambeaux étaient allumés, un lit très-éminent attendait les époux. Placidia entra la première, la rougeur au front et ses longs cheveux épars sous le voile de pourpre ; elle portait une tunique de vierge peinte et dorée, et alla s'asseoir sur le lit aux applaudissements des jeunes gens qui tressaillaient de la voir si belle, et des matrones qui ne pouvaient se lasser de l'admirer. Ataulf vint par le côté opposé ; il était revêtu d'une tunique de soie et portait la chlamide brochée d'or où l'aiguille avait dessiné de gracieux méandres écarlates. Son beau visage rayonnait comme celui d'un dieu. Enivré d'amour, il contempla un moment sa fiancée, et se plaça à sa gauche en lui tenant la main.

Cinquante jeunes esclaves en tunique de soie apportèrent alors les présents ; ils déposèrent tour-à-tour aux pieds de Placidia : un manteau de drap d'or, un siége d'ivoire, un voile orné d'une bordure jaune de feuilles d'acanthe, une grande table d'argent, un collier de perles et deux couronnes, l'une d'or, l'autre de pierreries. Ensuite ils amenèrent l'esclave, mère de deux enfants, et deux couples d'autres esclaves des deux sexes dans la fleur de la jeunesse, dont les cheveux étaient coupés et qui portaient un carcan d'or au cou. Le dernier présent consista dans cinquante disques remplis de sous d'or, et cinquante disques pleins de pierres précieuses. En voyant les esclaves qui en portaient un à chaque main, un sourire d'orgueil et de sarcasme effleura les lèvres des vieux chefs barbares; car ils reconnaissaient les dépouilles de Rome[1].

Les esclaves s'étant retirés, Rusticius et Phœbadius entonnèrent l'épithalame : « Vénus, disait-on ordinairement dans ces poèmes, Vénus dormait la tête mollement appuyée sur son bras. Les violettes commençaient à se flétrir et le calice des fleurs à s'affaisser pendant son sommeil. Le seul et le plus beau de ses enfants était loin d'elle, l'Amour préparait dans la Gaule une fête bien chère et bien illustre. Mais le jour nuptial vient d'éclore; il revole auprès de sa mère, et lui ouvre doucement les yeux du bout de son aile dorée. Elle s'éveille en souriant, et il s'écrie transporté de joie : Réjouissez-vous, ma mère, je viens de remporter une grande victoire : ce superbe Ataulf brûle de nos feux, il a maintenant notre doux poison dans son cœur. Mon fils, lui répond Vénus, je suis fière de ton triomphe, la gloire et les vertus du héros en augmentent encore l'éclat, mais sa belle vierge ne lui cède en rien. Hercule aurait bravé pour elle les flammes de la Chimère; et si le pasteur de l'Ida avait eu à choisir entre elle et moi, je crains bien qu'il ne lui eût donné la pomme. Jamais plus beaux cheveux noirs ne sont tombés sur un cou plus blanc, jamais plus riante lumière n'a brillé sous des paupières mortelles; unis-les donc, mon

---

1. La plupart de ces détails sont donnés comme extraits d'Olympiodore, mais ils ne se trouvent pas à la citation que M. Fauriel, trompé sans doute par Claude de Vic et dom Vaissète, indique dans son livre.

fils, tu ne pouvais consacrer un hyménée mieux assorti¹. »

Terminées par des jeux magnifiques, ces noces eurent un grand retentissement dans l'Occident. Romains et Barbares s'émurent de cette alliance entre les deux plus illustres représentants de la société civilisée et de la société nomade. Les chrétiens, dont la pensée ne se détachait pas des livres saints, regardèrent cet événement extraordinaire comme l'accomplissement des paroles du prophète, qui annonce que la fille du roi du Midi s'alliera un jour avec le fils du roi du Nord. Mais ce n'était là que la moitié de la prophétie; le reste ne tarda pas à se réaliser par une brusque catastrophe. Convaincus de la trahison de leur chef et de l'influence de plus en plus funeste de cette femme², les Goths qu'Ataulf avait entraînés en Espagne à la poursuite des Vandales, les éloignant toujours du centre de l'empire, l'assassinèrent, un jour qu'il visitait ses chevaux. L'enfant de Placidia l'avait précédé dans la tombe, et ainsi se vérifia toute la prédiction de Daniel :

« Au bout de certaines années, la fille du roi du Midi viendra vers le roi de l'Aquilon pour redresser les affaires : mais elle ne retiendra point la force du bras, et ni elle ni le bras ne subsisteront; mais elle

---

1. C. Soll. Sid. Apollinaris, carm. XI. On a substitué, pour compléter autant que possible ce tableau des mœurs romaines, le nom d'Ataulf à celui de Ruricius. Le fond, du reste, des épithalames était presque toujours le même.

2. « Quæ cum blandimentis animum viri flecteret ut pacem cum Romanis haberet Gallias tetendit. » (Chronicum abbatis Urspergi, p. 110.)

sera livrée, et ceux aussi qui l'auront amenée, et celui qui sera né d'elle[1]. »

Pas un mot de ce terrible anathème ne manqua à la fille de Théodose : Sigerich, le chef élu, interprète des colères du parti goth, la frappa d'une main impitoyable. Renversée du matin au soir de ce pavois doré où elle régnait en despote, dépouillée du luxe qu'Ataulf avait accumulé autour d'elle, elle retomba rudement dans les derniers rangs des captives. Cette déchéance, toute cruelle qu'elle était, ne suffit même pas à la vengeance des vieux chefs; il fallut que la belle fiancée de Narbonne, que la souveraine au pallium de pourpre, devant laquelle cinquante esclaves étaient venus verser à deux mains l'or et les pierreries, fît douze milles à pied au milieu des huées des soldats et à la tête du cheval de Sigerich. Il paraît que ce prince n'éprouvait pas encore assez énergiquement les haines qui réagissaient contre Rome; massacré sept jours après son élection, il laissa la tente royale tout ensanglantée à Wallia. Celui-ci continua la guerre entamée par Ataulf contre les Vandales et les Alains cantonnés en Espagne. Il était en voie d'exterminer ces deux nations, lorsque, s'apercevant que ce carnage tournait exclusivement au profit des Romains, il repassa les Pyrénées; et en rendant Placidia à Constantius, qui la demandait depuis tant d'années, reçut en échange tout le pays compris entre la Garonne, la

---

1. Daniel, cap. xi, 6.

Loire et l'Océan. Nouveau Moïse, il vit le sol promis, mais il n'y trouva qu'une tombe. Théodorich lui succéda vers 419.

Petit-fils du héros qui dormait au fond du Busentino, le jeune Balthe déploya dès son élection le double talent du politique et du soldat. La prise de possession de cette patrie conquise ne laissait pas que de présenter de sérieuses difficultés; il fallait s'établir sur la terre aquitanienne en évitant de froisser les anciens occupants, qui étaient déjà des compatriotes. Théodorich résolut le problème. Sans doute que la distribution des champs du domaine impérial suffit au plus grand nombre, et qu'il fut secondé dans son travail de fusion de l'élément étranger avec l'élément indigène par les sympathies nationales qui se portaient toutes vers les Goths; mais, quelle que soit la part d'influence de chaque cause, il est certain qu'il réussit. Si long-temps courbées par l'ouragan barbare, ces malheureuses populations se relevèrent; le soleil de la paix, en rayonnant sur les provinces cédées à Wallia, effaça peu à peu les traces des calamités passées. « J'avoue, dit un contemporain, que j'ai béni la paix des Goths, et je suis loin de m'en repentir; car notre république est pleine des heureux qu'elle a faits [1]. » La misère de quelques patriciens, servant, pour

---

1. Gothicam fateor pacem me esse secutum,
    Nec pœnitenda manet, cum jam in republicâ nostrâ
    Cernamus plures Gothico florere favore.
    (Paulini Eucharisticon.)

ainsi dire, d'ombre à cette prospérité naissante, rendait encore plus tranché le contraste de la période nouvelle avec la période romaine, qui avait laissé tant de victimes. Ruinés dans les invasions, ces infortunés fuyaient la villa de leurs pères ou la cité natale. Une maisonnette au fond d'un faubourg cachait leur pauvreté; un petit champ et un jardin, avec quelques pommiers et des treilles, formaient tout leur domaine[1]. Quoique le malheur les frappât également et les ployât sous la même nécessité, tous ne savaient pas supporter leur sort avec le même courage. La plupart, traînant leurs misérables haillons de cité en cité, semblaient promener le tableau de la ruine de Rome, afin de l'exposer aux risées des Barbares. Ceux-là avaient tout perdu, excepté leurs vices, et ils sacrifiaient volontiers leurs dernières ressources pour envelopper des pièces d'or dans les lambeaux de leur toge de pourpre déchirée et fanée. D'autres, au milieu de leur dénûment, ne rêvaient que fêtes, débauches, jeux du Cirque; les moins nombreux seulement puisaient leur constance dans le sentiment chrétien, et, s'inclinant à mesure qu'ils étaient frappés, considéraient l'adversité comme une expiation et une récompense future.

1. Sed tantum domus urbana, vicinus et hortus
    Atque ad perfugium secreti perparvus agellus,
    Non sine vite quidem vel pomis sed sine terrâ
    Digna coli verum exigui jactura laboris.
    (Idem.)

Si nous étions sages, disaient-ils, nous devrions nous féliciter de notre destinée. Ces palais riants où abondaient toutes les délices, cette fortune florissante que paraient à l'envi les honneurs, et qui s'appuyait sur des milliers de clients, en nous échappant si promptement ne nous laissent qu'un repentir. Grâce aux pensées meilleures de la vieillesse, nous reconnaissons que tout cela nous a été enlevé pour notre bonheur, afin que, privés des biens terrestres et périssables, nous puissions conquérir l'éternité de Dieu [1].

Quant à cette forte partie de l'aristocratie gallo-romaine dont les richesses n'avaient pas été entamées, elle repoussait les Goths qui, introduisant dans le gouvernement des formes plus simples et plus équitables, lui ôtaient son influence, et supprimaient les fastueuses et inutiles dignités de Rome. Tout ce qui tendait à consolider leur établissement lui devenait donc particulièrement odieux, et c'est avec des alarmes chaque jour plus vives qu'elle les voyait chercher à s'agrandir. Théodorich, du reste, ne déguisait pas ses projets. Du moment qu'il tint l'épée de chef, il ne songea qu'à détruire les débris de l'autorité romaine. Tandis que l'impuissant Honorius expirait dans Ravenne, léguant l'empire à l'enfant de Constantius ou plutôt à la veuve de celui-ci, Placidia, que le reflux du sort venait de jeter sur

---

1. Sed bene si sapio gratanda nunc haec mihi possel,
   Cum mihi laeta domus magnis floreret abundans
   Deliciis. . . .
                       (Idem.)

le trône, Théodorich profita des troubles qui occupaient l'ancienne reine des Goths en Italie pour s'emparer à petit bruit des cités et des municipes de la Narbonnaise[1]. Il investit même Narbonne et semblait sur le point de s'en rendre maître, car la faim était dans la ville, lorsque le comte Litorius, à la tête d'un corps de Huns portant chacun sur son cheval deux boisseaux de blé, parvint à la ravitailler et fit lever le siége.

A la suite de cet avantage la lutte allait prendre des proportions plus grandes. Un homme de la taille des Maxime, des Arbogast, des Constantinus, descendit à son tour en Gaule pour y relever le Labarum. Il semble qu'on l'entend dire, en regardant du haut des Alpes cette Aquitaine pleine d'étrangers, les vers nationaux de Rutilius :

« Lève ta tête triomphante, ô divine Rome, entrelace de lauriers tes cheveux blanchis par une vieillesse mâle et vigoureuse. Secoue fièrement les tours, qui forment ton diadème ; que ton bouclier d'or répande des feux étincelants. Étouffe le souvenir de tes dernières pertes. Que tes plaies cicatrisées ne te causent plus de douleur. Tu as perdu des batailles, mais jamais le courage ni l'espoir. Tes défaites même t'enrichissent. C'est ainsi que les astres ne disparaissent à nos yeux que pour rentrer plus brillants dans la carrière, que la lune ne finit son cours que pour le

---

1. « Gothi Placita perturbant et pleraque municipia vicina sedibus suis occupant, Narbonensi oppido maximè infesti.» (Prosperi, Aquit. *Chronicon*.)

recommencer avec un nouvel éclat. Allia punit bientôt Brennus des incendies de Rome; les Samnites payèrent chèrement le joug sous lequel les légions avaient passé; Pyrrhus n'eut l'honneur de te vaincre, que pour fuir ensuite devant toi; Annibal pleura sur ses triomphes. Semblable à ces corps qui remontent toujours sur l'eau, victorieux des efforts qu'on fait en vain pour les submerger, ou telle qu'un flambeau qui s'allume davantage à mesure qu'on l'incline, tu te relèves plus glorieuse que jamais de l'abaissement où l'on t'avait réduite. Tes lois régleront le sort de l'univers jusqu'aux derniers âges. Toi seule es à l'abri du ciseau des parques, quoique tu touches presque à ton douzième siècle. Ta durée égalera celle de la terre et du ciel. Ce qui détruit les autres empires sert à fortifier le tien. On dirait que tu reçois de tes malheurs une naissance nouvelle. Il en est temps, immole à ta gloire une nation sacrilége; que les perfides Goths fléchissent enfin sous le joug, et remplis ton trésor auguste des richesses de ces barbares[1]. »

Le patrice Aëtius avait toutes les qualités du bon capitaine avec la patience et le courage d'un soldat. Nourri dans les camps et sous la tente des barbares, il pliait avec autant d'ascendant ces volontés sauvages que les esprits des siens. D'abord employée dans l'intérêt de son ambition, la confiance qu'il avait su leur inspirer finit par devenir le dernier refuge de Rome. Elle ne pouvait combattre seule; ses légions

---

1. Rutilius, *Itinerarium*.

décimées tenaient à peine devant l'ennemi; aucune confiance ne ranimait cette antique ardeur des combats qui avait soumis l'univers : l'habileté du général consistait en ces circonstances extrêmes à remplacer par des auxiliaires les soldats dont il manquait et à battre les barbares avec des barbares. En les opposant ainsi les uns aux autres, tout le profit de la guerre était pour l'empire. Ce plan conçu, Aëtius jeta les yeux pour l'exécuter sur ce peuple que nous avons vu chasser les Goths du Danube : c'était une heureuse idée que de mettre aux prises deux nations aussi irréconciliablement divisées, et d'aller chercher au bout de l'Europe les ennemis les plus acharnés de Théodorich. A sa voix, Aëtius vit accourir soixante mille de ces cavaliers, petits, basanés, hideux, au nez écrasé, au regard féroce, et marchant devant eux il entreprit de contenir les Goths dans leurs limites du midi, et de rétablir le pouvoir impérial au nord.

Voici l'état de la Gaule à cette époque. Comme il a été dit plus haut, la république armoricaine la traversait du sud à l'ouest, nouant tout le centre au même faisceau. Exupérance avait bien essayé de le rompre du vivant d'Honorius; mais les insinuations et les prières de ce préfet du prétoire ne détachèrent de la ligue qu'un nombre insignifiant de cités. Les Goths possédaient la seconde Aquitaine, la Novempopulanie et la Narbonnaise première, de telle sorte qu'il ne restait aux Romains, dans le Midi, que les trois provinces précédemment indiquées, la Narbonnaise seconde, la Viennoise et les

Alpes maritimes. Pour les conserver, ressaisir quelque influence au Nord, fermer la frontière du Rhin, tâcher de dissoudre la confédération armorique et refouler les Bagaudes, on devait toujours avoir les armes à la main. Pendant quinze ans, Aëtius ne fut occupé qu'à passer en courant des Franks aux Burgondes, des Bagaudes aux Armoriques, des Alains aux Goths, tantôt battant ces derniers, tantôt battu par eux : et au bout de cette longue et sanglante lutte, il perdait tous ses Huns, écrasés par Théodorich sous les murs de Toulouse, demandait humblement la paix aux Balthes, et laissait les Alains et les Burgondes s'établir dans la Viennoise.

Après la guerre et l'anéantissement de la tyrannie impériale, le bonheur dont les populations jouissaient sous le gouvernement visigoth se développa et s'accrut encore. Délivrées des publicains, désormais défendues contre les extorsions incessantes des larrons du fisc et l'avidité des préfets, elles vécurent à l'ombre de leurs institutions municipales et de cette domination paternelle, aussi heureusement qu'elles pouvaient le souhaiter; jamais peut-être administration n'avait été plus douce et ne recueillit en échange plus de témoignages de reconnaissance et d'amour. Une foule de citoyens, non plus comme avant, pauvres et obscurs, mais sortis des familles les plus distinguées, émigraient chez les Goths pour échapper à la persécution et à la mort. Ils allaient chercher l'humanité et la douceur au milieu des

Barbares, car ils ne pouvaient plus supporter la barbarie et l'inhumanité des Romains. Et bien qu'ils différassent, avec ceux auxquels ils allaient demander un refuge, de mœurs, de langage, de race même; bien que la saleté de ces vêtements étrangers leur fût insupportable, ils aimaient mieux s'en couvrir que de rester Romains. On les voyait donc tous fuir chez les Goths ou chez les Bagaudes, et aucun ne se repentait de ce parti. Mieux valait, en effet, pour eux, vivre libres sous l'apparence de la servitude, que serfs sous l'apparence de la liberté. Il arrivait de là que ce nom de citoyen romain, prisé autrefois si haut et acheté si cher, n'était pas seulement rejeté et regardé comme vil, mais passait pour abominable [1].

Malheureusement le désordre était encore trop grand en Europe, et les limites des nouveaux états trop fraîchement tracées, pour espérer long-temps le maintien de la paix. Un jour de l'année 449, une femme fut trouvée agenouillée, comme celle du Lévite, au seuil du palais de Théodorich; c'était sa propre fille, la reine des Vandales, que le féroce Genserich renvoyait à Toulouse, après lui avoir fait couper le nez. A sa vue, toute l'Aquitaine cria vengeance, et le Vandale aurait à coup sûr expié cette cruauté, si, au moment où les Goths en armes

---

[1]. « Multi et non obscuris natalibus editi et liberaliter instituti ad hostes fugiunt ne persecutionis publicæ afflictione moriantur... » (Salviani episcop. Massill., *De vero judicio et Providentiâ Dei*, lib. v, p. 44.)

prenaient le chemin de l'Afrique, on n'eût annoncé l'arrivée d'Etzel ou Attila.

Ce chef célèbre venait de passer le Rhin, suivi d'une multitude innombrable de Huns. Metz pris, Trèves livrée au pillage, il s'était dirigé sur la cité des Troyens et l'avait entourée de ses hordes qui couvraient le pays. Les prières de Lupus, son évêque, étaient les seules fortifications de la ville. Or une nuit qu'il avait cédé au sommeil dans l'église de Saint-Pierre, il rêva que la mort de quelques jeunes gens sauverait la vie et la fortune des citoyens. Le diacre Mémorius et d'autres adolescents qui se destinaient au sacerdoce sortirent donc en habit ecclésiastique par la porte de César, et allèrent au-devant d'Attila. Du plus loin qu'ils l'aperçurent, ils élevèrent en chœur leurs voix mélodieuses, comme les cygnes qui vont mourir. Mais le cheval qu'il montait, effrayé de ces chants, rompit sa bride et, se cabrant avec violence, le renversa. Le fils de Mandros, furieux de sa chute, ordonna de massacrer Mémorius et ses compagnons, qui tombèrent sur-le-champ percés de coups. Il n'en échappa qu'un dont ses satellites perdirent les traces au milieu des saules et des broussailles [1].

Précédé par ces récits lugubres et les troupeaux de fuyards que son immense armée chassait devant elle, il arriva à Orléans. En voyant le redoutable

---

1. « Hunni erumpentes et per omnem Galliam diffusi partim simulatæ pacis arte terebant urbes... » (*Vita sancti Lupi, episcopi Trecensis.*)

astur ¹, les habitants, consternés, se pressèrent autour de leur évêque pour lui demander conseil. Le pieux Anianus se mit à prier aussitôt et puis il dit :

Montez sur le rempart et regardez si vous ne voyez rien venir du côté du midi !

Le saint évêque s'attendait en effet à chaque instant à voir paraître Aëtius. Les habitants montèrent sur le rempart et ne virent personne. Priez avec ferveur, reprit Anianus, c'est aujourd'hui que Dieu vous délivrera. Lorsqu'ils eurent imploré le ciel, il leur ordonna de regarder de nouveau. Mais ils n'aperçurent à l'horizon aucun vestige de secours. Si vous priez sincèrement, dit-il pour la troisième fois, vous serez exaucés. Alors ils supplièrent tous le Seigneur avec des sanglots et des gémissements ; et, cette dernière oraison finie, ayant regardé pour la troisième fois par l'ordre du vieillard, ils découvrirent dans le lointain un tourbillon qui semblait sortir de la terre. Cette nouvelle étant annoncée à l'évêque, il répondit : C'est le secours de Dieu ².

Les murs tremblaient sous les coups du bélier et menaçaient ruine de toutes parts, lorsque Aëtius, Théodorich et Thorismund, son fils, parurent avec leurs troupes.

La rencontre qui se préparait comblait les vœux d'Attila. Il ne souhaitait rien tant que de se mesurer avec les deux premiers peuples du monde, les Romains et les Wisigoths. Son armée comptait, disait-

---

1. Oiseau peint sur les drapeaux des Huns.
2. Gregorii episcopi Turon, *Historia Francorum*, lib. II, p. 276.

on, cinq cent mille combattants. Cet homme, né pour la ruine des nations, avait rempli la terre du bruit de sa puissance et semé partout la terreur de son nom. D'un aspect majestueux, il laissait percer dans son regard et jusque dans ses moindres gestes la dignité du commandement. Tout en aimant la guerre, il ne manquait pas de prudence et possédait au plus haut degré l'art de préparer les événements. Facile à fléchir du reste, il ne retirait jamais l'appui qu'il avait une fois donné. Sa taille était courte, sa poitrine large; sa tête remarquable par la grosseur. Il avait de petits yeux, peu de barbe, un nez aplati, et sous une forêt de cheveux blancs, le teint noir du Kalmouck [1]. Quant à ses mœurs, elles étaient des plus simples : un siége de chêne, une écuelle

---

[1]. Primas mundi gentes, Romanos Wesegothasque, subdere peroptabat. Cujus exercitus quingentorum millium esse numerus ferebatur. Vir in confusionem gentium natus in mundo terrarum omnium metus. Erat enim superbus incessus. (*Jordani episcopi Chronica*, p. 30.)

Je sais que les légendes sont pleines de ses cruautés, et qu'en soutenant, comme je l'ai fait, qu'il ne fit que le moins de mal qu'il lui fut possible, j'ai donné atteinte à l'authenticité de plusieurs légendes. Mais je demande si d'après tout ce que j'ai dit de ce prince, d'après les écrivains les plus dignes de foi, on peut encore penser qu'il se soit amusé à faire périr des femmes, des filles, des enfants, parce qu'ils croyaient en Jésus-Christ. La prise et le sac de Cologne ont été déjà mis au rang des fables. La seule ville sur la prise de laquelle nous ayons des données certaines, la ville d'Orléans, ne fut même pas livrée au pillage. Comment donc a-t-on daté de cette irruption tant de martyres et tant de ravages? comme on a daté du temps de Jules César, d'Auguste, de Constantin, de Charlemagne, une infinité d'événements qui ne sont jamais arrivés ou qui sont arrivés dans un autre temps. Les grands noms attirent tout à eux. Les romanciers qui veulent intéresser ou en imposer; tous ceux, enfin, qui ont regardé l'histoire comme le vaste champ des fictions ont entassé dans chaque époque connue et célèbre tout ce qu'ils ne pouvaient ou ne voulaient point placer ailleurs. C'est en grande

de bois, un lit orné seulement d'un drap blanc : voilà tout qu'on voyait pour lui dans ce palais rempli des dépouilles et des tributs des Romains. Doux et bon avec ses sujets, il en était adoré. Hagène, dit le vieux poème germanique, demanda à ses amis quelles étaient les nouvelles? Comment vivait Attila ainsi que ses nombreux vassaux? Sur quoi on lui répondit : Jamais notre patrie ne fut aussi heureuse, et jamais nos peuples ne furent plus contents. Sachez cela¹.

C'est au bord de la Loire qu'il attendit ses ennemis. Les augures furent consultés avant le combat. Ils déclarèrent à l'inspection des fibres des victimes et de certains linéaments des os que les présages étaient défavorables. Toutefois, le principal chef du parti opposé devait perdre la vie, et jeter un voile funèbre sur la victoire. Attila, persuadé qu'il s'agissait d'Aëtius, qui était son plus grand obstacle, n'hésita point à opter pour sa mort, même au prix d'une défaite, et rangea son armée en bataille. Se plaçant au centre avec l'élite de sa cavalerie, il forma ses deux ailes des diverses nations qui suivaient son astur. Dans l'une, on distinguait au premier rang les Ostrogoths conduits par les trois frères Walamir, Theodemir et Widemir, plus nobles que celui qu'ils servaient, car ils étaient issus de la race des Amales².

---

partie la marche d'Attila dans les Gaules qui lui a valu ce nom de *fléau de Dieu qu'il ne prit jamais* et toutes les malédictions dont on a chargé sa mémoire. (Du Buat, *Histoire ancienne des peuples de l'Europe*, t. vii.)

1. Zwanzig Gesænge der Niebelungen.
2. Immaculés.

Des masses de Gépides s'échelonnaient dans l'autre sous le commandement du fidèle Ardarich. Entouré d'une foule de chefs prêts à se précipiter où il l'ordonnerait d'un coup d'œil, Attila, le roi des rois, examina longuement la position des ennemis.

Pendant ce temps dans ces deux armées germaniques le Skald se tenait à la tête de chaque tribu, enflammant les courages au son de l'archet guerrier, et chantant d'une voix sonore :

« Oden est le père de tous, la terre née de la nuit est sa mère, il plane sur les champs de bataille et chérit les braves.

Oden a jeté sa lance parmi les hommes, et la guerre a éclaté.

Courage, fils des géants, la mort n'est que le passage de l'ombre, qu'un brillant essor vers la lumière.

Voilà Oden debout sur le seuil du Walhalla, qui attend les âmes des héros pour les conduire au festin éternel [1]. »

Au milieu de ces chants, des tumultueuses acclamations des hordes barbares, du frémissement des trompettes, du bruit que faisaient les Franks et les Burgondes en choquant leurs boucliers d'airain, Attila donna le signal.

Théodorich composait l'aile droite avec ses Goths; Aëtius [2] guidait l'aile gauche formée d'une multitude de Franks, de Sarmates, de fédérés armoricains,

---

1. Voir Geijer, Geschichte Schwedens, t. 1, p. 14 et 15.
2. Tout ce récit est extrait de Jordanes.

de Burgondes, de Saxons, de Riparioles, d'Ibrions, anciens Létes de Rome, et de quelques autres tribus gauloises et germaniques.

Les Alains, sous les ordres de Sangiban qu'on soupçonnait de méditer une défection, avaient été placés au milieu, afin que les deux ailes pussent les surveiller également. L'action s'engagea au pied d'un mamelon qui dominait le champ de bataille. A trois heures du soir Attila essaya de s'en emparer, mais il avait été prévenu par Thorismund et Aëtius qui, grâces à l'avantage du lieu, n'eurent pas de peine à repousser les Huns. Attila voyant le désordre des siens accourt au galop, et à sa voix tous reviennent au combat. Quoique le danger fût grand, sa présence enlevait toute hésitation. On se battait corps à corps, c'était un carnage général, barbare, acharné, comme les anciens n'en avaient jamais vu : s'il faut en croire les vieillards, il se répandit tant de sang, qu'un ruisseau dont le lit n'était ordinairement rempli que par l'orage coulait à la fin comme un torrent. Les malheureux qui s'y traînaient dévorés par la soif, n'y trouvaient que le sang sorti de leurs blessures. Là, le roi Théodorich, renversé au milieu du flux et du reflux de la cavalerie, périt écrasé sous les pieds des chevaux, vérifiant la prédiction des aruspices. Cependant les Goths, se démêlant d'avec les Alains, fondent sur les Huns, et les chargent si vigoureusement, qu'Attila céda le terrain et se retira dans le tabor (enceinte) de chariots et de bagages qui barricadaient son camp. Il était nuit et le ciel si noir, que

Thorismund, croyant retourner à ses tentes, tomba sur ces remparts improvisés et comme son père, fut renversé par son cheval blessé à la tête. Il y serait resté sans ses braves Goths. De son côté, Aëtius séparé de ses auxiliaires, errant dans les ténèbres, et ne sachant rien de Théodorich, mit beaucoup de temps à regagner le camp des alliés où il passa le reste de la nuit avec ses troupes, couvert par une ligne de boucliers. Ce n'est qu'au jour, en voyant la plaine jonchée de cadavres[1], et les Huns massés derrière leurs basternes, que les coalisés surent qu'ils avaient vaincu. Enfermé dans son camp, Attila, en faisant sonner toutes les trompettes et retentir les armes, les menaçait d'un nouveau choc. Semblable au lion qui, cerné par les chasseurs, tourne à l'entrée de sa caverne, et sans oser néanmoins s'élancer sur ses ennemis, ne cesse d'épouvanter la forêt de ses rugissements, le belliqueux chef tout immobile qu'il se tenait glaçait de crainte les âmes des vainqueurs. On assure que, tandis qu'ils délibéraient sur le parti à prendre, il avait fait dresser avec des selles un bûcher colossal où il s'apprêtait à mettre le feu et à se jeter en cas de défaite. Les Goths cependant s'étonnaient de ne pas voir leur roi, ils commencèrent à

---

[1]. Idace compte 200,000 morts du côté des Goths et 160,000 du côté des Huns; Jordanes, 162,000 seulement, mais sans y comprendre 90,000 Franks et Gépides qui se seraient exterminés jusqu'au dernier dans un combat nocturne. Qu'on songe maintenant, pour apprécier ces hyperboles admises sérieusement par la généralité des modernes et notamment par M. de Châteaubriand (*Études historiques*, deuxième volume, p. 316), que l'action ne dura que quatre heures et se concentra sur le même point.

le chercher de tous côtés et finirent par le découvrir sous un monceau de cadavres. Ils l'emportèrent à la vue des Huns. Les Skalden exaltaient dans leurs chants héroïques sa valeur et sa fin glorieuse. Vous auriez vu ces rudes bataillons de Goths rendre les derniers devoirs à leur roi sur cette terre encore sanglante, et lui faire leurs adieux en frémissant. Il pleuraient, mais c'étaient des larmes d'hommes de cœur; car la perte des Huns témoignait de la gloire de cette mort, et leur insolence tomba, leur wisentshorn (corne) se tut quand parut le cadavre de Théodorich paré de ses ornements royaux. Thorismund soutint jusqu'à la tombe la tête de son père: proclamé ensuite son successeur au bruit des armes, il attaqua de nouveau le fils de Mandros à Mauriac[1] et

---

[1]. Ce point important de notre histoire a été rapporté si inexactement que force nous est de remonter aux sources.

Idacius s'exprime ainsi : « Attila verò, cum Hunnis festinans, nec parcens civitatibus Germaniæ et Galliæ contra Gothos *super Ligerim fluvium nec procul ab Aurelianis confligit certamen.* Cæsa sunt Gothorum ducenta millia hominum. Theodoricus rex hoc prælio occubuit. » (Papirii Massoni, *Historia calamitatum Galliæ*, p. 105.)

Attila, se hâtant d'accourir avec ses Huns et n'épargnant guère en passant les cités de la Germanie et de la Gaule, *livra bataille aux Goths sur les bords de la Loire et tout près d'Orléans.* Deux cent mille Goths périrent dans ce combat avec le roi Théodorich.

Freculphus n'est pas moins explicite.

« Fit prima congressio, ut ferunt, circà Ligerim, sed protractum est bellum et in campis Catalaunicis qui Mauriaci vocantur atrox bellum et pertinax conseritur : cui simile in paucis antiquorum invenit gestis. Rex enim Attila circà horam diei nonam fieri certamen censuit. Attila rex victus in castra quæ de plaustris præparaverat se recepit. Ac nactà occasione, discessu Wesegotharum jam securus Gallias linquens ad oppressionem Romanorum movit procinctum, primâque aggressione, Aquiliensem diù obsidebat civitatem, quam captam ità penitùs delevit ut vestigia ejus ruinæ vix appareant. Indè audacior factus Mediolanum occupat metro-

après une lutte dans laquelle la victoire ne paraît s'être fixée sous aucun drapeau il regagna Toulouse.

polim pariter et Ticinum regias urbes et æquali sorte dejicit vicinaque loca sæviens demolitur. » (Freculphi episcop. Lexoviensis *Chronicon*, lib. v, p. xiv.)

Le *premier combat eut lieu auprès de la Loire*, mais la guerre continua jusqu'à la bataille des plaines Catalauniques qui sont appelées Mauritiennes. Ce fut une lutte acharnée, horrible et comme l'antiquité n'en avait pas encore eu d'exemple. Attila, le vaincu, s'était d'abord réfugié derrière ses chariots; mais les Goths lui ayant laissé le champ libre, il tourna son projet exterminateur contre les Romains et passa en Italie. Aquilée essuya le premier orage de sa furie : prise après une assez vive résistance, elle fut rasée si bas qu'on a peine à retrouver ses ruines. Milan et les villes voisines ne souffrirent pas moins de son passage.

On lit également dans la vie manuscrite de saint Anianus :

« Nec mora Aurelianis pervenit (Aëtius), hostes imparatos reperit. Tantæque cædis stragem super eos exercuit ut nulli dubium fieret, quin meritis Aniani pontificis flexus ad misericordiam Dominus rex cœlestis vindictam hanc exerceret. Itaque alii succubuerunt gladiis, alii coacti timore se tradebant gurgito Ligeris sortituri finem mortis. Reliqua pars Hunnorum, quæ ibi prostrata non cecidit, fugæ præsidium expetunt : donec judicante Domino in loco qui vocatur Mauriacus trucidanda gladiis mortis sententiam expectaret. »

Aëtius, arrivé d'un trait à Orléans, surprit l'ennemi, et en fit un tel carnage que personne ne douta que le roi céleste n'exerçât cette vengeance à la prière d'Anianus. Les uns périrent par le fer, les autres frappés de terreur se précipitaient dans la Loire. *Les débris des Huns* ne se sauvèrent par la fuite que jusqu'au lieu appelé Mauriac où le glaive acheva d'exécuter la sentence.

Grégoire de Tours dit :

« Aëtius et Theudo Gothorum rex ac Thorismodus filius ejus cum exercitibus suis ad civitatem adcurrunt, adversumque hostem ejiciunt repelluntque. Itaque Attilam fugant qui Mauriacum campum adiens se præcingit ad bellum. » (Gregorii episcop. Turon, *Historiæ Francorum*, lib. ii.)

Aëtius et Théodorich, roi des Goths, avec Thorismund son fils, accourent à la tête de leurs armées, attaquent l'ennemi et le repoussent. Attila, mené battant, gagne la plaine de Mauriac et s'y prépare à combattre.

Nous lisons enfin dans Jordanes :

« Sangibanus pollicetur se tradere Attilæ et Aurelianam civitatem, ubi tunc consistebat, in ejus jura transducere. Quod ubi Theodoricus et Aëtius

Aëtius revint à Arles presque seul; comme il en était parti, ses auxiliaires réunis par le commun péagnovère, magnis aggeribus eamdem urbem antè adventum Attilæ instruunt, suspectumque custodiunt Sangibanum. Igitur Attila tali perculsus eventu statuit per haruspices Fortunam inquirere. Cumque necem Aëtii quod ejus motibus obviabat, ut erat consiliorum in rebus bellicis exquisitor, circà nonam diei horam prælium sub trepidatione committit. Convenitur itaque in campos Catalaunicos qui et Mauritii nominantur. » (Jordani episcop. *Chronica*, 60.)

Sangiban promet de passer du côté d'Attila et de lui livrer Orléans qu'il tenait alors. Mais Théodorich et Aëtius ayant eu vent de cette trahison, se hâtent d'entourer la ville de retranchements avant l'arrivée d'Attila et veillent sur le chef suspect. Le roi des Huns, dont les projets se trouvaient déconcertés par cet événement, consulta ses augures, et persuadé qu'ils lui prédisaient la mort d'Aëtius qu'il regardait comme son principal obstacle, il engagea le combat vers les trois heures du soir. L'action eut lieu dans les champs Catalauniques qui sont appelés Mauritiens.

De ces cinq passages tirés des auteurs les plus rapprochés du fait en question et auxquels on pourrait joindre Sidonius et Fortunatus, il résulte que deux batailles ont été livrées : la première auprès d'Orléans et *sur les bords de la Loire*; la seconde dans les plaines Catalauniques au lieu de Mauriac ou Maurice.

Il reste à déterminer la véritable position de ce lieu. Presque tous nos historiens le placent auprès de Châlons, et voici sur quoi ils se fondent :
« Il y a, dit l'abbé Dubos qui a résumé tout ce qu'on peut alléguer à l'appui de cette opinion, il y a trois raisons qui empêchent de douter que ces champs ne fussent dans la province, qui peut-être en a tiré son nom et que nous appelons aujourd'hui Champagne.

» En premier lieu, c'étoit la route qu'Attila devoit tenir; il étoit parti d'Orléans pour regagner le Rhin.

» En second lieu, la description que Jornandès fait des champs Catalauniques convient aux plaines qui sont dans les environs de Châlons.

» Enfin, Idace a dit que la bataille s'étoit donnée tout près de Metz. »
(*Hist. critique de la monarchie françoise*, t. I, p. 483.)

Ces trois raisons ne semblent pas très-concluantes. Les deux premières, en effet, ne prouvent rien, et la troisième en plaçant le fait à Metz se détruit elle-même, d'autant que la chronique dont elle est tirée ayant été écrite à Metz la rendait déjà plus que suspecte.

Examinons donc, à défaut de preuves suffisantes, les probabilités : est-il présumable qu'Attila ait combattu dans les plaines de la Champagne? Les modernes répondent affirmativement; mais les motifs de leur conviction sont encore moins sérieux que ceux de l'abbé Dubos. Attila, d'après eux,

ril reprirent tranquillement la route de leur pays ou de leurs cantons, et de ces deux brillants engagements il ne resta que des morts et une renommée exagérée.

Le lendemain de la bataille, la position respective des assaillants était exactement la même que la veille, avec cette différence cependant, que celui qu'on a représenté comme le vaincu suivait son but sans autre obstacle qu'un changement d'itinéraire. Il est à présumer qu'à la suite de ce conflit une explication analogue à celle qu'Annibal donna autrefois aux Ibères, eut lieu entre Attila et les peuples coalisés. Le chef des Huns les convainquit sans doute qu'ils se rendaient les instruments d'Aëtius, et n'avaient aucun intérêt à le combattre, puisqu'il n'en voulait qu'à l'Italie. Les Goths exigèrent qu'il y entrât par le Tyrol, et chacun s'en retourna chez soi. Ce qui achève de démontrer ce fait, c'est que Thorismund en arrivant à Toulouse n'eut rien de plus pressé que d'attaquer ces Romains avec lesquels il venait de

aurait fait soixante-dix lieues dans le seul but de *chercher une plaine pour déployer sa cavalerie*, et cela quand il traversait le pays le plus plat qui soit en France. Sans nous arrêter à cette puérilité, nous dirons que si l'on admet qu'Attila, soit qu'il désespérât de passer sur le ventre aux Goths pour arriver en Italie, soit qu'il eût traité avec Aëtius, ait regagné la Pannonie par le Rhin, il ne serait pas impossible qu'une bataille se fût livrée en Champagne. Mais ce n'est qu'une hypothèse dénuée de preuves : le départ instantané des Goths, la rupture de la coalition franko-burgonde, le rôle passif d'Aëtius, et surtout l'absence de ce lieu de *Mauriac* autour de Châlons établissent de fortes présomptions en faveur de l'opinion contraire. Il paraît plus rationnel de penser que la seconde bataille suivit la première et se donna à peu près dans le même endroit qui serait alors ou *Saint-Maur* sur Loire ou *Saint-Maurice* en Beauce. Le nom de champs Catalauniques viendrait, dans ce cas, que nous croyons très-vraisemblable, des Alains qui occupaient effectivement ces contrées.

combattre. Pendant qu'Attila ravageait l'Italie, lui se
hâta d'assiéger Arles, et bien que le charme de la
conversation de Ferreolus, préfet du prétoire, fût
puissant, bien qu'il montrât à son honneur que les
Romains avaient tout perdu excepté leur supériorité
incontestable dans l'art culinaire, il est certain que
Thorismund ne se retira qu'avec la promesse de l'or
dont il avait besoin pour s'indemniser des frais de la
guerre, et qui lui fut compté peu après par Aëtius.

Autant pour donner du repos à ses braves soldats
que pour suivre le penchant de la majorité de la nation qui tendait de plus en plus à devenir stable, le
jeune chef accepta la paix, et ses sujets eurent trois
années de bonheur. Mais les vieux guerriers qui gardaient encore le sauvage amour des batailles sous
leurs habits de peaux, les jeunes gens impatients
d'imiter leurs pères ne purent se plier au calme de
ces mœurs nouvelles. Ce parti de la guerre toujours
permanent et dangereux chez un peuple conquérant
jura la mort de Thorismund. Un matin qu'il était
malade et se saignait lui-même, les conjurés forcèrent le palais et envahirent sa chambre, d'où le serviteur Ascalcruus avait eu soin d'enlever les armes
avant de l'avertir. Quoique surpris et n'ayant qu'une
main libre, le courageux combattant de Mauriac, saisissant un scabellon, vengea sa mort dans le sang de
quelques-uns de ses assassins. Théodorich [1] qui les
avait armés hérita de son frère, comme le bourreau
de sa victime.

1. Chef puissant.

En prenant possession de ce pouvoir ensanglanté, il s'empressa de verser au dehors l'effervescence militaire à laquelle il le devait. Par ce moyen habile il tenait sa parole, éloignait de sa personne cet élément fougueux de troubles et de complots, et pouvait espérer que la partie la plus ardente et la plus difficile à gouverner resterait sur le champ de bataille. Comme s'il eût craint que son frère Frédrich ne vînt un jour à suivre son exemple, il le mit à la tête de cette faction turbulente, et l'envoya contre les Bagaudes d'Espagne.

Des événements du même genre se passaient à la même époque en Italie. Le sang avait coulé dans le palais de Ravenne comme dans le palais de Toulouse. Aëtius, l'illustre général, y reçut la récompense de la lutte héroïque qu'il soutenait sur les débris de Rome. Depuis long-temps les empereurs, enfermés dans leurs palais avec des eunuques, ne tiraient plus l'épée que pour commettre des assassinats; un prince hébété et impuissant, Valentinianus III, jaloux de cette grande gloire, tua par derrière le noble patrice. Massacré lui-même par les soldats, il avait laissé la pourpre au sénateur Maximus. A ces nouvelles, dont l'effet était prévu d'avance, tous les barbares se mirent en mouvement. Maximus, courant au plus pressé, nomme aussitôt Avitus maître des deux milices, et le charge de défendre ce que l'empire possédait encore dans la Gaule. Le Cincinnatus arverne quitte ses champs, fait quelques courses heureuses contre les tribus germaniques du côté du nord; et ensuite, sous prétexte de traiter de la paix au premier bruit du meurtre de Maximus que les soldats avaient jeté dans le Tibre[1], il se rend à Toulouse auprès de Théodorich, son ancien disciple.

Ce prince, qui avait fait monter sur le trône les mœurs simples des Goths, alla au-devant de lui avec son frère, et ils entrèrent tous les trois dans la ville en se tenant par la main. La nuit fut employée à répéter les rôles d'une comédie politique arrangée certainement d'avance. Au point du jour Théodorich réunit le conseil des douze vieillards. Ces chefs, courbés sous le poids des ans, mais d'un esprit encore vert, portaient les sales vêtements qui caractérisaient la nation. Une toile noire et grasse luisait sur leur dos amaigri; les peaux dont ils étaient couverts descendaient à peine à mi-jambe, et leur *hosan* ou bottine était misérablement nouée autour du genou avec une corde. Lorsque ces conseillers décorés d'une pauvreté si honorable se furent assis, Avitus demanda la parole, et dit:

« J'aurais désiré, je l'avoue, vivre libre de tout souci dans les champs de mes pères, et jouir enfin de ce doux repos que j'ai peut-être mérité, après avoir rempli trois fois la charge de maître des milices, et quatre celle de préfet du Prétoire. Mais Maximus, notre prince, m'ayant nommé de nouveau, à mon insu, j'ai accepté avec joie l'office qu'il m'a conféré, parce qu'il me fournissait l'oc-

---

[1]. « Maximus intrà duos menses à militibus extinctus in Tiberim projicitur. » (Cassiodori *Chronicon*.)

casion de venir vers vous. Je demande que les traités anciens soient maintenus, comme ils l'auraient été au temps où je me mêlais des affaires des Goths. Jamais, ô roi! je n'ai donné un conseil qu'on n'ait suivi. Mais la fortune m'a enlevé mon bon génie. Il est mort avec ton père. Tu étais bien jeune lorsque mes avis le tirèrent d'un mauvais pas sous les murs de Narbonne. Ces vieillards qui m'écoutent t'ont vu alors tout enfant dans mes bras. Tu pleurais en me quittant, et me préférais à ta nourrice. Me voici donc redemandant aujourd'hui un nouveau gage de cet amour d'autrefois. Si tu n'as plus ni souvenir, ni amour, ferme ton cœur, et refuse-moi la paix que j'implore. » Un murmure peu favorable sans doute accueillit ce discours; mais Théodorich se hâta de l'étouffer en répondant:

« Ni dans le sénat, ni dans le monde, je ne connais pas, noble général, d'homme plus illustre que toi. J'accorderai donc la paix, je m'efforcerai même de réparer le mal que mon aïeul a fait à Rome, mais à une seule condition; c'est que tu prendras le titre d'Auguste. Pourquoi baisser les yeux? Nous ne voulons pas te faire violence; nous discutons. Si tu deviens son chef, je suis l'ami de Rome; si tu es son empereur, je la sers. Songe bien que tu n'enlèves le pouvoir à personne; il n'y a plus d'Auguste dans le palais impérial, et tu es forcé d'accepter l'autorité pour ne pas la laisser périr. »

Avitus feignit de sortir du conseil accablé de tristesse, et se plaignit de sa destinée, en racontant aux nobles qui l'avaient suivi les propositions de Théodorich. « Ce qui redouble mes chagrins, ajoutait-il, c'est qu'elles vont se répandre dans toute la Gaule, et que les Clarissimes me feront violence pour les accepter. » Ces mots, adroitement jetés, furent compris ; l'aristocratie, les officiers et les fonctionnaires qui formaient son cortége, se mirent à le supplier de se dévouer au salut de la république. On le presse, on le conjure, on se jette à ses pieds ; on dit que le lieu, le jour, l'heure même est favorable. Un tribunal de gazon est dressé à la hâte, les quelques soldats de son escorte l'entourent en poussant des acclamations, et l'on y porte Avitus ; on l'y revêt du collier militaire en quelque sorte malgré lui [1]. La même hypocrisie qu'avait montrée Julianus en pareille circonstance, il la conserva jusqu'après son couronnement. Revêtu de la pourpre, à Arles, il partit ensuite tout joyeux pour aller régner en Italie. Théodorich avait atteint son but : il venait de placer dans les mains de sa créature la seule force qui pût lui faire obstacle, et d'ajouter à son pouvoir le prestige de l'autorité impériale, sous l'influence de laquelle il semblait agir, tandis qu'il la dirigeait au contraire exclusivement dans le sens de ses intérêts. Ainsi, laissant le vieillard arverne dissiper un reste de chaleur dans les molles délices de Rome et user sa pourpre aux genoux des nobles matrones, il passa en Espagne pour détruire l'influence suève.

---

1. C. Sollii Sidon. Apoll. panegyricus Avito dictus.

Pendant trois années, il combattit avec succès, et de province en province il avait déjà refoulé le peuple de Rechiar à l'extrémité de la péninsule. La conquête était assurée s'il eût continué la guerre ; mais, au moment de se rendre maître de l'Ibérie, la nouvelle de la mort[1] d'Avitus, tombé tout à coup et presque en même temps du trône dans l'église, et de l'église dans la tombe, le ramena forcément à Toulouse.

Sa situation vis-à-vis de l'empire était bien changée. A la place de ce vieux voluptueux, le vassal fidèle de ceux qui l'avaient élevé, régnait à Ravenne un maître des milices, jeune, actif, plein de courage. Bien loin de s'appuyer dès lors du côté de l'Italie sur un empereur aveuglément dévoué, Théodorich avait affaire à un ennemi dangereux. Majorianus n'eut pas plutôt en effet arraché le collier militaire au débile Avitus, et transformant l'Auguste en évêque, caché ce vieillard sous la chape qui devait être son linceul, qu'il franchit les Alpes. Diverses factions s'agitaient parmi l'aristocratie romaine des Gaules pour lui disputer cette ombre d'autorité : à son apparition, elles se soumirent avec tout l'empressement des patriciens d'alors qui poussaient l'humilité aux pieds du vainqueur jusqu'à la bassesse. Tout plia devant ses cohortes, et l'homme qui vint à Lyon s'incliner le plus bas et lui déclamer un panégyrique repoussant d'adulation et d'enflure était le propre gendre

---

[1]. « 456 dejectus est Avitus imperator à Majoriano et Ricimere Placentià et factus est episcopus in civitate. » (Marii episcopi *Chronicon*.)

de sa victime, Sidonius-Apollinaris. Majorianus aurait eu assez de force, de volonté et de courage pour prolonger l'agonie de Rome, si ses moyens d'action eussent égalé ses talents. Mais les légions n'existaient plus, et, ne manœuvrant qu'avec une poignée d'auxiliaires, il ne pouvait aborder les champs de bataille. Théodorich s'aperçut promptement de sa faiblesse, et renvoya en Espagne une partie des troupes qu'il en avait tirées. Bientôt, à la suite d'une escarmouche, la paix se conclut sur les bases précédentes : Théodorich continue d'agrandir son pouvoir et Majorianus de perdre peu à peu le sien. On eût dit que ce dernier avait la charge providentielle de faire en deçà des Alpes les funérailles de l'empire. Entre ces trois peuples du nord, les Goths, les Burgondes et les Franks qui s'étaient déjà partagé la Gaule et s'avançaient constamment l'un contre l'autre, rétrécissant à chaque pas le reste déjà si étroit du territoire romain, Majorianus oubliait le présent dans la cité Constantine (Arles) avec la noblesse gallo-aquitanienne. Condamnée à mort, et voyant le sablier se vider avec une rapidité effrayante, la société antique voulut finir dans le sensualisme et les cruelles voluptés qu'elle adorait. Il fallut que le sang jaillît pour elle des veines des gladiateurs ; que les rugissements des lions et des tigres vinssent électriser un instant ses nerfs frappés de paralysie ; que les chars volassent dans le cirque à travers des flots de poussière ; que les Mimes adolescents déployassent une dernière fois les grâces de leur saltation; que les habits jaunes lui plussent au théâtre. Après s'être rassasiée de ces nobles plaisirs des aïeux, elle se couronna de lavande fleurie et de roses, s'étendit mollement sur des lits parés de drap d'or, et à la fin d'un long et monstrueux banquet, ivre de débauche et de Falerne, tendant ses bras au barbare, elle se laissa ouvrir les veines et s'éteignit au milieu des malédictions.

Ces jeux d'Arles, donnés en 460, furent véritablement des jeux funèbres. Massacré à Tortone par le Suève Ricimer, Majorianus abandonna cette pourpre fatale à Severus. En seize ans elle passe souillée de poison ou de sang de Severus à Anthyme, d'Anthyme à Olybrius, de celui-ci à Glycerius, de Glycerius à Nepos, et enfin à Augustule. Odoacre arrive alors en Italie avec ses Turcilinges, l'arrache à Augustule, la déchire et en renvoie les lambeaux à l'autocrate de Constantinople.

Ainsi périt l'empire d'Occident après cinq cent vingt-deux ans de durée. D'Auguste à Augustule, en y comprenant les tyrans, cent empereurs le dirigèrent, et, dans cette multitude de souverains, à l'exception de trois ou quatre, on ne rencontre pas un seul homme qui ait songé au bien public. La passion du pouvoir suprême pour la grande autorité qu'il donnait, et les trésors dont il rendait maître, l'ambition de s'élever au gouvernement du monde pour apparaître un moment sur ce faîte auguste couronné des rayons de la vanité, un égoïsme féroce, une soif effrénée de jouissances à désaltérer aux dépens de la vie, de l'honneur, de la paix, de la dignité du genre humain : voilà tous les mobiles des empereurs. Jamais gouvernement plus misérable et plus pervers n'a pesé sur les hommes. La république était pleine d'excellents germes, mais les autocrates les étouffèrent ou leur firent porter des fruits amers. En dépouillant les peuples de leurs droits, ils avaient pactisé avec les aristocraties qui étaient devenues leurs intermédiaires et leurs instruments. Cette alliance du despotisme et des intérêts d'un seul avec l'orgueil, les besoins et l'avidité d'une classe privilégiée, qui ne pouvait nourrir son luxe qu'en foulant les gouvernés, conserver son influence qu'en les opprimant, monter aux honneurs qu'en flattant le maître : cette alliance composa la pire des administrations. Rome ne fut utile à l'humanité qu'en répandant à pleines mains parmi les nations dans son but despotique ces magnifiques semences de civilisation et de christianisme, qui avaient mûri dans son sein ; mais, cette mission accomplie, elle aurait dû mourir, car si cette légion maudite d'empereurs fût restée dans le néant, des torrents de sang et de larmes n'auraient pas coulé pendant cinq siècles, et l'humanité traînée tous les jours à la boucherie des batailles n'eût pas gémi de tous les maux qu'on peut souffrir sur terre.

La chute de l'empire acheva de briser les faibles liens qui rattachaient encore une ou deux provinces et quelques cités de la Gaule au gouvernement de Ravenne. Au premier bruit du renversement d'Augustule, tous les barbares s'ébranlèrent et le partage du pays non conquis s'effectua simultanément et sans querelle, chacun n'ayant pris que ce qui était à sa convenance. A l'est, par exemple, les Burgondes, déjà maîtres des Vosges, s'étendirent de manière à renfermer dans leurs limites, entre le Rhône et les Alpes :

Vienne,	Nice,	Orange,
Valence,	Glandèves,	Vaison,
Viviers,	Senez,	Cavaillon,
Die,	Vence,	Trois-Châteaux,
Grenoble,	Apt,	Carpentras,
Saint-Jean-de- Maurienne.	Riez,	Toulon,
	Fréjus,	Sion en Valais,
Genève,	Gap,	Martigny [1].
Embrun,	Ceyreste,	
Digne,	Avignon,	

Au nord, les Franks s'établirent solidement le long du Rhin ; les Alains et les Bretons s'efforcèrent de s'assurer les bords de la Loire ; Syagrius se proclama indépendant à la tête des débris de la milice dans quelques cantons de la Belgique et de la Lyonnaise, et les Goths dominèrent sans contestation depuis la Loire et l'Océan jusqu'à la Méditerranée et à Barcelone.

Ces derniers avaient la part du lion : possesseurs des cinq plus riches provinces de la Gaule méridionale et de la meilleure partie de l'Espagne, et s'ap-

---

1. Descriptio Galliarum ex libro de otiis imperialibus.

puyant, en Italie, sur la seconde branche de leur nation, la valeureuse peuplade des Ostrogoths, ils marchaient en outre sous la bannière d'un chef de génie. Monté au trône comme son prédécesseur, en passant sur le cadavre de son frère, Ewarich, si un pareil crime se rachetait, l'aurait effacé à force de gloire. Sous l'avant-dernier empereur il avait obtenu la cession de l'Auvergne, que le fils d'Avitus, Hecdicius, s'était adjugée à titre de souveraineté particulière. Pour déposséder le patricien il fallut combattre. A travers les exagérations poétiques de Sidonius Apollinaris, on démêle que la noblesse qui, sous prétexte de conserver le nom romain, aspirait à recueillir toute la succession de Rome, opposa une vigoureuse résistance. Il est même question d'un combat livré par Hecdicius avec ses seuls clients, qui formaient presque une armée. Surpris dans quelque défilé des montagnes, les Goths perdirent beaucoup de monde; et pour que l'ennemi ne pût reconnaître leurs morts à leurs cheveux blonds, ils décapitèrent tous les cadavres et enterrèrent les têtes; mais s'apercevant le matin que ce moyen barbare découvrait au contraire l'étendue des pertes qu'ils voulaient cacher, ils s'empressèrent de les enlever du champ de bataille; et les emportant pêle-mêle sur leurs chariots, ils les brûlaient de village en village avec les débris des habitations[1]. Mais un petit nombre de

---

1. « Si quidem quos humari nox succincta prohibuerat decervicatis liquere cadaveribus : tanquàm minoris indicii foret, quàm villis agnosci crinitum, dimisisse truncatum. Qui postquàm luce revolutâ intellexerunt

familles réduites à leurs propres forces, car le peuple, loin de les seconder, penchait, comme partout, du côté des Goths, ne pouvaient soutenir une lutte aussi inégale : l'Auvergne appartint bientôt à Ewarich. Des hauteurs du Cantal il descendit alors dans la Provence, où un autre patricien, Polemius, à l'exemple de Syagrius et du beau-frère d'Apollinaire, anticipait sur la féodalité¹. La tentative de Polemius réprimée, le roi balthe ne vit plus contester la prépondérance qu'il avait fondée si glorieusement. Il avait porté si loin la terreur de ses armes, que tous les peuples briguaient son alliance. Bordeaux, sa capitale, était le rendez-vous des envoyés barbares qui se pressaient autour de l'héritier de l'empire. Là, venait s'incliner le Saxon aux yeux bleus, plus ferme sur la mer que sur la terre. Non contents de couper leurs cheveux autour du front, ces pirates se rasaient la tête, et se composaient un visage monstrueux aux dépens de leur chevelure. Là, se trouvait le vieux Sicambre, tondu jusqu'à la peau, car l'habitude de ce peuple était de couper les cheveux témoins de sa défaite. L'Hérule aux joues verdâtres, sorti de ses repaires marécageux, y coudoyait le Burgonde haut de sept pieds. L'Ostrogoth s'y rencontrait avec le Hun. Le Romain y tombait à genoux à côté du Scythe, suppliant la Garonne de protéger le Tibre, et le Parthe, accouru des bords de l'Eu-

furtum ruinæ suæ crudeli vilitate patuisse, etc.» (C. Sollii Sidon Apollin., *Epistolarum* lib. III.)

1. Candid. hist., lib. II, apud Photium.

phrate, y demandait du secours contre le Perse [1].

Le pouvoir d'Ewarich étant ainsi consolidé par la victoire, et reconnu de tous au dehors, il porta son attention au dedans où des dissidences religieuses excitaient un désordre grave.

ÉTAT RELIGIEUX.

Nous avons laissé le christianisme en possession de la liberté de conscience, et se recrutant tous les jours dans la société païenne. A partir de Constantinus, il n'avait cessé d'élargir ses rangs, mais dans une progression lente et difficile. Le polythéisme pénétrait si profondément le sol romain, que la charrue catholique avait beau passer, en s'enfonçant de plus en plus, elle touchait à peine les racines. Par tradition, l'aristocratie restait fidèle aux idoles; par ignorance, la plèbe gallo-romaine s'attachait à leurs autels. Dès le quatrième siècle, on avait bien essayé d'étendre l'action chrétienne et de la fortifier au moyen des monastères. Mais ceux que laissa saint Martin sur la rive gauche de la Loire, et les célèbres cellules bâties par saint Honorat dans l'îlot

---

1. Istic Saxona cærulum videmus
    Assuetum ante salo, solum timere :
    Cujus verticis extimas per oras
    Non contenta suos tenere morsus
    Altat lamina marginem comarum :
    Et sic crinibus ad cutem recisis
    Decrescit caput, additurque vultus, etc.
    (C. Sollii Sidon. Apoll., *Epistolarum* lib. VIII, epist. IX.)

de Lérins, ne répondirent pas, je crois, aux vues de leurs fondateurs. L'état d'isolement dans lequel vivaient les moines et leur détachement absolu des choses de ce monde, repoussèrent les païens au lieu de les attirer. « Ces malheureux, disaient-ils, entraînés par les furies, abandonnent les dieux et les hommes, et s'exilent dans de honteuses retraites. Insensés, qui croient que la divinité se paie d'austérités ridicules et d'une affreuse malpropreté, et qui se punissent plus cruellement que ne feraient les dieux qu'ils ont offensés. Leur secte n'est-elle pas mille fois plus dangereuse que les poisons de Circé? Ceux-ci ne changeaient que les corps, ceux-là changent les âmes [1]. » Il sortait ensuite de ces solitudes des hommes remarquables pour la plupart, mais dont l'esprit, exalté par l'ascétisme et la méditation nocturne des controverses grecques, inclinait plutôt à combattre les hérésiarques, et à déployer son activité dans le gouvernement d'une église, qu'à lutter contre l'idolâtrie. Il est donc très-probable, on peut ajouter même presque certain, que, si rien n'eût ébranlé la base impériale de Rome, le christianisme, après sa courageuse entrée dans le monde, serait allé s'éteindre comme les brillantes théories de Platon sous les voûtes obscures de l'école. Mais, au moment où il affaiblissait encore en les divisant par des disputes de dogme ses cohortes si clair-semées dans l'Aquitaine, il lui arriva d'in-

---

[1]. Rutilius, *Itinerarium*, lib. 1.

nombrables recrues. Le prophète et l'apôtre avaient dit :

Ne craignez point parce que je suis avec vous. J'attirerai de l'Orient votre race et j'assemblerai l'Occident. *Je dirai au septentrion qu'il les amène, et au midi qu'il ne les empêche pas de venir.* Ramassez le peuple qui porte mon nom des extrémités de la terre, car je lui ai préparé ma gloire et l'ai créé pour en jouir [1]. Dieu appelle la bien-aimée celle qui n'était pas sa bien-aimée [2] ; je ne sais pas pourquoi l'un est grec, l'autre barbare [3]. Aux derniers jours, la montagne du Seigneur sera découverte, et élevée au-dessus des montagnes et des collines, et toutes les nations du monde viendront à elle [4].

Ces paroles s'accomplirent. Les Goths et les Burgondes, en venant se substituer au pouvoir romain, portèrent tout à coup du côté du christianisme l'influence de l'autorité et du nombre, et décidèrent irrévocablement la victoire évangélique. Mais bien que le christianisme eût grandi devant les adorateurs des dieux de toute la hauteur de la conquête, moralement il n'était guère plus fort qu'avant l'arrivée des barbares. Une ligne imperceptible, mais infranchissable, séparait l'ancien groupe catholique attaché au sol de la masse des nouveau-venus qui professaient l'arianisme. Depuis que ce malheureux

---

1. Ésaïe, cap. XLIII.
2. Saint Paul, *Épître aux Romains*, 25.
3. Idem, chap. X.
4. Esaïe, chap. II.— Voir saint Prosper, *De vocatione gentium*.

prêtre d'Alexandrie s'était avisé de nier dans l'oisiveté de ses rêves la divinité de Jésus, et avait été condamné au concile de Nicée en 325, l'église était en feu. Assurément, pour quiconque juge ces troubles à quinze cents ans de distance et du point de vue des temps modernes, la gravité de la cause qui les excita diminue beaucoup; mais en se reportant sur le terrain de l'époque, on en sent toute l'importance. Le premier argument des païens et le plus puissant aux yeux du peuple consistait en effet dans ce reproche : Vous adorez un mort [1]. La doctrine d'Arius, soutenant que le Christ était né mortel, prêtait donc appui au polythéisme, et tarissait à sa source la foi populaire [2]. Pour ces deux raisons elle méritait d'être combattue. Elle le fut avec trop d'ardeur; car une fois engagés dans la dispute, les esprits s'échauffent, la polémique s'empreint de colère, d'aigreur ou de mauvaise foi, et du choc des passions froissées il ne manque jamais de jaillir des étincelles qui embrasent tout. Il y avait un siècle et demi que la querelle durait, et elle ne fit que s'allumer avec plus de violence à l'arrivée et pendant l'établissement des Wisigoths. Les prédécesseurs d'Ewarich, toujours en campagne ou absorbés par les soins difficiles du gouvernement, n'accordèrent aucune attention à cette guerre théologique; mais

---

1. *Mortuum colunt.* Le concile de Nicée décida qu'il était né *avant tous les siècles.*

2. C'était le grief capital d'Athanase. Voyez son histoire, par Mœhler, et le sixième avertissement aux protestants sur les lettres du ministre Jurieu, par Bossuet, art. vii, p. 59, 60, 61.

sans doute qu'elle franchit les bornes posées assez loin pourtant par leur tolérance, puisque ce prince crut devoir intervenir. Résolu de ramener l'ordre à l'intérieur, il sévit contre ceux qui le troublaient sans cesse par leurs discours et leurs écrits. C'était malheureusement le parti catholique. Tout le poids de la répression tomba sur lui, et l'on ne peut pas même croire qu'Ewarich ait obéi dans cette circonstance aux inspirations de sa secte, car il ne voyait et n'agissait que par les yeux de son ministre, le littérateur Léo, zélé orthodoxe. Aussi la rigueur d'Ewarich ne fut pas grande, il se contenta de défendre les controverses et d'exiler Simplicius Crocus et Faustus, évêque de Riez, les plus fougueux des polémistes.

Il n'en fallut pas davantage pour faire crier à la tyrannie, Ewarich devint un Pharaon qui gouvernait ses peuples avec un sceptre de fer. La haine qu'inspiraient les Goths aux évêques gallo-romains sortis de la noblesse s'accrut du ressentiment produit par ces mesures et s'épancha dans leurs conciliabules et leurs lettres en flots de fiel.

« Lorsque le vieil ennemi, écrit l'évêque de Clermont au seigneur pape Basilius, veut se rire des vains bêlements des brebis, il commence par immoler les pasteurs. Ewarich, le roi des Goths, qui, en brisant les nœuds des anciens traités, a reculé si loin par le seul droit des armes les limites de son royaume, ne permet plus que les saints discutent. Si vous me demandez pourquoi? il est dans l'ordre que le mauvais riche soit paré de pourpre et de soie, et que la pauvreté et les ulcères dévorent Lazare. Il est dans l'ordre que Pharaon porte le diadême, et l'Israélite la hotte. Il est dans l'ordre que, jetés dans cette fournaise babylonienne, nous déplorions avec des soupirs et des gémissements le sort de Jérusalem, et qu'Assur[1] tonne du haut de son faste royal contre la vertu des saints. Mais je l'avoue, bien que la force de ce roi soit formidable, elle me semble moins à craindre pour les murs des Romains que pour les lois chrétiennes. Le nom de catholique est si amer à ses lèvres et à son cœur arien, qu'on doute s'il règne sur sa nation ou sur la secte. Trompé par le succès qui a couronné toutes ses entreprises, il attribue son bonheur à sa religion, tandis qu'il ne le tient que d'une félicité passagère. Apprenez donc l'état de crise du catholicisme, que nul n'ose faire connaître, pour y trouver remède le plus vite possible. Bordeaux, Périgueux, Rodez, Limoges, Javols, Eauze, Bazas, Saint-Bertrand de Comminges, Auch, et la généralité des villes, s'acheminent vers leur ruine spirituelle, privées qu'elles sont d'évêques, dont on n'a pas rempli les siéges à mesure que la mort les laissait vides. Il est constant qu'à la faveur de ces vacances l'hérésie fait tous les jours du chemin. Les populations sans clergé s'abandonnent au désespoir, et rien ne console les paroisses et les diocèses affligés. Vous verriez les toits des églises pour-

---

1. Ninus, selon Scaliger.

ris de vétusté ou tombant en ruine ; les gonds des portes arrachés, et l'entrée des basiliques bouchée avec des buissons et des épines. O douleur! les troupeaux eux-mêmes viennent se coucher dans les vestibules, et brouter l'herbe qui croît au pied des autels. Cette solitude ne règne pas seulement dans les paroisses des campagnes, elle s'étend à celle des villes où les réunions deviennent de plus en plus rares. Quelle consolation reste-t-il aux fidèles, quand la discipline cléricale périt, quand on en perd même la mémoire? Si du moment où le clerc meurt, un autre ne le remplace pas immédiatement ce n'est pas le clerc qui descend dans la tombe, c'est le sacerdoce! et alors quelle espérance peut-on conserver quand la fin d'un homme amène celle de la religion? Considérez les pertes de la phalange catholique, et vous verrez la foi péricliter partout où les chefs manquent. Je ne parle pas de Crocus et de Simplicius, nos collègues, qui languissent dans l'exil. Vous, le plus vénérable des saints pontifes, Leontius, Faustus, Græcus, vous, qui marchez à notre tête par votre ville, votre rang, votre charité, et qui êtes l'intermédiaire des Romains et des Goths, faites que la paix nous soit rendue, qu'on puisse enfin ordonner des évêques, et que les peuples, renfermés désormais dans les états d'Ewarich, nous appartiennent encore par la foi, s'ils ne doivent plus appartenir à notre confédération [1].

---

1. C. Sollii Sidon. Apoll., *Epistolarum*, lib. VII, epist. VI.

Tel était l'esprit qui animait le clergé catholique romain : se considérant comme martyr, et persuadé, à l'imitation d'Athanase, que l'hérésie d'Arius relevait le paganisme, il formait au sein de l'état gothique une opposition sourde, mais implacable. Dans son hostilité toutefois se révélait plutôt un élément de discorde intestine qu'un danger sérieux. Car s'il faut s'en rapporter au tableau précédent qui présente tous les caractères de la vérité[1], l'église avait perdu dans la tempête arienne toute sa cohésion et toute sa force, et les quelques évêques dispersés qui s'appelaient dans le lointain ne se répondaient plus que sur des ruines. L'inconstance et la légèreté des peuplades aquitaniennes, les semences de l'hérésie

1. Pour avoir une idée de la véracité des écrivains du nord toutes les fois qu'il est question des Wisigoths, il faut lire l'amplification que Grégoire de Tours a faite du passage de Sidonius.

« En ce temps là, Ewarix, le roi des Goths, dépassant la frontière espagnole (Grégoire de Tours se garde bien d'admettre qu'il ait régné en Aquitaine), exerça une cruelle persécution en Gaule contre les chrétiens. Il faisait mutiler ceux qui n'adoptaient pas ses erreurs perverses, et emprisonnait les clercs. Quant aux prêtres, les uns étaient frappés par l'exil, les autres par l'épée. Il avait ordonné qu'on fermât l'entrée des églises avec des buissons, afin que les fidèles en oubliassent le chemin. Alors furent ravagées les cités novempopulaniennes et des deux Germanies. *Il existe une lettre du noble évêque Sidoine à Basilius, qui relate expressément toutes ces choses.*

« Hujus tempore et Evarix rex Gothorum, excedens hispanum limitem, gravem in Galliis super christianos intulit persecutionem. Truncabat passim perversitati suæ non consentientes, clericos carceribus subigebat: sacerdotes verò alios dabat exilio, alios gladio trucidabat. Nam et ipsos sacrorum templorum aditus spinis jusserat obserari, scilicet ut raritas ingrediendi oblivionem faceret fidei. Maximè tunc Novempopulanæ, geminæque Germaniæ urbes ab hâc tempestate depopulatæ sunt. *Extat hodieque et pro hâc causâ ad Basilium episcopum nobilis Sidonii ipsius epistola quæ hæc ità loquitur.*» (Gregorii Turonensis, *Historiarum*, lib. II, p. 69.)

de Vigilantius répandues sur les bords du champ arien, et y germant à côté de la moisson d'Alexandrie le mouvement d'idées nouvelles, de nouveaux intérêts produits par la transition de l'empire à la monarchie des Germains, favorisaient cet abandon. Impuissants par eux-mêmes, et désarmés en face d'un gouvernement vigilant et fort, les évêques qui restaient ne pouvaient compter pour le rétablissement du catholicisme que sur les événements imprévus et le secours étranger.

C'est dans ces circonstances que mourut Ewarich, léguant à un adolescent toute l'Espagne, toute la Gaule méridionale, et une partie du lot des Burgondes [1].

Al-Rich II n'était point de taille à continuer le rôle de son père et à tenir long-temps, sans se fatiguer, ce grand sceptre, dont les peuples devaient voir l'ombre en deçà et au delà des Pyrénées. Pacifique et doux, il ne chercha d'abord qu'à fermer les plaies faites à l'église par la sévérité de son père. Les exilés furent rappelés; on accorda la liberté de conscience, et son humanité tolérante ne laissa bientôt plus de prétexte de plainte. Mais l'oppression ne s'oublie pas : « Bien qu'il fût respecté de ses sujets » catholiques, ceux-ci appréhendaient toujours qu'é- » tant arien, il ne renouvelât la persécution qu'Eu- » ric, son père, avait excitée contre eux, et qu'il ne » les forçât à abandonner la foi orthodoxe pour em-

---

1. « Totas Hispanias Galliasque sibi jam jure proprio, tenens simul quoque et Burgundiones subegit. » (Jordanes, *De rebus Geticis*, § 77.)

» brasser ses erreurs. C'est pour cela qu'ils souhai-
» taient de passer sous la domination d'un prince
» catholique : *Clovis l'était depuis peu, et la protec-*
» *tion qu'il accordait à la religion lui avait tellement*
» *gagné l'affection des Gaulois, ses sujets, que les*
» *anciens habitants du pays soumis aux Wisigoths*
» *enviaient leur bonheur* [1]. »

Par ces habitants du pays, il faut entendre le haut clergé. Les évêques en effet rêvaient seuls ce changement ; et malgré sa douceur, Al-Rich se vit forcé de retirer de son siége et d'exiler en Espagne Volusianus, l'évêque de Tours, qui exhortait publiquement le peuple à se donner aux Franks. Cet acte de vigueur brouilla les deux rivaux. Clodwech, ou pour parler comme nos pères, Chlovis ne put s'empêcher de se plaindre de l'exil de Volusianus, *dû au désir trop ouvertement témoigné par le saint évêque de devenir son sujet* [2]; et d'autre part, Al-Rich, blessé de la persistance de ces intrigues, et gardant toujours sur le cœur l'extradition de Syagrius qu'il n'avait livré au chef sicambre que pour éviter la guerre, déploya les vieux drapeaux de Mauriac, et marcha sur la Loire. Une rencontre sanglante allait avoir lieu, car les Franks y descendaient de leur côté, lorsqu'un messager de Théodorich arrêta les deux armées en remettant une lettre aux deux chefs qui les conduisaient.

---

1. Claude de Vic et dom Vaissette, *Histoire générale du Languedoc*, t. I, liv. v, p. 233.
2. Loco citato, p. 234.

Le puissant roi de Rome disait à son gendre :

« Al-Rich, mon fils, bien que l'innombrable multitude de vos frères double la confiance de votre courage, bien qu'il s'enflamme au souvenir de la défaite d'Attila, ne perdez pas cependant de vue qu'une longue paix amollit le cœur des peuples les plus braves, et gardez-vous bien d'aborder le champ de bataille avec des soldats qui n'ont pas été exercés depuis long-temps. La mêlée est terrible, et le combat bien difficile pour les hommes auxquels l'usage des armes n'est point familier. Ne vous laissez point emporter par un aveugle mouvement de colère. Mieux vaut consulter la prudence qui sauve les empires. On se perd en écoutant trop précipitamment les passions, et l'on ne doit recourir aux armes que lorsque l'injustice de l'ennemi ne laisse plus aucun espoir. Prenez donc patience jusqu'au retour des députés que je vais envoyer au roi des Franks, et qui sont chargés de terminer pacifiquement votre querelle. Uni à vous deux par des liens sacrés, il me serait pénible d'en voir un s'élever peut-être au-dessus de l'autre. Au reste, ce n'est pas le sang de vos proches qui demande vengeance; Chlovis n'a pas envahi vos provinces; tout se borne encore à des mots et peut s'arranger facilement si vous n'échauffez pas votre rancune au choc des armes. S'il fallait marcher, nous combattrions ensemble ces tribus héroïques. Mais la justice, qui donne tant de force aux rois, sait désarmer quiconque la blesse. J'ai donc cru devoir vous envoyer ces deux légats pour vous faire connaître mes désirs; ils iront de là trouver Gondobald, que je prie, ainsi que les autres rois, de régler votre différend. Si leur mission échoue, votre ennemi sera le mien[1].

La lettre à Chlovis était ainsi conçue :

« Les chefs s'allient entre eux, afin que les nœuds de la parenté rapprochent et unissent leurs peuples. Je suis donc surpris que pour des motifs aussi légers, vous vous prépariez à une guerre sérieuse contre Al-Rich, notre fils, comblant de joie vos ennemis communs qui s'apprêtent à profiter de vos discordes. Tous les deux à la fleur de l'âge, vous êtes chefs de deux illustres nations. Ne les ébranlez pas pour une petite cause : une ardeur trop bouillante peut susciter tout à coup une grande calamité. Car il suffit des plus légères dissensions des rois pour entraîner la ruine des peuples. Je vous dirai donc librement, affectueusement ce que je pense. C'est se montrer trop susceptible que de déclarer la guerre, parce qu'une ambassade n'a pas réussi[2].

---

1. Alarico regi Visigotharum Theodoricus rex :
« Quamvis fortitudini vestræ confidentiam tribuat parentum vestrorum innumerabilis multitudo : quamvis Attilam potentem reminiscamini, etc. » (Magni Aurelii Cassiodori *variarum*, lib. III, p. 85.)

2. « Li fors roys Clodovées fist bataille contre le roy Alaric, qui rois estoit des Gothens. La raison fu pour que li Ghot, qui estoient corrompu de l'érésie arrienne, avoient les Borgoignons ensuiz et soustenuz contre luy. *Si avoient ja saisi e pourpris de France* des Loire jusqu'aux mons de Pyréné. Autre cause puet l'en enseigner pourquoi la bataille fu; car li fors rois Clodovées avoit envoyé au roy Alaric un sien mesage qui avoit nom Paternes, pour traitier de pais et d'autres choses pour le profit des deux parties. Si li avoit mandé que li feist à savoir en quel leu il vouloit que li assam-

Choisissez des arbitres, eux seuls doivent prononcer sur les différends de famille. Que penseriez-vous de moi, si je vous laissais faire ? Périsse un conflit où l'un de vous deux doit succomber ! Jetez ce fer qui déshonorerait mon nom. Je vous en conjure comme père et comme ami. Celui qui mépriserait ces instances aurait contre lui Théodorich et son peuple. J'ai donc cru devoir envoyer à votre excellence ces deux légats qui ont apporté aussi une lettre à votre frère, Al-Rich, mon fils bien-aimé, afin que l'envie ne répande pas ses venins impurs entre vous, et que la médiation de vos amis triomphe de votre colère. Je les ai chargés de vous dire autre chose de vive voix. Car il n'est pas convenable que ces nations qui ont joui sous vos pères d'une paix si longue et si florissante, soient précipitées subitement dans les désastres de la guerre. Vous devez en croire ceux qui parlent dans vos intérêts, car on se garde bien d'avertir les gens qu'on veut perdre[1]. »

Theodorich écrivait en même temps à Gondobald :

blassent et que li rois Alaric touchàt à la barbe le roy Clodovées pour ce que il fust ses fiulz adoptés selon la coustume des anciens rois. »

Alaric y consent, dit qu'il ira désarmé, mais quand Paterne vient s'assurer par ses propres yeux....

« Comme il parloit au roy Alaric, il senti et s'aperçu que il portoit en sa main une verge de fer en lieu de baston, d'autel quantité comme le contreapoint d'un huiz autel portoit chacun qui avec lui estoient.» (*Chroniques de Saint-Denis*, liv. 1, p. 172 du t. III du *Recueil des historiens de France*.)

1. Luduin regi Francorum Theodoricus rex :

« A Deo inter reges affinitatis jura divina coalescere voluerunt, ut per eorum placabilem animum proveniat quies optata populorum, etc.» (M. A. Cassiodorus, *loc. cit.*)

« C'est un grand malheur de voir la discorde parmi les rois, et d'attendre dans l'anxiété la ruine de l'un de nos frères. Honte sur nous si nous souffrons que nos parents en viennent aux mains! Vous me devez tous de la reconnaissance, et celui qui l'oublie m'offense grièvement. Il nous appartient de modérer la fougue de ces jeunes chefs. Il faut que leur impétueuse ardeur s'incline devant la vieillesse, et qu'ils sachent bien que nous mettrons un frein à leurs projets. Voici le moment des paroles sévères, afin de prévenir ce choc. J'ai donc cru devoir envoyer ces deux légats à votre fraternité, espérant que votre médiation pourra réconcilier notre fils, Al-Rich, avec le roi des Franks. Il est de la plus haute importance pour nous d'empêcher une collision, qui nous entraînerait probablement sur le champ de bataille. Mettez donc comme moi tous vos soins à la prévenir. J'ai confié quelques autres instructions verbales aux porteurs de cette lettre [1]. »

Le roi s'adressa en outre au chef des Hérules, au chef des Warnes et à celui des Thuringiens.

Il leur recommandait d'envoyer aussi dans le même but des députés à Chlovis, et après avoir fait sentir combien il était urgent de comprimer l'essor belliqueux de leur jeune voisin, il leur rappelait les bienfaits d'Ewarich, et engageait fortement *leurs excellences* à travailler à la paix, si elles ne voulaient

---

1. Gundmado regi Burgondiorum Theod. rex :

« Grave malum est inter caras regiasque personas voluntates sibimet videre contrarias, etc.» (Idem, *loc. cit.*)

être obligées de combattre bientôt pour leur propre compte [1].

Les conseils ou plutôt les ordres de Théodorich furent suivis. Devant les représentations des envoyés ostrogoths, burgondes, hérules, warnes et thuringiens, le chef des tribus frankes s'arrêta. Une ombre de réconciliation eut lieu dans une île de la Loire, située vis-à-vis d'Amboise : Al-Rich toucha la barbe de Chlovis et la paix fut assurée pour huit ans.

Mais les centuries des Franks, mobiles encore dans le nord, et accoutumées à vivre de butin, ne pouvaient rentrer sous la tente. Chlovis, qui n'eût peut-être pas contenu leur effervescence sauvage, la tourna contre les Burgondes. Secrètement d'intelligence avec Godogésil, le frère de Gondobald, et ce qui étonne, avec Théodorich lui-même, au moment où l'on s'y attendait le moins, il entra en Burgondie. Gondobald, qui ignorait les manœuvres de son frère, se hâta de lui faire dire : « Voici que les Franks se
» lèvent contre nous, et menacent notre pays, viens
» à mon aide, et réunissons nos forces contre l'en-
» nemi commun, de peur d'éprouver le sort des
» autres peuples si nous restons divisés [2]. »

Marche, lui répondit Godogésil, je vais te suivre avec mon armée.

---

1. Herulorum regi, Guarnorum regi, Thoringorum regi, Theod. rex: « Superbiam divinitati semper exosam persequi debet generalitatis assensus, etc. » (Idem, loc. cit.)

2. « Quo audito Gondobaldus ignorans dolum fratris misit ad eum dicens: Veni in adjutorium meum, quia Franci se commovent contra nos, etc. »(Gregorii Turonensis, *Historiarum*, lib. II, p. 76.)

Il y eut dès lors quatre chefs en campagne : vers les Alpes, le général de Théodorich, dont l'itinéraire était calculé de telle sorte qu'il devait arriver après l'affaire pour partager sans périls les fruits de la victoire; auprès du château de Dijon, Godogésil, Gondobald et Chlovis. Ces trois derniers se rencontrèrent sur les rives de l'Ousche. Au premier choc Godogésil étant passé avec ses troupes du côté des Franks, son frère fut battu et forcé de reculer jusqu'à la cité d'Avignon. Selon son panégyriste, Chlovis l'y aurait assiégé, et ne serait parti que sous la promesse d'un tribut annuel. Grégoire de Tours base ce récit sur un de ces contes qui précèdent toujours chez lui l'arrivée de la fiction. Il est plus vraisemblable de dire que les Franks dévastèrent le pays, fauchèrent toutes les récoltes, arrachèrent les vignes, coupèrent au pied les oliviers et les arbres à fruit [1], et que ne trouvant plus à vivre dans ces campagnes ravagées, ils remontèrent vers leurs camps. Et la preuve que les choses durent se passer ainsi, et qu'il n'exista point de traité entre Gondobald et Chlovis, c'est que celui-ci laissa au traître Godogésil un corps de troupes pour l'aider à se soutenir contre son frère. Ce renfort ne put le sauver cependant. Cerné dans Vienne par Gondobald, il s'était débarrassé des bouches inutiles et particulièrement du menu peuple. Parmi les victimes se trouva, par malheur pour lui, l'artisan chargé de l'entretien de l'aqueduc. Furieux de son

---

1. « Depopularis agros, prata depascis, vineas dissipas, oliveta succidis omnesque regionis fructus evertis.» (Idem, p. 78.)

expulsion, cet homme se rend auprès de Gondobald et offre de l'introduire dans la place. On lui donne des soldats armés de leviers et de pinces, car l'entrée de l'aqueduc était bouchée par une grosse pierre; ils se fraient un passage, pénètrent à l'improviste dans la ville, et, chargeant par derrière ceux qui gardaient les portes, les ouvrent en sonnant de la trompette. A ce signal, les assiégeants accourent; pris entre deux flots d'ennemis, Godogésil se réfugie dans l'église où il est massacré, et les Franks, épargnés par le vainqueur, sont envoyés comme un hommage au roi Al-Rich.

Profitons de la paix qui régnait toujours sur les terres de ce bon prince, pour examiner l'organisation et les tendances sociales du gouvernement de la conquête.

ÉTAT POLITIQUE.

La monarchie militaire des Goths s'établit au bord de la Garonne, telle qu'elle avait été constituée le long du Danube. Le peuple était une armée, le pays un camp, le roi un chef de guerre. Trois divisions hiérarchiques, la dixenie, la centenie et le groupe des cinq cents, classaient toute la population conquérante.

Dix chefs de famille ayant autour d'eux les clients qu'ils couvraient du *mundium* ou patronage, composaient la dixenie. C'était une fédération d'hommes libres, une garantie (*warandia*) permanente et mutuelle. Le plus âgé qui d'abord fut élu, et plus tard nommé par le roi ou par le comte, dirigeait la communauté. Commandant sur le champ de bataille, il était premier juge au *mall*[1], premier défenseur des intérêts communs. Toutefois il ne décidait rien sans l'assentiment des neuf autres chefs de famille qui, sous le nom d'assesseurs, prenaient part à toute délibération.

La dixenie, multipliée par dix, formait le second ordre *hundred* : le centenier y jouait le même rôle dans des conditions plus importantes, et une plus grande extension de pouvoir que le dixenier dans la division précédente.

En ajoutant ensuite cinq centaines on arrivait à la Quingenie, association territoriale et armée de cinq cents chefs de famille. Placée sous l'autorité d'un *jarl* ou comte, résidant dans chaque cité principale dont le ressort était appelé territoire politique ou territoire militaire (*gau*). Selon sa situation, celle-ci résumait à un degré supérieur la force et l'action des deux autres.

Au-dessus des trois enfin s'élevait la réunion nationale commençant aux chefs libres des dixenies que représentaient au besoin dans le palais les centeniers, les comtes et les ducs, et finissant au chef suprême ou Roi. Les mêmes limites qui bornaient le pouvoir des simples dixeniers entouraient l'autorité royale. Le chef de toutes les familles ne pouvait rien entreprendre d'important sans avoir de-

---

1. Tribunal germanique.

mandé l'avis de ceux qui marchaient à leur tête[1].

Telle était la constitution de la monarchie gothique. Quant au mécanisme administratif en général, il roulait sur cinq gouverneurs appelés ducs, chargés dans les cinq provinces du commandement des troupes et de la haute direction des affaires. Ceux-ci avaient, comme nous l'avons dit, dans chaque cité des lieutenants immédiats ou comtes qui, par leurs délégués subalternes nommés vicaires, transmettaient l'impulsion gouvernementale sur tous les points de l'empire. Les comtes exerçaient principalement le pouvoir judiciaire. Ainsi qu'on le pressent bien, la jeune monarchie balthe n'avait pu s'élever au milieu des ruines de Rome sans employer dans la construction de son nouvel édifice quelques matériaux de ce grand débris. La plupart des dignités de l'état étaient empruntées à l'ancienne cour impériale. Le comte des largesses sacrées revivait sous le nom de comte des trésors royaux ; le préfet du prétoire sous celui de comte des spathaires ou gardes du palais ; le préposé aux trésors romains reparaissait avec les mêmes attributions dans le comte wisigoth du domaine ; le chancelier palatin s'était transformé en comte des notaires, et le maître des domestiques en comte des chambellans. Il n'y avait d'origine barbare que le scanciaire comte échanson et le comte de l'étable investi du soin de veiller sur les chevaux,

---

[1]. D'Ekstein.— Quelle a été dans l'origine le mot *commune* considérée comme institution politique? chap. VII, p. 32.

pour lesquels les rois wisigoths paraissent avoir eu un amour fanatique.

Cette influence de la civilisation romaine que les vainqueurs subissaient toutes les fois qu'ils voulaient sortir de la simplicité de leurs mœurs natives se faisait sentir énergiquement dans l'administration. La masse des populations méridionales étant romaine d'origine ou d'habitude échappait à l'action rapide du gouvernement que nous venons de décrire, et vivait à côté dans une latitude grande et libre de sa vie politique antérieure à la conquête. Séparés des Wisigoths et groupés dans leurs curies les Aquitano-Romains se gouvernaient, s'imposaient, se jugeaient eux-mêmes d'après leurs lois municipales et leur code. Si un Romain avait contestation avec un Goth, le comte prenait, pour prononcer, un assesseur romain. Le même esprit de justice et d'impartialité à l'égard des deux nations perçait à chaque page du code wisigoth.

Personne ne travaillera le dimanche, car la religion doit passer avant tout travail.

Les juges ne connaîtront que des affaires qui leur sont attribuées par la loi.

Les juges connaîtront des causes criminelles et de toutes les autres causes de leur ressort. Mais les assesseurs de paix (*pacis assertores*) ne prononceront que sur les différends dont la puissance royale les saisit.

Si un plaideur invité par épître ou par mandat revêtu du sceau du juge refuse de comparaître, il paiera cinq sous d'or d'amende au demandeur et autant au juge.

Si le juge par corruption ou par ignorance a mal jugé, celui que son jugement favorise restituera, et lui-même de ses deniers paiera à la partie lésée une somme égale à celle dont il lui faisait tort. Et s'il n'a pas les facultés de payer, il sera battu de verges publiquement.

Si quelqu'un a des motifs de suspicion contre le juge, qu'il soit comte, vicaire du comte ou thiufad, et qu'il ne veuille pas pour la même raison en appeler au duc, sa cause ne doit pas demeurer suspendue pour cela, serait-il même le plus pauvre des citoyens. Ceux qui l'ont jugé, et dont il accuse l'impartialité, reverront l'affaire avec l'évêque de la ville et ensuite écriront et signeront le jugement que celui qui réclame aura le droit de soumettre au roi. Si le roi trouve que le juge laïque ou ecclésiastique a mal jugé, il l'obligera à restituer et à payer un dédommagement équivalent à la condamnation. Dans le cas où il aurait calomnié, l'accusateur sera battu de verges.

Les prêtres du Seigneur, qui sont les avocats des opprimés et les défenseurs divins des pauvres, auront le droit de réprimander ces juges pervers qui oppriment le peuple. Si une injuste sentence a été portée, l'évêque dans le territoire duquel aura lieu l'affaire pourra convoquer le juge, et, en prenant l'avis d'hommes capables, réformer le jugement.

Tout homme surpris en faux témoignage donnera, s'il est riche, autant de bien qu'il voulait en faire perdre, et ne pourra plus témoigner en justice à l'avenir : s'il est pauvre et incapable de satisfaire à la loi, il deviendra l'esclave de celui contre lequel il a porté faux témoignage.

La loi ancienne qui défendait les mariages mixtes est abrogée. A l'avenir un Goth peut épouser une Romaine et un Romain une Gothe.

Il n'est pas permis aux filles de se marier sans le consentement de leurs pères : toute fille qui abandonnera celui à qui elle a été accordée sera, avec l'homme qui l'aura reçue, livrée à son fiancé.

Le père touchera et gardera la dot de sa fille.

Si une femme convole en secondes noces avant que l'année de son deuil soit expirée, la moitié de ses biens sera donnée à ses enfants, et, à défaut d'enfants, aux héritiers de son mari.

Le mari devait être plus âgé que la femme.

Lorsque le mariage était conclu soit par écrit, soit en présence de témoins, et qu'on avait donné ou reçu l'anneau qui représentait les arrhes, nul ne pouvait retirer sa parole.

Quand les législateurs wisigoths se trouvèrent en présence de cette ivresse de débauche qui avait perdu Rome et dont le revomissement leur faisait horreur, ils écrivirent leur code avec du sang. Pour protéger la sainte et noble inviolabilité de la femme, les peines temporaires sont des remparts trop faibles en temps de corruption; la fureur du vice n'hésite que devant la mort. Ils le sentaient si bien, les Goths, qu'ils punirent avec le fer tous ces genres de crimes[1].

Étaient décapités, ceux qui commettaient l'adultère ;

Les entremetteurs qui l'avaient produit ;

Les complices qui le favorisaient ;

Ceux qui avaient fait violence à une fille libre, à moins qu'ils ne fussent nobles et ne donnassent pour réparation le tiers de leurs biens ;

Et l'esclave coupable du même attentat sur la personne d'une veuve ;

La femme libre qui s'abandonnait à un esclave était brûlée vive [2].

Le fer retranchait du nombre des hommes ces restes immondes de l'aristocratie fidèle au vice de ses pères [3].

La protection de la loi s'étendait jusque sur les esclaves.

Si un homme libre séduisait une esclave, il appartenait par ce fait au maître de la femme, et ne pouvait recouvrer sa liberté, même à la mort de cette dernière.

Le maître qui mutilait son esclave et lui coupait

---

1. La protection des siens ne cessait jamais de la couvrir. Il était défendu au médecin de saigner une femme à moins que le père, la mère, les frères, le fils, les oncles, ou quelques-uns de ses proches, ne fussent présents.

« Nullus medicus sine præsentia patris, matris, fratris, filii, aut avunculi vel cujuscumque propinqui, mulierem ingenuam phlebotomare præsumat. ». (W. L., lib. xi.)

2. Édit de Théodorich, xxxviii, lix, lx, lxiii, lxiv.

3. Lex Wisigothorum, tit. v, *De incestis*. Utrosque continuò judex castrare procuret.

le pied, la main, la langue ou les lèvres, était puni d'un emprisonnement de trois années sous la surveillance de l'évêque.

Celui qui ayant exposé un enfant était reconnu dans la suite et manquait de le racheter, devenait esclave à sa place.

Les parents qui, pressés par le besoin, vendaient leurs enfants pour des aliments, n'altéraient en rien le droit de leur naissance, car, disait le législateur, la liberté ne peut se payer.

La loi du talion était appliquée à l'homicide.

Au milieu du pêle-mêle de la conquête et du mouvement des invasions, il fallait, pour fonder quelque chose de stable, faire sortir de ce désordre le respect de la propriété et l'imprimer vigoureusement dans les esprits. Les dispositions suivantes tendirent vers ce but.

Pour un arbre à fruit coupé ou arraché il sera payé trois sous, cinq sous pour un olivier, deux sous pour un chêne qui porte gland, un sou pour les chênes de moyenne grandeur.

Le dévastateur du jardin d'autrui acquittera sur-le-champ le dommage causé, selon l'estimation des arbitres; mais si l'auteur du fait est un esclave, il sera battu de verges.

Celui qui brise, arrache ou brûle la vigne d'autrui, est tenu d'en donner deux de même valeur. L'esclave coupable d'un pareil délit doit recevoir dix coups de fouet pour chaque souche.

Quiconque détruira les haies et clôtures des

champs sera condamné à payer le quadruple de ce que le champ ouvert aurait produit.

Tout homme qui vole du bois dans la forêt d'autrui avec un chariot, perdra son chariot et ses bœufs.

Ceux qui laisseront vaguer des bestiaux dans les récoltes ou dans les vignes, paieront le dommage. Les riches ajouteront en forme d'amende autant de sous que de têtes de bétail. Les pauvres, après avoir satisfait intégralement le propriétaire lésé, seront quittes en comptant la moitié de l'amende et recevant quarante coups de fouet pour le reste.

Si quelqu'un surprend dans sa vigne, dans sa récolte, son pré ou son jardin, des bêtes de somme ou des troupeaux, il doit les enfermer et faire avertir le jour même ou le lendemain le propriétaire du bétail. Si celui-ci ne se présente pas, les voisins apprécieront le dommage qu'il sera tenu de solder.

Nous avons remarqué plusieurs fois l'amour de ce peuple pour les chevaux, il perce jusque dans la loi où se peignent en même temps les mœurs scythiques du Balthe :

Celui qui détache un cheval au pâturage, ou lui ôte ses entraves, doit un sou d'amende;

Celui qui le fait courir à l'insu du maître, un sou par dix milles;

Celui qui dégrade sa crinière ou sa queue, un cheval du même prix.

L'avortement des cavales, les coups et blessures entraînaient le remplacement de l'animal tué ou blessé et une amende de cinq sous pour l'homme libre, de cinquante coups de fouet pour l'esclave.

Toutefois, il était permis aux voyageurs de camper dans les champs non clos qui se trouvaient sur leur passage, et d'y faire paître leurs bêtes.

Après des dispositions militaires d'une extrême sévérité, la loi se tournait vers les juifs, très-nombreux alors en Espagne et en Aquitaine, et leur défendait impérieusement :

De blasphémer la Trinité ;

De célébrer le sabbat ;

De travailler le dimanche ;

De s'allier entre eux avant la sixième génération.

Ils recevaient, en refusant les viandes que mangent les chrétiens, cent coups de fouet ;

En parlant secrètement ou en public contre le christianisme, cent coups de fouet ;

En gardant des esclaves chrétiens, cent coups de fouet.

Tout esclave des juifs n'avait qu'à s'enfuir pour devenir libre [1].

Bien qu'on ne puisse fixer la somme des tributs à cette époque, on sait d'une manière certaine qu'elle ne s'élevait pas très-haut. Chacun était taxé légèrement en proportion de ses moyens : et cette contribution offre toute l'apparence et la sincérité du don volontaire. Les fermages des biens du domaine, la capitation payée par les juifs et les profits de la monnaie constituaient les principaux revenus de l'État. Encore l'impôt remontait-il en grande partie vers sa source

---

1. Wisigothorum lex, rerum Gallicarum et Francicarum scriptores, t. IV.

répandu sur les besoins publics par la main libérale des rois goths.

« Quoique notre premier devoir, écrivait l'un d'eux aux Arlésiens, soit de venir aux secours du peuple qui souffre et de songer d'abord aux hommes, nous n'avons pu oublier tout à fait vos murailles. Il faut que l'état de vos édifices réponde à l'illustre réputation de la cité. Nous vous envoyons donc une somme d'argent pour relever vos remparts et vos tours. Il a été préparé également par nos soins une certaine quantité de vivres qui vous arriveront lorsqu'on pourra les embarquer. Ayez bon courage, bon espoir et ferme confiance, car ce qui sort pour vous de mes greniers n'est pas meilleur que ma parole [1]. »

Le même *prince barbare* disait aux Marseillais :

« De notre propre mouvement, nous venons confirmer et augmenter vos libertés. Gardez celles dont vous jouissiez déjà, et recevez-en de nouvelles. Nous vous accordons une immunité perpétuelle, et ne souffrirons point à l'avenir qu'on vous charge d'aucun impôt. Nous ajoutons à cette faveur l'exemption du cens de cette année [2]. »

On ne s'étonnera point qu'un gouvernement qui

---

1. Universis possessoribus Arelatensibus Theod. rex :
« Quamvis primum sit læsos incolas fovere et in hominibus magis signum pietatis ostendere, tamen humanitas nostra, etc. » (Magni Aur. Cassiodori *Variarum*, lib. III, p. 112.)

2. Massiliensibus Theod. rex :
« Libenti animo antiqua circa vos beneficia custodimus cum nova utilitatibus vestris præstare cupiamus, etc. » (Idem, liber IV, p. 142.)

agissait et parlait ainsi fût entouré du respect et de l'amour des peuples. Goths et Romains étaient confondus dans un sentiment unanime d'attachement à leur roi, et de reconnaissance pour sa douceur paternelle et sa justice. Seul insensible à ces bienfaits et ne mettant point en balance la félicité temporelle dont jouissaient les provinces avec le péril spirituel que soufflait sur elles l'hérésie, l'épiscopat catholique poursuivait sourdement sa lutte contre le pouvoir. Malgré son excessive tolérance, Al-Rich avait été obligé d'exiler de Tours le successeur de Volusianus, qui s'efforçait de livrer la ville à Chlovis. Et, toutefois, sa modération envers le clergé ne se démentait pas ; car les évêques ayant témoigné le désir de se réunir à Agde pour traiter ensemble des affaires religieuses, il leur accorda cette permission sans difficulté [1].

Le concile s'ouvrit au commencement de septembre de l'année 506. Agenouillés dans l'église de Saint-André, vingt-quatre évêques, neuf prêtres et

---

1. L'église des sept provinces, qui formait un corps *distinct et séparé du nord*, s'était déjà réunie solennellement en 353 à Arles, en 356 à Béziers, en 374 à Valence, en 442 à Vaison, en 450 à Orange, en 452 et 455 à Arles, en 472 à Béziers, sous la présidence de Sidonius Apollinaris.

Le concile d'Orange vota ce canon remarquable :

« Si quelqu'un tente de remettre en servitude ou de réduire à la condition de colons les esclaves affranchis dans l'église, ou qui sont recommandés à l'église par testament, qu'il encoure la malédiction épiscopale. » (Concil. Gall. T. III.)

La misérable existence des esclaves se réfléchit douloureusement dans le LIIIe canon du premier concile d'Arles :

« Tout esclave qui, réduit au désespoir, se donne la mort, portera seul la peine du crime, et son sang ne rejaillira point sur son maître. »

un diacre, commencèrent leurs travaux par cette prière :

« Seigneur, nous t'implorons pour notre très-glorieux, très-magnifique et très-pieux souverain Al-Rich. Prolonge le règne et la vie de ce maître du peuple qui a permis notre assemblée; daigne accroître son bonheur, l'inspirer de ton équité, et le ceindre de ta force. » Après ces paroles, les évêques s'occupèrent pendant onze jours de dresser quarante-huit règlements ou canons dont voici les principaux.

xixe *Canon.* On ne donnera le voile aux religieuses qu'à l'âge de quarante ans.

xxe. L'archidiacre tondra, malgré eux, les clercs qui portent les cheveux longs.

xxviie. On ne fondera point de monastères sans la permission de l'évêque.

xxxiie. Il est défendu au clerc de citer personne devant un juge laïque sans la permission de l'évêque. Si un laïque cherche à nuire à l'église ou à l'un de ses clercs, et le force à plaider ; que lorsque sa malice éclatera, il soit excommunié.

xxxixe. Il est interdit aux prêtres, diacres, sous-diacres, qui ne peuvent prendre femme, d'assister aux noces et aux festins donnés à la suite de ces réunions, où l'on n'entend que des chants voluptueux et immoraux accompagnés de danses obscènes.

xle. Les clercs et laïques n'accepteront aucune invitation des juifs, et n'en recevront aucun à leur table.

xli⁰. Avant toute chose, les clercs se garderont de l'ivrognerie, qui est la mamelle et l'aliment de tous les vices.

xliii⁰. Ils ne s'adonneront point aux sorts ni aux augures.

Canon supplémentaire. Si quelqu'un donne la mort à son esclave de sa propre autorité, il paiera ce sang innocent de l'excommunication ou d'une pénitence de deux années.

Souscriptions : Moi, Cæsarius, au nom du Christ, évêque d'Arles, selon le désir des évêques, mes frères, qui ont signé avec moi, j'ai souscrit ces canons le troisième jour des ides de septembre, Messala étant consul, et notre seigneur Al-Rich accomplissant la vingt-deuxième année de son règne.

Nous, Cyprianus, évêque de la métropole de Bordeaux;

    Clarus, évêque de la métropole d'Eauze;

    Tetradius, évêque de la métropole de Bourges;

    Heraclianus, évêque de la cité de Toulouse;

    Sophronius, au nom du Christ, évêque d'Agde;

    Sedatus, au nom du Seigneur, évêque de Nîmes;

    Quintianus, évêque de la cité des Rutènes;

    Sabinus, évêque de la cité d'Alby;

    Boëtius, évêque des Cadurques;

    Gratianus, évêque d'Aix;

    Nicetius, sous la protection divine, évêque d'Auch;

Suavis, évêque des Convennes;

Galactorius, évêque de Pau;

Gratus, évêque d'Oleron;

Virgilius, évêque de la cité de Lectoure;

Maternus, au nom du Christ, évêque de Lodève;

Petrus, évêque de Béziers;

Glycerius, évêque de la cité Consorane (Saint-Lizier);

Chronopius, évêque de la cité de Périgueux;

Probatius, au nom du Christ, évêque de la cité d'Usez;

Agræcius, au nom du Christ, évêque d'Antibes;

Marcellus, évêque de Sénez;

Pentadius, évêque de Digne :

Avons souscrit les présents canons.

Nous, Avilius, prêtre, député par mon seigneur Caprarius, évêque de Narbonne;

Jean, prêtre, député par monseigneur Victorinus, évêque de Frejus;

Ingenuus, prêtre, député par monseigneur Aper, évêque de la cité de Bigorre[1];

Paulinus, prêtre, député par monseigneur Eufrasius, évêque de Clermont;

Polemius, prêtre, député par monseigneur Sextilius, évêque de Bazas;

Petrus, prêtre, député par monseigneur Marcellus, évêque d'Aire;

1. Tarbes.

Firminus, prêtre, député par monseigneur Pappolus;

Optimus, prêtre, député par monseigneur Leoninus, évêque de Javols;

Leo, diacre, député par monseigneur Verus, évêque de Tours :

Avons souscrit les présents canons[1].

Avant de passer outre, une remarque importante doit être faite. Ce concile est souscrit par vingt-quatre évêques et dix représentants d'évêques : or chaque cité ayant le sien, on constate vingt-six absences. Il y eut donc vingt-six prélats qui ne prirent aucune part aux opérations du concile; et du moment où ils dédaignèrent de s'y rendre et d'y envoyer des députés, il est impossible de ne pas les considérer comme des évêques ariens. D'autre part, tout porte à croire que les dix exilés avaient été remplacés dans leurs siéges par des papes hérétiques; ce qui plaçait la majorité du côté opposé, et réduisait l'assemblée d'Agde aux proportions d'un conciliabule peu dangereux aux yeux d'Al-Rich. Il avait tort cependant. L'objet véritable du concile de 506 paraît avoir été de se concerter sur la situation politique, et en vue d'événements ultérieurs. Entre cette réunion d'hommes hostiles au gouvernement des Goths, en état de conspiration flagrante contre

[1] Sacrosancta concilia ad regiam edit. exacta studio Philippi Labbei, t. IV.

lui, et les mouvements de Chlovis au delà de la Loire, on ne peut se refuser à voir une étroite connexité.

À peine de retour dans leurs villes, Quintianus l'Africain, évêque de Rhodez, et Galactorius, évêque de Pau, trahirent par leur impatience les secrètes résolutions du concile. Galactorius prit les armes avant l'heure, et fut battu. Quintianus s'efforçait avec tant d'ardeur de détacher les Rutènes du gouvernement arien, que le peuple, qui repoussait partout l'idée des Franks, se souleva contre lui. A la suite d'une sédition, où sa vie même fut menacée, Quintianus se vit forcé de s'enfuir précipitamment la nuit avec quelques membres de son église, et de chercher un asile à Clermont auprès de l'évêque Eufrasius. Cette tentative révélait l'existence du complot, le lieu qu'il choisit pour refuge en indiqua les principales ramifications. L'Auvergne, en effet, avait été la dernière à se soumettre aux Goths. L'aristocratie, encore puissante et active comme elle venait presque de le prouver par l'usurpation d'Hecdicius, ne pliait qu'avec une extrême répugnance sous un état de choses qui lui enlevait l'influence et le pouvoir oubliés depuis si longtemps dans ses mains. Elle secondait donc de toute sa force les projets du clergé catholique; et si l'on songe qu'au retour de son expédition Chlovis reçut la trabée consulaire de la part de l'empereur de Constantinople, on ne sera pas éloigné de croire qu'un plan de restauration romaine, à l'aide des Franks, avait été rêvé de concert entre les évêques, les nobles arvernes et l'empereur Anastase. Suivons maintenant cette donnée, qui résulte incontestablement des faits connus : à mesure que nous avancerons sa lumière deviendra plus vive, et finira par éclairer dans tout son jour l'époque la plus obscure de notre histoire.

Dès qu'il apprit l'arrivée de Quintianus en Auvergne, Chlovis dit à ses leudes : Il m'est pénible que ces ariens tiennent une partie des Gaules. Marchons contre eux et, avec l'aide du Seigneur, nous réduirons ce pays sous notre obéissance[1]. Ses leudes le suivirent et passèrent la Loire dans les premiers mois de 507. Al-Rich n'était pas pris au dépourvu. Les persécuteurs militaires (compulsores) avaient déjà parcouru les cités pour contraindre les Goths à se rendre sous la bannière. Dans tous les cantons on avait proclamé ces trois articles du code de la guerre.

Si les serviteurs du roi qui forcent de marcher contre l'ennemi souffrent qu'un soldat se rachète, ils paieront au comte de la cité neuf fois ce qu'ils auront reçu. Le thymphade (thiufad) s'informera auprès des centeniers, et ceux-ci auprès de leurs dizeniers, du nom et du pays de ceux qui ne sont point partis, et il écrira ensuite au comte qui leur appliquera la peine.

Si un dizenier abandonne sa dizaine devant l'ennemi, et retourne dans sa maison ou refuse de re-

---

1. Gregorii Turon., *Historiarum*, lib. II.

joindre ses frères, il sera frappé de dix sous d'amende. Si après avoir répondu à l'appel dans sa thymphadie (thiufadia) il déserte sans la permission du thymphade, du chef des cinq cents, du centenier ou enfin de son dizenier, il paiera dix sous d'amende, et recevra cent coups de verges au milieu du marché.

Si un centenier quitte sa centaine devant l'ennemi et revient dans ses foyers, il sera puni du dernier supplice. Dans le cas où il se réfugierait au pied des autels ou dans le palais de l'évêque, il donnera trois cents sous, que le comte partagera entre les membres de la centaine, et restera dégradé pour toujours[1].

Al-Rich avait rassemblé ainsi une armée assez forte, composée de Goths et de Gallo-Romains; et retranché à Poitiers, il attendait les secours que Théodorich lui envoyait d'Italie. Chlovis, qui n'ignorait point cette circonstance, résolut de brusquer l'attaque avant l'arrivée des Ostrogoths. Mais comme la vieille réputation militaire de ses ennemis inquiétait les Franks, il crut nécessaire de fortifier leur courage par le prestige du merveilleux. Des messagers furent envoyés, de grand matin, avec des présents et un beau cheval, dans la basilique de Saint-Martin, sous la protection duquel s'était placé Chlovis, afin de demander au saint un présage favorable. En mettant le pied dans la nef, les messagers

---

1. Wisigothorum lex, si quis centenarius dimittens centenam in hostem ad domum suam refugerit, capitali supplicio subjacebit, etc.

entendirent le primicier¹ chanter ce verset du psaume : « Seigneur, tu m'as ceint de force pour la
» guerre ; tu as mis sous mes pieds ceux qui s'éle-
» vaient contre moi ; tu as fait tourner le dos à mes
» ennemis, et dispersé ceux qui voulaient me per-
» dre. » Qu'il fut l'effet du hasard ou d'une convention secrète avec l'évêque, cet oracle, répété à grand bruit dans les rangs, enflamma d'enthousiasme les tribus frankes trop barbares pour comprendre que *leur roi étant l'agresseur, les paroles du psaume ne pouvaient s'interpréter légitimement qu'en faveur d'Al-Rich.*

D'autres prodiges vinrent soutenir cette ardeur. Dans sa marche vers Poitiers l'armée était arrivée, aux premières lueurs de l'aube, sur les bords de la Vienne. Des pluies extraordinaires avaient gonflé la rivière, au point qu'il semblait impossible de la passer autrement qu'en bateau : tout à coup une biche s'élance, dit-on, dans les flots, et indique le gué aux troupes. Sans démentir le fait, qui s'expliquerait très-plausiblement par le bruit de l'armée à travers les bois et les halliers, bruit qu'on a souvent vu mettre en fuite le gibier effrayé, il faut remarquer cependant que cette biche s'était déjà montrée aux Palus-Méotides il y avait cent ans dans des circonstances à peu près semblables ; et que s'il ne convenait pas de la regarder comme une réminiscence historique, on serait en peine de dire

1. « Primus in cerâ. » Le chantre dont le nom était inscrit le premier sur les tablettes enduites de cire.

comment elle put signaler un *gué* dans une rivière qui débordait. Au reste, il y avait un pont à Cénon. Chlovis arriva dans la soirée à la vue de Poitiers. Al-Rich voulait y attendre l'armée d'Italie; mais ne pouvant contenir l'impatience de ses soldats qui brûlaient d'en venir aux mains, il sortit de ses retranchements et alla prendre position dans la plaine de Vouglé, située à trois lieues de distance[1]. Les Wisigoths n'eurent pas plutôt passé la porte du midi, qu'un feu allumé sur le clocher de Saint-Hilaire avertit Chlovis de leur départ. Il vint sur-le-champ occuper la ville, et le lendemain, au point du jour, se porta sur Vouglé.

Le combat fut terrible[2]. Les centaines wisigothes maniaient la lance avec l'intrépide valeur des Amales; mais, entraîné par son courage, Al-Rich étant tombé dans la mêlée, comme son aïeul Théodorich au commencement de l'action, elles abandonnèrent le champ de bataille et se retirèrent derrière la Gironde. Chlovis divisa alors son armée en deux corps. L'un, sous le commandement de Theudrich son fils, se dirigea vers les pays où les Franks avaient des intelligences, tels que l'Auvergne et le Rouergue, et l'autre hiverna avec le roi à Tours. L'expédition de Theudrich, qui n'affecte pas le caractère de la conquête, mais d'une incursion barbare entreprise

---

1. Le père Routh, suivi par l'abbé Lebœuf et dom Bouquet, a démontré que ce combat se livra sur les deux bords du Clain et sur la rive gauche de la Vonne à partir de Marigny et Cloué jusqu'à Champagne Saint-Hilaire.

2. « Fit strages utrumque maxima tandem Franci nobili potiuntur victoriâ. » (*Vita Aviti eremitæ.*)

dans un but de ravage et de butin, marqua son passage par une longue trace de sang et de fumée[1]. Le meurtre, l'incendie, le pillage suivirent les Franks jusque sur les bords du Rhône, où ils arrivèrent traînant une multitude de captifs. Ils allaient se joindre aux Burgondes qui accouraient de leur côté, lorsque Ibhas, à la tête des troupes envoyées d'Italie au secours d'Al-Rich, tomba sur les deux peuples et les écrasa[2]. Theudrich eut grand'peine à regagner le Nord avec les débris de ses tribus.

Cependant une partie des principaux de la nation, vieillards, comtes, ducs et thymphades, s'étaient réunis à Narbonne pour élire un chef. Al-Rich avait bien laissé un fils, mais les circonstances présentes réclamant à leurs yeux un homme énergique et non un enfant, le choix tomba sur Gesalich, bâtard du roi mort. Le jeune Amal-Rich, soutenu à Toulouse par les chefs de l'ancien gouvernement, débutait donc sous des auspices peu rassurants, et n'eût pas sans doute conservé sa couronne si le duc Ibhas n'était accouru à son aide. La faction de Gesalich se dispersa devant ses armes, et Théodorich, prenant en main la tutelle de son petit-fils, régna sous son nom et lia au faisceau gothique toutes les parties de cette vaste monarchie méridionale qui, comprenant l'Italie, l'Espagne et la Gaule du Sud, n'avait

---

1. « His diebus Theodoricus ingressus arvernum terminum omnia exterminabat, cuncta devastabat. » (Vita sancti Portiani abbatis.)

2. Jordanes, cap. LVIII.— Cassiodori Chronicon.— Isidorus Hispaliensis, Historia Gothorum.— Procopii, Historiæ, t. IV, du Recueil des historiens de France.

pu être brisée, comme ont voulu nous le faire croire les chroniqueurs des cloîtres, par un choc de trois heures [1].

1. Ce récit historique, déplaçant complétement les bases acceptées jusqu'ici, a besoin d'être appuyé de preuves concluantes.

Comment se fait-il que, depuis treize siècles, *tous les historiens* se soient trompés sur la même époque? C'est que depuis treize siècles, tous ceux qui ont écrit l'histoire n'ont fait que *se copier mutuellement et mot à mot*, de telle sorte qu'en tournant toutes ces feuilles de la même épreuve on arrive à la planche sur laquelle elles se sont imprimées les unes et les autres, et on trouve l'opinion d'un seul, et une opinion souvent inexacte. Cette vérité, vieille déjà dans la science, n'a jamais été démontrée avec l'éclat qu'exigeaient les intérêts de la critique : nous allons la faire saillir à tous les yeux, mais non sans éprouver une sorte de honte en mettant ainsi à nu la paresse de nos pères, et en songeant avec quelle incurie insouciante ils ont peint le passé.

Grégoire de Tours (600).

« Le roi Chlovis dit aux siens : Il m'est pénible de voir ces Ariens occuper une partie des Gaules. Marchons contre eux, et avec l'aide du Seigneur nous réduirons leur royaume sous notre obéissance. Cette proposition ayant plu à tout le monde, il rassemble l'armée et se dirige vers Poitiers, où demeurait alors Alaric. Lorsqu'il fut sur le territoire turonien, il envoya des messagers à la basilique de Saint-Martin, en leur disant : Allez, et peut-être m'apporterez-vous du saint édifice quelque présage de victoire. Les serviteurs prirent les présents du roi et se rendirent en diligence à la basilique. Au moment où ils entraient, le primicier se mit à chanter cette antienne : *Seigneur, tu m'as ceint de force pour la guerre; tu as supplanté ceux qui s'élevaient contre moi; par ton secours j'ai fait tourner le dos à mes ennemis, et ceux qui me haïssaient se sont dispersés.* Les messagers, entendant ces paroles, remercièrent le Seigneur et coururent pleins de joie porter cette nouvelle à Chlovis. En outre, lorsqu'il arriva, avec ses Franks, à la Vienne, qu'il était obligé de traverser, il la trouva, contre son attente, prodigieusement enflée par les pluies. Il pria donc le Seigneur de lui montrer un gué, et au point du jour voici qu'une belle et grande biche s'avance à la vue de toute l'armée, et, traversant le fleuve sans perdre pied, indique le chemin. Devant Poitiers, un fanal étincelant sur la basilique de Saint-Hilaire lui sembla de loin se diriger vers lui..... Cependant il se rencontra avec Alaric le roi des Goths dans le champ Vocladien, distant de dix milles de la ville de Poitiers. Les uns se battent corps à corps, les autres de loin. Les Goths, selon la coutume, ayant lâché

· Peu de temps après ces événements, Clovis Gondobald et Théodorich d'Italie furent couchés dans

pied, le roi Chlovis, par la protection du Seigneur, remporta la victoire. De plus, lorsque le roi, après avoir mis les Goths en fuite, eut tué Alaric, deux cavaliers l'assaillirent de chaque côté et le frappèrent au flanc avec leur lance. Mais la bonté de sa cuirasse et la rapidité de son cheval le sauvèrent. A la suite de cette affaire, Amalaric, le fils d'Alaric, s'enfuit en Espagne, où il régna avec sagesse. Chlovis envoya Théodoric son fils par l'Albigeois et le Rouergue, dans l'Auvergne; celui-ci soumit toutes ces contrées jusqu'aux frontières des Burgondes. Quant à Chlovis, il hiverna à Bordeaux, où, ayant fait venir de Toulouse les trésors d'Alaric, il s'en retourna par Angoulême. Dieu lui fit cette grâce, que les murs tombèrent spontanément à son aspect; cette victoire obtenue, il regagna Tours, et de là Paris.

» Igitur Chlodoveus rex ait suis : Valdè molestè fero quod hi Arriani partem tenent Galliarum. Eamus cum Dei adjutorio.... » (Gregorii Turonensis, *Historiarum*, lib. ii, p. 82, 83, 84, 85.)

Hincmar (804).

« Dans ce temps-là le roi Chludwig étant venu à Paris, dit à la reine et à son peuple: Il m'est pénible de voir ces Ariens occuper une partie de la Gaule. Marchons contre eux, et avec l'aide du Seigneur nous réduirons leur pays sous notre obéissance. Cette proposition plut aux chefs franks. Le roi rassemble l'armée et se dirige vers Poitiers, où demeurait alors Alaric. Traversant le territoire turonien, et rendant toute sorte de respects à saint Hilaire et à saint Martin, il combattit avec le roi Alaric dans le champ Mogotinsien, situé sur les bords du Clain, à dix milles de Poitiers. Après un choc assez vif, les Goths prirent la fuite avec leur roi. Chludwig, selon sa coutume, fut vainqueur. Lorsqu'il eut tué Alaric, deux Goths l'assaillirent de chaque côté et le frappèrent au flanc avec leur lance; mais ils ne purent le blesser à cause de sa cuirasse.

» In diebus illis Chludowicus cùm venisset Parisius civitatem ait ad reginam et ad populum suum : Satis mihi molestum est quod Arriani partem tenent Galliarum. Eamus cum Dei adjutorio, etc. » (*Vita sancti Remigii*, Hincmar).

Adon, archevêque de Vienne (860).

« Chlovis, roi des Franks, livra bataille au roi des Goths, Alaric, à dix milles de Poitiers : il fut vainqueur, et tua Alaric. Amalric, le fils de ce dernier, s'enfuit en Espagne. Chlovis s'empara de Toulouse, de Saintes, et

la tombe. A ces vieux barbares pleins d'audace et d'astuce succédèrent partout des jeunes gens, et une

de toutes les autres villes de l'Aquitaine; et chassant les habitants ariens, il les remplaça par des habitants catholiques.

» Clodoveus, rex Francorum, miliario decimo ab urbe Pictavis cum Alarico rege Gothorum pugnam iniit, etc. » (*Ado, archiepiscopus Viennensis*).

Aimoin (1004).

« Dans cette guerre, Chlovis fut aidé par le bras de Dieu, qui lui montra divers signes de sa protection. En envoyant des messagers déposer des présents sur le tombeau de Saint-Martin, il leur dit: Allez à la basilique de Saint-Martin, et rapportez-moi un présage de victoire. Les messagers partent; mais au moment où ils entraient dans l'église, la voix du chantre retentit à leurs oreilles, disant: Seigneur, tu m'as ceint de force pour la guerre; tu as supplanté ceux qui s'élevaient contre moi; par ton secours, j'ai fait tourner le dos à mes ennemis: ceux qui me haïssaient se sont dispersés. « Præcinxisti me, Domine, etc. » Après avoir remercié le Seigneur et offert leurs présents, ils vont avec empressement rapporter au roi ce présage de victoire, et le comblent de joie. Or, comme il délibérait de passer la Vienne, et ne trouvait pas de gué parce que le fleuve grossi par les pluies venait de déborder, voici qu'aux premiers rayons du matin une biche apparut tout à coup devant l'armée, et montra le gué en traversant la rivière. Voici ensuite qu'au milieu du silence de la nuit un fanal étincelant sur l'église de Saint-Hilaire parut se diriger vers la tente du roi. On livra le combat, et les Goths prirent la fuite. Chlovis, rencontrant Alaric dans ces rangs épais, engagea avec lui un combat singulier: il cherchait à lui porter le coup mortel, lorsque deux Goths l'assaillirent de chaque côté et le frappèrent au flanc avec leur lance; mais ils ne purent le blesser à cause de sa cuirasse.

» In hoc bello divino affuisse auxilium signa à Deo ostensa docuerunt. Nam dum legatos munera ferentes ad sepulcrum sancti mitteret Martini dixit eis; etc. » (*Aimoni, monachi floriacensis de gestis Francorum.*)

Herman le Raccourci (1054).

« Ludwich, roi des Franks, sous les auspices de saint Pierre, de saint Martin, et d'autres saints, attaqua les Goths et les battit auprès de Poitiers dans le champ Voglensien. Il tua leur roi Alaric, et s'empara de tout ce qu'il possédait et de ses trésors. Amalric, le fils d'Alaric, s'enfuit en Espagne, où il succéda à son père.

» Ludowicus, rex Francorum, per suffragia sancti Petri, etc. » (*Chronicon Hermani Contracti.*)

sorte de trêve s'établit pendant qu'ils se reconnaissaient dans leurs circonscriptions respectives. Chacun

Chronique de Verdun (1102).

« Chlovis, qui était un prince illustre par sa foi, voyant les Goths infectés de la peste de l'arianisme, résolut, avec l'aide du Seigneur, de réduire leur pays sous son obéissance. Il rassemble l'armée et se dirige vers Poitiers, où demeurait alors Alaric..... L'armée arienne est battue, Alaric tué, et Chlovis occupe tout le pays qui s'étend de la Loire aux Pyrénées et des Pyrénées à l'Océan. Il enleva en outre les trésors d'Alaric, qui étaient à Toulouse, et les emporta à Paris.

» Clodoveus cum in fide sanctâ nominatissimus esset.... » (*Chronicon Virdunense.*)

Chroniques de Saint-Denis (1274).

« Tant que li roi se combati encontre le roi Alaric il reçut certain signe de victoire selonc l'ancienne coustume. Il envoia ses mesagiers au moustier Saint-Martin de Tours pour porter de part lui dons et offrandes au cors saint et leur dist : Alez et si me raportez signe de victoire. En ce poinct que li mesage entroient en l'église il entendirent que l'on chantoit ce vers qui est escrit au sautier : Præcinxisti me, Domine, etc. » (*Traduction d'Aimoin.*)

Annales d'Aquitaine, Bouchet (1557).

« Les François prirent leur chemin par le païs de Touraine. Toustefois le roy Clovis n'entra dedans la ville de Tours et y envoïa gens devotz pour recommander son entreprise à Dieu et à Saint-Martin le corps duquel reposoit comme encore repose en ladite ville et ainsi qu'ilz entrèrent en son église en laquelle on disoit matines, celuy qui portoit la chappe commença à chanter ce verset du pseaultier : Præcinxisti me, Domine, virtute... Les orateurs et messagers prindrent ceste entrée pour bon présage. Le roy Clovis continua son chemin vers Poictiers avec le reste de son armée et comme ils fussent venus jusques à passer la rivière de Vienne laquelle ils cuidoient bien passer à gué ou par bateaux, voyant que la rivière estoit enflée par inundation et qu'ils ne pouvoient finer de bateaux furent fort esbahis. Et comme ils firent bruit à leur partement une biche sortit d'un boucage après laquelle on se mist à crier et courir vers la rivière qu'elle passa de son pied sans nager, etc. »

Mézeray.

« De là Clovis mena contre les Visigoths ses troupes victorieuses et envoya faire ses offrandes sur le tombeau de Saint-Martin et luy demander secours. Le messager entrant dans l'église ouït un des chantres qui enton

d'eux avait besoin d'attendre et s'arrangea facilement avec son voisin. Les quatre fils de Clovis traitèrent

noit le pseaume Præcinxisti me, etc. *Vous m'avez environné* de votre force, Seigneur. Ce qui fut pris à bon augure. Continuant son chemin il vid proche de Poictiers tomber sur son pavillon une flamme d'agréable clarté sortie de l'église de Saint-Hilaire : qui sembloit par là luy promettre un prompt secours contre les Arriens que ce grand prélat avoit si généreusement combattus durant sa vie. On adjoute pour troisiesme faveur du ciel que l'armée pressée de passer et ne trouvant le gué de la rivière de Vienne débordée un cerf sans être chassé sortit de la forêt prochaine et luy montra l'endroist le plus guéable. Les deux armées se choquèrent à cinq lieues de Poitiers aux champs Vogladiens. Clovis les pressant avec l'eslite de sa gendarmerie, les Visigoths ployèrent. Alaric néanmoins payoit de sa personne, mais Clovis l'appelle le cherche et l'ayant rencontré le choque si rudement qu'il luy fait vuider les arçons. Deux cavaliers visigoths accourent au secours de leur prince et la lance baissée choquent en même temps des deux côtés le roi Clovis. Après ceste victoire tout fléchit sous le joug des François. Une grosse garnison s'apprêtoit à tenir bon dans Angoulême si les murailles trop vieilles tombant comme par miracle ne l'eussent mise en fuite. » (*Histoire de France*, t. 1, p. 34.)

Daniel.

« Clovis ayant passé la Loire sans la moindre opposition envoya des présents au tombeau de Saint-Martin proche de Tours, et ordonna à ceux qui les portoient d'estre attentifs aux paroles de l'écriture que l'on chanteroit à l'office lorsqu'ils entreroient dans l'église. Le chœur quand ils entrèrent chantoit à haute voix le verset du psaume dix-septième : Vous m'avez donné des forces pour combattre et vous avez mis sous mes pieds ceux qui s'élèvent contre nous..... Le débordement subit de la Vienne embarrassoit Clovis..... Mais d'un bois tout proche on vit sortir une biche qui marcha vers la rivière et découvrit un gué sans nager. Les troupes s'étant jointes Clovis désarçonna Alaric. Deux cavaliers visigots se détachent alors et viennent à *toutes jambes* fondre sur Clovis qui avant que de pouvoir être secouru des siens fut atteint de deux coups de lance que luy portèrent ces cavaliers l'un au côté droit l'autre au côté gauche. La bonté de ses armes et la vigueur de son cheval luy sauvèrent la vie. Il donna le loisir d'arriver à quelques uns de ses gens qui tuèrent les deux visigots. On peut regarder cette bataille comme la dernière de la domination des Visigots dans la Gaule, d'autant qu'après cette défaite ils ne purent sauver qu'une petite partie de ce qu'ils y gardoient. Car Clovis fit un grand détachement de son armée sous le commandement de Theodoric ou Thierry son fils aîné, etc. » (*Histoire*

avec le fils d'Al-Rich, et lui donnèrent leur sœur en mariage pour cimenter la paix : ce dernier s'em-

de France depuis l'établissement de la monarchie françoise dans les Gaules, t. 1, p. 43, 44, 45, 46.)

L'abbé Velly.

« Les envoyés du roy à leur entrée dans Saint-Martin entendirent ces paroles du pseaume XVII : Vous m'avez revêtu de force pour la guerre; vous avez supplanté ceux qui.... Ce qui arriva sur les bords de la Vienne fut une confirmation de cet heureux pronostic. L'armée ne savoit où passer cette rivière. Une biche s'élança à la vue de tout le camp et leur découvrit un gué. Un troisième prodige plus frappant encore ne laissa plus de doute sur le succès de cette entreprise. On vit en l'air un feu qui sembloit s'allumer sur le haut de l'église Saint-Hilaire et vint se poser sur la tente de Clovis. Les deux armées se rencontrèrent dans les plaines de Vouillé près de Poitiers. On en vint aux mains : les deux rois se choquèrent. Clovis plus vigoureux ou plus adroit renversa Alaric et lui porta un coup dont il expira. Rien ne résista plus au vainqueur : il soumit à son empire tout le pays qui s'étend depuis la Loire jusqu'aux Pyrénées. » (*Histoire de France*, t. 1, p. 57.)

Il est inutile de dire que tous les modernes, et entre autres Anquetil et Sismonde-Sismondi, ont été les échos fidèles des auteurs précédents.

Résumons-nous. Que résulte-t-il de ces citations? Qu'un fait a été avancé par un historien, *Grégoire de Tours*, et adopté textuellement par tous les autres. Élaguons donc de ce fait primitif les broderies amplificatives dont on l'a entouré et le vieux merveilleux qui le décore, et demandons-nous à quoi il se réduit au fond? Il se réduit simplement à ceci : qu'une bataille a eu lieu entre les Goths et les Franks, dans laquelle les premiers furent battus; que Theudrich profita de la victoire pour aller lever du butin en Auvergne, et qu'ayant essayé de pousser plus loin il éprouva un revers, et revint à la hâte rejoindre son père à Paris. Jusque-là nous sommes parfaitement d'accord avec Grégoire de Tours. Il ajoute, il est vrai, que Theudrich soumit toute cette contrée jusqu'aux frontières des Burgondes; mais vingt-sept pages plus loin se trouve l'aveu qu'après la mort de Chlovis il ne resta rien de ces conquêtes. Or, sans emprunter le témoignage de Procope, de Cassiodore et du Père Daniel lui-même (t. 1, p. 52), voici un auteur du même temps qui va marquer cet aveu d'un sceau ineffaçable.

« Hludwig, chef des tribus frankes, cherchant à dominer en Gaule avec
» l'appui des Burgondes déclara la guerre aux Goths, les battit et fit mourir
» le roi qu'il avait vaincu. (Ce dénouement était en effet beaucoup plus
» dans les mœurs de Chlovis, que la romanesque passe d'armes sortie de l'i-
» magination des chroniqueurs du moyen âge.) Mais aussitôt que Theodorich

pressa de céder à son cousin Athalrich tous les pays situés au delà du Rhône, d'Arles à Grenoble et de Toulon à Genève, et borna ses états de ce côté à la rive droite du fleuve. Le nouveau roi des Burgondes, Sigismond, ne descendait vers le midi que jusqu'à l'Isère. Bien que ce petit triangle, baigné à l'ouest et au nord par le Rhône, offre à l'histoire générale une moisson peu abondante, il est indispensable de s'y arrêter un instant pour voir comment y vivaient les Burgondes.

Depuis un siècle qu'elle occupait la Gaule, cette vigoureuse peuplade d'hommes de sept pieds ne s'était modifiée dans aucune de ses habitudes. Stationnaires par instinct et laborieux, les Burgondes semblaient être venus comme ouvriers de la conquête. Ils traînaient en passant le Rhin autant d'outils que d'armes de guerre ; tous les maçons, les charpentiers, les forgerons qui mirent les tribus étrangères à l'abri des injures de l'air, et relevèrent çà et là les ruines des invasions, étaient burgondes. Vivant de peu, car l'ail et les ognons faisaient leurs seules délices, ils se contentaient d'un modique sa-

» le roi d'Italie apprit cette catastrophe il passa les Alpes, enleva aux Franks
» tout le pays dont ils s'étaient emparés et le remit sous l'obéissance des
» Goths. »

« Adversus Alaricum Hludwicus Francorum princeps Galliæ regnum affectans Burgundionibus sibi auxiliantibus, bellum movit, fusisque Gothorum copiis ipsum postremò regem apud Pictavos superatum interfecit. Theudericus autem Italiæ rex dùm interitum generi sui comperisset confestim ab Italiâ proficiscitur, Francos proterit, partem regni quam manus hostium occupaverat recepit, Gothorumque juri restituit. » (Isidorus Hispaliensis, *Historia Gothorum*).

laire et rien n'altérait leur expansion joyeuse manifestée à tout propos par des chants. L'organisation politique se rapprochait beaucoup de celle des Wisigoths leurs voisins auxquels ils tenaient, d'ailleurs, par le lien des croyances ariennes. Comme sur les deux rives du Rhône, la population chez eux était divisée en plusieurs classes d'hommes libres : il y avait des chefs suprêmes optimates et des nobles. Les anciens possesseurs du pays se gouvernaient eux-mêmes à l'instar de leurs compatriotes de la Gothie, et gardaient précieusement dans leurs curies et dans les sénats des cités la tradition des mœurs et des libertés romaines. La nécessité de concilier les intérêts de ces deux fractions si différentes du même empire, et d'amener au même tribunal le Burgonde et le Romain, avait inspiré la rédaction de la loi dite Gombete, du nom de Gondobald, son auteur. Dans ses dispositions principales, au milieu des réminiscences du code Théodosien et des lois gothiques, dominait un but d'humanité qui donne une idée très-favorable des mœurs de la nation. Tout homme qui n'avait pas de bois pouvait aller en couper librement dans la forêt d'autrui, en respectant les arbres fruitiers et les sapins. Le mari qui abandonnait sa femme lorsqu'elle n'était coupable ni d'adultère, ni de maléfices, ni de violation des tombeaux, la mettait en possession de tous ses biens. Quiconque refusait l'hospitalité encourait une amende de trois sous [1]. L'office de roi aurait été à ce qu'il

---

1. Lex Burgundionum, lib. IV, tit. XXXIII, tit. XXXIV, tit. XXXVIII.

paraît héréditaire, si les successeurs présomptifs n'eussent manqué de patience ; mais ils anticipaient toujours, et, l'ambition soufflant, le barbare reparaissait dans toute sa rudesse. Sigismond, prince doux et religieux, ne put échapper à la fougue de cette brutale nature; que le christianisme même ne modérait pas.

Veuf de la fille de Theodorich, il venait de se remarier; et comme la plupart des marâtres, sa seconde femme voyait avec répugnance un fils que la première lui avait laissé. Un jour de fête il arriva que cet enfant, reconnaissant sur elle les vêtements de sa mère, lui dit avec amertume : « Tu n'étais pas digne de te couvrir de ces parures, qui ont appartenu à ta maîtresse. » Celle-ci, furieuse, courut vers son mari, et employa mille artifices à lui persuader que l'enfant en voulait à ses jours. Il suffisait de toucher dans les palais la corde du parricide, pour qu'elle produisît une vibration sinistre. Sigismond, alarmé, donne du vin à son fils; l'enivre et le fait étrangler pendant son sommeil. Le crime commis, il fut désespéré : caché au fond d'un monastère, il s'efforçait jour et nuit de laver ce sang innocent par ses larmes et ses prières; mais le repentir vint trop tard[1]. Au chant des psaumes mortuaires qu'on récitait sur la tombe de l'enfant, la vieille Chlotilde sentit s'éveiller dans son cœur une ancienne et sanglante haine. Elle réunit ses quatre fils, et leur parla

---

1. Gregorii Turon., *Hist.*, lib. III, p. 94.

ainsi : Chers enfants, si vous voulez que je ne regrette point de vous avoir nourris, il faut venger votre mère. Gundioch, le roi des Burgondes, avait quatre fils, Gondobald, Godogesil, Chilperich et Godomar. A sa mort, Gondobald massacra Chilperich qui était mon père; et par ses ordres ma mère fut précipitée dans un puits une pierre au cou[1]. Il y a trente ans que leur sang crie vengeance; mes fils, écoutez la voix du sang! — Peu de mois après ce discours, les quatre frères entraient chez les Burgondes. Sigismond tombait dans leurs mains; le féroce Chlodomer lui appliquait la loi du talion, à lui et à toute sa famille, et des cris lamentables sortaient un moment du puits de Coloumelle (près d'Orléans). Mais à cette malheureuse époque le meurtre engendrait le meurtre : Chlodomer, ayant voulu aller recueillir l'héritage de sa victime, trouva les Burgondes en armes; leurs longues chevelures enduites de beurre rance étaient dressées pour le combat. Godomar, le *hendinos* ou chef national, attendait les Franks au crâne-nu dans la presqu'île du Rhône et de l'Isère. Après un court engagement, il feignit de prendre la fuite : aussitôt Chlodomer, emporté par son ardeur, devance les siens; il ne tarda pas à s'apercevoir de son imprudence. Mais comme il se disposait à tourner bride, il aperçut devant lui un drapeau semblable aux siens, et entendit des voix qui l'appelaient en disant : Par ici, Chlodomer, par

---

1. Gregorii Turon., loc. cit., p. 95.

ici, nous sommes tes fidèles! — Il y courut, et tomba au milieu des ennemis. Ceux-ci, lui coupant la tête, l'élevèrent avec sa longue chevelure royale au bout d'une lance et, portant cette lugubre enseigne, revinrent sur les Franks, qui se débandèrent à sa vue [1].

A partir de ce moment, en suivant les chefs des tribus frankes, on ne cesse de marcher dans le sang. Tandis que Clothaire égorgeait les enfants de Chlodomer, et que Theudrich s'enivrait de carnage en Thuringe, Childebert, cherchant une proie, rôdait avec sa bande germanique vers les frontières de l'Auvergne. Tout à coup le bruit se répandit que Theudrich avait succombé dans son expédition. Tressaillant de joie à cette nouvelle, Childebert se jette sur ces terres que Theudrich regardait comme siennes, parce qu'il les avait ravagées le premier. Un traître (il y en avait toujours parmi les sénateurs arvernes), un traître nommé Arcadius lui ouvre les portes de Clermont. Mais il n'eut pas le temps de voir se lever les brouillards qui voilaient cette belle Limagne où il brûlait d'entrer. L'annonce de la victoire et du retour de son frère le fit sortir promptement de l'Auvergne, et il jugea plus prudent de se rabattre sur Narbonne. Amal-Rich ne s'attendait pas sans doute à cette visite. Elle lui coûta cher. Alléguant de prétendus mauvais traitements exercés sur Chlotilde, sa sœur, Childebert surprit Amal-

---

1. Gregorii Turon, *Historiarum*, lib. III, p. 96. (Agathias, *Histoire des Francs*, t. II, recueil de D. Bouquet.)

Rich en pleine paix et faillit l'assassiner. Pendant qu'il allait à toutes voiles rallier son armée d'Espagne, la Narbonnaise et la Septimanie furent mises au pillage. Childebert prit tout ce qui pouvait s'emporter et, malgré le zèle religieux dont à l'exemple de son père il essayait de masquer ses rapines, il ne se fit aucun scrupule de dépouiller les églises jusqu'aux murs. Calices, patènes d'or, boîtes d'évangiles incrustées de pierres précieuses, rien n'échappa à son avidité. Il transportait tout ce butin dans le nord avec sa sœur : le butin seul y parvint sans accident. Chlotilde périt en chemin : on ne dit pas de quel genre de mort ; mais en considérant la cruauté avare de son héritier, le deviner n'est pas difficile.

Cependant la demi-tentative de Childebert avait ému Theudrich. Il en prit occasion de venir faire de nouveau acte de souveraineté en Arvernie. Lançant sur ce malheureux pays l'armée de Thuringe, il livra tout à la dévastation et au pillage. Les pauvres habitants de Clermont et ceux des campagnes s'étaient réfugiés avec ce qu'ils avaient de plus précieux dans la basilique de Saint Julien. Les Franks, pour qui rien n'était sacré, enfoncèrent les portes et souillèrent l'église de toute sorte d'excès[1]. Ce funeste Africain, l'instigateur des premières invasions, le complice acharné des Franks, Quintianus, ne resta pas étranger au massacre. Un prêtre nommé Proculus, qui avait blessé son amour-propre, fut égorgé

---

1. « Theodoricus verò cum exercitu Arvernos veniens totam regionem devastatâ proterit. » (Gregorii Turon., *Hist.*, lib. III, p. 101.)

sur l'autel même, et ceux qui refusaient de s'associer aux complots de cet étranger disparurent pour toujours. Theudrich, en partant, laissa dans Clermont, occupé comme point stratégique sur lequel devaient s'appuyer désormais ses incursions, un corps de troupes sous le commandement de Sigibald. Ce mauvais leude, non moins affamé de butin que son maître, s'élançait la nuit de Clermont comme un vautour de son aire, et n'y rentrait jamais que les mains pleines et teintes de sang. Les Arvernes avaient sans cesse l'arc tendu et une flèche prête pour Sigibald, et l'on regarda comme un grand miracle de Saint-Julien qu'il eût pu sortir vivant d'une maison où il s'était endormi[1]. Ce prodige ne se serait certainement pas renouvelé; mais comme l'épée d'un chef frank se plongeait aussi souvent dans le sein d'un leude que dans celui d'un ennemi, la vengeance ne se fit pas attendre: Theudrich le tua de sa propre main.

Sur ces entrefaites le pouvoir s'était déplacé chez les Goths. Amal-Rich, à son arrivée en Espagne, avait trouvé dans Theuda, son duc, un meurtrier, au lieu du général habile qu'il allait chercher. Cet assassinat passé en usage dans les mœurs gothiques (car la faculté barbare de punir par le fer les princes infidèles à leur devoir faisait partie, pour ainsi dire, du droit national)[2] donna l'autorité suprême à Theu-

---

[1] « Sygibaldus autem cum Arverno habitaret multa mala in ea faciebat. » (Gregorii Turon., *Hist.*, lib. III, p. 109.)

[2] « Sumpserant enim Gothi hanc detestabilem consuetudinem ut si quis

da. La transition d'un gouvernement nouveau à un gouvernement détruit, ne s'opère jamais sans traverser un moment d'incertitude et de trouble dont les ennemis extérieurs manquent rarement de profiter. A la nouvelle du meurtre d'Amal-Rich, les Franks reparurent en Gothie, et s'en retournèrent comme de coutume traînant après eux des chariots qui pliaient sous le poids du butin et emmenant dans la basterne de Theodebert, leur chef, la Placidie du sixième siècle, Deuteria, matrone de Cabrières, perfide par vanité, par ambition adultère.

L'usurpation homicide est comme l'épée de l'empereur Marius, qu'on tourna contre celui qui l'avait faite. Après seize ans de règne, un coup de poignard précipita Theuda du trône que le glaive lui avait donné. Theudiscla, son successeur, allumait à peine les flambeaux pour ses orgies honteuses, que les rics wisigoths envahissant la salle du festin, les soufflèrent, et le tuèrent dans les ténèbres. Agila eut le même sort et, vers 554, laissa au brave Athanagild un pouvoir que celui-ci lui disputait depuis cinq ans les armes à la main. Pendant que l'énergie des Goths s'épuisait dans ces luttes intestines, les Franks avançaient en Aquitaine : bien qu'ils fussent arrêtés de temps en temps par les mêmes causes qui enchaînaient leurs voisins, que l'oncle se liguât avec le neveu, que le fils marchât contre son père, ils finissaient par se délivrer de ces embarras

cis de regibus non placuisset gladio eum adpeterent, et qui libuisset animo hunc sibi statuerent regem. » (Idem, ibid., lib. III., p. 119.)

intérieurs à la manière barbare, et poursuivaient leur but. Déjà la dynastie burgonde avait disparu devant leurs framées, après cent vingt ans seulement d'existence. En recueillant la succession de Godomar, Guntchram, le fils de Chlotaire Ier, se substitua lui et les siens à la dynastie éteinte. Il n'y eut pas conquête dans la véritable acception de ce mot : le fait quel qu'il soit, qui constitua Guntchram roi des Burgondes, ne peut avoir d'autre signification que celle d'un pacte volontaire, en vertu duquel un noble frank remplace dans le commandement un noble burgondien. Rien ne fut changé par cette transaction politique : la nation conserva son nom, son territoire et ses lois ; et au lieu d'obéir à un prince appelé Godomar, elle eut un roi nommé Guntchram.

Une partie de la peuplade franke s'étant ainsi fondue dans la masse des Burgondes, et apportant par son activité la force d'initiative qui manquait à ces derniers, les deux fractions de la race germanique se trouvaient pour ainsi dire entrer en ligne à la fois contre les Wisigoths, qu'elles pressaient au nord et à l'est. Il semble qu'elles auraient dû profiter de cette occasion qui les réunissait dans un but commun, pour faire un effort vigoureux et refouler les Goths au delà des Alpes et au delà des Pyrénées. Le contraire arriva. C'est précisément à cette époque favorable qu'un rapprochement s'établit entre la nation wisigothe et la nation franke. Les deux principaux chefs de celle-ci épousèrent les filles d'Athanagild,

Brunehild et Galswintha ; et par l'effet du *morgengabe*[1], ou douaire qui leur fut donné par les époux, le Bordelais, le Limousin, le Quercy, le Bigorre, le Béarn, et très-probablement aussi l'Albigeois et cette large bande du territoire provençal qui se développe entre la Durance, le Rhône, la Méditerranée et les Alpes, sur laquelle Sighbert avait des prétentions, revinrent aux Wisigoths. La magnificence des fils de Chlotaire dans le *don du matin*, démontre mieux que ne sauraient le faire toutes les dissertations, le peu de réalité du pouvoir qu'ils s'attribuaient dans ces provinces. On a déjà vu, avec Theudrich, ce qu'était ce pouvoir : nous en définissons pour la dernière fois le seul et véritable caractère.

Il suffisait qu'un noble frank eût passé la Loire avec une bande de Germains, pour que le pays qu'il privilégiait de ses ravages fût censé lui appartenir, et lui appartînt à son avis, dès qu'il l'avait dévasté. A peu de différence près, s'il y en a même, le droit des successeurs de Chlovis sur l'Auvergne ou sur l'Albigeois, ressemblait au droit de chasse des tribus sauvages dans leurs forêts. Comme le grand chef des peaux rouges, le grand chef des Sicambres à la tête rasée, au sommet de laquelle s'élevait seule une touffe de cheveux, venait périodiquement piller les cantons qu'il s'était choisis. Quand il croyait pouvoir scinder sa troupe sans péril pour son retour,

---

1. Don du matin.

il en installait une partie dans la première cité venue sous les ordres de quelque parent ou de quelque leude, et regagnait le nord. Son leude, aux jambes nues, se parait alors du titre romain de duc et de comte, comme on voit les nègres qui vont nu-pieds se parer d'épaulettes et de chapeaux à plumes. Sans cesse à cheval, il n'était occupé qu'à glaner les épis oubliés par son maître, et à pousser ce vol à main armée, appelé tribut, aussi loin qu'il pouvait s'étendre[1]. Quant à l'autorité qu'il exerçait au nom de tel ou tel chef de section germanique résidant à Metz ou à Soissons, elle était nulle partout où ses lances ne brillaient pas.

La nation aquitanienne vivait donc courbée du côté de la Loire et du Rhône sous ce déploiement quotidien de force brutale, et enchaînée vers la Garonne et les vallons pyrénéens par la domination hispano-gothique. Tous les jours elle se sentait serrée de plus près et plus avilie. Enfin, lassée de se voir le jouet de ces deux peuples étrangers qui se battaient sur son sein et la meurtrissaient jusqu'au sang en se disputant ses dépouilles, elle essaya de se lever. Avant d'exposer en détail ce grand événement national, arrêtons-nous au milieu du sixième siècle; et tandis que les ombres de Brunehilde et de Fredegonde jettent leur reflet lugubre sur l'histoire du nord, reprenons où nous l'avons laissée naguère la marche des idées.

---

1. Voir dans Grégoire de Tours, ch. 16 du liv. III : et plus loin.

ÉTAT SCIENTIFIQUE ET LITTÉRAIRE.

Les sciences ont le pas cette fois sur la littérature. C'était un poëte bordelais qui avait, à proprement parler, fermé le quatrième siècle; ce fut un médecin de Bordeaux qui ouvrit le cinquième. Marcellus Empiricus, le plus célèbre praticien de son temps, après avoir tenu toute sa vie le caducée d'Esculape dans l'Aquitaine, obtint les respects de la postérité qui le jugea digne d'être inscrit parmi les princes de la médecine. Nous ne savons, toutefois, si l'ouvrage qu'il a laissé peut faire confirmer cet arrêt. Divisé en trente-quatre livres, ce traité de thérapeutique embrasse toutes les maladies et propose non pas un, mais dix spécifiques souverains contre chacune d'elles. Pour le mal de tête, par exemple, Marcellus dit :

Prenez les os de la tête d'un vautour[1]...

Enfermez un jeune coq pendant un jour et une

---

1. « Ossa de capite vulturis prosunt capiti dolenti.
» Gallinaceus pullus inclusus abstinetur nocte et die, » etc.
« Murenarum pellium exustarum cinis ex aceto, » etc.
« Cochleæ matutinum rorem pascentis caput arundine præciditur et in linteolo licio alligatur colloque suspenditur, continuò medetur.
» Fracto capiti tela aranei ex oleo et aceto imposita, » etc.
« Cornu cervini exusti cinis inlitus, » etc.
« Lanam oviculæ de inter femora velles et combures et in aceto, » etc.
« Adeps vituli marini, ficulni caules in aceto excocti, hibisci radix cum lupino, flos visci, » etc.
« Mulierem quam tu habueris ut nunquam alius inire possit, facies hoc: lacertæ viridis vivæ sinistrâ manu caudam curtabis eamque vivam dimittes, caudam donec immoriatur eâdem palmâ, » etc.

nuit : attachez-vous ensuite sa plume ou sa crête autour du col, et la migraine se dissipera sur-le-champ.

La cendre des lamproies calcinées bien imbibée de vinaigre est excellente.

Si l'on coupe la tête d'un limaçon au moment où il aspire la rosée du matin, et qu'on la suspende au cou enfermée dans un sachet, la douleur va cesser aussitôt.

Une toile d'araignée trempée dans l'huile et le vinaigre, et qu'on s'applique sur le front, emporte le mal à l'instant.

Un liniment de corne de cerf brûlée et d'eau de roses est encore plus efficace.

Une poignée de laine de brebis coupée entre les cuisses et saturée de vinaigre, enlève, quand on la pose sur les tempes, la migraine la plus ardente.

Votre tête bat-elle comme si elle allait se fendre, frottez-vous le front et les tempes avec le suc du lierre noir.

On portait alors toute la barbe en Aquitaine ; et la mentagre s'y montrait fréquemment ; mais elle ne résistait pas au traitement de Marcellus. Il la guérissait avec la graisse des veaux marins, les tiges de figuier cuites dans le vinaigre et la fleur du gui. Mais la plus précieuse de ses recettes était celle qui prévenait une certaine maladie de l'âme difficile à guérir.

Si vous voulez que votre femme n'en aime jamais d'autre, voici, disait le médecin, ce que vous avez à faire. Coupez avec la main gauche la queue d'un lézard vert, lâchez vite l'animal et laissez mourir le tronçon coupé dans votre main. Il suffira de le faire toucher à votre femme.

La liste de ces merveilleux préceptes est close par un épilogue en vers dans le genre de l'*exegi monumentum* :

> Tout ce qu'Apollon apprit à son fils, tout ce qu'Achille apprit
> [de Chiron,
> Tout ce que Machaon et Podalire retirèrent des leçons de leur
> [père,
> Qui, changé autrefois en serpent,
> Vécut dans les magnifiques temples du mont Palatin;
> Tout ce qu'enseigna le vieillard de Cos, tout ce que l'Abdéritain
> [daigna conseiller,
> Tout ce que le logos, la méthode, la science empirique dérou-
> [lent,
> Tout se trouve dans ce livre, résumé des systèmes divers[1]...

Après avoir lu Marcellus, on conçoit qu'il ait fait changer le sens du mot *empirique* pris d'abord en bonne part; et, quel que soit le rang que lui accorde la science moderne, il semble qu'on ne saurait lui refuser sans injustice l'invention du charlatanisme. Autant son esprit s'était égaré dans les régions aventureuses, autant celui du poëte Sanctus, son compatriote, se renferme dans de justes limites. Puisant ses inspirations aux sources chrétiennes, Sanctus nous offre le spectacle de cette lutte qui

---

1. « Quod natum Phœbus docuit, quod Chiro Achillei,
» Quod didicêre olim Podalirius atque Machaon
» A genitore suo, » etc.
(*Principes medicinæ*, Cornario editi, t. II, p. 254.

s'établissait déjà entre la forme ancienne et l'idée nouvelle. On distingue déjà chez lui l'espèce de transaction qui va s'opérer dans la littérature : tous les types resteront les mêmes, seulement le Christ et les saints y prendront place à côté des muses et de Jupiter. Parmi d'autres poésies, aujourd'hui perdues, Sanctus a laissé une églogue à laquelle le baptême n'ôte rien de sa grâce et de sa douceur.

Égon Buculus et Tityre s'entretiennent sous les saules comme les bergers de Virgile, et le dialogue suivant s'engage entre les deux premiers.

EGON.

Pourquoi, Buculus, seul, triste [1],
Et les yeux baissés, gémis-tu si douloureusement?

[1].
AEGON.
Quidnam solivagus, Bucule, tristia
Demissis graviter luminibus gemis ?
Cur manant lacrymis largifluis genæ ?
   Fac ut norit amans tui.
BUCULUS.
Ægon, quæso, sinas alta silentia
Ægris me penitùs condere sensibus.
Nam vulnus reserat qui mala publicat :
   Claudit qui tacitum premit.
AEGON.
Contra est quam loqueris: recta nec autumas.
Nam divisa, minus sarcina fit gravis :
Prodest sermo doloribus
Et quidquid tegitur sævius incoquet.
BUCULUS.
Scis, Ægon, gregibus quàm fuerim potens :
Ut totis pecudes fluminibus vagæ
Complerent etiam concava vallium
   Campos et juga montium.
Nunc lapsæ penitùs spes opis est meæ :
Et longiùs peperit quæ labor omnibus

Pourquoi voyons-nous les larmes ruisseler sur tes joues ?
    Conte ta peine à ton ami.

BUCULUS.

Egon, souffre, je t'en conjure, qu'un profond silence
Enveloppe mes sens émus.
En publiant ses maux on montre sa blessure,
    On la dérobe en se taisant.

EGON.

Ami, tu es dans l'erreur, c'est le contraire qui arrive :
Le fardeau divisé devient moins lourd,
Et la parole soulage ;
Tandis que plus on cache sa douleur, plus elle s'envenime.

BUCULUS.

Tu sais, Egon, combien j'étais riche en troupeaux :
Ils erraient le long de tous les fleuves,
Ils remplissaient le creux des vallons,
Ils couvraient les plaines et le haut des montagnes.
Maintenant mon opulence s'est évanouie :
Deux jours ont suffi pour anéantir les labeurs de toute ma vie,
    Tant la course du mal est rapide !

EGON.

Nous avons appris que ce fléau cruel se glissait partout comme
                                    [un serpent,
Il a ravagé d'abord la Pannonie, l'Illyrie
Et la Belgique, et voici que maintenant
Il dirige vers nous son vol fatal.

    Vitæ temporibus perdita biduo.
        Cursus tam citus est malis !

AEGON.

Hæc jam dira lues serpere dicitur.
Pridem Pannonias, Illirias quoque
Et Belgas graviter stravit : et impio
Cursu nos quoque nunc petit.

    (*Maxima bibliotheca veterum patrum*, editione
      Lugdunensi, t. VI, p. 376.).

Buculus décrit l'épidémie et s'étonne que les troupeaux de Tytire n'en aient point reçu l'atteinte. Ce dernier, qui est chrétien, déclare qu'il n'a eu, pour éloigner la contagion, qu'à tracer avec de la craie une croix sur le front de ses bestiaux. Buculus promet aussitôt d'adorer ce Dieu et d'abandonner la vieille erreur, car elle est, dit-il, *trompeuse et vaine*[1].

Quoique le christianisme n'eût pas, comme on le voit, conquis toutes les âmes, et que, dans les campagnes surtout, l'ancien culte lui disputât encore le terrain pied à pied, il s'était néanmoins éloigné d'une manière assez sensible de sa simplicité primitive. Cette déviation, forcée selon nous, car la formule trop subtilement philosophique de la prédication des apôtres n'avait peut-être aucune chance de percer l'écorce matérialiste des masses, accoutumées aux pompes du polythéisme; cette déviation, qui produisait tant d'hérésies, suscita l'énergique protestation de Vigilantius. Enfant du peuple, car il naquit dans la taverne d'un cabaretier de Comminges, Vigilantius possédait une de ces organisations fortes qu'il faut, en temps de controverse, pour résister aux flots de l'erreur. Dès qu'il eut recueilli la science des livres, il se hâta d'étudier la science des hommes. Ce grand registre de la vie, où chaque peuple écrit en passant, où chaque jour laisse sa page, fut consulté par lui dans tous les pays. Disant adieu aux Pyrénées, l'ardent pèlerin alla porter en Italie

---

1. Nam fallax et inanis est.

une lettre de Sulpitius Severus à saint Paulin ; de Rome il passa dans la Palestine, et, après avoir vu saint Jérôme et s'être agenouillé au jardin des Oliviers et à Bethléem, il poussa jusque dans la vieille Égypte : puis, quand il eut foulé sous ses pauvres sandales la terre d'Orient et d'Occident, riche de ses laborieuses observations il regagna le toit paternel. Là, voyant que les plantes parasites du paganisme fleurissaient au pied même des autels du Christ, il éleva la voix pour ramener l'Église à la lettre de l'Évangile.

Il appelait idolâtres ceux qui adoraient les martyrs. Il combattait la trop grande multiplicité des miracles qui s'opéraient dans leurs églises, et la coutume pernicieuse pour les mœurs d'y célébrer les veilles de la nuit. Les jeûnes, le célibat des clercs, les vœux monastiques, ne trouvaient point grâce à ses yeux. Il désapprouvait également (sans doute pour en avoir reconnu l'abus sur les lieux) l'envoi des aumônes à Jérusalem, et condamnait avec force l'usage païen d'allumer des cierges sur les tombeaux des saints [1].

Ces opinions, résultat d'une intention droite, l'entraînèrent dans une polémique personnelle avec saint Jérôme, dans laquelle le célèbre solitaire de Bethléem n'eut pas du moins l'avantage de la modération

---

1. C'était exactement ce que disait Lactantius des païens de son temps: « Accendunt lumina velut in tenebris agenti. Nunc igitur mentis suæ compos putandus est qui auctori et datori luminis candelarum ac cerarum lumen offer pro munere.» (Divinæ Institutiones.)

et du bon goût. Le reste de sa vie s'écoula utilement dans l'humble direction d'une église de Catalogne.

Quand le ciel est obscur, l'étoile qui brille par moments, après le passage des nuées, paraît encore plus étincelante : ainsi au fond de ce siècle, que le déclin du grand soleil de Rome plongeait de plus en plus dans l'ombre, le véritable talent resplendit d'un double éclat. Rutilius le Toulousain ou le Picton[1] porte une couronne de poëte qu'on dirait éclose aux beaux jours d'Auguste, tant les fleurs en sont fraîches, odorantes et vivement coloriées. Païen de cœur et d'enthousiasme, le noble Gallo-Romain, qui avait été décoré des plus hautes dignités de l'empire, personnifie la société antique mourant sur le siége d'ivoire en invoquant les dieux et en maudissant le christianisme. La magie de ce nom gigantesque de Rome rayonne encore dans toute sa puissance aux yeux de Rutilius : il croit à sa gloire malgré ses défaites, à son triomphe malgré les barbares, à son immortalité, quoique le frisson de la mort agite et glace tous ses membres. Les colères et les espérances des patriciens s'exhalent dans ses vers avec une vigueur et une éloquence admirables. Il nous reste des anciens peu de morceaux plus éclatants que l'éloge de Rome, plus énergiquement trempés que la malédiction de Stilicon, plus amers que les

---

[1]. Tillemont (*Histoire des empereurs*; règne d'Honorius, art. 67) et dom Vaissette (*Histoire générale du Languedoc*, t. I, p. 710) le croient de Toulouse ; les auteurs de l'*Histoire littéraire* (t. II, p. 68), de Poitiers. Ce dernier sentiment paraît plus vraisemblable.

sarcasmes qu'il lance sur les Juifs et les moines [1].

Comme contraste pour le talent, le caractère et les convictions, il est impossible de se figurer rien de plus opposé à Rutilius que l'écrivain qui vient ensuite. Sulpitius Severus, né dans la cité des Agenniens, était aussi doux, aussi sincèrement chrétien, aussi calme le style à la main, que l'autre se montrait véhément, attaché au paganisme, impétueux en écrivant. Disciple dévoué de saint Martin, Sulpitius se consacra sans relâche à l'exaltation de son maître. La vie de cet apôtre du Poitou apparaissait dans le vague et les ténèbres du cinquième siècle, comme un de ces météores qui mettent le monde en émoi. Sa longue lutte avec l'idolâtrie, son apostolat si glorieux, ses conquêtes, avaient saisi l'imagination du peuple. De ces monastères qui lui devaient leur existence sortaient des récits empreints du sombre merveilleux de l'époque : les vieillards les répétaient en racontant, non sans une sorte d'effroi religieux, comment l'anachorète était passé un jour dans le hameau ; comment la statue de Diane ou de Cybèle avait été abattue, et comment une église où les cellules en terre des moines s'étaient élevées sur ses débris. C'est à ce moment que Sulpitius Severus publia la vie de son maître. Légendaire minutieux et fidèle, il ne perdit pas un seul des pas du héros chré-

---

1. Voir plus haut, pages 218, 242, 271.

« Rutiliani illi versiculi enodes sunt et nitidi : cultus verò ipse peregrinus potiùs quàm urbanus ne dicam arcessitus. » (Pontani epistola XXIII, *De rebus cœlestibus*.)

tien. Les auréoles de ses nombreux miracles illuminent chaque page du livre. Tantôt c'est un pin consacré que Martinus voulait abattre et dont les païens dirigeaient la chute vers lui, quand un signe de croix le fit tomber avec fracas sur les païens eux-mêmes. Tantôt les prières du saint renversent le colosse de Ligugé ; tantôt voyant venir à travers les blés un groupe précédé de linceuls flottants au vent, et persuadé que ces païens célèbrent la fête des mauvais génies, il leur crie d'arrêter, et ils ne peuvent faire un pas que lors qu'ayant reconnu qu'ils portaient un mort il leur donne la permission de continuer leur chemin. Tel est l'esprit général du livre, qui obtint une immense et universelle vogue. Sulpitius écrivit en outre des lettres, des dialogues et un sommaire court et sec, intitulé *Histoire sacrée*. La pensée, dans ces divers ouvrages, bien que froide et habillée d'une latinité détestable, plaît cependant par sa limpidité et par la tranquille conviction qu'elle respire [1].

La même intervention céleste dans les choses humaines imprime un cachet mystérieux sur les productions de Paulinus, évêque de Béziers. On eût dit

---

1. Lefranc de Pompignan, notre illustre compatriote, le juge autrement :
« Il faut ajouter à la louange de Sulpitius, pour qui cet éloge d'avoir été le *premier écrivain* de son temps seroit médiocre et fort au-dessous de son mérite, que ses écrits ne sont pas de beaucoup inférieurs aux ouvrages des auteurs latins les plus estimés; preuve incontestable de l'éducation qu'on recevoit alors dans les écoles gauloises.» (*Mélanges de poésie, de littérature et d'histoire*, par l'Académie des Belles-Lettres de Montauban; 1755, p. 83.)

que le terrible tremblement de terre qu'essuya cette ville en 419, avait ébranlé toutes les têtes. Les prodiges se multiplièrent : Jésus-Christ était apparu sur le mont des Oliviers ; une main invisible avait écrit le signe de la croix sur les habits des Juifs et des païens, qui, frappés de terreur, se jetaient partout aux pieds de l'Église. Paulinus fut l'historien de cette période miraculeuse. Tandis qu'il la retraçait à Béziers, Jean, dit Cassianus, composait à Marseille ses Institutions monastiques. Profondément versé dans la discipline des cloîtres d'Orient, qu'il venait de visiter à cet effet, il donna douze livres de règlements destinés aux moines d'Aquitaine, et sept demandés par le célèbre monastère de Lérins. Des traités de théologie mystique sur la grâce, l'incarnation, l'hérésie de Pélage,[1] complètent la liste de ses œuvres.

Il faut se garder d'oublier l'auteur anonyme des Actes du martyre de saint Victor, dont nous avons cité la belle narration[2]. A cette époque se rattachent le Commentaire sur la Genèse et l'épître morale de Claudius-Marius Victor, autre Marseillais. Le premier de ces ouvrages est un poème plein d'obscurité et de facture lourde et commune. On peut en juger par ces vers du début, les meilleurs peut-être de la paraphrase.

Avant la création des cieux, de la lumière, et des ténèbres du
[monde,

[1]. Pélage niait le péché originel.
[2]. Page 131.

Avant l'existence de la forme, avant les choses et leur semence
[même,
Il y avait une éternité sans commencement et sans fin,
Gouvernée par un seul Dieu dans lequel vivait le Verbe dieu
[engendré
Et le bienheureux Saint-Esprit [1].

L'épître sur la *perversité des mœurs de son temps*, offre çà et là quelques jets de lumière qui éclaircissent cette phraséologie nébuleuse.

O Salmon, considère donc notre destinée [2]!
Regarde l'état de la patrie et dis-moi quelle satisfaction elle peut
[donner à ton cœur!
Nos patrimoines, nos richesses, les campagnes de nos colons,
Le repos de nos jours, tout est devenu la proie des Barbares.
A quoi sert maintenant d'avoir édifié pour des siècles ces villæ
[de marbre,
D'avoir entassé tant de rochers afin d'élever des théâtres!
Le mal intérieur nous dévore, une guerre terrible
Nous écrase sous une épaisse nuée de traits.
L'ennemi déploie d'autant plus de férocité qu'il est plus
[inconnu.
Et cependant, ô douleur! partout où passa le Sarmate,
Où le Vandale a secoué ses torches, où les coursiers alains ont
[laissé l'empreinte de leurs pas rapides,
Quoique l'avenir soit incertain et que nos bras s'épuisent en
[pure perte,

---

1   Antè polos, cœlique diem, mundique tenebras,
    Antè operum formas et res et semina rerum,
    Æternum sine præteriti, sine futuri, etc.

2. Dic igitur, Salmon, quæ rerum nunc tibi sors est!
    Quis patriæ status est? quid te delectat in illâ?
    Namque agris opibusque hominum terræque colonis
    Nunc primùm illæsæ turbato fœdere vitæ
    Barbarus incumbit, etc.
        (Cl.-M. Victoris *De perversitate suæ ætatis moribus.*
        Maxima bibliotheca veterum patrum, t. VIII, p. 418.

Nous nous hâtons d'effacer les traces du ravage,
Et nous négligeons les biens perdus par notre faute,
Et nous souffrons lâchement que nos âmes s'endorment dans
[la mort,
Et nous livrons notre col au joug et nos mains aux chaînes du
[péché.
Mais la contagion des vices n'est pas grande dans votre ville
Si elle reste au-dessous des fureurs des femmes.
La nuit humide de la tombe m'aurait caché dans ses ténèbres
Avant que j'eusse achevé, ô Salmon! de peindre les mœurs de
sexe
Qui, forcé par la loi de Dieu de vivre sous la loi de l'homme,
Ne pèche cependant, ô honte! que par notre complicité.
Échangerait-il donc, sans nous, contre ces étoffes de drap d'or
[et de soie,
Contre ces pierres qu'apporte le marchand étranger,
Les héritages de nos pères?
Mais on ne rougit pas de s'attrister sérieusement
Si Lesbia se montre en public radieuse de diamants,
Si Pessina étale dix fois de suite une robe de pourpre neuve.
N'est-ce pas notre faute (Paulus et toi exceptés, cependant),
Si l'on chante Virgile à Phœnissa et Ovide à Corinne?
Si on applaudit aux vers d'Horace et aux comédies de Térence?
Oui, nous sommes les coupables : c'est nous qui fournissons
[imprudemment
Cet aliment aux flammes, nous seuls devons être accusés.
Comment les femmes ne suivraient-elles pas nos exemples?
Plus elle sont vicieuses, plus elles plaisent à leurs stupides
[époux.
Si l'on portait dans leurs cœurs la faux du Verbe,
Et qu'on tranchât les nœuds des vieux vices,
Aucune force ne prévaudrait contre les serviteurs du Christ,
Et l'arc des Centaures alains ne nous tiendrait pas cloués à terre.

Ce genre grave, qui remplissait tout à fait le but moral du christianisme, trouva un autre interprète distingué dans Orientius, évêque d'Auch. Son poème, intitulé *Monitoire*, se divise en deux livres composés de distiques. Dans le premier, Orientius expose son plan et formule des conseils évangéliques ou des reproches contre la licence des femmes.

O vous tous qui êtes plus jaloux de recueillir les récompenses
[éternelles
Que les joies périssables de cette vie,
Apprenez la voie qui ouvre les cieux, chasse la mort,
Et passe à côté des écueils :...
Apaisez la faim et la soif des pauvres et distribuez-leur vos
[manteaux.
. . . .
. Je ne dirai pas depuis quel temps
La beauté des femmes perd les peuples.

Le poète religieux emploie ensuite le second livre à combattre les mauvais instincts de l'âme.

L'envie, mère des crimes, se nourrit de fiel
Et des plus noirs poisons.
Rendre le frère odieux au frère et trop longue la vie des parents,
Tel est l'effet de l'avarice.
Notre premier soin doit être de repousser les séductions de la
[gloire,
Qui entraîne dans un précipice ses ambitieux amants.
La bouche qui ment prononce l'arrêt de mort de l'âme.
Modérez l'intempérance du palais.
Gardez-vous de laisser couler le vin à longs traits dans vos veines,
De peur qu'il ne s'y change en poison [2].

1. Quisquis ad æternæ festinus præmia vitæ,
Perpetuenda magis quam peritura cupis,
Quæ cœlum reseret, mortem fuget, aspera vitet,
Felici currat tramiti disce viam.
Divide cum miseris pallia, pocla, cibos...
Non ego nunc repetam per tot jam sæcula quantos
Feminei vultus perdiderint populos.

De tout temps, l'agriculture avait fixé les regards des Aquitains instruits ; l'un des hommes les plus remarquables de cette époque, Palladius, composa un traité qui, par les détails curieux dont il abonde et le tableau exact qu'il présente de l'état agronomique au cinquième siècle, mérite de prendre place parmi les meilleurs ouvrages de ce genre. Vingt-cinq ans après lui et vers 445, les deux Valerianus et les deux Prosper sortirent de la foule. Le premier des Valérianus, évêque de Cimiez, écrivit des homélies pleines d'éloquence; et l'autre, préfet du prétoire, des discours cicéroniens. Les Prosper consacrèrent leurs veilles à l'histoire. Celui qu'on surnomme Tyro fit une chronique, et, outre une lettre à saint Augustin sur les erreurs de Pélage, et cent six épigrammes, l'Aquitain signa la Vocation des Gentils, œuvre sans couleur où l'on ne rencontre de saillant que les citations que nous en avons détachées [1]. Sa chronique et celle de son homonyme consistent dans une série de faits suspendus chacun à une date comme un écriteau à son clou. Cette tendance aux travaux sérieux produisit encore le Cycle pascal de Victorius de Limoges. Divisée en huit colonnes, cette table serait utile si elle ne portait un stigmate d'imperfection chronologique évident. Salonius, évêque de Genève, par ses dialogues élégants

---

Namque subire solet nigri de felle veneni
Multiplicis mater criminis invidia.
(Orientii commonitorium, *Thesaurus novus anecdotorum Edmondi Martene*, t. v, p. 19.)

1. Page 272.

sur les Proverbes et l'Ecclésiaste, ramena les lettres dans la voie religieuse. Elles s'y maintinrent quelques années, grâce aux poésies liturgiques du Viennois Claudius Mamertinus, aux écrits du Marseillais Gennadius, savant helléniste qui dressa un assez bon catalogue des hommes illustres et des auteurs ecclésiastiques, et enfin aux traités de Salvien, né à Trèves, mais dont la fougue et la véhémence (dans le traité de la *providence de Dieu* surtout) prouvent bien qu'il s'était assimilé les défauts et les qualités des hommes du midi [1].

Une période toute païenne par la forme succède à cet essor brillant de la littérature sacrée. Jean, le célèbre rhéteur, le *doux Anthedion* de Périgueux, poète plein d'art et de charme; Tonantius Ferreolus, qui avait la plus belle bibliothèque des Gaules, et s'en servait si heureusement; Lupus, couronné de la double palme du rhéteur et du poète, que l'admiration de ses auditeurs forçait de se partager entre Agen et la vieille Vesone, et le jeune Burgundio, plus remarquable par sa facilité, son génie et sa modestie, que par l'éloge de César [2], colorent d'un reflet de gloire vermeil encore, bien qu'affaibli, le couchant de ce siècle. En même temps s'éteignaient

---

1. P. 220, 221.
2. « Eminet tibi thematis celeberrimi votiva redhibitio, laus videlicet peroranda, quam edideras Cæsaris Julii : quæ materia tam grandis est ut studentum si quis fuerit ille, copiosissimus, nihil amplius in ipsa debeat cavere, quam ne quid minus dicat... Plerique laudabunt facundiam tuam, plurimi ingenium, toti pudorem.»

(C. Sollii Sidon. Apollin. *Epist.* lib. ix, epist. xiv.)

au barreau et dans la chaire des écoles, les voix éloquentes de Marcellinus le Narbonnais, de l'Arlésien Tetradius, de Thaumastius, l'honneur de Saint-Paul-Trois-Châteaux, de Petronius, d'Arles, le grave et savant jurisconsulte, de l'encyclopédique Consentius et de ce fameux Domitius de Clermont, qui, impassiblement drapé du manteau de l'Académie, ébranla trente ans les voûtes sonores de la salle du municipe en jetant à ses élèves, pâles de chaud et de crainte, l'invariable prélude des leçons antiques : *Ma mère était de Samos*[1]. A son illustre ami Sidonius Apollinaris, à Paulin de Périgueux et au noble Leo de Narbonne, était réservée la gloire de clore le siècle.

L'Eucharisticon de Paulin est un poème médiocre qui paraît plus froid et plus triste encore à côté des œuvres de l'évêque de Clermont. Trop de fragments de Sidonius sont passés sous les yeux du lecteur pour qu'on ait besoin d'entrer à son égard dans une analyse détaillée : en mettant de côté son caractère d'homme privé et le malheureux rôle qu'il joua comme homme public, et qui l'entraîna dans une suite de lâchetés politiques sans excuse, il lui reste un talent d'écrivain qu'on ne peut s'empêcher de reconnaître et de proclamer grand. On lui a reproché de vieux mots et des phrases obscures[2] ; c'était lui faire un crime d'avoir vécu en son temps : l'accusation de sécheresse et de manque de goût,

---

[1] « Samia mihi mater fuit. » (C. S. Sidon Apoll., *Epist.* lib. II.)
[2] Vivès, lib. III, *De ratione dicendi*, cap. De Poetic.

n'est pas moins injuste¹; car il pécherait plutôt par l'abus des qualités contraires. Le seul jugement impartial, et qui semble vrai de tout point, qu'on ait porté sur Sidonius, émane du plus sévère des critiques : « Caius Sollius Apollinaris est un écrivain exact, plein de mots choisis et de pensées assez fines qu'il renferme dans un style concis, en quoi il fait paraître quelquefois un peu d'affectation². »

Poète, jurisconsulte et philosophe, Leo atteignit, disent ses contemporains, le point culminant des trois sciences qu'il aimait : la rouille des ans a dévoré les œuvres de celui qu'on appelait le *roi des chœurs de Castalie;* mais elle n'a pu mordre sur sa vie, qui fut pure et employée au bien. Ministre d'Ewarich, Leo entra pauvre dans le palais et y mourut sans laisser d'autre héritage que le souvenir de ses bienfaits, les regrets du successeur de son maître et les bénédictions du peuple.

Un moment arrêtée par les débris de l'édifice païen, la littérature religieuse se creusa un lit profond dans le siècle suivant.

Après le roi législateur Gondobald, qui joignit à une prodigieuse facilité d'élocution tous les trésors de l'éloquence³, et déploya dans la rédaction de son code une grande hauteur de vues et un singulier esprit de justice; Ruricius, évêque de Limoges,

---

1. « Sidoine a écrit d'une manière fort sèche et d'un fort petit goût. » (Le P. Rapin, *Réflexions particulières;* deuxième partie, réfl. XVI.)

2. Jules Scaliger, *Hypercritique,* liv. VI, p. 822.

3. « Erat fando locuples et ex eloquentiæ dives opibus et facundus assertor. » (*Ennodii Vita,* p. 405.)

inaugura l'ère nouvelle. Ses lettres chrétiennes précédèrent celles d'Ennodius d'Arles, orateur et poète; car il composa un panégyrique de Théodorich d'Italie, qui n'est pas sans mérite, et des poésies religieuses. Mais toutes ces œuvres s'effacèrent devant le talent supérieur d'Avitus, évêque métropolitain de Vienne : placé de niveau par sa haute position avec les premiers personnages de l'époque, Avitus en est demeuré l'une des plus grandes figures. Les quatre-vingts lettres qu'il a laissées témoignent de son influence sur Chlovis et Gondobald, et de l'action politique exercée par lui au détriment des Wisigoths. Sans entamer le fond et en s'arrêtant à la superficie littéraire, on juge favorablement le style de ses épîtres et des homélies ; il est moins pur, moins noble cependant qu'en ses poèmes. Avitus réussissait principalement dans la partie descriptive, comme il est facile de s'en convaincre par la lecture de ces vers extraits de sa Mosaïque[1] :

Les brouillards ne s'épaississent jamais sur ces beaux climats,
Les soleils printaniers n'ont pas besoin d'attendre la fuite de
[l'hiver :
On n'y connaît ni les étés torrides,
Ni ces gelées qui jettent sur la plaine un manteau de neige.

[1]. Non hic alterni succedit temporis unquam
Bruma, nec æstivi redeunt post frigora soles :
Vel densante gelu canescunt arva pruinis.
Hic ver assiduum cœli clementia servat :
Turbidus auster abest, semperque sub aere sudo
Nubila diffugiunt jugi cessura sereno.
Nec poscit natura loci quos non habet imbres
Sed contenta suo dotantur germina rore.

Une douce température, un printemps plus doux encore y rè-
[gnent continuellement;
L'orageux auster n'y souffle jamais, le ciel pur et serein
Ne voit pas flotter de nuages.
La nature, sans soupirer après des pluies inutiles,
S'y retrempe dans la rosée.
Une éternelle verdure y pare la terre, qui brille sans cesse de
[fraîcheur;
Les collines sont toujours revêtues de gazon et les arbres de
[feuillage,
Et leur humidité entretient la force des plantes qui s'épuiserait
[en fleurs.

Une harmonie large et sonore vibre dans ses comparaisons.

Tel un fleuve qui, jaillissant d'abord d'une petite urne [1],
Épanche avec un léger murmure sa source limpide,
Que chacun aurait pu franchir,
S'il est gonflé tout à coup par l'orage
S'élance au delà de ses rives, inonde la plaine de ses flots,
Et, s'emparant de l'espace, menace d'engloutir les campagnes...

> Perpetuo viret omne solum, terræque tepentis
> Blanda nitet facies. Stant semper collibus herbæ,
> Arboribusque comæ : quæ cum se flore frequenti
> Diffundunt, celeri confortant gramina succo.
> Lilia perlucent nullo flaccentia sole,
>   Nec tactus violat violas, roseumque ruborem
> Servans perpetui suffundit gratia vultu.
>   (Alcimi Ecdicii Aviti poemata *De Mosaicæ historiæ
>   gestis* in *Jacobi Sirmondi operibus variis*, t. II.)

1. Ut fluvius parva primum diffusus ab urna,
    Perspicuum leni promit cum gurgite fontem,
    Tramite quem summo facili transmittere saltu
    Quisque potest, mox irriguo deductus ab ortu
    Viribus augetur subitis, ripasque retrorsum
    Pellens, crescentes tendit per plana liquores,
    Occupat et spatium, pereuntique imminet arvo.
        (Lib. IV, *De diluvio*, v. 75.)

Le poème intitulé l'*Éloge de la virginité* respire, au contraire, une douceur chaste et tendre que révèle à merveille la tranquille mélodie du style.

Reçois en l'embrassant, ô très-digne vierge du Christ[1],
Ce présent de ton frère Alcime,
Et que ce jeu léger de sa plume
Te rappelle son profond attachement.
Lorsque tu auras rempli tes pieux devoirs,
Et modulé de ta voix si pure
Les psaumes que le luth accompagne
Dans vos saints et chastes concerts ;
Alors tu peux jeter les yeux sur ce poème.

1.   Suscipe complectens, Christo dignissima Virgo,
   Alcimus ista tibi quæ mittit munera frater.
   Inque levi calamo causarum respice pondus,
   Et tenuis fortem commendet cantus amorem.
   Nam quoties sanctum compleveris ordine cursum,
   Alternos recinens dulci modulamine psalmos,
   Quos vivens in corde chelys virtute canora
   Interiore sono castis concentibus aptat :
   Tum licet excusso libeat tibi ludere versu
   Atque fatigatam meditando absolvere mentem.
   Non tibi gemmato posuere monilia collo,
   Nec te contexit, neto quæ fulgurat auro,
   Vestis ductilibus concludens fila talentis.
   Nec te sidonium bis cocti muricis ostrum
   Induit, aut rutilo perlucens purpura fuco,
   Mollia vel tacto quæ mittunt vellera seres.
   Nec tibi transfossis fixerunt auribus aurum,
   Quo dependentes ornarent vulnera baccæ,
   Et pretiosa quidem malas sed saxa gravarent
   Latius hæc vero sanctus describit Esaias,
   Ornatusque refert varios qui membra venustant,
   Quæ mox pascendis præbebunt vermibus escam.
   Sed tibi cum geminum tetigerunt tempora lustrum,
   Mox stola sincero velat te candida cultu,
   Virginis os habitumque decens et concipis omnem
   Floribus in primis jam mens matura pudorem.
         (*De laude virginitatis.*)

Et reposer en le lisant ton âme fatiguée de méditation.
Ton cou n'est pas orné, ô ma sœur, d'un beau collier de perles;
Tu n'as point pour parure une de ces robes étincelantes
Tissue en fils d'or. La double écarlate de Sidon,
La pourpre au radieux éclat, les molles étoffes de soie,
Ne se drapent point avec grâce sur tes épaules.
L'or n'a point percé tes oreilles
Pour que des perles pendantes vinssent décorer ces blessures.
Et des pierres qu'on nomme précieuses ne chargent point tes
[joues.
Mais après la double purification
Une blanche étole te voile avec décence,
Et la pudeur, le plus séduisant des charmes, embellit ton front.

Une pléiade sacrée comprenant quatre Arlésiens, Cæsarius, évêque de la ville, son biographe Cyprianus, évêque de Toulon, Parthenius Aurelianus, successeur de Césaire, Ferreolus de Narbonne, évêque d'Uzès, Veranius du Gévaudan, évêque de Cavaillon, et l'abbé Yrier de Limoges, brilla dans une sorte de crépuscule entre Rotherius d'Agde, célèbre par l'histoire perdue d'Attila, et l'historien des Franks. Les homélies de Cæsarius, la vie de ce dernier, des règles de monastères dressées par Aurelianus et Ferreolus, un petit écrit de Veranius sur la continence et des copies manuscrites : voilà tout ce qu'elle enfante; le soleil de ce siècle se couche ensuite, mais ses derniers rayons illuminent un grand et majestueux monument.

Devant le vieux livre de Grégoire de Tours, on éprouve le même sentiment de respect inspiré par la vue d'une basilique noire de vétusté. Un portail roman à colonnes torses, de lourdes statues de saints et d'évêques mitrés debout depuis mille ans dans les niches poudreuses de la façade, une rose merveilleuse qui laisse à peine passer le jour à travers ses feuilles de pierre, deux clochers surchargés de sculptures et reflétant l'ombre de la croix sur un toit aigu et couvert en plomb, voilà l'œuvre de Grégoire de Tours prise à l'extérieur. Descendez maintenant quelques marches humides et pénétrez dans l'édifice. Cette longue nef soutenue par deux rangs de colonnes hautes et sveltes, la clarté fantastique de ces vitraux si diversement coloriés, ces anges prosternés de chaque côté de l'autel, ces tableaux représentant des martyres ou des miracles, ces épitaphes creusées dans la pierre que vous foulez et disant dans leur langue mortuaire la place de la poussière humaine, ces cierges qui s'allument tout à coup, ces cloches qui sonnent, ce chœur de voix qui s'élève et roule d'échos en échos sous les voûtes accompagné par les mugissements de l'orgue : voilà toute l'histoire. L'écrivain arverne prévient hautement son lecteur. « Me disposant à écrire les guerres des rois contre les nations ennemies, celles des martyrs contre les païens et des églises contre l'hérésie, je désire avant tout, dit-il, proclamer ma foi et bien faire savoir à tous que je suis catholique [1] » Après cette déclaration, qu'il corrobore du Symbole de

---

1. Scripturus bella regum cum gentibus adversis, martyrum cum paganis, ecclesiarum cum hæreticis, pius fidem meam proferre cupio, ut qui legerit me non dubitet esse catholicum. » (Greg. Turon. episc. hist. lib. I, p. 1.)

Nicée, il commence à la création du monde et raconte dans ses histoires tout ce qu'on savait depuis cette époque primitive jusqu'à Chlotaire II. Pour saisir dans sa portée réelle l'esprit qui anime ces dix livres, il faut se placer au point de départ de l'évêque de Tours. A peine victorieuse du paganisme qui résistait encore, obstinément retranché dans les campagnes, l'Église catholique luttait contre l'arianisme d'une part, et de l'autre contre ceux qui auraient désiré qu'elle empruntât moins au culte vaincu. Ceux qui lui adressaient ce dernier reproche ne se rendaient peut-être pas un compte bien exact de la situation. Dès qu'elle eût ouvert ses portes aux Gentils, l'Église sans aucun doute ne fut plus maîtresse chez elle. Un culte tout moral et tout philosophique pouvait conserver sa simplicité primitive dans un petit cercle d'adeptes éclairés ; il devait la perdre forcément en tombant au milieu de masses ignorantes et imbues des anciennes superstitions. Il y eut donc sagesse à donner une signification nouvelle et édifiante aux vieux abus du polythéisme qu'on était impuissant à détruire. Par les mêmes raisons, l'homme habitué à l'intervention constante de la Divinité eut besoin de prodiges : et, la foi s'étant déplacée, il ne les demanda plus aux autels baignés du sang des victimes ou à la feuille frémissante des chênes, mais aux tombeaux de ces athlètes courageux qui avaient fondé le christianisme. Comme arc-boutant de cette constitution de l'Église, s'élevait au nord un peuple nouveau, énergique, dévoué et le seul vraiment catholique de la

Gaule. L'Arverne Gregorius réfléchit dans son livre comme dans un miroir fidèle toutes les phases de cet état de choses. Les miracles, l'hérésie, les incidents divers des invasions des Franks chez leurs voisins s'y mêlent et s'y lient racontés avec les mêmes détails, avec une égale confiance. Gregorius ne savait pas écrire, il l'a dit en prenant la plume; il ignore les premiers éléments de la géographie : envoyant sans difficulté Theudrich en Auvergne par l'Albigeois, lorsqu'il est censé partir de Poitiers, il étend à l'excès des faits de nulle valeur et laisse les plus importants dans le vague; il est décousu, inexact, partial, et cependant on croit à sa bonne foi et on le lit avec faveur, avec intérêt, avec fruit, parce que le drame de ces temps barbares revit tout sanglant dans ses pages, et que, on doit le dire à l'honneur de l'historien, jamais il ne voile un forfait, bien qu'il soit commis par ceux dont il fait l'éloge [1].

A partir de Gregorius et jusqu'en 711, le mouvement des idées littéraires fut tout religieux. Dynamius d'Arles et Præjectus d'Issoire, évêque de Clermont, rédigèrent des vies de saints; Sulpitius, évêque de Bourges, et Desiderius (Saint-Gery) de Cahors, des lettres et des sentences morales; le prêtre Florentius, de Saint-Paul-Trois-Châteaux, et un moine de Ligugé, nommé Defensorius, deux compositions, en style *incorrect et barbare* [2], intitulées : (celle du

---

[1]. Ses autres ouvrages sont des traités sur la gloire des martyrs, la gloire des confesseurs, les miracles de saint Martin, ceux de saint André et les vies des Pères.

[2]. *Histoire littéraire de la France*, t. III, p. 655.

premier) Vie de sainte Rusticula, (celle du second) *Étincelles ou sentiments catholiques des Pères*. Dans ce vaste cycle de cent onze années, le plus pauvre en intelligences d'élite, la lumière alla toujours s'affaiblissant, et ne forma que deux petites auréoles autour du front de l'évêque Éligius et de la religieuse Baudonivia.

Éligius le Limousin, plus connu sous le nom de saint Éloy, ne se contentait pas d'être le premier ciseleur de son temps, il adressait à ses fidèles du diocèse de Noyon des homélies et des discours dont la pensée claire et précise et le style facile seraient goûtés même dans nos chaires. Plus simple et plus modeste encore, la religieuse de Poitiers mérite d'être citée ; ne fût-ce que pour montrer dans quelle admirable retenue s'enveloppaient les femmes auteurs du huitième siècle :

« Aux saintes femmes décorées de la grâce, à l'abbesse Dedimia et à toute la congrégation de la glorieuse Radegonde, Baudonivia la plus humble de leurs servantes.

» Vous m'avez ordonné d'entreprendre une œuvre non moins impossible que de me faire toucher le ciel avec le doigt, en me donnant à traiter la vie de notre sainte Radegonde. Cette tâche aurait dû être imposée à ceux qui, possédant une source naturelle d'éloquence, sont toujours prêts à revêtir de vers coulants les sujets qu'on leur propose. Car les personnes dont l'esprit est limité, et qui ne jouissent point de cette abondance d'élocution si nécessaire pour voiler la faiblesse, tremblent de prendre la plume, même quand elles en reçoivent l'ordre. Je connais assez mon impuissance et mon peu de valeur pour sentir qu'autant la parole sied aux doctes, autant le silence convient à ceux qui me ressemblent. Les premiers, en effet, ont le pouvoir de grandir les petites choses, tandis que les seconds ne savent rien tirer des grandes. Aussi, ce que cherchent les uns est justement redouté des autres.

» Vous voulez donc que moi, la *minime des minimes*, moi qui fus nourrie dans un pauvre berceau de berger, j'entreprenne cette œuvre illustre, et que j'ose retracer les splendeurs de cette glorieuse vie présentes encore au souvenir de toutes nos sœurs. Bien que je me reconnaisse profondément indigne, je ne vous désobéirai point ; mais, je vous en conjure, aidez-moi de vos prières, car j'ai plus de foi en elles qu'en mon savoir [1]. »

---

[1] « Dominabus sanctis meritorum gratiâ decoratis Dedimiæ abbatissæ, vel omni congregationi gloriosæ dominæ Radegundis Baudonivia humilis omnium. Injungitis mihi opus agere non minus impossibile quam sit digito cœlum tangere, scilicet ut de vitâ sanctæ dominæ Radegundis quam optimè nostis, aliquid dicere præsumamus. Sed istud illis debet injungi, qui habentes intra se fontem eloquentiæ, inde quidquid injungitur, carmine irriguo copiosius explicatur. Verum econtrà quicumque angustæ intelligentiæ sunt, nec habent affluentiam eloquii, per quam vel alios reficere vel suæ siccitatis possint inopiam temperare, tales non solum per se aliquid dicere appetunt, verum etiam si quid eis injunctum fuerit, pertiescunt. Quod in me recognosco, quæ sum pusillanimis, parvum habens intelligentiæ eloquium, quoniam quantum doctis proloqui, tantum indoctis utile fit tacere. Nam illi de parvis sciunt magna disserere, isti de magnis nesciunt parva proferre, » etc. (*Vita sanctæ Radegundis reginæ* (Mabillon). — *Acta sanctorum ordinis Benedicti*, t. I, p. 336.)

SUITE DU MOUVEMENT DES FAITS.

RÉACTION NATIONALE. VASCONS OU GASCONS.

A force d'être battues entre ces deux éléments étrangers qui occupaient le pays, les races indigènes avaient eu des pensées d'indépendance. Quand l'oppression devint intolérable, le vieil esprit des Bagaudes et des fédérés armoricains souffla sur la montagne, et les hommes *d'en haut* se réveillèrent. En jetant les yeux à leurs pieds, ils aperçurent quelques petits groupes de Franks et de Wisigoths établis en maîtres sur la terre de leurs aïeux. Alors, les flèches furent aiguisées, la corne d'Urus retentit d'Altabiçar au val d'Aran, et des foules de montagnards inondèrent la Novempopulanie. Cette insurrection, d'origine purement ibère, éclata vers la dernière moitié du sixième siècle, et du versant aquitain des Pyrénées alla se propageant toujours en suivant la Garonne jusqu'à l'extrémité du territoire national [1]. Alarmé

---

1. Pendant le règne des rois précédents (Chilperich et Guntchrand) les Vascons commencèrent à paroistre en armes dans la Novempopulanie, qui a pris d'eux le nom de Gascogne.» (Marca, *Histoire du Béarn*, liv. I, p. 84.)

Oihénart et Marca regardent ce soulèvement de l'antique race ibère comme une invasion des Cantabres d'Espagne, mais c'est faire deux branches du même rameau. Ainsi que nous l'avons établi au commencement de cet ouvrage, les populations de la plaine étaient d'origine ibérienne. Que le sang national se soit conservé plus pur du mélange étranger dans les vallées et sur les cols pyrénéens, que le signal même de l'insurrection ait éclaté sur la montagne, personne ne songe à le nier ; mais on ne peut pas dire que Bladast et Austrovald furent battus par des Cantabres d'Espagne, qui se réfugiaient ensuite derrière leurs rochers, lorsqu'il est constant qu'à partir de

de ses progrès, Chilpérich, en 581, lui opposa une armée commandée par le duc Bladast. Bladast laissa sur le champ de bataille la meilleure partie de ses soldats et, ne rencontrant aucun obstacle sérieux pendant vingt et un ans, les Vascons affranchirent définitivement la Novempopulanie, et lui donnèrent leur nom [1]. Le duc Astrovald, envoyé contre eux quelque temps après, ne fut pas plus heureux; il échoua vers la même époque où, pour se venger de quelques ravages commis précédemment en Septimanie, les Goths mettaient la Provence à feu et à sang.

Nous passerons ici sur des événements dénués d'intérêt, comme des invasions de Lombards et de Saxons, qui vinrent quelquefois moissonner les champs labourés par nos pères, et comme aussi la ridicule conspiration d'un certain Gondovald, surnommé Ballomer, se disant fils de Chlotaire, et appuyé dans la revendication qu'il formait de son

---

581 l'influence des Vascons solidement établie le long de la Garonne s'étend d'année en année et finit par atteindre la Loire : « Prædictus rex Pipinus usque ad Garonam accessit *ubi Vuascones qui ultrà Garonam commorantur* ad ejus præsentiam venerunt (Fredegarius, ad annum 766). Karlus invasit *Vuasconiam*. Par Gascogne l'auteur Brevium Annalium, édité par Freherus, entend *la première et la seconde Aquitanie* (Oihenart, *Notitia Vasconiæ*, p. 410). « Rex Pipinus erat cum Francis in *Vuasconiâ* et conquisivit *Limodiam civitatem et alias civitates*» (Fredegarius, cap. CIX). « Dominus Pipinus perrexit in *Vasconiam* et adquisivit civitatem *Bituricas* (Bourges) (vetus scriptor annalium, Duchesnii operâ excussus). » Un tel résultat ne put être obtenu que par le concert de toutes les populations méridionales.

1. « Ces peuples occupaient toute cette province et s'étendaient jusqu'aux portes de Toulouse avant la fin de la première race de nos rois.» (*Histoire générale de Languedoc*, liv. v, p. 339.)

héritage par deux nobles ambitieux du sud, le duc Montmole et Sagitarius, l'évêque de Gap. Mieux vaut s'attacher aux faits qui peignent la vie douloureuse des peuples, et à ce titre l'épisode suivant est digne de notre attention.

Chilpérich se portant sur Bourges avec ses troupes sédentaires, espèce de milice présentale qui ne quittait jamais le chef, avait donné ordre à ses ducs d'Aquitaine de lui amener toutes leurs forces. Bladast et Desiderius obéirent en ravageant, selon la coutume, les pays qu'ils traversaient. Chilpérich arrivait en même temps de Paris, et signalait son passage par les plus atroces dévastations. Les malheureux Bituriges sortirent de la cité au nombre de quinze mille, et vinrent au château de Mehun attaquer ces barbares. Ils eurent le dessous après une lutte désespérée où sept mille hommes tombèrent, dit-on, de chaque côté. Les ducs de Chilpérich arrivèrent sous les murs de la ville avec les fuyards. Tout fut pillé ou détruit. De mémoire d'homme on n'avait vu pareil ravage : ni maisons, ni vignes, ni arbres ne restèrent sur pied. Ils incendiaient jusqu'aux églises, après les avoir dépouillées. Guntchram parut enfin, et s'en rapporta au jugement du Dieu des batailles : Dieu lui donna gain de cause et, un traité ayant été conclu, Chilpérich dut reprendre le chemin de Paris; mais ses soldats étaient si acharnés au pillage, qu'il fut forcé de tuer de sa main, pour l'exemple, le comte de Rouen. Desiderius et Bladast, obligés par ses ordres de lever le siége de Bourges, emmenèrent en redescendant vers le midi la population tout entière des campagnes et les troupeaux. Ils s'en retournèrent par la Touraine, qu'ils couvrirent de ruines et de sang. Quand le fléau eut passé, le bétail qu'on était parvenu à cacher dans les bois périt de famine; dans tout le pays on n'en aurait pas trouvé une seule tête [1].

Voilà comment les Franks faisaient la guerre au sixième siècle. Quand leur sang ne coulait pas dans des luttes civiles, ils allaient piller l'Aquitaine ou combattre les Wisigoths. Après la mort d'Athanagild et de Liuva, chefs nationaux de ce peuple rival, Guntchram, qui avait envoyé ses troupes chercher du butin en Septimanie, essuya une défaite désastreuse. La paix en ayant été la conséquence, plus rien de réellement important ne se passa dans la Gothie sous-pyrénéenne. Du côté des Goths, des révolutions de palais qui portent successivement au pouvoir par l'empoisonnement et le meurtre Récared, Liuva II, Witrich, Gondomar, Sisebut, Swintila et Sisenand ; du côté des Franks, une sorte de cession des droits qu'ils s'attribuaient en Aquitaine, faite par Dagobert à Charibert, son frère, et l'arrivée de celui-ci à Toulouse, nous mènent jusqu'au milieu du septième siècle.

On ne s'attend pas que nous prenions au sérieux cette royauté fantastique : empressons-nous de constater seulement qu'elle était censée[2] développer son

---

1. Gregorii Turon., *Historiarum*, lib. vi, p. 277.
2. « Consilio sapientum usus, *citrà Ligerem* et limitem Spaniæ, qui

influence depuis la Loire jusqu'aux Pyrénées et à l'océan; ce qui revient à dire, que le pays méridional dans toute l'étendue de ses limites naturelles était détaché du pouvoir frank établi au nord. *Un an après*, Charibert mourut; Dagobert n'oublia point de revendiquer son héritage, et d'envoyer le duc Baronte saisir son trésor, soin que prenaient d'abord les Franks; mais les choses ne pouvaient se passer ainsi. Les Gascons qui souffraient Charibert à Toulouse, parce que ce chef étranger s'était allié à eux en épousant la fille de leur duc Amandus, repoussèrent le retour direct de cette domination franke contre laquelle ils combattaient depuis quarante ans. Chadwin, l'un des principaux leudes de Dagobert, fut forcé de se rendre dans la Novempopulanie, avec une armée qui devait être forte; car elle était conduite par dix ducs. Selon le panégyriste du roi frank [1], ses soldats n'eurent qu'à paraître pour vaincre; le principal duc, seulement, surpris dans les vallées de Soule, périt avec l'élite de ses troupes. Voilà le fait officiel; voici maintenant la conséquence. Malgré ce grand succès, la guerre aboutit à un traité qui mit Boggis et Bertram, les petits-fils d'Amandus, en possession de tout ce qu'a-

---

ponitur partibus Vasconiæ seu et montes Pyrenæos, pagos et civitates fratri suo Chariberto noscitur concessisse pagum *Tholosanum, Caturcinum, Petrocorium et Sanctonicum.*» (Fredegarius chronic., cap. xvii.)

1. « Anno 13 regni Dagoberti cum Vascones fortiter rebellarent, Dagobertus exercitum promovere jubet. Sed Arembertus dux maximus cum senioribus et nobilioribus *exercitus sui* per negligentiam à Vasconibus in valle Subolà fuerunt interfecti.» (Idem, *loco citato*, cap. 78.)

vait tenu leur père. Il est impossible de ne pas voir dans cet acte la réalisation complète du plan des Gascons. Mais ces deux chefs ne vécurent point très-long-temps. Or, qu'arriva-t-il à leur mort? — Si l'on en croyait le témoignage d'un anonyme[1], la veuve de Boggis aurait alors quitté le pays avec le fils de Bertram, et laissé le sien, nommé Eudo, maître de l'héritage de son père et de son oncle. Hâtons-nous de dire que ce récit est une fable. La prétendue filiation mérovingienne d'Eudo ne repose que sur un document dont la fausseté est notoire[2].

1. L'auteur des actes de la conversion de saint Hubert, dans le t. I de la collection de Duchesne.

2. Le privilége de l'érection du monastère de la bienheureuse Marie, connu sous le nom de charte d'Alaon, et attribué à Charles-le-Chauve (832). Nous ne pensons pas qu'une pièce si grossièrement fabriquée vaille la peine d'une réfutation. Il serait d'ailleurs impossible d'en fournir une plus concluante que les raisons données à l'appui de sa prétendue authenticité, par les auteurs de l'*Histoire du Languedoc*, t. I, p. 688. Quant aux personnes qui, se contentant de la singulière argumentation des *judicieux et doctes Bénédictins*, ont demandé quel intérêt on avait eu à supposer cette pièce, nous les prions de vouloir bien lire la note de Dormer (Collec. maxima conciliorum omnium Hispaniæ Josephi Saenz de Aguirre, p. 137), où elles verront que ce privilége a servi plusieurs fois à des évêques pour des réclamations temporelles. Un des traits les plus saillants de ce titre (le passage où l'on cite comme appartenant à la loi romaine une disposition qui ne s'y trouve point et qui aurait condamné les fils à perdre leurs biens toutes les fois que la mort de leur père serait restée sans vengeance) peut indiquer à peu près l'époque de sa fabrication, car il est extrait mot pour mot d'Aimoin, qui écrivait au commencement du onzième siècle : « Cujus filii (Sadragesilus) cum ultores potuissent fieri effusi sanguinis paterni, maluerunt vivere desides, ac otiosi, quam perurgendo armis homicidas, cruorem exigere Interfecti, idcirco in publico Francorum conventu *secundum legem romanam* omnibus paternis expoliati sunt bonis, e quorum possessionibus multas Dagobertus tribuit ecclesiæ Sancti Dionysii. » (Aimoinus, lib. IV, cap. XXVIII.)

Voici la traduction de la charte faite en latinité du onzième ou du douzième siècle :

« Bona verò quæ Jadrajesili ducis fuère, in nostrâ potestate non sunt.

Eudo n'est pas un nom frank, c'est un nom gallo-romain et de pure origine, comme Amandus[1]. Après le décès ou l'expulsion des petits-fils de ce comte, et peut-être même auparavant, il prit leur place, soit par le libre suffrage des Gascons, soit comme successeur de Lupus, leur duc. Cet événement est rapporté en termes formels par des autorités irrécusables[2], et placé *précisément à la même date* que le départ de la veuve de Boggis, dont il explique assez la cause.

Mais revenons aux Wisigoths. Sisenand, Chwintila, Chindaswind, Receswind et Wamba, s'étaient rapidement succédé sur le trône. Sous le règne de Wamba, l'heureux résultat des efforts de la race ibère pour secouer le joug des Franks réagit sur la race gallo-romaine et lui inspira la pensée de briser celui des Wisigoths. Le comte de Nîmes, Ilde-

Nam Dagobertus rex propter filiorum in patre vindicando ignaviam *juxtà leges romanas* illis paternas possessiones abstulit et sanctis martyribus Dionysio, Rustico distribuit,» etc.

Nous ajouterons que depuis l'illustre Mabillon jusqu'à nos jours, les paléographes les plus éclairés n'ont accordé aucune foi à cet instrument, et qu'en ce moment même, le savant professeur de l'École des chartes, M. Guérard, dont l'opinion, malgré sa modestie, fait autorité en cette matière, veut bien nous autoriser à dire qu'il est convaincu de la fausseté de la charte d'Alaon.

1. « Volo ut *Eudoni* dentur mille solidi.» (Lib. XXIV *Digestorum*.)

2. « Vel etiam Eudonem Romanum seu Aquitanum fuisse dici potest, soluto enim jam Francorum imperio Aquitani et Vascones Lupum proprium ducem sibi elegisse feruntur, et post Lupum Eudonem ex Aquitanis electum credibile est.» (Dadinus Alteserra, *Rerum aquitanicarum* lib. VII, p. 127.)

« Aliis contrà Eudonem non Lupi sed Bertrandi Aquitaniæ ducis filium pronunciantibus, quæ omnia *velut incerta et nullis subnixa fundamentis* rejicere tutiùs duco. » (Oihenart, *Notitia Vasconiæ*, p. 394.)

rich, se concerta avec Gumildus, évêque de Maguelone, et avec l'abbé Ranimir ; et, en 670, ils levèrent tous les trois l'étendard de l'indépendance. Le duc Paulus, parti d'Espagne pour les combattre, embrassa leur cause, et se laissa proclamer roi à Narbonne. Tout le pays se soulevait et aurait échappé promptement à l'autorité de Wamba, s'il n'était accouru en personne. L'insurrection ne put soutenir l'éclat de ses lances, elle se réfugia dans les arènes de Nîmes, d'où l'on tira Paulus demi-nu. Traîné aux pieds de Wamba par deux cavaliers qui avaient chacun un côté de sa longue chevelure roulé autour du poignet [1], il se préparait à mourir : Wamba se contenta, selon la coutume antique, de le courber sous ses sandales, et de lui faire arracher les cheveux.

Ce triomphe fut la dernière lueur de l'astre des Goths ; pâlissant de plus en plus sous Erwige, Egica et Witiza, il allait disparaître avec le roi Roderich en 711.

1. « Duo ex ducibus nostris equis insidentes, protentis manibus hinc indè Paulum in medio sui constitutum innexis capillis ejus manibus tenentes pedisequa Paulum profectione oblaturi principi deferunt. » (Historia Wambæ regis Toletani à Juliano Toletanæ sedis archiepiscopo.)

TROISIÈME PARTIE.

INVASIONS DES SARRAZINS ET RETOUR DES FRANKS.

Au commencement du huitième siècle l'Aquitaine s'était dégagée sur tous les points de l'élément frank; l'élément gothique relégué dans un coin de la Septimanie périssait de faiblesse, et l'heureux réveil des races ibères semblait faire espérer que la famille nationale, délivrée de toute influence étrangère, prendrait enfin un libre essor. Il ne devait pas en être ainsi. Les nations comme les individus subissent les chances de la destinée, et un incroyable fatalisme n'a cessé de peser sur la nation méridionale depuis l'arrivée des Romains. A peine avait-elle eu le temps de respirer cet air si nouveau et si pur de l'indépendance, à peine l'invasion était-elle refoulée au nord, qu'elle reparut armée et sanglante du côté du midi.

Un combat avait suffi à Tharec, débarqué en Espagne avec douze mille Berbers[1], pour renverser la

---

[1]. « Sarraceni tunc in Spaniam ingrediuntur et infrà duos annos penè totam Spaniam subjiciunt. » (Chronicon vetus Moissiacencis Cœnobii.)

« In este tiempo algunos cristianos de Gezira alandauos, que es la peninsula de España offendidos de su rey Ruderic, que era senor de toda España desde la Galia Narbonense hasta dentro de la Mauritania o tierra de Tauja, vinieron à Muza ben Noseir, y le incitaron a pasar con tropas a España. (Conde, *Historia de la dominacion de los Arabes en Espana*, t. I, cap. VIII, p. 25.)

monarchie des Goths. Le lieutenant du khalife en Afrique, Moussa-ben-Nossayr, malgré ses quatre-vingts ans, se rappela les versets du Côran :

« Unissez vos efforts, rassemblez vos chevaux
« afin de jeter l'épouvante dans l'âme des ennemis
« de Dieu, des vôtres et de ceux que vous ignorez.
« Les croyants soutiennent les intérêts du ciel, et les
« infidèles portent les armes sous les étendards de
« Tagot[1]; combattez contre les milices de Satan. Il
« n'a que de faibles ressources à vous opposer. »
Réunissant donc une nouvelle armée composée d'A-rabes et de Berbers, il franchit le détroit, achève de détruire en passant les débris de Guadalète, et poursuit sa course vers la grande terre, ou *Frandjat*. Tout à coup les peuples de la Septimanie[2] virent arriver au galop une nuée de cavaliers en turban, portant le sabre et l'arc, une masse suspendue à l'arçon, et brandissant de longues lances où flottaient des banderoles. Leur étonnement fut si grand à l'aspect de ces guerriers étranges conduits par des chefs à barbe blanche, qu'ils n'opposèrent aucune résistance. Le fils de Nossayr parcourut rapidement le pays à la tête de quelques escadrons d'élite qui n'avaient pour tout bagage que de petits sacs de

1. Côran, sourate 8, v. 63; sourate 4, v. 78.
2. Ce nom, qui dans l'origine comprenait les sept peuples principaux de l'Aquitaine, les Bordelais (Bituriges-Vivisci), les Poitevins (Pictones), les Santons (Santones), les Angoumois (Ecolimenses), les Périgourdins (Petrocorii), les Agenniens (Agennenses), et les Toulousains (Tolosates), était alors restreint, dans sa signification territoriale, à la première Narbonnaise, c'est-à-dire aux diocèses de Narbonne, Toulouse, Lodève, Béziers, Nîmes, Agde et Uzez.

farine et des écuelles en cuivre, et ramassa une énorme quantité de butin : à Narbonne, il avait trouvé *sept idoles d'argent à cheval*[1]; à Carcassonne, sept colonnes d'argent massif. Tout cela fut divisé selon le précepte du prophète, qui dit : Souvenez-vous que vous devez la cinquième partie du butin à Dieu, au prophète, à ses parents, aux orphelins, aux pauvres et aux voyageurs[2]; la cinquième partie mise à part, et le reste distribué aux soldats, Moussa-ben-Nossayr repassa les Pyrénées.

Sept années s'écoulèrent sur cette course : on avait bien entendu parler en Septimanie d'événements sinistres arrivés à Cordoue : on savait vaguement que la tête d'Abd-Alazyz, le fils de Moussa et le premier vali de la conquête, avait été envoyée à Damas dans du camphre ; mais quoique le voisinage des musulmans planât toujours dans le lointain obscur et menaçant comme un orage, on commençait à les oublier, lorsqu'ils apparurent de nouveau en 718. Al-Haor, leur chef, suivit à peu près les traces de Moussa, et glana le butin dans les mêmes lieux. Cependant une idée d'occupation fixe, en vertu du droit de la victoire, se fit jour dans ses actes. Il prit et fortifia Narbonne, destinée à devenir le point des incursions militaires (gazouet) ultérieures. Ce plan, qu'il laissa tout tracé à son successeur, fut exécuté

---

1. « Cuenta Novairi que pasó a tierra de *Afranc*, y ocupo Medina Narbora : y halló alli siete idolos de plata a caballo que estaban en un templo. » (Conde, *Historia de la dominac. de los Arabes*, t. I, cap. XVI, p. 54.)

2. Côran, sourate 8, v. 43.

trois ans plus tard. El-Samah partant de Narbonne, ouvrit la campagne de 721 par le siége de Toulouse. Étroitement cernée et battue par des machines de tout genre, la ville chancelait ; Eudo accouru avec toutes les milices de la Vasconie, eut le temps de la sauver. A son approche ces innombrables étendards du prophète qui entouraient les murs, reculèrent jusqu'à l'ancienne voie romaine et s'y déployèrent sur une ligne formidable. Mais les Vascons, que tant de motifs animaient contre ces païens incendiaires et pillards, attaquèrent avec une telle furie, que l'armée musulmane enfoncée de toutes parts s'enfuit dans le plus grand désordre, abandonnant son général couché dans la plaine au milieu d'une multitude de cadavres[1].

En voyant les Sarrazins regagner Narbonne avec cette précipitation, les Septimaniens se joignirent aux soldats d'Eudo pour les accompagner à coups de flèches. Leurs coursiers, couverts de poussière et de sang, ne se seraient point lavés dans l'Aude, si un noble et vaillant émir, Abd-al-Rahman n'eût pris le commandement et dirigé la retraite. Sa valeur fut le bouclier des fuyards ; ils purent atteindre Narbonne, et reprendre bientôt l'offensive au moyen de renforts envoyés d'Espagne. Abd-al-Rahman, et

1. « Dux Zama Tolosam usquè prædando pervenit atque obsidione cingens fundis et generum diversis machinis expugnare conavit sicque gentes apud ducem Eudonem nomine congregantur, ubi, dùm apud Tolosam utrique exercitus acies gravi dimicatione confligunt, Zamam ducem exercitus Sarracenorum cum parte multitudinis congregatæ occidunt... » (Isidorii Pacencis, *Epitome*.)

dans la suite le vali de Cordoue lui-même, Anbessa, continuèrent donc leurs excursions : seulement, pour ne pas repasser sur les cadavres de Toulouse, et lutter encore contre le brave Eudo, ils tournèrent la tête de leurs chevaux du côté opposé et s'élancèrent vers le Rhône. Les deux rives du vieux torrent, depuis Lyon jusques à Arles, souffrirent alors une cruelle dévastation [1]. Aigris par la défaite précédente, les musulmans moissonnèrent avec l'épée et la lance les richesses de ces belles contrées; et que de têtes tombèrent dans cette moisson! Nîmes perdit en partie ses dernières splendeurs, Arles ses derniers trésors; et leur désastre n'eut pour vengeance que la mort d'Anbessa abattu par une flèche, probablement lorsqu'il franchissait le Rhône avec son butin. L'état d'anarchie dans lequel se débattait la Provence favorisa certainement l'expédition des Sarrazins. Depuis la chute de l'empire, ce pays n'avait jamais bien su à qui il devait obéir. Les Goths d'Italie le partageaient, comme on l'a vu, avec les Burgondes. Après la ruine de la puissance Ostrogothe, et l'extinction de la dynastie burgondienne, les vainqueurs, c'est-à-dire l'empereur de Constantinople, en Italie, et les Franks en Burgondie, paraissent avoir succédé à tous les droits des vaincus. Il y eut alors division du pays entre les

---

[1]. « Sicut aliis gentibus Hispaniæ et *Provinciæ* et *Burgundionum* populis contigit, quæ sic à Deo recedentes fornicatæ sunt donec Judex omnipotens talium criminum ultrices pœnas per ignorantiam legis Dei et per Sarracenos venire et sævire permisit » (Bonifacius Moguntinus, *Epist.* xix.)

Franks et les Grecs. Ceux-ci rentrèrent sans doute en possession de tout le littoral autrefois occupé par leurs pères, et y joignirent l'héritage des Ostrogoths, remontant en triangle depuis l'embouchure du Rhône et Antibes jusqu'à Vienne[1], et les pre-

---

1. En 447, Justinien avait, selon Agathias (lib. i), cédé ses droits sur la Provence aux Franks, en se réservant le littoral. On a trouvé, en effet, dans les démolitions de la Ciotat, une médaille en or de Justinien; et des médailles de ce prince, en argent et en potin, se retrouvent fréquemment sur le littoral de la Provence (*Statistique des Bouches-du-Rhône*, t. II, p. 101). Malgré cette cession, le fait historique si important qui vient d'être signalé pour la première fois n'en eut pas moins lieu; et en 582 la Provence reconnaissait le gouvernement grec, ainsi que le prouvent de la manière la plus authentique les médailles suivantes, dont nous devons la communication à notre honorable collègue M. de Longpérier, employé au cabinet des Antiques.

« Il existe au cabinet de la Bibliothèque royale deux sols d'or de Maurice frappés à Marseille, ainsi que le tiers du sol correspondant pour le type.

« Voici la description de ces pièces :

Sol,   DN. MAVRIC. TIB. PP. AVG. Tête casquée de face.
         Revers : VICTORIA AVGGV. Croix sur un globe, et auprès les lettres MAS, indices de la localité.

Tiers de sol, D. N. MAVRICVS. P. P. N. Tête à droite.
         R. VICTORIA VIOVA. Croix sur un globe, et les lettres MA.

Sol d'or,   DN. MAVXCR PP AVG. Buste couronné à droite.
         R. VICTORIA AVGGV. MA et croix dans une couronne de laurier.

Tiers de sol. Semblable au sol.

Tiers de sol d'Arles :
         D. N. MAVRICIVS. P. AV. Buste à droite.
         R. VICTORVI VAOIVZO. Croix sur un globe, et AR, indice de l'atelier monétaire.

Tiers de sol de Vienne :
         DN MAVRICIVS PP. AVG. Tête de Maurice à droite.
         R † VIENNA DE OFFICINA LAVRENTI. Monogramme du Christ sur un globe entre A et ω.

La ville de Mâcon possède un tiers de sol d'or, dont M. de Lagoy a fait la description, frappé à Valence.

         D. N. MAVRICIVS. P. P. A. Buste à droite.
         R. GAVDOLENVS MONE. Croix sur un globe et les lettres VA...

Enfin, M. de Saulcy a dans sa collection des tiers de sol de Maurice

miers se contentèrent de quelques points fortifiés, comme Avignon et Cavaillon. Il arriva de là que le pouvoir des Grecs se faisant sentir plus faiblement de jour en jour à cause de la distance, les populations s'en détachèrent peu à peu, et se constituèrent une existence propre sous le commandement de chefs indigènes habiles et courageux, tels que le patrice Mauronte, qui après avoir peut-être exercé l'autorité au nom de l'empereur byzantin, finit par la retenir tout entière.

La principale course (gazouat) en Rouergue remonte, dit-on, à cette époque (725). Ce pays coupé et montagneux offrant de très-grandes difficultés et peu de bonnes occasions pour le pillage, était à l'abri des grandes invasions. Quelques bandes détachées des corps de la Septimanie parcouraient seules les vallées, forçant les bourgs qu'elles rencontraient, dépouillant les habitants, et emmenant ceux qu'elles pouvaient surprendre, en esclavage. Les Sarrazins avaient soin de s'emparer de quelque château propre à servir à la fois de magasin et de refuge, et de là ils fondaient à l'improviste sur les villages voisins comme des oiseaux de proie. Un noble gallo-romain, nommé Datus, qui demeurait dans une villa de la gorge de Conques avec sa mère, ayant marché un jour à la rencontre des Sarrazins, ceux-ci, soit par hasard, soit sur l'avis de leurs espions, envahirent la villa et le bourg pendant son absence, et n'y lais-

frappés à Lyon, Avignon et Usez, ainsi que l'indiquent les lettres L. V., AV. et VCE qu'ils portent à leur revers.

sèrent que les murs. Après leur départ, les habitants sortirent des cavernes où ils s'étaient cachés, et apprirent à Datus, qui arrivait au même instant, que les musulmans venaient de piller sa maison et d'emmener sa mère. Le jeune homme, au désespoir, remonta sur son cheval richement caparaçonné, et courut avec ses compagnons au repaire des Sarrazins. Comme il en faisait le tour en frémissant et mesurant d'un œil découragé ses hautes murailles, le chef des mécréants parut aux créneaux et lui cria d'une voix railleuse : « Quoi ! c'est l'habile Datus qui vient visiter notre fort ! Je ne te demande pas qui t'amène, toi et les tiens ; mais si tu veux me donner ce cheval richement caparaçonné, je te rendrai ta mère et le butin. Prends garde à ta réponse, elle peut appeler la mort. »

Datus répliqua avec un affreux jurement : « Égorge ma mère, scélérat ; j'aimerais mieux la voir morte que de te donner ce noble coursier, qui ne sentira jamais ton frein. » A ces mots, le chef se fait amener l'infortunée et la déchire aux yeux de son fils. Il lui coupa les mamelles à coups de cimeterre, et lui tranchant ensuite la tête, la jeta aux pieds de Datus, en disant : « Voilà ta mère ! » Le misérable qui avait supporté ce spectacle pour ne pas perdre son cheval, devint fou et se fit ermite[1].

---

1. Datus ut agnovit propriam matremque domumque
    Direptam, varium pectore versat onus.
  Prorsùs equum phaleris ornans, se nec minus armis,
    Conjunctis sociis, adparat ire sequax.

Les chrétiens n'étaient guère plus heureux dans le Velay. Les bandes musulmanes, autant par zèle religieux que par l'amour du butin, s'acharnaient de préférence sur les monastères; et quoique leur épée ne fût pas toujours aussi cruelle que dans la vallée de Conques, l'obstination imprudente des solitaires faisait néanmoins des martyrs.

Saint Théofred était abbé de Carmeri, au monastier en Velay, dans le diocèse du Puy, lorsqu'ils

> Fortè fuit castrum vallo seu marmore firmum,
> Quo reduces Mauri cum spoliis remeant.
> Huc celer et socii Datus, cunctusque popellus
> Certatim coeunt, frangere claustra parant.
> Ac velut accipiter pennis per nubila lapsus
> Ungue rapit volucrem notaque ad antra fugit.
> At sociae crocitant, raucasque per aera voces
> Ne quidquam recinunt, atque sequuntur avem.
> Ipse sedens tutus praedam stringitque feritque,
> Versat et in partes quas sibi cumque placet.
> Non aliter Mauri vallo praedaque potiti
> Dati bella timent, spicula sive minas.
> Tum juvenem muri quidam compellat ab arce,
> Voce cachinnosâ dicta nefanda dabat.
> Date sagax, nostras modo quae res venit ad arces,
> Te sociosque tuos, dicito, namque precor?
> Si modò, quò resides, tali pro munere nobis
> Dedere mavis equum, quo phaleratus abis,
> Nunc tibi mater eat sospes, seu cetera praeda,
> Sin autem, ante oculos funera matris habes:
> Reddidit orsa sibi Datus non digna relatu :
> Funera matris age, nec mihi cura satis.
> Nam quem poscis equum non unquam dedere dignor
> Improbe, haud equidem ad tua fraena decet.
> Nec mora crudelis matrem consistit in arce,
> Et nato coram dilaceravit eam.
> Namque ferunt ferro primo secavisse papillas
> Et capite abciso : *En tua mater, ait!*
> (Ermoldi Nigelli carminis lib. i, v. 95.)

inondèrent ces provinces. Il avertit ses moines que les ennemis viendraient dans deux jours les attaquer, et leur ordonna de se retirer dans la forêt prochaine avec tout ce qu'ils pourraient emporter. Pour lui, il ne voulut pas abandonner l'église qui lui avait été confiée. Étant demeuré seul, il se prosterna devant la porte de l'église, dédiée à saint Pierre, et y demeura en prières. Les barbares, irrités de ce que les moines leur étaient échappés avec ce qu'ils avaient de plus précieux, essayèrent d'obliger l'abbé à les découvrir; et comme il le refusa, ils le chargèrent de coups et le laissèrent demi-mort. Le lendemain, qui était leur grande fête, ils se préparaient à offrir un sacrifice : le saint abbé ramassa ses forces, et s'approcha d'eux pour leur faire des reproches de leur impiété. Ils en furent d'autant plus surpris, qu'ils le croyaient mort; et celui qui présidait au sacrifice lui jeta à la tête une grosse pierre, dont il le blessa mortellement. Après que les Sarrazins se furent retirés, les moines le trouvèrent étendu par terre et le portèrent dans sa cellule, où il vécut encore six à sept jours[1].

Mais, ainsi qu'on l'a remarqué, ces ravages partiels n'étaient que des faits isolés et tenant beaucoup plus aux habitudes des Berbers qu'à un système arrêté d'avance. La course en grand, la véritable guerre sainte[2], ne recommença qu'en 732. Nommé vali de Cordoue, Abd-al-Rahman voulut justifier la con-

---

1. Fleury, *Histoire ecclésiastique*, t. ix, liv. 42.
2. Al gihed.

fiance du khalife ; il leva une cavalerie formidable et prit le chemin de Narbonne. Les musulmans entretenaient alors des forces considérables aux Pyrénées ; placé en quelque sorte à cheval sur l'Espagne et la Septimanie, ce corps d'observation permanent, outre qu'il gardait les passages, pouvait se porter au premier signal du côté menacé. L'émir chargé de ce poste important, Othman-Abi-Nessa, ou Munuza, venait de conclure avec Eudo une alliance dont personne n'a dit le but, mais qui tendait sans doute à le rendre indépendant dans les montagnes avec ses tribus berbères. Éperdument épris de la belle Lampagia, qui exerçait sur lui cette irrésistible séduction des Gallo-Romaines vis-à-vis des barbares ; lorsque Abd-al-Rahman se présenta aux Pyrénées, en annonçant qu'il allait venger l'échec de Toulouse, Munuza crut devoir l'arrêter. Malheureusement son bras n'était pas assez fort. Battu et traqué comme une bête fauve dans les défilés de Puycerda, il croyait avoir échappé à ses ennemis. Harassé de fatigue et de soif, il s'arrêta un moment, avec sa chère Lampagia, auprès d'une fontaine qui ruisselait au milieu d'une nappe de verdure. Ce moment les perdit. Les soldats d'Abd-al-Rahman, les surprenant tout à coup, saisirent Lampagia ; et comme il ne put la leur arracher, et ne voulut pas se sauver sans elle, il se précipita du haut des rochers. Les soldats descendirent dans la vallée chercher sa tête, et la présentèrent avec la fille d'Eudo au miséricordieux vali, qui envoya sur-le-champ les deux objets au khalife, pour qu'il ornât ses tours avec le crâne, et son sérail avec la femme du rebelle[1].

Ayant ainsi détruit les espérances d'Eudo, Abd-al-Rahman entra dans le Frandjat, et commença par ravager les vallées pyrénéennes. Bayonne, la ville de Béarn[2], Oloron, furent successivement saccagées. Il ruina le Comminges et le Bigorre et, prenant par Aire et Tarbes, se dirigea, en évitant Toulouse et longeant la rive gauche de la Garonne, sur Auch d'abord, et ensuite sur Bazas. Les ruines des églises, les cloches brisées, la flamme qui s'élançait des monastères de Saint-Savin, de Saint-Sever, de Sainte-Croix, de Grigny, de l'île Barbe, les cadavres de ceux qui avaient essayé de résister, jalonnaient lugubrement son passage. Il avançait toujours vers l'ouest, suivi pas à pas par le duc Eudo qui l'observait de l'autre rive, et n'attendait qu'une occasion favorable. Cette multitude traînant après elle des masses de captifs, s'étendait sur tout le pays comme un effroyable ouragan. Le succès rendait les musulmans terribles. Eudo tenta vainement de les arrêter devant Bordeaux ; ils passèrent la Garonne, et le rejetèrent au delà de la place qu'ils prirent d'assaut quelques jours après. Tout cédait à leurs glaives *ravisseurs de vies*. Le comte de la cité eut la tête tranchée, et ils ne sortirent que chargés d'un butin précieux, parmi lequel étincelaient l'or, les topazes,

1. Isidori Pacencis epitome, p. 17.— Conde, t. I, cap. XXIV. p. 84.
2. Lescar.

les émeraudes, les hyacinthes. Les peuples du Frandjat tremblaient devant cette terrible armée. Ils recoururent au roi *Karle*, et lui firent savoir comment les traitaient les musulmans qui vaguaient librement de Narbonne à Toulouse, et de Toulouse à Bordeaux. Le roi du Frandjat consola ces peuples et leur offrit son aide. En l'an 114, en effet (733), il monte à cheval, et mène une innombrable armée contre les musulmans. Ceux-ci assiégeaient Tours et comptaient y entrer de vive force, lorsque Abd-al-Rahman apprit quelle nombreuse armée descendait contre lui. Abd-al-Rahman voyait fort bien, ainsi que les prudents émirs, le désordre que ce riche butin jetait dans l'armée; mais il n'osa pas mécontenter ses soldats en leur ordonnant de l'abandonner et de ne songer qu'à leurs armes et à leurs chevaux. Se confiant d'ailleurs en la constance de sa fortune et dans le courage des croyants, il dédaigna de compter les ennemis. L'ardeur du pillage échauffait tellement les musulmans, qu'ils emportèrent les faubourgs de Tours à la vue des ennemis. Ils eurent en ce jour la rage des tigres furieux, et firent un grand massacre des habitants. Aussi Dieu les punit, et la fortune leur tourna les épaules. Les deux armées ennemies, composées de musulmans et de chrétiens de différentes langues, se rencontrèrent entre les affluents de la Loire. Abd-al-Rahman, comptant sur son bonheur accoutumé, chargea le premier à la tête de la cavalerie avec une impétuosité épouvantable. Les chrétiens, qui formaient avec leurs piques d'épaisses murailles de fer, soutinrent le choc sans s'ébranler. Le combat dura tout le jour avec un égal avantage, et ne s'arrêta qu'à la nuit. A l'aube il recommença plus acharné encore. Les guerriers musulmans, altérés de sang et de vengeance, pénétrèrent enfin dans les rangs serrés des chrétiens : ils triomphaient ; mais au plus fort de la mêlée Abd al-Rahman voyant que l'élite de sa cavalerie tournait bride pour courir à la défense du camp attaqué par un détachement ennemi, vole de tous côtés pour la retenir et la ramener au combat, et dans ce moment de confusion tombe percé de plusieurs coups de lance. Cette mort et la nuit décidèrent la retraite des Musulmans, qui, rentrant prendre dans leur camp la partie la plus précieuse du butin, disparurent avant le jour[1].

La seule chose que ne dit pas Conde est la plus importante, à savoir, que ce fut Eudo qui exécuta cette habile manœuvre, à laquelle on dut le succès de la journée. Les Franks étaient battus, les escadrons du brave Abd-al-Rahman venaient de pénétrer dans leurs masses compactes ; si la charge avait continué et que ce torrent de cavalerie eût passé avec son impétuosité habituelle sur les lignes déjà

---

[1]. « Pasaron el rio Garuna y talaron sus campos y quemaron los pueblos, y hacian innumerables cautivos. Por todas partes iba esta ejercito como una tempestad desoladora, » etc. (Conde, *Historia de la dominacion de los Arabes en Espagna*, t. I, cap. XXV, p. 86, 87, 88.)

1. « Eudo quoque cum suis super eorum castra irruens, pari modo multos interficiens omnia devastavit. » (Paulus Varnefridus, *De gestis Longobardorum*, lib. VI, cap. XLVI.)

rompues de Karle-Martel, il était écrasé. A ce moment Eudo envahit le camp des Sarrazins : pour voler à la défense de leur butin ils s'arrêtent aussitôt, tournent bride, et, grâce à la confusion générale d'un pareil mouvement, l'émir est tué et la bataille perdue; mais ce n'est point par le fait de Karle-Martel. Toutefois l'histoire de ce temps ayant été écrite par des hommes du nord, ils ne se sont fait aucun scrupule de représenter le vaincu comme le vainqueur. Il s'en est même rencontré parmi eux qui ont poussé le désir de rehausser la gloire du chef austrasien jusqu'à jeter sur ce noble Eudo l'accusation inepte d'avoir appelé les Sarrazins[1].

En quittant ce *pavé des martyrs*, où l'on entend encore, au dire des écrivains arabes, le bruit que les anges du ciel font dans un lieu si éminemment saint pour y inviter les fidèles à la prière[2], les soldats de Mahomet s'étaient dirigés vers les Pyrénées par détachements. Se gardant bien de repasser dans le pays qu'ils avaient précédemment ravagé et où les ennemis seraient nés à chaque instant sous leurs pas comme après la défaite de Toulouse, indépendamment des troupes victorieuses d'Eudo qui leur barraient le chemin, ils gagnèrent la Marche et le Limousin et, débouchant par les petites vallées du Quercy, descendirent, en traversant le Tarn à Alby et les Cévennes à Cabrières, jusqu'à Narbonne. Karle-Martel suivit au contraire la route de Lyon et, entrant

---

1. Fredegarius in Appendice Gregorii Turonensis, cap. cviii, p. 72.)
2. Reinaud, *Invasion des Sarrazins*, première partie, p. 49.

dans la Burgondie méridionale, profita de la victoire pour faire vers la côte, entre Marseille et Arles, ce que les musulmans faisaient dans les contrées du centre en pillant tout ce qu'ils trouvaient sur leur passage[1]. Les armées, du reste, n'avaient point alors d'autre solde; et les leudes franks, qui ne savaient pas, comme les historiens de nos jours, qu'ils venaient de sauver la chrétienté, se seraient peu souciés des lauriers de Tours s'ils n'eussent porté du butin.

Mais le séjour de Karle-Martel en Provence ne fut pas long; forcé par l'insurrection des peuples de la Frise de remonter vers le nord, il abandonna le champ de bataille au moment où les Sarrazins s'y présentaient pour prendre leur revanche. Le cri du sang musulman versé à Tours avait retenti jusqu'à Damas et, sur l'ordre pressant du khalife, Abd-al-Malek accourait d'Afrique avec la mission de relever l'étendard du prophète au delà des Pyrénées. Le nouvel émir semblait digne de remplacer Abd-al-Rahman : lorsqu'il prit le commandement de ces cavaliers qui avaient fui, et sur le front desquels pesait encore la pâleur de la défaite, il parcourut leurs rangs d'un air calme et fier, et leur dit : « Les plus beaux jours qui brillent pour les vrais croyants sont les jours de combat, les jours consacrés à la guerre sainte. Voilà l'échelle du paradis. Le prophète ne s'appelait-il pas le fils de l'épée? Ne se vantait il pas

---

1. Aimoïni *De gestis Francorum*, lib. IV, cap. LVI.

de ne goûter du repos qu'à l'ombre des drapeaux conquis sur les ennemis de l'islamisme? La victoire, la fuite et la mort sont dans les mains de Dieu, qui les départit comme il lui plaît. Aussi, tel, qui hier fut vaincu, triomphera aujourd'hui avec éclat[1]. »

Ces paroles, qui s'adaptaient parfaitement au côté fataliste de leurs croyances, raffermirent le cœur des enfants d'Ismaël; ils reprirent d'une main confiante les guides qu'ils laissaient flotter auparavant sur le cou de leurs chevaux, et s'élancèrent à la suite d'Abd-al-Malek vers la Septimanie. Le prudent général commença par réparer les fortifications des cités; et dès qu'il les crut hors d'insulte, il envoya Youssouf, le gouverneur de Narbonne, en Provence. Les populations de ce pays, qui obéissaient presque toutes, à ce qu'il paraît, au duc ou patrice Mauronte, aspiraient à se rendre indépendantes et de Karle-Martel et d'Eudo. Elles devinrent donc les alliées des Sarrazins, qui n'avaient alors d'autre but que de refouler les Franks dans les marches septentrionales. Mauronte et Youssouf, coalisés, s'emparèrent de toutes les villes où Karle-Martel avait laissé des garnisons. Arles, Fretta, Avignon, ouvrirent successivement leurs portes. Le successeur d'Abd-al-Malek, Ocba, s'avançant d'un pas plus rapide encore dans cette voie de conquête, chassa les Franks de toute la Burgondie méridionale (Dauphiné), et occupa Lyon. Il ne restait plus une église debout sur

---

[1]. Reinaud, *Invasions des Sarrazins en France, en Savoie, en Piémont et en Suisse*, première partie, p. 51.

les rives de l'Isère ; et Saint-Paul-Trois-Châteaux, Donzère, Valence portaient de tristes marques de la vengeance musulmane à l'arrivée de Karle-Martel et de Child-Brandt son frère. Pressés à l'est par les Lombards qui débouchaient du Piémont, et au nord-est par des masses de Germains, les Sarrazins défendirent le terrain pied à pied : dans toutes les villes qu'ils tenaient, les Franks n'entrèrent que par la brèche. Mais trop faibles pour résister à ce flot toujours grossissant d'ennemis, ils regagnèrent Narbonne. Karle-Martel se hâta de passer le Rhône sur leurs traces, et vint planter aux bords de l'Aude un étendard qui ne s'y était pas souvent déployé. Le brave Athima défendait la place, et tous les efforts de Martel échouèrent sous ses remparts. Après une victoire remportée sur Amor dans la vallée de Corbie ou de Corbière, victoire qu'il dut beaucoup plus à la témérité de l'émir qu'à ses talents militaires, il leva le siége, et se retira en vrai fils des Germains, détruisant les villes[1], mettant le feu à ces magnifiques monuments qui avaient échappé à la hache barbare de ses pères. La flamme heureusement fut impuissante, et le superbe amphithéâtre de Nîmes resta ferme sur sa base antique, comme pour témoigner devant les siècles,

---

1. « Franci triumphantes de hostibus prædam magnam et spolia capiunt, captâ multitudine captivorum cum duce victore regionem Gothicam *depopulantur*, urbes famosissimas Nemausum, Agatem, his in terris funditùs muros et mœnia Carolus *destruens* igne supposito *concremavit*, suburbana et castra illius regionis *vastavit*, et salubriter remeavit in regionem suam in terram Francorum ad solium principatûs sui. » (*Appendix historiæ Francorum*, p. 76.)

avec ses arcades noircies, de l'aveugle barbarie de ces hommes dont on veut faire des héros.

Martel éloigné, tout rentra en Provence dans le même état que précédemment ; Mauronte reparut à la tête des habitants, et s'appuya de nouveau sur les Sarrazins : il fallut que le maire du palais revînt avec son frère Child-Brandt, et recommençât la guerre, qui fut décisive selon les historiens franks, chez lesquels d'ailleurs on ne trouve jamais que des victoires. A cette époque (739), les invasions arabes changèrent de caractère. Jusqu'alors elles avaient eu lieu par les Pyrénées ; mais soit que ce chemin parût trop long, soit, ce qui est plus vraisemblable, que les chrétiens des montagnes de jour en jour plus unis opposassent une trop vive résistance et rendissent le passage dangereux, à partir de la dernière moitié du huitième siècle les fils du prophète prirent la voie maritime. Nous retracerons en son lieu ce nouveau genre d'expéditions ; mais il est nécessaire auparavant de se transporter au cœur de l'Aquitaine, où va s'engager la lutte la plus importante de notre histoire.

VAÏFAR.

Eudo était mort en 728. A peine eut-il les yeux fermés, qu'avec l'approbation de ses leudes, Karle-Martel, en ennemi loyal, saisit, pour violer le traité, ce premier moment de désordre causé par le déplacement du pouvoir. Il passa la Loire, surprit Bordeaux et Blaye, et s'en retourna furtivement comme un voleur les mains pleines du fruit de cette maraude honteuse¹. Tel est le dernier exploit de Martel dans la Vasconie : la mort vint peu de temps après détacher cette armure qui pressait depuis si long-temps ses membres endurcis, et l'étendit sur la couche funèbre où il n'eut que le temps de partager l'héritage des Mérowingiens à ses deux fils, Pepin et Karloman. Ces derniers se trouvèrent en face des fils d'Eudo, Hunold, Hatton et Vaïfar², et l'antagonisme qui avait toujours existé entre les pères se continua avec toute l'énergie et l'ardeur de la jeunesse chez les enfants. A peine eurent-ils couvert de terre le corps de Martel, que Pepin et Karloman entrèrent en Aquitaine, et mirent la frontière à feu et à sang ; toutefois leurs succès se bornèrent à la prise du château de Lucas (Loches) et au pillage des campagnes, but de toutes ces incursions. La paix succéda à ces courtes hostilités ; et Hunold, le premier héritier d'Eudo, prouva qu'il la signait de bonne foi en rendant à Pepin l'abbé Lanfrid, qui, sous prétexte de chercher des reliques, était venu il y avait trois ans explorer le pays et surveiller ses mouvements. Mais de la part des fils de Martel la paix n'était qu'un piége. Trouvant une trop grande force de résistance au delà de la Loire, et croyant

---

1. « Anno 728 diem functus est Eudo dux Aquitaniæ, ejus morte auditâ Carolus Martellus, *pristini fœderis parùm memor* consilio suorùm Aquitaniam occupavit. (Dadinus Alteserra, *Rerum Aquitan.* lib. vii, p. 137.) —Aimoini *De gestis Francorum*, lib. iv, c. liii.—Regino (ad annum 732).

2. Sigebert, ad annum 733. — Garibay, lib. li, c. ii.— Roderic de Tolède, *Histoire des Arabes*, ch. xiii.

en avoir meilleur marché en détail, ils songèrent à diviser la nation vasconne. Dans ce dessein, le second fils d'Eudo, Hatton, qui, fait prisonnier antérieurement par Martel, était encore dans les chaînes, fut renvoyé en Vasconie. Et ce malheureux prince, infidèle au sang de son père et traître à son pays par ambition, commença publiquement à s'agiter en faveur des Franks. La haine des Vascons contre ces derniers était si unanime et si ardente, que le duc Hunold fut forcé, probablement, autant par la clameur nationale que par ses devoirs sacrés de chef, de prendre un parti rigoureux. A s'en rapporter à deux auteurs peu dignes de foi, il est vrai [1], Hunold lui aurait fait crever les yeux; et pour expier ce qu'un pareil châtiment offre de barbare, il serait descendu en même temps du siége ducal, et aurait cherché le pardon de Dieu dans un cloître de l'île de Ré.

Quel que soit le fondement de ces récits très-suspects de partialité et même de mensonge, il est certain que par suite d'événements dont on ne saurait aujourd'hui déterminer la nature, Vaïfar prit la place de son frère et réunit sur sa tête toute la succession d'Eudo. S'il est vrai qu'une époque se résume parfois dans un homme, jamais peut-être l'héroïque résistance d'une nation à l'influence étrangère ne fut plus noblement exprimée que par Vaïfar.

[1]. La Chronique du monastère de Saint-Nazaire éditée par Freherus, et la Passion de saint Berthaire, par Quercetan.

De stature colossale et doué d'une vigueur extraordinaire, ce jeune chef possédait tout ce qui inspire la confiance et l'admiration chez les peuplades aquitaniennes ; l'énergie avec laquelle il usa du commandement prouve que ses facultés morales n'étaient point au-dessous des avantages physiques. Contre son habitude, Dieu avait mis une grande âme dans un corps de géant. Ses premières pensées, dès qu'il fut à la tête des Aquitains, se tournèrent vers la Septimanie et la Gothie. Le pouvoir des Sarrazins, qui occupaient encore ces deux parties du territoire national, était à son déclin. Arrêtés en Afrique et en Espagne par les divisions intestines qu'irritait de jour en jour irréconciliablement la différence des races, les musulmans, fractionnés en fils de Yactan, Ariba Arabes et Yemenis, et en fils d'Ismaël ou Cayssys, versaient à flots dans une lutte fratricide le sang qui n'aurait dû couler, selon le prophète, que pour la guerre sainte. Pendant ces dissensions civiles et tandis que les Arabes s'efforçaient de soumettre ces Berbers [1], leurs plus puissants auxiliaires et le noyau le plus formidable des invasions précédentes, le mouvement progressif des Sarrazins au delà des Pyrénées se trouvait suspendu. Par la même raison, les factions diverses occupées à s'exterminer à Cordoue ou au pied de l'Atlas étaient loin de songer à dégarnir leurs rangs pour réparer les pertes des garnisons de la Septimanie. Il en résultait que ces

---

[1]. Novayry, n° 702, fol. 11.

détachements abandonnés à eux-mêmes s'étaient graduellement affaiblis, et ne pouvaient plus offrir les éléments d'une résistance sérieuse. Vaïfar, bien instruit de leur position, jugea le moment favorable et entra en Septimanie. Nulle part les Sarrazins ne se présentèrent. Le temps n'était plus où les héros de l'islamisme passaient sur les champs de bataille comme un ouragan : couverts par les tours romaines de Narbonne, ils bornèrent toute leur ambition à se maintenir dans ce petit coin de terre entre les étangs et la mer. Vaïfar ne rencontra donc que les anciens conquérants du pays. Les Goths, profitant de l'affaiblissement de leurs vainqueurs, avaient peu à peu ressaisi l'ombre de leur puissance passée. Toutes les villes d'où les musulmans s'étaient vus dans la nécessité de retirer les troupes, avaient été occupées par des Goths de race noble qui exerçaient l'autorité sans opposition [1]. Cette recrudescence de la vieille conquête barbare essuya toute la colère de Vaïfar. Il la poursuivit rudement l'épée à la main, et la brisa partout où elle avait osé reparaître. Mais la passion égoïste des ambitieux ne se tient jamais pour battue. Dépossédés de leur usurpation d'un jour par les Aquitains, les nobles Goths, un certain Ansemund à leur tête, pensèrent à la ressaisir à l'aide des Franks. De l'autre côté du Rhône, Pepin n'attendait qu'une occasion pour reprendre les projets de son père. Ces fugitifs allèrent l'y trouver et

---

1. Annales d'Annianus, première partie.

lui offrir Agde, Nîmes, Béziers, Magdelonne, cités démantelées d'où Vaïfar venait de les chasser. Pépin s'empresse d'accepter, les rétablit comme ils l'espéraient dans les comtés des villes septimaniennes [1], et, ne doutant pas que Vaïfar ne s'opposât de toutes ses forces au passage des Franks sur la rive droite du Rhône, cherche un prétexte de guerre et lui envoie des députés chargés d'abord de réclamer satisfaction pour les Goths qui avaient été tués dans son incursion en Septimanie, et ensuite de le sommer de rendre aux églises et abbayes fondées par les Franks en Aquitaine les biens dont il s'était emparé. En formant ces demandes, Pepin était prêt à combattre, et, d'après la coutume des siens, il avait commencé la guerre avant de la déclarer, et portait déjà le fer et le feu dans le Berry. Vaïfar, au contraire, surpris par cette attaque imprévue, se voyait dans l'impossibilité de tenir la campagne : il opposa donc la ruse à la mauvaise foi, et promit de restituer les terres ecclésiastiques. Deux nobles aquitains, Adalgar et Ithier, remis en otage, garantirent l'exécution de cette promesse [2].

Mais l'année suivante, 759, et aussitôt que ses préparatifs furent terminés, il rendit la pareille à Pepin.

---

[1]. « L'acquisition que Pépin fit de la Septimanie est le *premier titre de la propriété et du domaine de nos rois* sur cette province, qui fait aujourd'hui la plus grande partie du Languedoc.» (D. C. de Vic et D. Vaissette, *Histoire générale du Languedoc*, t. i, p, 415.)

On peut apprécier la valeur de ce titre, qui donne une idée de ceux que nous aurons à examiner successivement.

[2]. Annales de Fulde, années 759 et 760.

Suivi d'Humbert, comte du Berry, et de Blandin, comte des Arvernes, le même qui, envoyé en députation au roi des Franks, l'avait fait bondir de colère sous sa parole hardie ; il renouvela son expédition de l'année précédente dans la Septimanie et la Gothie, et, passant le Rhône, dévasta les possessions frankes depuis Saint-Paul-Trois-Châteaux jusqu'à la Durance. La fureur de Pepin à cette nouvelle ne connut plus de bornes. Rassemblant à la hâte ses fidèles, il se dirigea sur l'Auvergne par le Bourbonnais, où tout fut livré aux flammes, emporta d'assaut le château de Bourbon et écrasa les Arvernes sous ses armes victorieuses[1]. La forteresse de Clairmont[2] elle-même tomba en son pouvoir, au dire de ses panégyristes, dont la véracité toutefois est plus que douteuse. Il est à remarquer, en effet, qu'après ces succès si faciles et si décisifs, après avoir conquis l'Auvergne d'un coup de main et emmené le comte Blandin couvert de chaînes, en 762 Pepin est si peu avancé en Aquitaine qu'il est obligé de réunir toutes ses forces, et d'assiéger Bourges qu'il ne prit qu'à la suite d'un siège très-long et très-meurtrier. La conquête d'un château couronna cette campagne que le chroniqueur Aimoin et Frédegaire ne peuvent se lasser d'appeler glorieuse. Les représailles ne tardèrent pas. Vaïfar lança à la fois trois corps d'armée sur les terres de son ennemi. Mancio, son cousin,

---

1. Aimoini, *De gestis Francorum*, lib. IV, cap. LXV.
2. On conserve pour cette fois l'orthographe étymologique du nouveau nom de l'ancienne cité des Arvernes, *Augusto Nemeton*.

fondit sur Narbonne, que trois ans auparavant les habitants chrétiens avaient livrée à Pepin en expulsant les musulmans, qui disparurent ainsi de la Septimanie après 48 années de séjour. Chilpin, comte des Arvernes, envahit le Lyonnais, et Amanague, comte du Poitou, alla faire le ravage en Touraine [1]. Sur ces entrefaites, Rémistang, l'oncle de Vaïfar, trahit la cause nationale et passa en transfuge dans le camp de Pepin, qui paya magnifiquement sa perfidie. Au printemps, un champ de mai fut tenu à Nevers, et Pepin, à la tête de toutes les troupes qu'il avait pu réunir, poussa, dit-on, jusques à Cahors, dévastant le pays par le fer et le feu. Il est d'autant moins croyable qu'il se soit avancé aussi loin qu'on a oublié de tracer son itinéraire, et qu'en signalant seulement son retour par le Limousin, on laisse entrevoir clairement qu'il était venu par une autre route. Or, comme aujourd'hui, il n'existait que celle de Limoges. Une singularité aussi inexplicable, c'est que pendant l'incursion de Pepin dans ces montagnes où, avec une poignée de soldats, il aurait pu anéantir son armée, on nous représente Vaïfar occupé à *raser les fortifications* d'Angoulême, d'Argenton, de Saintes, de Périgueux, et même de

---

1. D'après les Annales de Metz, p. 279, et le continuateur de Frédegaire, p. 697, ces trois corps d'armée furent taillés en pièces et leurs ducs tués ; mais ce qui doit faire révoquer en doute le récit des chroniqueurs franks, c'est qu'Amanugue périt, disent-ils, dans une bataille contre les gens de saint Vulfarius, abbé de Saint-Martin; or, il n'a jamais existé d'abbé de ce nom. (Voir l'auteur de *Gestis episcop. Turonens.*, et *Abbatum majoris monast.*, p. 93.)

Limoges. En acceptant ces assertions étranges pour ce qu'elles valent, et réduisant les faits selon notre habitude à la réalité, afin de les juger par le résultat qu'ils présentent, que reste-t-il des pompeux récits des annales franques? Il reste une course au delà de la Loire dans laquelle Pepin s'est borné à relever les murs détruits d'Argenton, et à confier la garde de ce château bâti sur l'extrême frontière au traître Rémistang. On voit que le roi des Franks n'était ni bien avancé ni bien téméraire.

Ce qui achève d'éclairer impitoyablement cette série systématique de mensonges, c'est qu'en présence d'un ennemi dont les possessions avaient été si souvent livrées *au fer et à la flamme* qu'il n'aurait pas dû y rester un homme vivant et un mur debout, au moment où Vaïfar a détruit ses places et se trouve hors d'état de résister, Pepin s'arrête et prend haleine *pendant quatre ans* avant de repasser la Loire. Une halte si impolitique et si longue ne donne-t-elle pas un démenti formel à ses chroniqueurs? — En l'an 767, les Franks reparurent en Aquitaine. Cette fois ils vinrent par la Bourgogne, et, traversant le Rhône à la hauteur d'Avignon, ils entrèrent sur les terres de Vaïfar vers Narbonne, et défilèrent successivement sous les remparts de Toulouse, d'Alby et de Mende, car ces villes étaient trop bien fortifiées pour se rendre au bout de huit ou dix jours de blocus, et si Pepin avait tenu les clefs, au lieu de retourner faire ses Pâques à Vienne, il aurait certainement préféré rendre grâce à Dieu sous les vieilles voûtes des basiliques de Toulouse. Au mois d'août de la même année, Pepin redescend tout à coup à Bourges, y tient à la hâte l'assemblée militaire, et s'avance vers la Garonne pour brûler les moissons. Mais Vaïfar l'attendait avec ses Gascons dans les montagnes du Limousin et du Quercy. A chaque pas il fallut combattre. Les embuscades se multipliaient devant les Franks; chaque défilé, chaque bois, chaque grotte, cachait un ennemi. Pepin échoua donc complétement dans cette campagne, où il dut laisser la moitié de ses leudes, et s'en retourna avec la gloire, assez contestable d'ailleurs, d'avoir forcé trois châteaux. Cet échec l'avait rendu furieux; aussi l'expédition de 768 dépassa en excès barbares toutes les courses précédentes. Le Limousin fut ravagé dans toute son étendue par le fer et le glaive; les bourgs et les cités où entra Pepin n'offrirent plus, quand il en sortit, que des monceaux de cendres : tel était son acharnement, qu'il n'épargna même pas les monastères; et lorsqu'il eut passé, l'on aurait cherché en vain un arbre sur pied ou un cep de vigne[1].

Au cri de vengeance jeté par les malheureux montagnards, l'Aquitaine s'émut tout entière, et Vaïfar accourut avec une armée composée des Gascons de la plaine, des Poitevins et des vigoureux soldats du

---

[1]. « Pipinus Aquitaniam ingressus totum cum tractum quà patet in Lemovicum usquè fines ferro et igni vastavit, oppida quæ adhuc in potestate Vaifarii erant cremavit, monasteriis ipsis non pepercit, Hissandonem oppidum vini copiâ celebrem cepit et vastavit. » (Fredegarius.)

Quercy et de l'Arvernie. Une rencontre entre deux peuples animés de motifs semblables ne pouvait être qu'un carnage. Le sang inonda le champ de bataille, et les morts tombèrent par milliers. Mais à qui resta la victoire? Les ennemis de Vaïfar répondent sans hésiter : à Pepin. Ce n'est pas impossible ; il paraîtra toutefois extraordinaire, dans ce cas, de voir le roi frank, au lieu d'achever d'écraser les vaincus, s'empresser de repasser la Loire. Il la franchit de nouveau quelques mois plus tard, et, comme s'il avait eu une revanche à prendre, transporta ses dévastations dans le Périgord, d'où il se serait avancé subitement jusqu'à Agen pour regagner le nord par Angoulême.

Il y avait onze ans que cette guerre nationale durait. Malgré ses ravages et sa prétendue victoire, Pepin n'était encore parvenu à établir son autorité sur aucun point de l'intérieur. Comme dans les premiers temps, il n'occupait que Bourges, placée au bord de la frontière, et Argenton. Cette dernière place lui échappa en 769. Soit remords de sa défection, soit que la fortune fît meilleur visage à Vaïfar, ce qui semblerait probable; car après avoir tenu le champ de mars à Bourges, et s'être mis en campagne à grand bruit, Pepin venait de se retirer, prétextant les rigueurs de l'hiver; Rémistang rejoignit le fils de son frère, et s'unit franchement à lui contre l'ennemi commun. Mais ce retour, en supposant qu'il fût sincère, ne devait effacer que l'odieux de sa perfidie sans lui en sauver le châtiment. Il enlevait une à une avec le plus grand succès les escarres des Franks, et les chassait des lieux où elles étaient cantonnées, lorsqu'il fut trahi à son tour, amené à Pepin et pendu en sa présence. Les Franks se trouvaient alors en Saintonge, et avaient derrière eux les troupes de Vaïfar, qui, appuyé à la forêt d'Edobola ou de Ver, interceptait toute communication avec le Nord. La position du chef aquitain ne semblait pas plus mauvaise qu'auparavant. Il maintenait toujours la guerre sur les frontières septentrionales, et empêchait Pepin de pénétrer dans le centre et d'y former un établissement stable. Ainsi, au bout de onze années de lutte, les Franks n'étaient guère plus avancés au fond qu'après la première campagne, et cette héroïque résistance allait décourager l'opiniâtreté de leur roi ; mais impuissant par les armes, il employa le poignard. Après les fêtes de Pâques, le vaillant fils d'Eudo s'était dirigé vers le Périgord : sans doute il songeait à côtoyer la Dordogne en observant les mouvements de Pepin qui marchait vers Bordeaux. Couvert par la rivière, et longeant au besoin la chaîne de collines dont la Garonne baigne le pied, il aurait pu attendre et choisir le moment favorable pour attaquer les Franks. Deux traîtres payés par son ennemi ne lui en laissèrent pas le temps. Pepin fit assassiner pendant son sommeil celui qu'il désespérait de vaincre[1], et courut offrir à Dieu et suspendre à l'autel de Saint-Denis, comme

---

1. « *Consilio regis factum*, Waifarius princeps Aquitaniæ à suis interfectus est. » (Fredegarii continuator Ado chronic., p. 805.)

trophées de sa glorieuse victoire, les bracelets d'or de Vaïfar, que les meurtriers lui avaient remis en venant toucher le prix du sang.

Pieusement relevé par les siens, le cadavre de ce noble et courageux défenseur de l'indépendance nationale fut apporté à Bordeaux et enseveli hors des remparts dans une prairie, où la tradition eut soin de payer à son tombeau une partie du tribut d'honneurs et de souvenirs qu'il mérite[1]. Pepin ne recueillit pas les fruits du meurtre; comme si la main glacée de la victime avait entraîné l'assassin, il suivit Vaïfar dans la tombe, laissant, selon l'usage germanique, son empire également divisé à ses deux fils, Karloman et Charlemagne[2].

CHARLEMAGNE.

L'Aquitaine, que son père regardait comme une conquête assurée, lui échut en partage: c'était le lot de la guerre, et qui ne pouvait mieux tomber qu'en des mains jeunes et impatientes d'en supporter le poids. Les Aquitains étaient loin de se croire vaincus; et aussitôt qu'il voulut faire acte de souveraineté, il fallut que le jeune successeur de Pepin prît les armes. Dans cette nouvelle lutte les rôles des

---

1. « Ejus sepulchrum extat hodiè Burdigalæ extrà muros, è regione arcis dü Ha, in loco palustri qui vocatur tumulus Caïphæ.» (Lurbeo, *Burdigalensium rerum chronicon*, p. 7.)

2. Nous respectons ce nom populaire, bien qu'il présente, par sa construction franco-latine, une double anomalie.

chefs furent intervertis : antérieurement c'était un roi à cheveux blancs qui guidait les escarres frankes contre les Gascons commandés par un jeune homme: En 769, Charlemagne, qui n'avait que vingt-six ans, trouva devant lui un vieillard. Au bruit des désastres de sa famille et de la nation, l'ancien duc Hunold avait tressailli dans la cellule de son monastère. Dès que les religieux de l'île de Rhé eurent chanté la messe des morts pour le repos du fils de leur fondateur, Hunold sortit du cloître, et, paraissant tout à coup à Toulouse, jeta le froc aux pieds des comtes aquitains, et leur montra le frère du brave Vaïfar revêtu de sa vieille armure. Des cris d'enthousiasme saluèrent cette apparition nationale. La résurrection de la race d'Eudo, qui tout à l'heure ensevelie dans son plus noble rejeton se relevait pleine d'ardeur et d'énergie du fond de la tombe du cloître, sembla d'un heureux augure aux Aquitains. Ils se réunirent en foule autour du vieux chef[1], et celui-ci les mena vers les frontières au-devant de Charlemagne. Le fils de Pepin était arrivé à Angoulême. Sentant bien que ce qui lui manquait principalement était l'expérience, et qu'il ne pouvait s'aventurer en Aquitaine sans être appuyé des conseils de ceux qui avaient fait les guerres précédentes, il emmena plusieurs leudes établis dans cette ville,

---

1. « Iterùm novi tumultus in Aquitaniâ surrexêre ac veluti è gravi incendio intersopita flamma recruduit. Hunoldus Aquitaniæ principatum affectans provincialium animos ad res novas moliendas concitavit.» (Dadinus Altaserra, *Rerum Aquitanicarum*, lib. vii, p. 156.)

et choisit pour son premier comte l'évêque Launus, autrefois chapelain de son père[1].

Les deux nations ne tardèrent pas à se rencontrer sur les champs de bataille accoutumés, entre Angoulême et Bordeaux. La main d'Hunold, affaiblie par l'âge, ne put seconder sa valeur. Comme pour témoigner que le crime est béni ici-bas, le fils de l'assassin triompha du frère de la victime, et le malheureux Hunold, forcé de chercher un refuge auprès de Lupus, son neveu, duc des Gascons pyrénéens, fut livré sans difficulté aux envoyés de Charlemagne. Cependant, ou la politique de ce temps restait au-dessous des intelligences les plus bornées du nôtre, ou les faits qui représentent Charlemagne comme victorieux d'Hunold, et maître par conséquent de l'Aquitaine entière, sont controuvés; ou la prise du frère de Vaïfar n'entraîna la soumission d'aucun autre comte; car, loin de s'emparer d'une des clefs du pays, comme Toulouse, Narbonne, Clermont, Charlemagne s'arrêta, sans y pénétrer, à deux pas de Bordeaux, et tous ses succès aboutirent à la construction d'un fort appelé Franciac ou Fronsac, dans lequel il se retrancha au confluent de la Dordogne et de l'Ille[2], ni plus ni moins que s'il eût été battu. Son action sur l'Aquitaine ne

---

1. « Carolus benignissimus rex ivit ad Engolismam civitatem et indè sumpsit plures Francossimol que Launum episcopum ejusdem civitatis, qui fuerat capellanus domini Pipini regis.» (Auctor anonymus, *Vita Caroli Magni*.)

2. C'est par inadvertance que M. Fauriel (*Histoire de la Gaule méridionale*, t. III, p. 309) a écrit la Garonne.

s'étendit point au delà de la fondation de cette citadelle¹; emporté presque aussitôt vers l'Italie par l'intérêt que Pepin s'y était créé avec les querelles du pape et des Lombards, il retrouva dans l'avantgarde de ces derniers le vieil Hunold, toujours implacable dans sa haine, toujours armé contre l'homme du Nord. La présence du chef aquitain parmi les soldats de Didier semblerait faire supposer qu'il combattait comme auxiliaire et n'avait jamais été livré à Charlemagne, ou qu'il existait des motifs inconnus qui l'avaient déshérité de la confiance de la nation. Quoi qu'il en soit, il périt les armes à la main contre les Franks, et, à ce qu'il paraît, écrasé par les pierres de leurs balistes.

Sept ans après cet événement, Charlemagne vint faire ses Pâques et passer le printemps dans sa villa royale de Cassaneuil, située sur les bords du Lot et non loin de Sainte-Livrade-d'Agen. Il avait amené avec lui la reine Hildegarde, qui le rendit père d'un prince nommé Ludwig. Cet enfant vagissait à peine dans son berceau, que l'héritier de Martel l'avait déjà salué roi d'Aquitaine. Mais, quoique la moitié du pays, épuisée par les longues guerres de Pepin, semblât plier sans résistance sous la loi germanique, Charlemagne comprit qu'il fallait pour inaugurer cette royauté naissante l'éclat de la victoire, et, se

---

1. « Cette expédition est le titre en vertu duquel les biographes de Charlemagne mettent l'Aquitaine au nombre de ses conquêtes; c'est une impropriété historique qui n'a pas besoin d'être relevée tant elle est choquante! » (Fauriel, *Histoire de la Gaule méridionale sous les conquérants germains*, t. III, p. 309.)

déclarant le champion d'une cause populaire, il marcha contre les Sarrazins. Malgré les déplorables dissensions au milieu desquelles s'était paralysée l'énergie musulmane, les enfants du prophète n'avaient cessé depuis leur expulsion de Narbonne d'infester les côtes provençales. Les ruines des châteaux et la triste lamentation du monastère de Lérins [1] portaient hautement témoignage contre les infidèles, et Charlemagne devait croire que les futurs sujets de son fils lui tiendraient compte de l'expédition vengeresse qu'il entreprenait :

> El non Jhesu qui souffri passion !
> Contre la gent arabi de Mahon,
> Qui Dieu ne prise vaillant un espéron [2].

Mais les plaies faites au flanc de l'Aquitaine par son père et son grand-père étaient trop vives et trop profondes pour que l'impétueuse lionne eût pardonné. Nonchalamment couchée au soleil elle regarda passer sans ouvrir les yeux les soldats étrangers de Charlemagne : son indifférence était pourtant une menace, et son sommeil un sinistre pressentiment. En arrivant en Espagne, le fils de Pepin, que les hommes du Midi ne connaissaient encore que par les batailles de son père, et qui fondait de plus hautes espérances sur la trahison de quelques émirs que sur son épée, réduit à ses propres forces, n'entre que dans Pam-

---

1.   Aï, senhér Dieus del Paradis,
      Que fara l'isla de Léris?
        (Poème provençal de saint Honorat.)

2. Li romans de Garin le Loherain, publié par M. Paulin Paris, première chanson XI.

pelune, et est contraint de reprendre en toute hâte le chemin des Pyrénées. Alors l'Aquitaine se réveille. Une sourde rumeur sortie de Pampelune arrive en montant jusqu'au *port* [1] de Roncevaux.

Un cri s'est élevé.[2]
Du milieu des montagnes des Escualdunacs;

   1. Passage; d'où Saint-Jean-Pied-de-Port.
   2. Oiubat aïtuia içanda
Escualdunen mendiien artetic;
Eta etcheco-jauna, bere atiaren aitcinian chutic,
Idekitu beharriiac, eta errandu : nor da hor? Cer nahi dautet?
Eta chacurra bere nausiaren oinetan lo çaguena,
Altchatuda, eta carasiz Altabiçaren ingurniac beteditu.

Ibanetaren lephuan harabostbat agercenda ;
Hurbilcenda, arriokac ezker eta escuin iotoendifuielaric.
Horida urrundic helduden armadabaten burruma.
Mendiien capeletaric guriec erepuesta emandiote.
Bere tuuten seinnia adiaaçiute :
Eta etcheco-jaunac bere dardac chorochtentu,
Heldudira! heldudira! Cer lantzazco sasia!
Nola cernahi colorezco banderac hoien erdian agertcendiren!
Cer simistac atheratcendiren hoien armetaric!
Cenbat dira? Haura, condaïtçac ongi!
Bati, biia, hirur, lau, bortz, sei, zatzpi, zortzi, bederatzi, hamar, hameca,
[hamabi,
Hamahirur, hamalau, hamabortz, hamasei, hamazazpi, hemeçortzi, heme-
[retzi, hogoï.

Hogoï eta milaca oraïno!
Hoien condatcia denbora galtcia litake.
Hurbildetçagun gure beso çaï lac, errhotic atheradetçagun arrocahoriec,
Bothadetçagun mendiaren petharra behera
Hoien buruen gaïneraino.
Leherdetçagun, heriioaz iodetçagun.
Cer nahiçuten gure mendietaric norteco giçon horiec?
Certaco iendira gure baakiaren naasterat?
Jaüngoïcoa mendiac endituieman, nahi içandu hec giçonec ez pasatçia.
Bainan arrhocac biribicoïca eroztcendira tropac leherteauditnzte.
Odola currutan badoha, haragi puscac dardarau daude.
Oh! cenbat heçur carrascathuac! Cer odolesco itsasua!

Et le Basque, debout devant sa porte,
A prêté l'oreille et a dit : Qui vient? que me veut-on?
Et le chien qui dormait aux pieds de son maître
S'est levé et il a rempli d'aboiements les environs d'Altabiçar.
Au col d'Ibaneta un bruit retentit ;
Il approche, en frôlant à droite, à gauche, les rochers.
C'est le murmure sourd d'une armée qui vient.
Les nôtres y ont répondu du sommet des montagnes,
Ils ont soufflé dans leurs cornes d'urus,
Et le Basque aiguise ses flèches.
Ils viennent! ils viennent! Quelle haie de lances!
Que de bannières diversicolores flottent au milieu!
Quels éclairs jaillissent des armes!
Combien sont-ils? Enfant, compte-les bien!
Un, deux, trois, quatre, cinq, six, sept, huit, neuf, dix, onze,
[douze,
Treize, quatorze, quinze, seize, dix-sept, dix-huit, dix-neuf,
[vingt.
Vingt, et des milliers d'autres encore!
On perdrait son temps à les compter.
Unissons nos bras nerveux, déracinons ces rochers,
Lançons-les du haut des montagnes
Jusque sur leurs têtes.
Écrasons-les! tuons-les!
Et qu'avaient-ils à faire dans nos montagnes, ces hommes du Nord?
Pourquoi sont-ils venus troubler notre paix?
Quand Dieu fait des montagnes, c'est pour que les hommes ne
[les franchissent pas
Mais les rochers en roulant tombent; ils écrasent les troupes;
Le sang ruisselle, les chairs palpitent.
O combien d'os broyés! Quelle mer de sang!
Roland met l'olifant à sa bouche [1]

---

1.   Rollans a mis l'olifan à sa buche,
    Empeint le ben, per grant vertut le sunet,
    Halt sunt li pui e la voiz est mult lunghe.
    Granz xxx liwes l'oïrent-ils respundre.
    Karles l'oït e ses cumpaignes tutes;

Et en sonne de toutes ses forces.
Les montagnes sont bien hautes, mais la voix du cor est plus haute
[encore.
Elle va roulant d'échos en échos,
Karle et tous ses compagnons l'entendent.
Ah ! dit le roi : nos gens bataillent.
Mais Ganelon lui répond au contraire :
Si un autre disait cela, on le prendrait pour grand mensonge.
L'infortuné Roland à grand effort, à grand'peine,
Et avec grande douleur sonne toujours de l'olifant.
Le sang coule à flots de sa bouche ;
Son crâne se fend et se rompt,
Mais le bruit du cor éclate dans le lointain :
Karle l'entend une seconde fois au moment où il atteint le port.
Naisme, le duc, l'ouït aussi avec tous les Franks.
« Ah ! s'écrie le roi, j'entends le cor de Roland !
Il n'en sonnerait pas s'il n'était aux prises avec l'ennemi ! »
Mais Ganelon dit : Il n'y a point de combat :
Vous connaissez assez le grand orgueil du comte,
A présent il fait le fier devant ses pairs.
Chevauchons donc, pourquoi s'arrêter ?
La grande terre est loin encore devant nous.
Le sang coule de plus en plus des lèvres de Roland,
Son crâne laisse presque le cerveau à nu.
Cependant il essaie de nouveau de faire retentir le cor.
Karle l'entend et ses Franks comme lui.
Ah ! s'écrie le roi : « Ce cor a longue haleine ! »
Barons, répond le duc Naisme, j'en ai le cœur navré,
On combat, j'en jurerais Dieu !
Revenons donc sur nos pas, appelez vos enseignes
Et secourons notre gent qui est en péril.
Karle fait sonner les trompettes,

    Ço dist li reis : bataille funt nostre hume.
    E Guenelun li respundit encuntre;
    S'altre l' disist, ja semblast grant mensonge, etc.
        (La chanson de Roland ou de Roncevaux, publiée par
          Francisque Michel, d'après le manuscrit de la bi-
          bliothèque Bodléienne à Oxford.)

Les Franks descendent et se couvrent de fer.
Les pics sont élevés et les ténèbres épaisses,
Les gorges profondes et les gaves impétueux.
Derrière et devant l'armée frémissent les trompettes.
Le roi Karle chevauche en grand émoi,
Sa barbe blanche tremble sur sa poitrine.
Mais il arrive trop tard.
Fuyez ! fuyez ! ceux à qui il reste de la force et un cheval [1].
Fuis, roi Carloman, avec tes plumes noires et ta cape rouge.
Ton neveu, ton plus brave, ton chéri, Roland est étendu mort
[là-bas.
Son courage ne lui a servi à rien.
Et maintenant, Escualdunacs, laissons les rochers,

1.
Escapa, escapa, indar eta zaldi ditucuïenac.
Escapa hadi, Carlomano errege, hire luma beltcekin eta hire capa goriarekin.
Ire iloba maïtia Rolan çangarrba hantchet hila dago.
Bere cangarthasuna icretaco ez tuiçan.
Eta horaï, Escualdunac, utzdiçagun arrhoca horiee,
Jausgiten fite igordetçagun gure dardac escapatcendiren contoa.
Baduaci ! baduaci ! Nunda bada lantzazco sasi hura ?
Nun dira hoïen erdian agericiren cernahi colorezco bandera hec ?
Ezta gihiiago simistaric atherateen hoïen arma odolez bethetaric.
Cenbat dira ? Haura, condaïtçac ongi !
Hogoï, hemeretzi, hemeçortzi, hamazazpi, hamasei, hamabortz, hamalaü,
[hamahirur;
Hamabi, hameca, hamar, bederatzi, zortzi, zatzpi, sei, bortz, laü, hirur,
[biia, bat.
Bat ! Ezta bihiric ageri gihiiago.
Akhaboda ! Etcheco-jauna, inaïten ahaltcia çure chacurrarekin,
Çure emaztiaren, eta çure haurren besarcatcerat,
Çure darden garbitcerat, eta alchatcerat çure tuutekin, eta gero heiien
[gainian etçatçat eta lociteat.
Gabaz arrhanuac ienendira haragi pusca lehertu horien inferat,
Eta heçur horiec oro çuritucodira eternitatean.

Latour-d'Auvergne trouva ce chant, le 5 août 1794, dans un des couvents de Fontarabie. Il en existe plusieurs versions conservées traditionnellement sur la montagne. Le texte qu'on vient de lire, formé des meilleures variantes par M. *Duhalde*, a été traduit en 1834 par M. G. de M.

Descendons vite, en lançant nos flèches à ceux qui fuient.
Ils fuient! ils fuient! Où est donc la haie de lances?
Où sont ces bannières diversicolores flottant au milieu?
Les éclairs ne jaillissent plus de leurs armes souillées de sang.
Combien sont-ils? Enfant, compte-les bien!
Vingt, dix-neuf, dix-huit, dix-sept, seize, quinze, quatorze,
[treize,
Douze, onze, dix, neuf, huit, sept, six, cinq, quatre, trois, deux,
[un,
Un! Il n'y en a même plus un,
C'est fini. Montagnard, vous pouvez rentrer avec votre chien,
Embrasser votre femme et vos enfants,
Nettoyer vos flèches, les serrer avec votre corne d'urus, et ensuite
[vous coucher et dormir dessus.
La nuit, les aigles viendront manger ces chairs écrasées,
Et tous ces os blanchiront dans l'éternité.

Charlemagne revint tristement de Roncevaux, apportant sur ses chariots de guerre non plus les dépouilles de ses ennemis, mais les cadavres de ses fidèles. Il fit ensevelir les principaux à Bordeaux, et alla déposer lui-même dans la basilique de Blaye le corps du célèbre Roland, comte maritime de Bretagne. L'épée du défunt, appelée *Durandal*, fut suspendue au chevet tumulaire, son cor placé à ses pieds; et, le cœur navré de tristesse, Charlemagne dit le dernier adieu au plus brave de son armée [1].

1. « Carolus proceres francos, qui in angustiis montium Pyrenæorum insidiis, ut fertur, Vasconum occubuerant, justis peractis, Burdigalæ sepeliendos curat. Corpus verò Rolandi præfecti littoris Britannici et de quo aniles fabulæ narruntur tumulari voluit Blaviæ in basilicâ Sancti-Romani, ejus ense appenso quem *Durandal* vocant et cornu ipsius ad pedes positum. » (Lurbeo, *Burdigalensium rerum chronicon*, ad ann. 778.)

Selon Philippe Mouskes, ce qui est dit des chrétiens enterrés dans l'A-

Là ne devaient point s'arrêter malheureusement les résultats funestes de son expédition : après son départ, les Sarrazins, furieux d'avoir vu les soldats du Christ sur les terres de Mahomet, chassèrent impitoyablement des pays soumis au croissant tout ce qui adorait la Croix. Le peuple, qui seul tient à la terre natale, bien qu'il n'y possède souvent qu'une étroite place au cimetière, refusa d'abandonner le sol où ses pères avaient vécu : retranché dans les forêts, dans les gorges des montagnes et sur les cols presque inaccessibles de la Biscaye, il s'y défendit la hache à la main contre toutes les attaques des musulmans. Mais les riches, les descendants des nobles familles gallo-romaines, qui avaient été les premiers à conspirer avec Charlemagne dans l'espoir qu'il leur rendrait l'influence et les honneurs dont les Sarrazins les dépouillèrent au début de la conquête, ne se sentirent point le courage d'accepter la rude existence de leurs compatriotes. Perdant toute énergie avec leurs biens,

liscamp (champs Élysées) d'Arles, se rapporterait à une partie des guerriers tués à Roncevaux :

> A cel tans estoient conté
> Doi cimentière en dignité.
> L'uns iert a Arle en Aliscans,
> Et li autres si fu moult grans
> A Bourdiaux que Dieux bénei
> Par vii evesques k'il sainti.
> Tot droit a Arle en Aliscans
> Fu enfouis estous li sire,
> Ki de Langres tenoit l'empire.
> Si furent enfouis Salemons,
> Et Auberis li Bourguignons
> Et Sanse li Dus de Bourgogne,
> Ki moult fu preus en la besogne, etc.

ils émigrèrent et vinrent en Aquitaine demander en suppliants à Charlemagne la compensation de ce qu'ils avaient perdu pour lui. Il n'était que trop facile de les satisfaire. Dévastée par le malheur incessant des invasions, l'Aquitaine offrait assez de solitudes à repeupler. Charlemagne n'eut donc que l'embarras du choix ; et comme parmi ces émigrants se trouvaient un certain nombre de Wisigoths, il les établit autour de Narbonne, où le passage incessant des armées arabes et frankes, bien qu'il n'eût pas laissé un toit debout, n'avait pu effacer entièrement les traces de leurs pères.

Découragé par le désastre de Roncevaux, le petit-fils de Martel renonce à tenter la fortune contre les mécréants ; et quelques jours il se repose, dans la villa royale de Cassaneuil, des fatigues essuyées. Suivez dans cette métairie grossièrement construite, dont les eaux limpides du Lot reflètent de loin les murs de bois et de cailloux mêlés à l'argile et la couverture de chaume ; suivez le sauvage représentant de la rudesse franke. Sa taille a sept fois la longueur de son pied[1] ; ses yeux verts étincellent dans leurs grandes orbites, de longues boucles de cheveux blanchissants flottent sur ses épaules. Il marche en boitant vers l'étable, et demande à son

---

1. C'était le pied romain de onze pouces seulement. Marquard Freher cite en preuve de ce fait la découverte d'une baguette de cuivre façonnée comme un sceptre, et portant l'inscription suivante :

Karlus imp. jussit. cubitū istū.
Facere. juxta. mensuram suam.

comte le coursier auferant[1] qui va l'entraîner à la poursuite des bêtes fauves. Au retour de la chasse il se plonge dans un bain chaud avec ses leudes. On lui présente ensuite la chemise de lin qu'ont tissée ses femmes, la tunique à grands plis, et les brogues ou sandales aux bandelettes roulées jusqu'au genou. Il passe dans le baudrier doré l'épée à poignée d'or, et s'assied à la table royale, qui n'est couverte que de quatre mets et du produit de la chasse. Un moine lui lit pendant le repas les Gestes des anciens rois ou les Œuvres de saint Augustin. Il n'a bu que trois fois, et déjà l'on apporte le cidre, liqueur exquise réservée au dessert. Un moment après il quitte son manteau et ses sandales, et cherche pendant trois heures à échapper par le sommeil à l'action énervante du soleil du sud. Le soir il se rend scrupuleusement à l'église, et chante au lutrin avec les clercs[2].

Bien que Charlemagne n'eût pas conquis dans la Navarre les palmes qu'il était allé y chercher pour le couronnement de son fils, il n'avait pas abandonné son projet. On ne pouvait à cette époque se passer d'une consécration éclatante gagnée sur les champs de bataille, ou descendue du ciel par l'in-

---

1. Rapide.

2. « Corpore fuit amplo atque robusto, staturâ eminenti quæ tamen *justam non excederet;* nam septem suorum pedum proceritatem ejus constat habuisse mensuram. Oculis prægrandibus atque vegetis, naso paululum mediocritatem excedente, canitie pulchrâ, facie lætâ et hilari : voce clarâ quidem... Vestitu patrio, hoc est francisco, utebatur: ad corpus camisiam lineam deinde tunicam quæ serico limbo ambiebatur. » (Eginhartus, *De vitâ Caroli Magni,* cap. XXII et XXIII, p. 104, 105, 106, 107, 111.)

termédiaire du vicaire de Dieu. La première lui ayant manqué, il prit la route de Rome afin d'y recueillir la seconde. Le pape Adrien, reconnaissant de la haute protection que Pepin et son fils avaient accordée au saint-siége, sacra ses deux enfants, l'un roi d'Italie, et l'autre roi d'Aquitaine. Les Aquitains apprirent alors que leur pays venait d'être érigé en royaume[1], et bientôt ils virent arriver leur nouveau souverain. Son leude nourricier, Arnold, l'avait porté jusqu'à Orléans. Mais dès qu'on aperçut la Loire, on mit à cheval ce pauvre potentat de trois ans ; et habillé à la vasconne, d'un manteau rond, sur une chemise à larges manches, avec les jambes nues, des caliges ou bottines à éperons d'or, et un javelot, il se montra à ses peuples revêtu du double titre qui devait leur être le plus agréable, celui d'élu du pape et d'enfant du pays. Son père lui avait préparé les voies par une organisation incomplète et barbare, à la vérité, mais la seule qu'il fût peut-être possible de faire jaillir des ténèbres et du chaos social de ces temps. Toute la partie du pays qui reconnaissait l'autorité franke avait été divisée en neuf diocèses militaires, gouvernés par des comtes :

Humbert commandait le Berry ;

Abbon, le Poitou ;

Widbod, le Périgord ;

Itherius, l'Auvergne ;

---

1. Auctor Vitæ Ludovici Pii. — Besly, *Histoire des comtes de Poitou et des ducs de Guyenne*.

Bullus, le Velay;

Korson, le territoire de Toulouse;

Sigwin, celui de Bordeaux;

Aimon, l'Albigeois;

Rhotgar, le Limousin.

Il serait difficile de déterminer si l'Angoumois, la Saintonge, le Quercy et le Rouergue se rattachaient à l'une ou à l'autre de ces circonscriptions ; mais ce qu'on peut affirmer hardiment, c'est que ni la haute Septimanie, ni la Provence, ni la Burgondie (Dauphiné), ni la contrée aux neuf peuples n'en faisaient partie à aucun titre. Il resta donc en dehors de l'organisation germanique un lambeau national appelé à se grandir plus tard de ces diverses sections, taillées dans le territoire aquitain avec la vieille épée de l'invasion. Outre ces supports militaires, Charlemagne s'efforça de donner à la frêle royauté de son fils le solide appui du clergé. Par tous les moyens possibles il essaya de gagner à sa cause les évêques et les abbés[1]. L'Aquitaine fut en outre inondée de ces leudes mendiants qui, sous le nom de vassaux, s'enchaînaient corps et âme au roi avec les liens du *bénéfice*. A ces précautions, Charlemagne ajouta un acte qui prouve son désir de désarmer les haines de la nation à force de ménagements. Pour conseiller suprême et pour bras droit, il choisit à Ludwig un Aquitain, appelé Meginarius. Mais quelque soin qu'il

---

[1]. « Episcopos quidem modo quo decuit sibi devinxit : ordinavit autem per omnem Aquitaniam comites abbatesque nec non alios plurimos quos *Vassos* vulgo vocant,» etc. (Auctor Vitæ Ludovici Pii, lib. II, cap. v.)

prit de cacher sous des formes indigènes l'action insupportable du pouvoir étranger, les peuplades aquitaniennes n'en persistèrent pas moins dans leur éloignement et leur hostilité. La sixième année ne s'était pas accomplie depuis l'installation des comtes, qu'Adalrich, duc des Gascons, avait passé la Garonne et détruit dans le Languedoc actuel l'autorité de Korson. Le fonctionnaire frank ne conserva la vie et une ombre de commandement qu'à la charge d'en faire hommage au duc de Vasconie¹.

Un événement d'une si haute portée nécessita la convocation d'un plaid extraordinaire en Septimanie. Les conseillers du jeune Ludwig y mandèrent Adalrich ; mais il refusa de s'y rendre, à moins qu'on ne lui donnât des otages : et telle était la débilité de ce gouvernement karlovingien, que les otages qu'il exigeait lui furent fournis et qu'il s'en retourna du plaid chargé de présents². Pour Korson, c'est à peine si, à la diète de Worms, Charlemagne, dans tout l'éclat de ses grandeurs, osa le destituer et nommer ou reconnaître à sa place le comte Guillem, qui était probablement Aquitain. Rien ne saurait du reste peindre avec plus de naturel l'état de cette royauté en Aquitaine que la misère qui l'y dévorait. Lorsque Charlemagne revit son fils revenant vers lui les mains vides, il l'interrogea et apprit qu'il ne possédait rien ; et que les maigres sources qui filtraient encore goutte à goutte dans l'arche du fisc, étaient

---

1. Idem, *loco citato*.
2. Auctor Vitæ Ludovici Pii, lib. v, c. ii.

détournées à mesure par ses officiers. Tout ce que put faire le grand Charles, ce fut d'envoyer au delà de la Loire Wilbert, qui depuis eut l'évêché de Reims, et le comte Richard, procurateur de son domaine, afin de faire rendre à Ludwig les terres du fisc, qui consistaient en *quatre métairies* royales, Théoduad en Berry, Cassaneuil, Andiac en Limousin, et Eurogilum, dont la position est inconnue[1]. Voilà tout ce que possédait le fils de Charlemagne au milieu de ses comtes, et les limites de son pouvoir réel. Aussi n'est-ce pas dans ces palais de terre et auprès de ce blond enfant du nord, accablé sous le poids des chaleurs méridionales, qu'il faut chercher l'activité de la nation et le déploiement énergique du pouvoir. Mais il y a là-bas vers Toulouse un homme à l'âme forte, au bras vaillant, et qui a ceint depuis long-temps le heaume et la cuirasse. C'est lui qui va se lever au milieu du péril; c'est le comte Guillem, que les Sarrazins trouveront devant eux sur la route de Toulouse, comme leurs pères trouvèrent autrefois Eudo.

Au plus fort de la querelle des races musulmanes, les kalifes ommiades établis à Damas avaient été battus et remplacés par une autre famille issue du prophète. Le dernier membre de la dynastie proscrite, qui s'appelait le Serviteur du Miséricordieux, Abd-al-Rahman, trouva le moyen de passer en Espagne et de s'y faire reconnaître émir de Cordoue. Après

---

1. Idem.

bien des vicissitudes, dont le reflet sanglant doit luire pour nous dans le lointain, Hescham, son troisième fils, lui succéda; et pour abattre l'esprit de faction et tourner les idées des siens vers un but national, il fit proclamer la guerre sainte. Dans toutes les mosquées l'iman vint lire le vendredi cet appel aux croyants :

« Louanges à Dieu qui a relevé la gloire de l'islamisme par l'épée des champions de la foi, et qui, dans son livre sacré, a promis aux fidèles, de la manière la plus expresse, son secours et une victoire brillante. Cet Être à jamais adorable s'est ainsi exprimé : *O vous qui croyez, si vous prêtez assistance à Dieu, Dieu vous secourra et affermira vos pas. Consacrez donc au Seigneur vos bonnes actions; lui seul peut par son aide rallier vos drapeaux.* Il n'y a pas d'autre dieu que Dieu, il est unique et n'a pas de compagnon; Mahomet est son apôtre, et son apôtre est son ami chéri. O hommes! Dieu a bien voulu vous mettre sous la conduite du plus noble de ses prophètes, et il vous a gratifiés du don de la foi. Il vous réserve dans la vie future une félicité que jamais œil n'a vue, que jamais oreille n'a entendue, que jamais cœur n'a sentie. Montrez-vous dignes de ce bienfait; c'était la plus grande marque de bonté que Dieu pût vous donner. Défendez la cause de votre immortelle religion, et soyez fidèles à la droite voie; Dieu vous le commande dans le livre qu'il vous a envoyé pour vous servir de guide. L'Être-Suprême n'a-t-il pas dit : *O vous qui croyez, com-*

battez les peuples infidèles qui sont près de vous, et montrez-vous durs envers eux. Volez donc à la guerre sainte, et rendez-vous agréables au maître des créatures. Vous obtiendrez la victoire et la puissance ; car le Dieu Très-Haut a dit : *C'est une obligation pour nous de prêter secours aux fidèles* ¹. »

A la voix des imans, cent mille hommes accoururent sous les drapeaux sacrés : le visir Abd-al-Malek se mit à la tête des plus braves, et franchit le port d'Altabiçar. Les remparts de Narbonne revirent leurs anciens possesseurs ; mais les flammes qui s'élevaient des faubourgs éclairèrent la fuite de ces terribles cavaliers, dont les lances s'étaient rompues contre les portes de la ville sans pouvoir les ébranler. Les païens furent plus heureux à Villedagne. Le noble Guillem *au court nez* les attendait sur les bords de l'Orbieu avec les milices occitaniennes. Il abattit les mécréants *comme le faucheur abat l'herbe dans les prairies* ². Mais quoiqu'il en eût tué un si grand nombre qu'on ne pouvait *ni le voir ni l'endurer*, il fallut tourner la bride de son bon destrier vers Toulouse, et leur céder la Septimanie. Les Sarrazins regagnèrent l'Espagne chargés d'un immense butin, et suivis par une foule de captifs qui portaient sur

---

1. Extrait d'un formulaire d'actes arabes imprimé au Caire, traduit par M. Reinaud.

2. Si les abat le vassal adurez
  Com li fauchierres le fein aval les prez.
   (Roman d'Ayméri de Narbonne et de Guillaume au court
   nez, extrait du manuscrit 2734 *olim*, fonds Lavallière
   23, par M. Ach. Jubinal.)

leur dos de la terre du champ de bataille sur laquelle l'émir Hescham voulait asseoir les fondements d'une mosquée [1].

Charlemagne guerroyait pendant ces ravages au delà du Rhin : lorsqu'il eut apaisé l'insurrection qui, pareille à un incendie, éclatait périodiquement sur l'un ou l'autre point de son vaste empire, il oublia la honte imprimée sur ses armes à Villedagne pour une ambitieuse pensée de vieillard; et tandis que les turbans reparaissaient en maîtres dans l'Aquitaine, il courut chercher aux pieds du pape les débris mal soudés de cette couronne impériale brisée en 476 sur le front d'Augustule. Son fils Ludwig n'exerça une apparence de représailles qu'après le huitième anniversaire de l'expédition sarrazine. S'il faut en croire les chroniques, et surtout ce vague mais fidèle souvenir qui s'élève de siècle en siècle comme la voix des générations mortes, Guillem *au court nez* ne resta pas aussi long-temps à prendre sa revanche. Pressant les Musulmans pied à pied, il les poussa l'épée à la main vers Narbonne, où ils étaient rentrés, et lava dans leur sang, sous les remparts de la cité, la tache que la victoire de l'Orbieu avait laissée sur sa bannière [2]. Cette lutte contre les Sarrazins triomphait de l'apathie du peuple et ranimait le peu d'intérêt qu'il lui était possible de prendre à la chose publique. Excités par le désir de la vengeance et l'espoir de ressaisir une partie de ce que

---

1. Maccary, *Manuscrits arabes*, n° 704, fol. 86.
2. Goldast, Rerum allemann. t 1

leur avaient enlevé les fils d'Ismaël, tous ces pauvres colons des campagnes dont les chaumières avaient été brûlées, les moissons fauchées ou foulées aux pieds des chevaux, les femmes emmenées en esclavage, sortant en foule de leurs cavernes sur le passage de Guillem, se joignaient à ses hommes, et formaient avec leurs longs bâtons ferrés une avant-garde formidable. C'est devant une armée composée de la sorte que les Sarrazins sortirent de Narbonne, de Nîmes et d'Orange. Guillem était bien d'ailleurs le chef qui convenait à une telle cause et à de tels soldats. Profondément convaincu, il voyait plutôt dans ces guerres l'accomplissement d'un devoir religieux que de sa mission militaire, et il y portait en conséquence plus d'enthousiasme encore que de bravoure. A force de suivre cette pente, son esprit finit par tomber dans la vocation du siècle. A l'insu des hommes d'alors, le spectacle de cette société informe, sans lien, sans ordre, sans lendemain assuré, dans laquelle on n'entendait que des plaintes et le choc continuel des armes, ensanglantées pour un intérêt qui d'ordinaire ne touchait que faiblement les combattants, ce spectacle, disons-nous, agissait sur l'âme et la pénétrait d'un violent dégoût du présent. Fatiguée de ce tumulte stérile, elle n'aspirait plus qu'à se dégager d'un mouvement de faits où ne s'attachait nul intérêt. La paix et la vie calme et méditative du cloître, en quelque solitude bien cachée au fond d'un vallon, ou perdue dans les chênes de la forêt, apparaissaient

alors à l'âme avec la perspective d'un bonheur sans
fin dans l'autre vie, et son choix n'était pas douteux.
C'est sous cette influence toute-puissante sur les
natures fortes, car elles sentaient plus énergiquement le poids de la tâche ingrate imposée par le
gouvernement existant, que le brave Guillem résolut de quitter le monde.

Choisissant dans les gorges des Cévennes une petite vallée encadrée de rochers affreux, qu'on appelle
Gellone, à cause du ruisseau qui la remplit de verdure et de fraîcheur, il y jeta les fondements d'un
monastère. Brioude le vit bientôt agenouillé sur le
tombeau de saint Julien, se dépouillant de son armure pièce à pièce, et offrant comme un dernier
hommage, au saint protecteur des pèlerins, ce bouclier et cette cuirasse si souvent rougis du sang des
musulmans. Après avoir humblement prié et suspendu dans le vestibule de l'église son carquois et
son arc orné d'une longue flèche, il prit le cilice et
le froc, et se rendit pieds nus à Gellone. Les religieux qui l'allèrent recevoir processionnellement,
n'auraient pu reconnaître, dans ce moine pâle et
courbé de respect sous le morceau de la vraie croix
que lui avait donné Charlemagne, l'héroïque adversaire des Sarrazins. L'homme des batailles avait disparu, il ne restait plus que le frère de Saint-Benoît.

Cependant l'édifice construit avec tant de labeur
par Karle-Martel et Pepin accablait les épaules
vieillies de Charlemagne. Ne pouvant plus soutenir

seul le globe impérial, il appela son fils Ludwig à son aide, et un an après, en 814, le lui laissa tout entier par sa mort. A peine si le bruit de cette mort fut entendu en Aquitaine. Regardé en effet du point de vue méridional, Charlemagne ne paraît pas grand[1]. Heureux héritier de la brillante succession de Karle-Martel et de son père, il n'y ajouta rien avec sa propre épée. La seule fois qu'il la tira, on le battit. Sous son règne le pouvoir ne se montra ni plus fort, ni plus sage, ni plus respecté qu'auparavant. Les frontières n'en furent pas violées une fois de moins au midi; et avant de fermer les yeux il vit, comme un signe éclatant de la faiblesse de l'empire et de l'impuissance de l'empereur, quelques misérables barques de peaux forcer les frontières du nord, et briser d'un seul coup de rame tout le prestige de la gloire karlovingienne. Au tremblement de terre qui

---

[1]. Dans son *Histoire de la civilisation en France*, t. II, p. 125, M. Guizot s'exprime ainsi : « A la mort de Charlemagne, la conquête cesse, l'unité s'évanouit, l'empire se démembre et tombe en tous sens; mais est-il vrai que rien n'en reste, que toute l'œuvre guerrière de Charlemagne disparaisse, qu'il n'ait *rien fait, rien fondé?* — Il n'y a qu'un moyen de répondre à cette question ; il faut se demander si après Charlemagne les peuples qu'il avait gouvernés se sont retrouvés dans le même état : si cett double invasion qui au nord et au midi menaçait leur territoire, leur *religion* et leur *race*, a repris son cours. »

La réponse des faits est catégorique : au midi, les Arabes, comme on vient de le voir, n'avaient pas attendu sa mort pour franchir les marches et envahir encore la *grande terre;* pendant *deux cents ans* ils vont continuer leurs ravages, tandis qu'au nord les Normands détruiront jusqu'au moindre vestige de sa puissance. Quant à cette assertion, que « Charlemagne a fondé les états qui sont nés du démembrement de son empire, » nous prierons M. Guizot de se rappeler que tous ces états existaient avant Charlemagne, et qu'ils n'ont fait que rentrer dans leur individualité.

renversa l'année suivante la moitié de Saintes, et fit
crouler la plupart des édifices, le peuple, qui sup-
posait une étroite liaison entre les désordres de la
nature et les événements humains, s'attendit à de
nouveaux désastres. Son attente fut heureusement
trompée. Sigwin, le comte de Bordeaux, n'avait pas
tardé à épouser les intérêts de la peuplade vasconne
qu'il gouvernait. Tout à fait détaché du pouvoir impérial, il ne se mouvait que dans la sphère des idées
aquitaniennes. Ludwig le rappela donc, et envoya
dans le comté un représentant plus ferme de l'invasion franke; mais les Vascons refusèrent de le recevoir et prirent les armes. Leur but était de conserver l'indépendance qu'ils avaient reconquise sous le
commandement de Sigwin. Ils la défendirent avec
vigueur dans deux campagnes, et quoique, selon leur
coutume, les panégyristes des Karlovingiens les
écrasent sans coup férir dans les chroniques, de
leurs expressions mêmes et des faits postérieurs [1]
il ressort incontestablement que l'empereur Ludwig
échoua, et que Sigwin resta par la volonté du pays
comte des Vascons-Bordelais. A la même époque
(816) ceux de la rive gauche de la Garonne et des
vallées pyrénéennes luttèrent aussi avec les Franks;
et malgré la mort de leur duc Garsimir, tombé sur
le champ de bataille, ils ne se découragèrent point.
Donnant leur bannière à Lupus-Centullus, durant
trois années ils soutinrent la guerre contre Bérenger,

---

1. A une date incertaine, on verra plus tard Sigwin, comte de Bordeaux, tué dans un combat contre les Nordmans.

comte de Toulouse, et Warin, comte des Arvernes. Pepin, le fils de Ludwig, à qui son père venait de céder l'Aquitaine, les trouva en armes, et dut combattre en allant prendre possession de son nouveau royaume. Ainsi, un large foyer de liberté nationale brûlant encore des Pyrénées à Bordeaux; les Sarrazins toujours menaçants et envahisseurs sur la marche d'Espagne, toujours prêts à débarquer et à rançonner les côtes provençales : au centre un pouvoir étranger antipathique à la nation et affaibli, divisé en tous sens par les prétentions naissantes et déjà rivales de la féodalité, voilà le spectacle que présentait l'Aquitaine au neuvième siècle. La dissolution de l'œuvre créée, non par Charlemagne, mais par Karle-Martel et Pepin, était donc imminente, quand l'arrivée des Nordmans vint la précipiter, et chasser comme une ombre ce fantôme impérial. Nous allons décrire en détail ce nouvel élément anti-civilisateur, vomi comme les précédents par le Nord; mais pour bien apprécier le caractère des invasions des Nordmans et définir exactement la nature de leurs ravages, il est indispensable de porter d'abord nos regards sur l'état de la société, et de voir quels changements elle avait subis depuis la chute du polythéisme, de l'empire et de la monarchie gothique.

QUATRIÈME PARTIE.

ASPECT CHRÉTIEN DE LA SOCIÉTÉ EN 820.

Rien ne se perd dans le monde moral, pas plus que dans le monde physique. Les débris des générations éteintes fécondent celles qui les suivent, et toute civilisation nouvelle emprunte à la civilisation qu'elle remplace la plus grande partie de ses éléments. Le christianisme, grand architecte de la société moderne, employa ainsi, à l'aide de ces foules barbares qui lui servaient de manœuvres, presque tous les matériaux de la grande ruine romaine. Profitant avec une extrême habileté du bouleversement des invasions; à mesure que le torrent alain ou vandale emportait un fonctionnaire, le christianisme s'emparait de la fonction et la gardait. Peu à peu, les barbares et la dégradation des empereurs aidant, il se trouva un jour que l'ordre admirable du gouvernement de Rome était passé, comme prix du sang des martyrs dans les mains de leurs successeurs. Les évêques s'étaient substitués sous le nom de *métropolitains* au vicaire et aux présidents des sept métropoles : dans la plupart des cités ils avaient pris la place et recueilli l'autorité du *défenseur*. Leurs clercs en même temps occupaient partout l'emploi des *curateurs* des bourgs et des campagnes. Sur le patron de la curie avait été taillée la paroisse. La maison où se tenaient ses assemblées, *domus curialis*, devint même le séjour du fonctionnaire ecclésiastique plus tard appelé *curé*[1]. Par une conséquence naturelle, des ruines des édifices païens étaient sortis aussitôt les édifices destinés à symboliser aux yeux des hommes l'idée catholique. Pleine d'un reconnaissant et pieux souvenir, l'Église songea d'abord, en construisant ces monuments, à honorer la mémoire de ses premiers athlètes. Ce fut dans les lieux où les obscurs soldats du Christ avaient combattu et souffert qu'on bâtit la généralité des basiliques; et en voyant s'élever sur le sol autrefois baigné de leur sang et consacré par leurs reliques cet éclatant témoignage de leur triomphe, le peuple, à qui appartenaient presque tous les martyrs, dut se sentir dans l'âme une joie fière et noble. Par l'imitation grossière (autant que le permettaient l'oubli des règles et la décadence de l'art) de l'extérieur des temples païens, le clergé avait couvert l'Aquitaine de basiliques. On trouvait :

A Agen, celle de Saint-Caprais ;

A Brioude, celle de Saint-Julien ;

A Brives, celle de Saint-Martin ;

A Bordeaux, celles de Saint-Severin et de Saint-Pierre ;

A Blaye, celle de Saint-Romain ;

A Cahors, celle de Saint-Étienne ;

---

1. Il y avait dans chaque municipe un flamine élu par le peuple, auquel le curé succéda dans les mêmes conditions.

A Limoges, celle de Saint-Sauveur[1];

A Mende, celle de Saint-Privat;

A Perpignan, celle de Saint-Jean;

A Poitiers, celle de Saint-Hilaire;

A Saintes, celle de Saint-Eutrope;

A Toulouse, celle de Saint-Saturnin.

A Arles le temple de Mars, et à Marseille celui de Diane, s'étaient convertis en basiliques nommées *majores*, les plus belles. Sur tous les points du territoire, d'Argenton à Perpignan, un ordre secondaire d'édifices religieux constatait simultanément les progrès et la victoire du christianisme. Il y avait les monastères de Mainlieu, de Moissac et de Volvic, en Auvergne;

Ceux de Saint-Colomban, de Méobec, de Saint-Austregile en Berry;

Ceux de Saint-Émilion et de la Réole dans le Bordelais; de Figeac, de Moissac et de Saint-Théodard dans le Quercy.

---

[1]. On voyait dans une niche pratiquée au mur méridional de cette église un bas-relief en granit très-fruste, et d'un dessin barbare, qui représentait une lionne couchée, tenant entre ses pattes trois lionceaux. Au-dessus de la lionne, une figure d'homme, d'un style incorrect et lourd, semblait s'appuyer sur le dos de l'animal, et le presser encore du poids de deux boules qui chargeaient ses bras. Au-dessous étaient gravés ces vers sur une plaque de cuivre :

> Alma leæna duces sævos parit, atque coronat;
> Opprimit hanc natus Vaïfar malesanus alumnam,
> Sed pressus gravitate luit sub pondere pœnas.

La lionne figurait l'Aquitaine, qui avait enfanté et paré Vaïfar d'une belle couronne, mais qui, épuisée par ses guerres sanglantes, tomba sur lui et l'écrasa dans sa chute. Ce monument de la haine des Franks, qui insultait encore par delà la tombe à la noble victime de Pepin, avait été érigé par Louis-le-Débonnaire.

A Limoges, les moines de Saint-Augustin avaient chassé les prêtres de Jupiter ; à Poitiers, les flamines de Janus étaient représentés par les chastes filles de Sainte-Radegonde ; à Toulouse, saint Saturnin détrônait Pallas ; à Conques, en Rouergue, saint Datus avait renversé Rut ; et devant saint Théoffred du Velay, et saint Volusien de Pamiers, s'étaient effacés Apollon et Vénus. Sous l'invocation de saint Martin, de saint Gilles, de saint Guilhem et de saint Michel, florissaient à Tours, auprès d'Arles, à Gellone et en Roussillon, de riches monastères : jour et nuit les psaumes retentissaient, dans l'abbaye de Psalmodie ; et l'îlot de Lérins, avec ses cinq cents moines, le disputait en science et en vertus au fameux Paradis de Marseille, qui en comptait cinq mille.

Au-dessous enfin de la basilique et du monastère qui remplaçaient le Capitole dans la cité, et le temple inférieur dans les campagnes, on rencontrait à chaque pas un troisième ordre de monuments. Afin que nul refuge ne fût laissé au polythéisme, partout où il se manifestait extérieurement, les chrétiens le poursuivaient et le transformaient. Ainsi les *édicules*, les cancels grillés, les autels des dieux s'étaient changés en chapelles dédiées aux saints qui avaient lutté avec le plus d'ardeur contre l'idolâtrie. Au chêne druidique même on avait ravi sa mystérieuse et vieille sainteté ; et pour que le peuple en venant s'agenouiller sous ses branches frémissantes ne songeât plus à la belle Néhalénia aux souliers d'or, et ne crût plus voir la lune descendre du ciel en voile blanc, une statuette de la Vierge était placée dans un creux de l'arbre. Enfin à chaque carrefour consacré par les Romains aux dieux Termes, doubles, triples et quadruples [1], selon le nombre des chemins qui y aboutissaient, on planta une croix; et les colons des champs, habitués à fléchir le genou devant l'emblème païen, ne s'y rappelèrent bientôt plus que l'idée chrétienne.

Cette lutte corps à corps s'était continuée dans les formes liturgiques du culte. Toutes les fois que le christianisme n'avait pu abolir une cérémonie, il se l'était appropriée en couvrant le symbole païen. La fête des mauvais génies, par exemple, qui se célébrait au printemps [2], devint dès le cinquième siècle la gracieuse et poétique cérémonie des Rogations. Comme il n'eût pas été possible de déshériter les fontaines sacrées des vertus curatives que de siècle en siècle leur attribuait le vulgaire, le clergé se contenta de les mettre sous la protection des saints, et de bénir lui-même à de certaines époques les premiers rayons solaires qui les éclairaient [3]. Grâce à

1. Bivis, tribuis, quadrubis.
2. Voir page 25.
3. *Dans l'arrondissement de Castres* il existe un temple dédié à *saint Estapin*, nom inconnu. Le 6 août on célèbre sa fête; et les infirmes, s'y donnant rendez-vous, y accourent de toutes parts. A côté du temple est une fontaine, dite de Saint-Jean, dont les eaux descendent *par un ravin jusqu'au pied d'une croix qu'on y a plantée*. C'est là qu'on vient faire des ablutions mystérieuses sur les parties du corps malades. Mais c'est surtout le jour de la Saint-Jean qu'on prétend que le soleil levant danse en éclairant la fontaine, que les eaux sortent à plus gros bouillons, et que la

la sagesse de cette marche, peu à peu les traces du paganisme s'effacèrent ; et en 820, comme aujourd'hui, le peuple qui dansait autour du feu le jour de la Saint-Jean ne se doutait guère qu'il célébrait la fête des solstices, que le prêtre catholique jetait l'eau bénite sur les tisons comme l'avaient fait vingt siècles avant lui le druide et le krestophode, et qu'il invoquait saint Jean comme ses pères invoquaient Janus ! C'est sous l'influence de ces idées et par suite du même plan, qu'une foule de localités adoptèrent les noms d'évêques indigènes morts dans les sixième, septième et huitième siècles.

Telle était alors, si l'on peut s'exprimer ainsi, la forme extérieure et monumentale du christianisme. Passons maintenant à son organisation hiérarchique. Sept métropolitains dans les anciennes capitales des sept provinces, presque autant d'évêques que de cités romaines; des archidiacres, des clercs et des diacres dans les villes et dans la campagne, et les religieux des cloîtres, voilà ce qui composait le corps ecclésiastique. Au métropolitain obéissait l'évêque[1], à ce dernier étaient soumis les moines et

---

guérison est infaillible.» (Massol, *Description du département du Tarn*, p 106.)

1. Dans son *Histoire de la civilisation en France*, t. I, p. 382, M. Guizot a dit « qu'à l'avénement des Carlovingiens les métropolitains n'existaient presque plus ; » c'est une grande erreur : telle était leur influence sous Charlemagne, que ce prince, dans son testament, ne parla que des *cités métropolitaines*, et leur fit des legs magnifiques ; et le titre en lui-même semblait si important, qu'*en* 876 Frotharius, évêque de Bordeaux, ayant voulu, par crainte des Nordmans, échanger son siége contre celui de Bourges, échoua devant l'opposition ecclésiastique et séculière, malgré l'appui du pape Jean VIII. Nous omettons le capitulaire de 779.

les clercs. L'Église, quant à son gouvernement intérieur, constituait donc une démocratie indépendante, se gouvernant elle-même par ses lois. Parmi les emprunts faits au pouvoir déchu de Rome, elle s'était bien gardée d'oublier les assemblées périodiques. Les conciles continuaient dans une autre sphère d'intérêts l'action des réunions honoriennes. Toutes les fois qu'il s'agissait de régler un point important soit de discipline, soit de dogme, les évêques *seuls*, comme autrefois les *honorés*, s'assemblaient dans une cité et votaient des canons. Tant que l'Église fut vraiment libre, les conciles se tinrent à des intervalles assez rapprochés. On en compta seize dans le sixième siècle[1], non compris celui d'Agde, dont nous avons rapporté les principales délibérations. Mais l'Église aquitanienne ne tarda pas à se trouver entre deux forces supérieures, la royauté et la papauté, dont la double attraction, bien que s'exerçant en sens contraire, la dépouilla insensiblement de sa liberté primitive. Les papes, qui aspiraient à ressaisir sur le monde chrétien l'autocratie que les empereurs avaient exercée sur le monde romain, finirent par attirer à eux le droit de décision suprême en tout ce qui touchait le dogme, et, d'autre part, les rois franks usurpèrent l'autorité réglementaire pour ce qui était gouvernement

---

1. Ceux de Toulouse, 507; d'Arles, 524; de Carpentras, 527; d'Orange, de Valence, de Vaison, 529; de Clermont, 535; d'Arles, 545 et 554; de Tours, 567; de Saintes, 579; de Valence, 584; de Clermont, 588; de Narbonne, 589; des frontières du Gévaudan et du Rouergue, et de Poitiers, 590.

intérieur et discipline. Cet envahissement du pouvoir papal et de la royauté eut lieu à la faveur du trouble des invasions et des ténèbres, de plus en plus épaisses, qui s'étendaient sur les esprits. Il s'opéra avec d'autant moins de peine, que l'ancien et immense prestige de Rome, imprimé encore profondément dans l'imagination des peuples, joint à l'habitude d'obéir à son impulsion, rendait les voies faciles de ce côté; tandis que de l'autre, la royauté, se servant pour dépouiller le corps ecclésiastique de la main d'un petit nombre de ses membres, obtint par l'égoïsme et l'ambition de quelques-uns le sacrifice des droits de tous. Asservie dès lors au pape et au roi, l'Église n'eut plus d'existence propre, plus d'initiative individuelle; et sa voix, qui s'élevait si librement dans les conciles, fut condamnée au silence pendant deux siècles, car elle n'avait rien à dire : on parlait pour elle à Aix-la-Chapelle ou à Rome.

De cette époque date la période purement temporelle du clergé. Aux évêchés et aux monastères était attachée la meilleure partie du sol : sous Karle-Martel, comme on sait, cette agglomération de richesses éveilla les convoitises de ses leudes franks, qui firent leur proie de ce qui se trouva à leur convenance. Une fois en possession de la terre des églises ou des monastères, la plupart de ces usurpateurs s'emparèrent de l'épiscopat et de ses dignités abbatiales comme d'un titre de propriété. Et quoique les Karlovingiens parussent avoir la main forcée, cette intrusion violente était leur ouvrage au fond; car elle brisait l'unité du clergé aquitain, qui, depuis Chlovis, leur était contraire[1]. C'est la même idée qui présida plus tard à la fondation des abbayes. Pepin, Charlemagne et Ludwig-le-Pieux les jetèrent sur la surface de ce pays hostile comme autant de colonies militaires destinées à devenir les points d'appui de la conquête. Les Aquitains, du reste, ne s'y trompaient pas, car nous avons vu l'ardeur que mettait Vaïfar à chasser les moines franks et à saisir leurs terres. Pressés alors par cette invasion barbare, les évêques et abbés indigènes, pour sauver ce qui leur restait, ne trouvèrent d'autre moyen que de transformer leurs propriétés en bénéfices militaires[2]. On les vit marcher au combat le casque en tête,

---

1. Tout le clergé d'Aquitaine était entré dans la conspiration de Gondobald, le prétendu fils de Chlotaire.

2. Voici la liste des moûtiers qui devaient au roi le service militaire, l'impôt, ou simplement des prières.

Les monastères de :

Poitou, Noirmoutier, Saint-Maixent, Saint-Savin, Sainte-Croix.

Auvergne, Menat, Mainlieu, Mauzac.

Rouergue, Conques, Saint-Antonin.

Quercy, Moissac.

Périgord, Brantôme.

Limousin, Sainte-Marie.

Languedoc, Saint-Papoul, Sorèze, Maz-d'Asil, Aniane, Saint-Tibery, Villemagne, Venerque, Saint-Égidius (dans la vallée Flavienne, près de Nîmes), Psalmodie, Saint-Pierre de Lunas, Caunes, Montolieu, Sainte-Marie de Cabrières la Grasse, Saint-Laurent, Sainte-Eugénie, Saint-Hilaire.

Roussillon, Valespir.

Gascogne, Serres, Simorre, Saint-Michel, Saint-Sixte de Faget, St-Savin.

(Notitia de monasteriis quæ regi militiam dona vel solas orationes debent, scripta in conventu Aquisgranense, 817.)

suivre les ecclésiastiques-leudes dans les expéditions d'Espagne ou d'outre-Rhin, et comparaître au plaid en éperons. Or, l'accomplissement de ces nouveaux devoirs leur fit oublier en peu de temps la tâche apostolique : bien monter à cheval, lancer adroitement des flèches et se distinguer à la chasse ou dans la gymnastique des camps, voilà quel fut bientôt leur unique savoir et leur premier but. Les Capitulaires, seul flambeau de cette époque, éclairent tristement, à leur lumière vague et terne, les désordres et la dégradation où un pareil état de choses avait plongé l'Église.

« Quand un ecclésiastique s'est rendu coupable d'inceste avec la mère et la fille, ou avec les deux sœurs, ou avec ses nièces ou ses cousines, sa belle-sœur ou sa tante, qu'il perde sa dignité s'il est élevé dans l'Église, fouetté et jeté en prison s'il appartient au bas clergé [1].

« Karle, par la grâce de Dieu, recteur du royaume des Franks, pieux défenseur de la sainte Église et adjuteur de tous les membres du siége apostolique : à la prière de nos fidèles, et surtout des évêques et des clercs, nous défendons formellement à tous les serviteurs de Dieu de porter l'armure, de marcher contre l'ennemi et de combattre.

« Nous ne voulons plus que les prêtres versent le sang des chrétiens, ni même celui des païens. Nous leur interdisons la chasse et ces courses vagabondes

---

1. Baluzii Capit. reg. franc. capitulare Metense sub rege Pippino factum, t. 1.

par les forêts avec des chiens. Désormais ils ne possèderont plus de faucons.

« Seront privés du sacerdoce ; car ils font pis que les laïques, les prêtres qui auront plusieurs femmes, qui répandront le sang des chrétiens ou celui des païens et qui violeront les canons.

« Nous enjoignons à l'évêque de veiller dans sa paroisse, avec l'aide du graphion, qui est le défenseur de l'Église, à ce que personne n'ait l'audace de s'adonner aux *pratiques du paganisme,* telles que les divinations, les sorts, les profanes libations des tombeaux, les augures, l'immolation des victimes que des insensés offrent à la mémoire des saints selon le rite païen.

« Ordre est donné aux prêtres de renoncer à l'usure, d'observer le jeûne des quatre-temps, de se rendre au mall l'été et l'automne, et de prier pour le roi quand on le prescrira. Il faut exhorter les anachorètes à quitter la solitude pour entrer dans une congrégation.

« Nous recommandons aux moines d'avoir plus de souci de leurs âmes que des biens de la terre, et d'obéir à leur abbé sans murmure.

« Nous entendons que les cellériers des monastères se conforment à la règle et ne tombent point dans l'avarice.

« Il est convenable que l'abbé couche avec ses moines.

« Nous défendons à ces derniers de hanter les tavernes, et aux abbés de *leur faire crever les yeux* ou de *les mutiler pour quelque faute que ce soit.* »

Après avoir mis à nu un moment les plaies de l'Église, Charlemagne et son fils jetaient sur elle leur manteau impérial.

« Nous voulons, disaient-ils, à Aix-la-Chapelle, en 803, que nos sujets rendent tout respect et tout honneur à leurs évêques et à leurs prêtres.

« Ils seront élus par le peuple et choisis parmi les meilleurs.

« Si quelqu'un tue un sous-diacre, il paiera trois cents sous d'amende; pour la vie d'un diacre, quatre cents; six cents pour celle d'un prêtre; pour celle d'un évêque, neuf cents : et quatre cents pour le meurtre d'un moine [1]. »

Ces dispositions législatives, nées des besoins du moment, n'offraient qu'une pénalité en quelque sorte exceptionnelle et toute de circonstance. Le droit romain n'avait cessé de dominer en Aquitaine et d'y être appliqué avec les lois wisigothe et Gombette [2]. La justice et l'administration conservaient les formes antérieures à l'arrivée des Franks. Nul changement ne s'était fait dans l'organisation politique établie par les Wisigoths. Les ducs, les comtes, les centeniers, les dizeniers, les juges, les préposés existaient toujours avec des attributions identiques.

1. Capit. Karoli Magni, 769.— Baluz, t. I.
2. Ut omnis ordo ecclesiarum secundum *legem romanam vivat;* et sic inquirantur vel defendantur res ecclesiasticæ ut emphiteuosos contractus, undè ecclesia damnum patiatur, non observetur, sed secundum *legem romanam* destruatur et pœna non solvatur.» (Capit. Ludovici Pii; Baluze, Cap. reg. franc., t. I.)

« Id constituimus observandum quod ecclesiastici canones decreverint et *lex romana* constituit.» (Premier canon du concile d'Orléans, en 511.)

La seule institution vraiment nouvelle importée par les Franks fut celle des *messagers dominicaux*. Pour faciliter la marche de leur vaste gouvernement, et autant que possible écarter les obstacles qui en arrêtaient les nombreux et difficiles rouages, les Karlovingiens créèrent des légats, sorte de maîtres des requêtes, qui avaient pour mission de visiter les provinces afin d'éclairer de près la conduite des comtes et des juges, et de prononcer en même temps sur les causes dévolues au roi. En lisant les instructions de 802, on saisit sur-le-champ l'utilité et la haute importance de cet emploi.

« Le sérénissime et très-chrétien seigneur empereur Karle a choisi parmi les plus prudents et les plus sages de ses archevêques, évêques, abbés et pieux laïques, des messagers dominicaux, et en les envoyant dans toutes les contrées de l'empire il leur a recommandé ce qui suit :

« Tout individu, soit ecclésiastique, soit laïque, à partir de l'âge de douze ans, jurera fidélité au seigneur empereur.

« Chacun s'efforcera de vaquer en son particulier au service de Dieu, car ledit seigneur empereur ne peut veiller au salut de tous.

« Personne ne se parjurera au détriment de l'empereur ou des autres.

« Que personne n'ait l'audace d'enlever, par fraude ou par violence, le bien des saintes églises de Dieu, des veuves, des orphelins, ou des pèlerins, ni de les léser en aucune façon.

« Que nul n'ose déserter les bénéfices du seigneur empereur,

« Abandonner sa bannière,

« Ou refuser le paiement du cens.

« Que les évêques et les prêtres vivent selon les canons.

« Les évêques, les abbés et les abbesses s'appliqueront sérieusement à la direction de leurs sujets, et ne gouverneront point le troupeau qui leur a été confié avec une *verge de fer* et un orgueil despotique; mais au contraire avec amour, douceur et charité.

« Les moines observeront la règle et les canons.

« Les évêques, les abbés et les abbesses choisiront, *avec le consentement du peuple*, des avocats, des vidames et des centeniers sachant la loi, capables de rendre la justice, et d'un esprit pacifique et doux; car nous n'entendons souffrir désormais dans les monastères ni ces avocats, ni ces préposés fiscaux avares et dangereux dont on nous fait des plaintes de toutes parts.

« Les évêques, les abbés, les abbesses et les comtes s'entendront pour que la justice ait un libre cours, et ils vivront les uns et les autres en paix et en bonne intelligence.

« Les abbés et les moines resteront soumis aux évêques.

« Les évêques, de leur côté, ne préféreront point dans les monastères le dernier au plus méritant, et ne se laisseront point guider dans leurs choix par la faveur ou la parenté.

« Il sera formellement interdit aux évèques et aux autres clercs d'avoir des chiens et des faucons.

« Les comtes et les centeniers s'occuperont de la justice et jugeront selon la loi.

« Que nul ne s'avise de refuser l'hospitalité aux pèlerins, qui ont droit, chez le pauvre comme chez le riche, au feu, au couvert et à l'eau.

« Que tous se tiennent prêts et marchent à l'appel du seigneur empereur.

« S'il se rencontre un vassal, un centenier ou un comte volant du bois dans nos forêts, qu'il soit puni en raison du délit et de sa qualité.

« Nos messagers dominicaux feront couvrir le mall, pour que les assises puissent s'y tenir sans obstacle en automne comme en été.

« Ils nommeront partout des échevins, des avocats, des notaires, des juges, des vicaires et des prévôts choisis parmi les meilleurs qu'ils pourront trouver, et nous rapporteront les noms des élus [1]. »

Tel était le mandat des messagers dominicaux : ils vont nous dire eux-mêmes comment ils le remplissaient :

« Laissant derrière nous les hautes murailles de Lyon, nous gagnâmes, dit Théodulf, mon collègue Leidrad et moi, la vallée pierreuse où est bâtie Vienne, entre des rochers et un fleuve. De là, tournant vers Maurienne, Orange et Avignon, nous descendîmes dans l'ancien royaume des Goths. Nîmes,

---

1. Capitula data missis dominicis, 802. — Baluz. Capitularia reg. franc., t. I.

la cité aux grands édifices, fut visitée ensuite. Nous laissâmes Maguelonne à gauche, Substantion à droite, et, sans nous arrêter à Agde, nous nous rendîmes tout droit à Béziers, et de Béziers à Narbonne. Dans cette ville magnifique des milliers de Goths et d'Espagnols réfugiés se portèrent en poussant des acclamations à notre rencontre. Ayant inspecté rapidement Rasez et Carcassonne, nous revînmes tenir les assises dans le forum narbonnais. L'affluence était immense : les populations et les clercs accouraient de tous côtés; le synode ecclésiastique se réunit sous nos yeux, et chacun s'en retourna jugé et content. Les affaires réglées à Narbonne, nous prîmes la route d'Arles l'opulente. L'autorité du synode et de la loi, employée avec adresse et fermeté, réussit à pacifier les différends du peuple et des clercs. Notre tournée s'acheva enfin par Marseille, Aix et Cavaillon, où nous fumes forcés de rester, ne pouvant aller dans les autres villes pour divers motifs. Toutes les populations se rendaient en foule auprès de nous. Hommes, femmes, enfants, vieillards, jeunes filles se pressaient sur nos pas, chargés de présents et persuadés qu'il suffisait de les offrir pour avoir gain de cause. La corruption était le bélier avec lequel ils battaient à l'envi les remparts de notre conscience. L'un promettait les cristaux et les perles de l'Orient, si l'on voulait le mettre en possession du champ d'autrui; pour obtenir l'héritage et la maison rurale qui ne lui appartenaient pas, l'autre apportait un monceau de pièces d'or où brillaient les sentences de l'Alcoran et les caractères arabes, avec ces sols d'argent marqués par un poinçon latin. Celui-ci prenait à part notre officier, et lui disait mystérieusement : « Je possède un vase antique de la plus grande pureté et d'un poids raisonnable, sur lequel sont gravés les forfaits du voleur Cacus. Hercule y est représenté au moment où dans sa fureur il tue ce fils de Vulcain. Ce scélérat a beau vomir des flammes, le héros l'écrase avec son genou et fait jaillir ses entrailles. Un peu plus bas tu verrais ses bœufs entraînés à reculons dans une caverne. Tout ceci est dans la cavité du vase, dont un cercle uni forme le rebord. Le même Hercule étouffant au berceau deux serpents, et exécutant ses travaux fameux, apparaît un peu plus haut; et à l'extérieur, usé de vétusté, on l'aperçoit couvert de la fatale chemise de Nessus. Ce chef-d'œuvre est à moi, et je le donnerai à ton maître s'il veut altérer la charte d'une famille que mon père et ma mère ont affranchie. » Celui-là disait : « J'ai des étoffes de diverses couleurs, qui me viennent des Sarrazins, sur lesquelles l'artiste a peint un veau suivant sa mère, et une génisse auprès d'un taureau. Il est impossible de rien voir de plus éclatant et de mieux travaillé; eh bien! on me conteste un troupeau, et j'offre tête pour tête un taureau peint pour un taureau vivant, une génisse fictive pour une génisse réelle. » Un plus hardi montrait une superbe coupe d'or, en demandant une injustice; un plus riche étalait des tapis propres à resplendir sur les reposoirs d'argent et la belle vaisselle d'or, et insinuait tout bas que son père avait laissé des propriétés délicieuses dont ses frères et ses sœurs réclamaient une part, et qu'il désirerait bien posséder seul. Les uns voulaient s'emparer de la maison de leurs parents ; les autres, de leurs terres : ceux-ci détenaient injustement le patrimoine d'autrui ; ceux-là cherchaient à l'envahir et, pour mieux me séduire, c'était à qui m'offrirait ce qu'il avait de plus précieux, mules, chevaux, armes, jusqu'à des boucliers et des casques. Après les grands présents des riches venaient les petits cadeaux du peuple. Les cuirs de Cordoue blancs et rouges, les toiles, la laine, les chaperons, les souliers, les gants, les coffres à bijoux, étaient tendus vers moi à chaque instant. Il y en eut un qui alla jusqu'à me présenter, d'un air de triomphe, de petites bougies. Tous comptaient sur leurs présents, et n'auraient rien espéré s'ils n'avaient rien offert. Je les repoussai tous ; et faisant avancer les pauvres, qui se tenaient tristement à l'écart, j'acceptai avec joie ce qu'ils osaient à peine m'offrir, à savoir, des fruits, des fleurs, des œufs, de la volaille, des oiseaux et du pain.

« Que de fois, hélas ! le riche trouble avec ses présents la conscience des juges ! Le malheureux qui n'a rien à donner paraît devant eux en tremblant : ni témoins, ni lois, ni titres ne peuvent étayer sa cause, et il sort du forum dépouillé. C'est cependant un forfait que de trahir la vérité, et de vendre ce qui doit être gratuit. Aussi, entre les recommandations que nous adressons aux juges, celle-ci est la première : Qu'ils écoutent ensuite la voix suppliante du pauvre, et qu'un officier dévoué les précède quand ils ont quitté la chaise curule, et puisse l'amener en leur présence. Nous n'insistons pas moins sur la sobriété; car nous en avons vu venir siéger au sortir de table, qui pendant la plaidoirie étaient un objet de scandale et de dégoût, suant, soufflant, poussant des hoquets, vomissant même, jusqu'à ce que le sommeil les fît tomber du tribunal[1]. »

Parmi ces détails si intéressants sur les mœurs, le commerce, la manière dont la justice était rendue, on voit surgir un fait qui s'empare de toute l'attention et qui mérite de la fixer. Il est bien vrai, et nul ne pourrait le nier après cette énumération somptuaire; il est bien vrai que le pays contenait encore d'énormes richesses, et que le vieux luxe romain n'avait pas quitté ses sandales d'or. Mais toutes ces richesses, tout ce luxe s'étaient accumulés dans les villes à l'arrivée des Barbares. Du haut de leurs tours romaines, les habitants des cités virent passer les Alains, les Franks et les Arabes, comme on voit du sommet des montagnes la foudre éclater à ses pieds, et l'ouragan ravager la vallée. A très-peu d'exceptions près, les Barbares n'occupèrent point de villes; et à la chute du pouvoir des Goths, les Franks n'y

---

1. Jam, Lugdune, tuis celsis post terga relictis
  Mœnibus, aggredimur causa quod optat iter.
Saxosà petimus constructam in valle Viennam
  Quam scopuli inde arctant. . . . .
   (Theodulfi episcopi Carminum lib. I, p. 135-138.)

furent pas reçus ou n'y exercèrent qu'une autorité nominale[1]. Il résulta deux choses de cette situation privilégiée : la première, que toute l'opulence ayant reflué vers les cités y resta comme dans le seul lieu où elle pouvait trouver sûreté ; la seconde, que les institutions romaines s'y conservèrent intactes, et que la plus importante, la liberté municipale, n'y subit en réalité aucune altération. A partir d'Augustule, en effet, on la suit jusqu'au neuvième siècle sans que ses titres soient effacés et ses droits amoindris.

« Si quelqu'un, dit Théodorich dans un édit daté du commencement du cinquième siècle, veut donner une propriété urbaine ou rurale, que l'acte contenant la munificence, corroboré par la suscription des témoins, soit enregistré aux *gestes municipaux*, de telle sorte que la transcription soit autorisée par la présence de trois *curiales* ou du magistrat ; à défaut du magistrat, par celle du *défenseur* de la cité avec trois *curiales*, ou du *duumvir*, ou du *quinquennal*[2]. Au commencement du sixième siècle une insertion semblable eut lieu à Clermont sur la requête de deux époux présentée à la *curie*, au *défenseur* et aux *honorés* de la ville[3]. En 696, l'abbé de Géniac insère dans son testament celui de sa sœur et les présente au *sacré sénat* de Vienne. Cet acte est

---

[1]. « Franci Narbonam diù obsidentes per Gothos recipiunt, peremptis Sarracenis, factâ pactione cum Francis quod illic Gothi *patriis legibus*, moribus paternis vivant.» (Gerv. Tisleber, *De otiis imperialibus*.)

[2]. Edictum Theodorici regis, art. 52.

[3]. Baluze, *Miscellanea*, t. vi, p. 544.

souscrit par dix-sept sénateurs [1]. Au huitième siècle, l'abbé Widerad envoie aussi son testament aux *municipaux de la république* [2]; et au neuvième siècle enfin, le concile d'Arles constate l'existence du sénat dans les cités méridionales [3].

Toutefois, ainsi que nous l'avons déjà dit, si la municipalité restait encore debout et ferme sur ses vieux fondements, la désignation des charges municipales avait été légèrement modifiée dans le sens de la décadence de la langue et du nouvel état de choses. Sous les Barbares, par exemple, comme il s'agissait de faire comprendre l'idée par le mot aux Germains établis en deçà de la Loire, les curiales s'appelèrent généralement *échevins;* les sénateurs, illustres personnes (boni homines) ou *bons hommes* [4] : mais la fonction était la même, le nom seul avait été changé ou altéré.

Outre le privilége de se gouverner par des magistrats de leur choix, les cités jouissaient du droit d'élire leurs prêtres et leurs évêques. Ce droit, entravé souvent dans la partie septentrionale de l'ancienne Gaule, s'exerçait librement depuis les

---

1. « In Christi nomine ego Ephibius testamentum sororis nostræ judicante *senatu*, in Vienna civitate residente, huic testamento nostro inseruimus.... » (D. Luc d'Acheri, *Spicilege*, t. III, p. 818.)

2. Labbe anal. monast. cœn. Flaviniacens. Nova Bibliotli. manuscr., t. I, p. 269.

3. Idem, Concil., t. VII.

4. Voir les Formules de Marculfe, nos 22 et 33; de Sirmond, n° 8; de Bignon, n° 13. — Capit. Baluzii, t. II.

28.

premiers siècles à Arles[1], à Avignon[2], à Aire[3], à Alby[4], à Bordeaux[5], à Bourges[6], à Clermont[7], à Gap[8], à Limoges[9], à Toulouse[10], à Usez[11], à Vaison[12], à Viviers[13], et à Maguelonne[14].

Nous venons ainsi de voir passer devant nous les trois classes libres de la société : le clergé, composé des évêques, des clercs et des moines ; l'administration, enfermant dans son double cadre civil et militaire les généraux ou *ducs*, les gardiens des marches

---

1. Élection de saint Césaire en 561, cleros *civesque* alloquitur.—Act. SS. t. vi, p. 67.
2. Élection de Jean II en 564, à clero omni et *populo*.—Gallia christ., t. i.
3. Actes de l'ordre de Saint-Benoît, sect. ii, p. 817.
4. Élection de Citruin en 680, antistes factus est *judicio et populi*. — Chronique des évêques d'Alby.
5. Élection de Léonce II, au sixième siècle, *Burdigalenses* eum in episcopum elegerunt. — Gallia christ., t. ii.
6. Élection d'Austregisile en 611, electus *ab omnibus* ; et de Sulpice en 624, electus *à populo*. — Actes des saints, t. v, p. 231, et Du Chesne : Hist. franc. script., t. i.
7. Élection de Quintianus en 520, *cumque populus* sanctum Quintianum elegisset. — Gregorius Turon. Hist. Franc., t. iii, cap. ii.
8. Élection de saint Arigius au huitième siècle, clericorum ac monachorum *virorumque* consensu.—Vita sancti Arigii, Labbe biblioth. manusc., t. i, p. 693.
9. Élection de saint Sacerdos en 509, electione cleri et populi. — Act. des saints, t. iii, p. 783.
10. Élect. de saint Erembert en 656, jussu regis *populique* electione. — Act. des saints, t. iii, p. 391.
11. Élection de saint Firminus en 538, cleri ac *populi* suffragiis.—Gallia christ., t. vi.
12. Élect. de Quinidius en 654, *populi* suffragium. — Actes des saints, t. ii, p. 830.
13. Élection de Venantius au huitième siècle, cleri ac *populi* electione. — Act. des saints, t. ii, p. 107.
14. Élection de Fridolinus en 818, *plebs* et clerus.— Gallia christ., t. vi. — Voir, pour les siècles antérieurs, Raynouard, *Histoire du droit municipal en France*, t. i, p. 179-185.

ou *marquis*, les magistrats supérieurs des villes et commandants de troupes ou *comtes*, suivis de cette foule d'officiers subalternes appelés *vicaires*, juges, vidames, prévôts, centeniers, dizeniers; et enfin le *peuple*, qui ne comptait dans ses rangs que les habitants des cités ou des bourgs encore en possession du droit municipal.

Tout à fait au-dessous d'elles, au plus bas échelon social, végétait misérablement la classe esclave, aussi nombreuse à elle seule que les trois ensemble. Divisée en deux grands troupeaux, les serfs du domaine et ceux des citoyens, elle pullulait dans les villes et couvrait les campagnes. C'était la classe esclave qui cultivait la terre et la fécondait de ses sueurs au profit de l'oisiveté de ses maîtres. Le sol se fractionnait alors en six principales zones, les biens du domaine, les bénéfices militaires, les alleux ou propriétés civiles exemptes d'impôt, les terres des églises, celles des abbayes et les vieilles possessions curiales appartenant aux municipes. Sur les champs de ces divers propriétaires vivait, enchaînée à la glèbe, cette sorte de bétail humain qu'on nommait la population mancipiale. Naître pour travailler, vivre pour souffrir, mourir à la peine, elle n'avait pas d'autre destinée! Tout le poids de la vie tombait sur elle, sans qu'il se trouvât au fond de son calice une goutte rafraîchissante. Livrée sans défense à l'ennemi dès que la guerre arrivait, elle voyait ses récoltes détruites, ses chaumières en flammes, ses troupeaux enlevés ou égorgés sous ses yeux; et quand la guerre avait passé, il fallait recommencer la tâche de la veille, entre des cendres et des cadavres, avec la famine et le désespoir. Quand on songe que depuis cinq cents ans cette race vouée au malheur avait subi tous les fléaux de l'invasion, qu'après avoir été foulée aux pieds des coursiers barbares, elle fut si long-temps frappée par le fer des hordes frankes, si cruellement abandonnée à la fureur des Sarrazins, on s'étonne qu'elle ait pu survivre. C'est avec un profond sentiment de pitié qu'on détourne les yeux de cette existence funeste, en laquelle il n'y avait ni juste récompense pour le travail[1], ni compensation pour les douleurs, ni sécurité pour la personne. En vain le Christ était venu prêcher l'*inviolabilité humaine;* le malheureux colon n'en vit pas moins pendant neuf siècles sa femme et sa fille à la merci des passions du maître ou de la brutalité des envahisseurs, qui souvent même, comme les Sarrazins et les Franks, les entraînaient loin de la patrie dans un pire esclavage.

Telle était au neuvième siècle la condition des serfs ruraux : comme leurs frères des cités, ils n'avaient que deux portes pour sortir vivants de cet enfer. Mais ces deux portes étaient bien étroites et ne s'entr'ouvraient qu'à de longs intervalles. L'Église tenait les clefs de la première : pour prévenir la résistance que les prêtres de paroisse opposaient à leur despotisme, et parfois à leur injustice dans

---

1. On ne peut pas considérer le pécule comme une rémunération suffisante du travail de toute la vie.

l'administration des biens des églises, les évêques s'étaient habitués à recruter le clergé parmi les esclaves, que le sentiment de leur infériorité rendait d'une docilité passive. L'intérêt épiscopal tournait ainsi au profit de l'affranchissement des serfs. La seconde porte qui les menait à la liberté, s'ouvrait de temps en temps par la mort des propriétaires des alleux. A l'heure suprême et en jetant un dernier regard sur la terre, l'honnête homme était souvent ému des misères de ses esclaves. Il pensait alors au Christ, pauvre et comme eux victime, et disait dans son testament :

« Au nom de Jésus, j'affranchis tous mes esclaves de l'un et de l'autre sexe; excepté ceux que j'ai donnés à ma nièce et ceux que ma femme a reçus en présent. Quant aux autres, je veux qu'ils soient *libres* comme s'ils étaient nés de parents libres ; et qu'ils jouissent dès à présent de la splendeur de leur nouvel état. Ils pourront disposer à leur gré des troupeaux et du pécule, meuble ou immeuble, qu'ils ont acquis pendant qu'ils m'appartenaient, et auront après ma mort la faculté de se retirer et de se fixer où bon leur semblera[1]. »

A ce moment, la loi, qui ne s'était jusqu'alors occupée de ces hommes que pour les condamner au fouet, élevait à son tour la voix en leur faveur. « Si quelqu'un, disait-elle d'un ton sévère, cherche à ramener l'affranchi sous le joug, et qu'en montrant

---

1. Testament de Dadila, en 813, extrait des Archives de l'abbaye de Psalmodie. Voir les *Preuves de l'histoire générale de Languedoc*, t. I, p. 38.

sa charte d'affranchissement celui-ci prouve l'injustice de son adversaire, l'auteur de la tentative sera contraint de payer l'amende exprimée dans la charte[1]. »

Mais le soleil de la liberté se levait, hélas! bien rarement au milieu des alleux, et ne brillait presque jamais sur les terres du roi et de l'Église. Aussi, engourdie par une servitude sans terme et un avenir sans espoir, et ne laissant plus échapper une seule étincelle de ce feu électrique qui embrasa jadis les Bagaudes, la classe esclave marchait avec la résignation de l'idiotisme dans le sillon tracé par ses maîtres. Elle en était venue à croire que cette existence qu'elle usait tout entière à rendre le passage du monde plus facile et plus doux aux classes libres, devait s'écouler pour elle seule dans l'opprobre et dans l'infortune. Détachée dès-lors de la vie et les yeux fixés sur la croix, où le Christ avant elle avait souffert et bu le fiel, elle n'aspirait qu'à mourir afin de trouver dans la tombe la vie heureuse qui lui avait été promise. Le haut de la société, au contraire, tenait fortement au présent : de même que l'absence de tout intérêt et le complet ilotisme avaient entraîné la classe esclave vers les idées spiritualistes, de même l'opulence, le luxe et les priviléges du pouvoir plongeaient les classes supérieures dans le matérialisme le plus absolu. Comtes, vicaires, juges, nobles,

1. « Si quis per chartam ingenuitatis à domino suo legitimè libertatem est consecutus, liber permaneat. Si vero aliquis eum injustè inservire tentaverit et ille chartam libertatis suæ ostenderit et adversarium injustè se inservire velle comprobaverit, ille qui hoc tentavit mulctam, quæ in chartâ descripta est, solvere cogatur. » — Capitulare additum legi Salicæ, 803.

échevins, évêques, abbés, clercs, municipaux, tous étaient absorbés par une idée impérieuse, avide, fixe d'égoïsme et d'intérêt. De cette tendance générale et, l'on peut le dire, exclusive de la société, fortifiée par le peu de stabilité du gouvernement et les désordres des invasions, sortit l'épais brouillard qui enveloppa les esprits.

A partir de 711 ou de l'apparition des Sarrazins, le mouvement littéraire, que nous avons vu au siècle d'Avitus si fort et si rapide, s'arrête tout à coup. On aperçoit poindre aussitôt le vieux regain du paganisme. Le fond des idées romaines reparaît : on se réfugie dans les églises comme on se réfugiait dans les temples; l'eau bénite y remplace l'eau lustrale. Les princes demandent des présages aux saints, comme on en demandait aux dieux; la violation des tombeaux est déclarée comme autrefois impie : on croit aux fées nocturnes, à ces hommes dont parle Pétrone, qui se métamorphosaient soudain en loups[1], à ces voix des âmes qui gémissent dans l'air. Les lumières étincellent toujours la nuit dans les chapelles, les termes sont parés de fleurs au printemps, et l'on ne manquerait pas de planter le peuplier de mai et de célébrer chaque année en l'honneur des morts les féralies ou repas funèbres. La même réminiscence continuelle de Rome perce dans les lois nouvelles, qui ne sont en partie que des imitations plus ou moins habiles du Code Théodosien et des In-

---

[1]. « At ille circumcinxit vestimenta sua et subitò *lupus factus est.* » — Petronii Satyricon.

stitutes dont Charlemagne détacha çà et là des lambeaux pour orner sa robe barbare.

La langue était celle des Romains, l'administration, l'église, les cités n'en parlaient et n'en reconnaissaient point d'autre. Mais, à coté de cet idiome élégant à l'usage spécial des hautes classes, existait un idiome bâtard, composé des débris de toutes ces langues qui avaient dit la pensée des générations précédentes, lequel idiome, assez fortement empreint cependant de la couleur romaine, s'appelait *rustique*, et n'était employé que par le peuple[1]. La langue latine elle-même portait des traces effrayantes d'altération : elle avait fléchi aussi bas que les idées sous le joug du Nord, comme on le voit à la faible lueur littéraire qui scintille aux vitraux des cloîtres. Dans ces retraites solitaires, sous la voûte basse et sombre des cellules, s'élaborait un travail intellectuel qui avait pour but d'effacer de la mémoire des hommes toutes les idées semées par l'antiquité païenne, et de leur substituer les idées et la poésie nouvelle du christianisme.

« Nous voyons, disait le moine de Lérins, beau-

---

1. « Si fortè non fuerit in domo suâ episcopus, aut infirmus est aut aliâ aliquâ causâ exigente non valuerit, nunquàm tamen desit diebus dominicis qui verbum Dei prædicet juxtà *quod intelligere vulgus possit.* » (Labbe S. G. Concil., t. vii, coll. 1249.)

« Visum est humilitati nostræ ut quilibet episcopus transferre studeat homelias *in rusticam romanam linguam* aut theotiscam quò facilius cuncti possint intelligere quæ dicuntur. » (Concile de Tours de 813. Labbe, *loco citato*, coll. 1263.)

« De officio prædicationis ut juxtà quod *benè vulgaris populus intelligere possit assiduè fiat.* » (Baluz. Capit. reg. franc., t. i.)

coup de chrétiens étudier avec le plus vif intérêt les ouvrages des Gentils, et se plaire à la lecture des fables des poëtes, de leurs comédies et de leurs vers. Nous en trouvons d'autres qui recherchent avidement tout ce que ces infidèles ont fait de beau et de grand selon les jugements insensés de ce monde, et qui le gravent dans leurs souvenirs. Il en est même qui s'en rapportent plutôt aux histoires de ces damnés qu'à la doctrine, aux vertus et aux pieux exemples des saints. La vie et les mérites de ces bienheureux forment cependant la lecture la plus utile; car nous glorifions le Seigneur dans ses saints. C'est pourquoi, foulant aux pieds les études des fous du siècle, nous allons raconter la gloire et les miracles de notre illustre père Caprasius, dont on célèbre aujourd'hui la fête[1]. »

En entrant dans cette voie les moines s'adressèrent au peuple, et ils obtinrent d'emblée ses plus vives sympathies. On le conçoit sans peine, pour peu qu'on étudie l'esprit de leurs légendes. Écrites à dessein ou par la force de la logique chrétienne sous une inspiration démocratique, à chaque page, à chaque mot elles relevaient la classe avilie de la société. Comment voulez-vous que l'esclave ou l'ilote aquitain ne sentît pas son cœur battre avec force lorsqu'il entendait raconter la gloire d'un de ses frères et mettre au-dessus de toute splendeur, de toute puissance humaine un de ces malheureux sorti hier

---

1. Bollandus, 1er juin, p 77. Vita sancti Crapasii edita à Vincentio Barrali ex codice annoso.

de ses rangs! Chaque circonstance d'ailleurs de ces vies miraculeuses était placée en relief de manière à exalter le peuple en lui conservant le beau rôle sur la terre, et lui montrant au delà des austérités du christianisme la magnifique perspective des cieux. Voici la vie de saint Pardoux, par exemple. Le moine de Guéret, fidèle au plan que nous venons d'indiquer, commence par faire remarquer l'humble origine de son héros.

« Il était né auprès de Limoges, d'un colon religieux appelé Pardulfus. Dès l'enfance il se distinguait par sa douceur et son extrême modestie. Un jour assis sous un châtaignier avec d'autres enfants il se chauffait et partageait leurs jeux, lorsqu'il leur vint à l'esprit de mettre des charbons dans le creux de l'arbre. Favorisé par un grand vent, le feu prit, consuma les racines, et le châtaignier tomba tout à coup. Les enfants s'enfuirent; Pardulfus, seul, intrépide et immobile, attendit, en faisant le signe de la croix, la chute de l'arbre, dont une branche le blessa si dangereusement à la tête qu'il en perdit la vue. »

Le merveilleux qui entoure dès lors l'aveugle devient plus grave et plus frappant à mesure qu'il avance en âge. Jeune, il gardait son pain aux pauvres et guérissait les malades par l'imposition des mains; un peu plus tard le comte du pays vient l'arracher à sa solitude, et partout où il portait ses pas chevauchait à côté de lui cette étrange et pâle figure. Il fonde un monastère, et Pardulfus en est le prieur.

« Dès qu'il eut passé le seuil du moutier de Varact, il ne vit plus le soleil, ne toucha plus à aucune espèce de viande, et renonça à l'usage du linge et du bain. Il s'était enfoncé secrètement des pointes de fer dans tous les membres, afin de pouvoir dire avec le prophète : *Seigneur, ma chair est malade loin de ta face.* Aux quatre-temps il se faisait flageller jusqu'au sang par son disciple. Aussi, un soir qu'il sommeillait, l'archange Michel l'appela et lui fit voir au haut d'une échelle Dieu entouré de ses anges, et tenant la couronne préparée pour son front. Les grands s'inclinaient devant lui, et leur pouvoir cédait à sa sainteté. Le Frank Ragnarich, leude de Charlemagne, en fit l'expérience. Il avait enlevé à un colon des champignons que celui-ci portait au saint. Son enfant, auquel il les offrit, fut sur le point de mourir en y goûtant. Cette miraculeuse existence dura quatre-vingts ans, et le jour de sa mort on ouït le son de la trompette aux portes du monastère; c'était le chœur des anges qui célébrait son arrivée aux cieux[1]. »

La légende ne revêtait pourtant pas toujours cette forme enthousiaste. Variant de ton suivant le sujet, elle restait simple quand il s'agissait des saintes femmes. Ainsi le moine albigeois de Troclar, en racontant l'histoire de sainte Sigoléna et en décalquant mot à mot dans son prologue la gracieuse préface de Baudowina, dressa sans trop d'emphase la liste

---

1. Mabillon, *Act. sanct.*, t. III, p. 579.

des miracles de la sainte, qui consistaient principalement en guérisons de possédés¹. L'anonyme de Bourges, plus naturel encore, écrivit la biographie de sainte Eustadiole avec une naïveté qui n'est pas exempte de grâce. On aime à voir l'abbesse à la tête de ses religieuses priant avec ferveur pour obtenir de la pluie pendant la canicule, et si promptement exaucée que, tandis qu'elle regagne son cloître, l'orage éclate et l'inonde en chemin².

En dehors de ces œuvres et des Vies de saint Bausille, de saint Firmin, évêque d'Usez, de saint Ferréol, de saint Clair de Vienne, de saint Sauve et de saint Superi, toutes composées par des anonymes et peu remarquables, on ne rencontre que les homélies de saint Théofred (saint Chaffre), les règles de saint Benoît d'Aniane, moderne réformateur des moines, et les poésies de Bernowin, évêque de Clermont. Les homélies du premier sont une amplification en phrases courtes, heurtées et gauches de quelques textes de l'Écriture, que termine parfois assez heureusement un trait de ce genre : « Ornons nos lampes pour entrer dans la salle nuptiale quand viendra l'époux, afin qu'il ne nous terrifie point par ces paroles : Je

---

1. De leprosis curatis, — De clerico dæmoniaco liberato, — De quâdam sanctimoniali à dæmone liberatâ, — De quâdam puellâ ab invasione inimici liberatâ, — De ancillis monasterii à dæmone liberatis, — De monachâ à dæmonio liberatâ, — De puero à dæmonio liberato, etc. (*Vita sanctæ Sigolenæ abbatissæ*, Nov. Biblioth. Labbe, t. II, in Appendice.)

2. « Completâ verò oratione dùm ad cœnobium reverteretur cœperunt sonare tonitrua, micare fulgura, » etc. (*Historia sanctæ Eustadiolæ*, Labbe Biblioth. Nov., t. II, p. 376.)

ne vous connais pas¹! » La règle monastique du deuxième, bien différent de son grand homonyme du cinquième siècle, ne s'attaque qu'aux abus extérieurs, et ne contient à proprement parler que des prescriptions despotiques ou des minuties. Quant au troisième, c'est profaner le mot de poésie que de le répéter à propos d'une centaine de vers prosaïques et pleins de solécismes dont on le dit l'auteur².

Voilà tous les travaux de l'esprit humain pendant un siècle : si faible que nous l'ayons montrée dès le début, la lumière intellectuelle a pâli d'année en année ; et maintenant elle va s'éteindre au vent qui enfle les voiles des Nordmans.

1. De veneratione sanctorum. Max. Biblioth. veterum patrum, etc., t. II, p. 417.
2. Omnipotens *Dominus* qui celsa vel ima gubernas, » etc.—Mabillon, *Ann.*, t. II, in Appendice.

FIN DU TOME PREMIER.

TABLE ANALYTIQUE

DES MATIÈRES.

INTRODUCTION, page 1.

PREMIÈRE PARTIE.

Premiers peuples, 9. — Les Celto-Cynésiens et les Ausks, 11. — Les Phéniciens, 12. — État social, 14. — Villes, tribus principales, 14-15. — Habitations, 16. — Caractère physique, costumes, 16-17. — Mœurs, 18. — État politique, 19. — État religieux, 21. — Chanson du gui, 24. — L'OEuf des serpents, cérémonie de la belinuncia, 26. — Les fadas, 27. — Cérémonies funèbres, 29.

Les Grecs, 30. — Fondation de Marseille, 30. — Sa constitution politique, 32. — Ses colonies et ses établissements, 33. — Physionomie de l'Armorike après l'arrivée des Grecs, 35. — Sa division en nomes, 39.

Les Romains, 45. — Fondation d'Aix, 47. — Leur établissement à Narbonne, 49. — Invasion des Teutons, 50. — Bataille des Champs-Putrides, 55. — Expédition de Pompée, 57. — Entrée de César dans la Gaule, expédition de Crassus, 57. — Chant basque, 60. — Le Vercingétoric, 61. — Uxellodunum, 62.

Période de civilisation. Travaux publics, 64. — Voies romaines, 66. — Édifices des mêmes, cirques d'Aransio, de Carpentoracte, d'Arles, 69-70.—Ponts, aqueducs, amphithéâtres, cirques, 70-71.

Divisions territoriales et politiques, 71. — Les soixante-douze peuples de la Gaule méridionale, 72. — Les soixante cités, 74.

Institutions municipales, libertés, 74. — Organisation de la cité, la curie, 74. — Collèges d'ouvriers, 77. — Cohortes, 78. — Assemblées politiques, 80.

DEUXIÈME PARTIE.

Littérature.—Littérature primitive, 83. — Chant ibérien d'Annibal, 85. — Science des druides, 87. — Littérature grecque, 88. — Pythéas, 89. — Euthymènes, Eratosthènes, 90. — Littérature latine, Plotius, Gnypho (de Marseille), 91. — Valerius Cato, 92. — Ses poésies, 93. — Roscius, 95. — Sciences, Telon et Gyarée (de Marseille), Terentius Varro l'Atacien, Trogus Pompeius, 96. — Oscus (de Marseille), 97.— Agrotas (de Nîmes), Votienus Montanus, Julius Montanus (de Narbonne), fragment de ses poésies; Julius Græcinus (de Fréjus), Germanicus, 98. — Claudius, Quirinalis (d'Arles), Surculus (de Toulouse), Antonius Primus (de Toulouse), Agricola (de Fréjus), historiens; les médecins Demosthènes, Crinas et Charmis (de Marseille), 99. — Petronius (de Marseille), Analyse du festin de Trimalchio, 100. — Domitius Afer (de Nîmes), avocat; Phavorinus (d'Arles), 101.

Polythéisme, 102. — Nomenclature des édifices et lieux consacrés, 103. — Étymologie des noms, des jours et des mois, 107. — Cérémonies et fêtes, 108. — Du sacerdoce, 109.

Christianisme, 110. — Calomnies païennes, 110. — Des causes qui aidèrent à la propagation du christianisme, 115. — Démoralisation de la société romaine, 117. — Persécutions contre les chrétiens, 118.— Dévouement d'Epagathus, 120. — Martyres de Blandina, 122, 124, 125, 126 ; — de Sanctus (de Vienne), 122. — D'Attale et de Ponticus, 125. — Passage de Lactantius sur le Polythéisme, 126. — Martyres de Saturninus (de Toulouse) et de Martialis (de Limoges), 128. — Dialogue entre le préfet de Vésone et les chrétiens Frontasius, Severinus, Severianus et Silanus (de Périgueux), 128. — Martyre de saint Victor (de Marseille), 131. — Progrès et triomphe des idées chrétiennes, 137. — Cérémonies chrétiennes, 138. — Composition et organisation de la société chrétienne, 139. — La Gaule méridionale sous les empereurs, 141. — Les Bagaudes, 145.

Barbares, 146. — Invasion des Germains, des Vandales sous leur chef Chroch, 148. — Position de l'Aquitaine à l'avénement de Constantin, 150. — Son édit en faveur des chrétiens; suites de cette mesure, 153. — Constans, Constantius et Magnentius, 155. — Julianus, 156. — Sa lettre au peuple et au sénat d'Athènes, 158. — Jovianus, dernière heure de l'empire, 166.

Goths et Burgondes, 166. — Division de la Gaule méridionale sous Honorius ; les sept provinces, leurs métropoles et leurs cités, 167. — Administration civile et militaire, 169.—Impôts, tributs et sources du revenu public, 170.— Mécanisme du système financier, 179. — Aspect de la propriété sous les Romains, 180. — Richesse des provinces et splendeurs de quelques villes, Arles, 181 ; Toulouse et Narbonne, 182 ; Bordeaux, 183 ; Luxe des villæ, 183. — Littérature de la décadence, 188. — Paulinus (de Fréjus), 188. — Trebonius Ruffinus, Titus, Centoninus, Cornelius, Fronto, 189. — Titianus, Numerianus, Minervius (de Bordeaux); Alethius, Leontinus le Nitiobrige; Ammonius (de Bordeaux); Arborius (de Tarbes); Exuperius et Marcellus (de Bordeaux); Sedatus (de Bordeaux); Staphylius (d'Auch), Dynamius et Glabrio (de Bordeaux), 190. — Ausonius (de Bazas), fragments de ses poésies, 191. — Sa vie, 192. — Caractère de son talent, de ses *Parentales*, de ses *Edyllia*, 192. — Paulinus, 195. — Panégyrique de Théodose, par Pacatus (d'Agen), 196. — Développement des arts et du luxe chez les Romains; ses causes, 207. — Mœurs des patriciens et des matrones, 210.

Derniers moments de l'empire, 215. — Misères de l'Aquitaine, 216. — Stilicho, 218. — Caractère des invasions des barbares, 219. — Leur influence sur l'état politique des provinces romaines, 222. — Les soldats font des empereurs; Marius, Gratianus, Constantinus, 225. — Gerontius; élévation de Maxime; mort de Constans, 226. — Mort de Gerontius, 227; — de Constantius, 228. — Physionomie de ces derniers empereurs; 228.— Révolution gauloise sous Constantinus, 229.

Établissement des Goths, 231. — Origine et marche de ces peuples, 231. — Leur invasion en Gaule, 232. — Noces d'Ataulf et de Placidia, 234. — Élection de Sigerich, de Wallia, 238. — Theodorich, 239.—Modifications apportées par les Goths dans l'état social de la Gaule méridionale, 239. — Projets de Theodoric, 241. — Aétius, 243. — État de la Gaule à son arrivée, 244.— Invasion d'Attila, 247. — Siége d'Orléans, 248. — Portrait d'Attila, 249.— Bataille sous les murs d'Orléans, 250.—Bataille de Mauriac ou des Champs-Catalauniques, 254. — Et la note, suite de cette bataille, 257. — Fin du règne de Thorismund ; assassinat d'Aétius et massacre de Valentinianus III ; Maximus, 259. — Élection d'Avitus, 260. — Son couronnement, 262 ; — et sa fin, 263. — Majorianus, 263. — Derniers empereurs d'Occident, 265. — Coup d'œil sur les empereurs romains, 265. — Partage de la Gaule entre les barbares, 267. — Les Goths, 267. — Ewarich, 268.

État religieux, 270. — Physionomie du christianisme à l'époque de l'invasion, 270 — L'arianisme, 273. — Querelles théologiques réprimées par Ewarich; Esprit du clergé catholique, 274. — Al-Rich II, il cherche à fermer les plaies faites à l'église par son père, 278. — Préparatifs militaires contre les Franks,

279. — Lettres de Theodorich à Al-Rich, à Clovis et à Gondobald, 281. — Les Franks envahissent la Bourgogne et se retirent, 284. — Siége de Vienne, 285.

État politique, 286. — Organisation de la monarchie des Goths, 286. — Analyse du code wisigoth, 289. — Nature des impôts, 295. — Concile d'Agde, 297. — Induction tirée de cette réunion, son véritable objet, 301. — Révolte de Quintianus et de Galactorius, évêque de Lescar, 302. — Clovis marche contre Al-Rich, 303. — Les Franks passent à Orléans et se dirigent sur Poitiers; prodiges, 304-305. — Bataille de Vouglé, les résultats, 306. — Notes à ce sujet, 308. — Clovis, Gondobald et Theodorich descendent dans la tombe, 309. — Les Burgondes, 314. — Leur organisation; aperçu de la loi Gombete, 315. — Sigismond, 316. — Guerre des Franks contre les Burgondes, 317. — Faits et gestes de Childebert et de Theudrich en Septimanie et en Auvergne, 318-319. — Suite de l'histoire des chefs goths, 320. — Invasion des Franks en Gothie; mort de Theuda, Theudiscla, Agila, Athanagild, 321. — Guntchram se trouve à la tête des Burgondes; résultat de l'alliance des Franks avec les Wisigoths, 322. — Nature du pouvoir des Franks sur les provinces envahies, 323.

État scientifique et littéraire, 325. — Marcellus Empiricus (de Bordeaux), analyse de son traité de thérapeutique, 325. — Le poète Sanctus (de Bordeaux), 327. Texte et traduction d'un morceau de ses poésies, 328. — Vigilantius (de Comminges); nature du christianisme de son temps et ses tentatives réactionnaires, 330. — Le poète Rutilius (de Poitiers), 332. — Sulpitius Severus (d'Agen); idée de sa Vie de saint Martin, 333. — Paulinus, évêque de Béziers; Jean dit Cassianus; actes du martyr saint Victor; commentaire sur la Genèse; épître morale de Marius Victor, extrait de ses deux compositions, 335. — Passages du *Monitoire* d'Orientius, évêque d'Auch, 338. — Palladius, les deux Valerianus et les deux Prosper; leurs ouvrages; Cycle pascal de Victorius (de Limoges); Salonius, 339. — Mamertinus, Gennadius (de Marseille), Salvien, poètes, légistes et rhéteurs de la période suivante, 340-341. — Idée de l'*Eucharisticon* de Paulin (de Périgueux), et du talent de Sidonius Apollinaris, 341. — Leo (de Narbonne); le roi législateur Gondobald; Ruricius, évêque de Limoges, 342. — Avitus, évêque de Vienne, style de ses homélies et de ses épîtres; un extrait de sa mosaïque, 343. — Morceau de son poème intitulé l'*Éloge de la Virginité*, 345. — Écrivains de la fin du sixième siècle, 346. — Grégoire (de Tours), impression que fait son livre, 347. — Tendance des idées chrétiennes de son époque, 348. — Nature de son talent, 349. — Écrivains depuis Grégoire jusqu'en 711, 349. — Saint Éloy (de Limoges), Baudonivia, 350.

SUITE DU MOUVEMENT DES FAITS.

Réaction nationale.—*Vascons ou Gascons*, 352.—Insurrection des Vascons, 352. — Irruption de Chilperich dans le Berry, 354. — Suite de l'histoire des Wisigoths; cession de l'Aquitaine à Charibert par Dagobert, 355. — Suites et conséquences de cette cession, 356. — Fin de l'histoire des Wisigoths, 358.

TROISIÈME PARTIE.

Invasions des Sarrazins et retour des Franks, 360. — Pillage de la Septimanie par les Arabes, 361. — Leur établissement à Narbonne, 362. — Siége de Toulouse, 363. — Excursions dans le bassin du Rhône, 364. — Domination des Grecs byzantins dans la Gaule, 365. — Courses des Sarrazins en Rouergue, 366. — Dans le Velay, 368. — Ils recommencent la guerre sainte, 369. — Invasion de l'Aquitaine, 371. — Bataille de Tours, 372. — Karle-Martel fait une excursion dans la Burgondie méridionale, 375. — Les Arabes pénètrent de nouveau en Septimanie, se jettent sur la Provence, et remontent jusqu'à

Lyon, 376. — Ils sont repoussés par Karle-Martel, 377. — Nouveau caractère des invasions sarrazines, 378.

Vaïfar, 378. — Hostilités entre les fils de Karle-Martel et d'Eudo, elles se terminent par la paix, 379. — Vaïfar se trouve à la tête des Aquitains, 380. — Son portrait. Sort de la domination arabe en Septimanie, 381. — Vaïfar tombe sur ce pays, 382. — Pépin l'arrête dans son invasion, 383. — Ses longues guerres avec le chef frank, 384. — Il est assassiné par deux traîtres, 389.

Charlemagne, 390. — Hunold reparaît à la tête des Aquitains, 391. — Il est vaincu, 392; — et meurt dans un combat entre les Franks et les Lombards, 393. — Charlemagne séjourne en Aquitaine; naissance de Ludwig, 393. — L'empereur frank marche contre les Sarrazins, 394. — Chant d'Altabiçar et la chanson de Roland, 395. — Funérailles de Roland, 399. — Résultats de l'invasion franque en Espagne, 400. — Portrait de Charlemagne, 401. — Ludwig est sacré roi d'Aquitaine; organisation de ce nouveau royaume, 403. — Aldarich, duc des Gascons, envahit le Languedoc; état de la royauté en Aquitaine, 405. — Établissement du califat de Cordoue en Espagne, 406. — Invasion des Sarrazins en Septimanie, 408. — Le comte Guillem se retire dans la solitude, 410. — Mort de Charlemagne, 412. — Coup d'œil sur son règne envisagé du point de vue méridional, 412. — Luttes des Vascons et des Franks, 413. — L'Aquitaine au neuvième siècle, 414.

QUATRIÈME PARTIE.

Aspect chrétien de la société en 820 : Basiliques et monastères de l'Aquitaine, 416. — Transformation chrétienne des symboles et des idées polythéistes, 418. — Gouvernement de l'église, 420. — Asservissement du clergé aux papes et aux souverains, 421. — Son envahissement par les leudes, 422. — Résultat de cet envahissement, 423. — Modification militaire de l'esprit religieux et ses suites, 423. — Dispositions des capitulaires à ce sujet, 424. — De l'administration de l'Aquitaine à cette époque, 426. — Messagers dominicaux, 427. — Instructions qui leur sont données, 427. — Récit poétique de Théodulphe, un de ces messagers dominicaux, 429. — Municipes romains, 434. — Le peuple nomme ses prêtres et ses évêques, 436. — Esclaves, 437. — Serfs du fisc et serfs ruraux, 438. — Affranchissements, 439. — Idées païennes toujours vivaces, 441. — Langue rustique, 442. — Littérature, 442. — Le moine de Lérins, 443. — Tendance des écrivains chrétiens, 443. — Le moine de Guéret; vie de saint Pardoux, 444. — Le moine de Troclar; vie de Sainte-Sigoléna, 445. — L'anonyme de Bourges; vie de sainte Eustadiole, 446. — Homélies de saint Théofred (saint Chaffre du Velay), 446. — Saint Benoît d'Aniane, 446. — Poésies de Bernowin, évêque de Clermont, 447.

FIN DE LA TABLE.

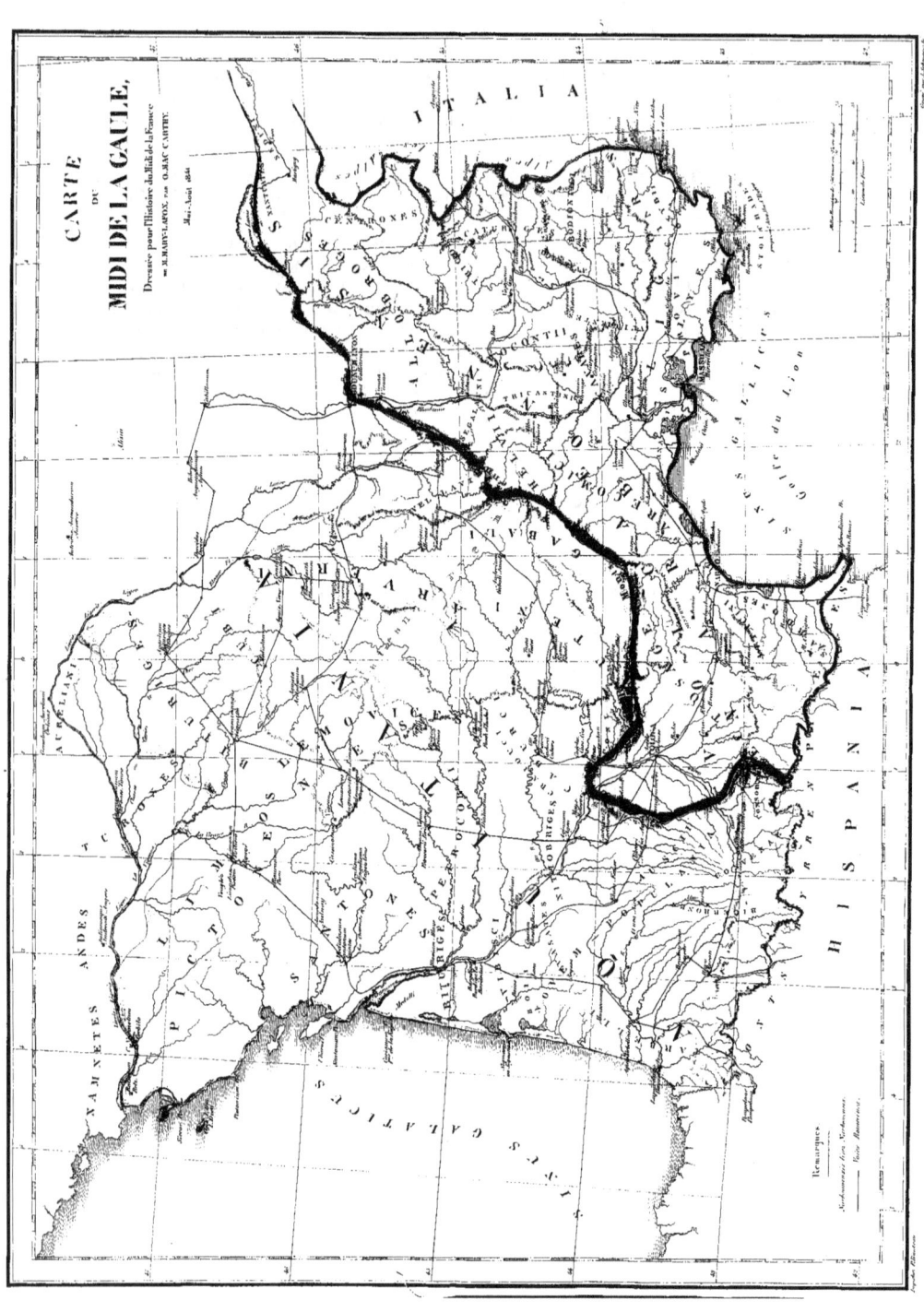